张廷银 刘应梅 整理

王伯祥日记

第六册

中国近代人物日记丛书

中华书局

第六册目录

1938年(民国二十七年)

1月1日[①](丁丑岁十一月三十日　癸巳)**星期六**

上午气温五四度,下午同。晨阴,午后晴。

晨起阅报,知宁波又不通,其他消息则仍沉寂。十时许,丏尊来看仲盐,以渠尚未起,遂过我谈。其子龙文适返白马湖省视,恐遂陷入,因大愁叹。予无辞可慰,相对默然。至十一时半,去。仲盐饭后出访戚,傍晚着人来告,留友家打牌矣。

予看《西湖二集》两则,《拍案惊奇》三则,以待道始;盖道始约于今明日来洽,不便舍此他适也。五时左右,道始偕其兄继之来,承告泰利催租事已与彼方律师见过,殊无办法可以速了。且俟四日庭期请求展期和解再商。好在雪村即将返沪,只索待渠熟商矣。六时,偕其昆仲同出,先过晴帆,共乘以往麦家园马上侯,并邀坚吾小饮。八时许散,仍过晴帆所闲谈,至十时乃归。

夜报载我军反攻得手,寇队已退出杭州。此间公共租界于上午十一时出手榴弹案四起,三起在西区,一起在中区石路二马路、三马路之间,闻有死伤,且临时戒严云。

1月2日(十二月小建癸丑初一日　甲午)**星期**

晴。上午五六,下午五八。

---

①底本为:"堂日记第一卷"。原注:"丁丑腊不尽四日灯下自署。"

报载我军已入杭州城。津浦南段之队伍亦向南反攻,直逼滁州。昨日公共租界炸弹案,寇方正借端搜索,与工部局为难。工部局出有布告,竟明言如有人向武装团体侵犯,即将犯者交该团体带去自办;是显示无力维持,将任令寇方肆行而莫敢撄其锋矣。可胜浩叹!丐尊来。士敭来。普容、德馨来。怀之来。国民政府已发表明令改组,分录如次:(一)教育部部长王世杰、交通部部长俞飞鹏、铁道部部长张嘉璈另有任用,均应免本职。(二)特任陈立夫为教育部部长,张嘉璈为交通部部长,翁文灏为经济部部长。(三)海军部暂行裁撤,其经管事务归并海军总司令部办理。(四)实业部改为经济部,建设委员会及全国经济委员会、全国水利委员会、军事委员会之第三、第四部均并入之。(五)铁道部及全国经济委员会之公路部分均并入交通部。(六)卫生署改隶内政部,全国经济委员会之卫生部分并入之。又讯,中常会唯蒋中正专司军事,选任孔祥熙继为行政院院长。所遗副院长一职,选任张群继之。普容言,崇德县县长刘平江先行脱逃,已奉省令通缉。虚舟究系书生,昔在宜兴,亦已遭逢土匪,离城他往,幸当事者关注,得免吏议,今重蹈覆辙,其将何以免乎!予重念之。

傍晚五时,赴晴帆、道始昨日之约,到晴所后,见继之挈其侄宗海、宗鲁已先在,谓道始已有他约别往矣。少坐,同出,小饮于大世界对门之三和楼。七时散归,晴帆作东。昨日马上侯之局,予作东,计酒菜小账等四元六角四分。予将出时,向清儿假五元以行,乃兑付外小四角,仍嘱写帐。怀之晚间又来,寄箱簏数事,谓明朝将乘便船冒险返苏省视。予适在三和楼,未再晤,只知拂晓六时即须开船云。

1 月 3 日(十二月初二日　乙未)星期一

阴。上午五二,下午五〇。

甬船今日开出,知镇海口封锁已撤除。杭州军情,晨报谓我军尚未入城,前锋由富阳猛冲四十里,已到六和塔下;夜报言已入城,旗下一带大火未熄云。近日军报难确,往往前后矛盾,然静察地望,大致无甚舛谬也。又讯,元旦炸弹案发后,昨日北京路、福建路、山西路间一带工部局大肆搜查,且有寇方军官在场指挥。然则工部局之警权已无形过渡于寇军矣。

依时到店,知嘉应轮须明日上午十一时入口。予即将福店房租契据一宗,写信送道始,取回委托出庭状一件,加签盖印,仍由金才送去,俾明日请道始代表出庭。丏尊来店,写信与圣陶一纸,托于寄书时附去,饭后去店。托文昙在中国杂志公司购到上海杂志公司所出《词林纪事》二本,价仅二折,合一角六分。还日前阳生代买同宝泰花雕二瓶,计一元一角二分。夜归小饮,饮后看《词林纪事》。汉儿在旁开留声机,饱听沈俭安、薛小卿、蒋如庭唱片。九时就卧。

1 月 4 日(十二月初三日　丙申)星期二

晴。上午五〇,下午四九。

张发奎部已入杭州,寇退笕桥、长安一带,并有游击队前锋到达嘉兴说。津浦北段寇军自济南南下,有直犯滋阳,分胁归德、徐州之势。青岛我军已全师退出。广九、粤汉两线狂受炸弹,广九损失尤重。上海公共租界昨日又继续搜检,骚乱达三小时。

依时到店,知嘉应轮须上午十一时到三夹水外铜沙,下午三四时始得傍码头云。因嘱金才于饭后先往码头迎候。二时三刻接金才电话，谓船已并岸，乃嘱阳生及长发往接。四时许，雪村始返店。时丏尊、守宪俱在，痛谈别后三月情形，直欲歌哭无端；幸雪村精神弥王，毫无秋气，则大可慰耳。傍晚，仲盐来店，丏、宪先归。予唤酒与村、盐共酌，谈至八时，乃至仲盐同归。仲盐由叔琴之介，明晨可附祝姓之车，入虹口一视梧厂故址，但须乔装汽车夫助手始得行也。深用慨叹。接圣陶去年十二月二十七日汉口来航函，知途遇民生公司之陆佩萱，即日附轮西上，径往重庆矣。因与调孚各书一通，直寄渝商务印书馆刘仰之转递之，盖刘为圣陶之甥，预托以为转信者也。

1月5日(十二月初四日　丁酉)**星期三**

晴寒。上午五〇，下午四九。

昨日上午十时许在山东路理发，与调孚偕，出费两角。报载曲阜、滋阳俱陷，且由济宁胁归德，徐州大震。汉口大遭轰炸，毁我机十一架云。

依时入店，本是恒例。今晨九时，雪村来，遂先与偕过道始，谈泰利事。知已由法庭展期十四天试行在外和解，且由周邦俊从中调停矣。未几，丏尊由店赶来。近午，三人偕返予寓，适仲盐亦由虹口归，乃共饭。据仲盐目击，梧厂已全毁，美成机件原封掩瓦砾下，当可发掘取偿，至少有半值可得。经纬里屋自一号至九号幸存，雪村、仲盐两家什物无恙，书籍完好，即箱簏亦仅打开翻动，损失至为有限；当场竟取出皮衣数袭也。闻之不胜欣慰，只待公开通行，切实为善后之计耳。下午二时，与雪村到店。四时许，振铎来。五时，仲盐来。六时半，愈之来。遂偕调孚同出，六人共饮于小花园蜀腴川菜馆。九时散归,与仲盐偕。

1月6日(十二月初五日　戊戌　辰正小寒)**星期四**

阴寒。上午五〇,下午五二。

各路战况沉寂,惟陇海线已吃紧。我空军昨袭芜湖寇阵,毁寇机六架,并有轰沉江中寇炮舰二艘之说。

依时入店,处杂务。近午丏尊、仲盐来,因约雪村及予同过高长兴小饮。午后返店,写信寄晓先及圣陶,惟邮途修阻,不审何时得达耳。托纯嘉在新文化社购得《随园全集》一部,凡二十八册,只出价八角四分半。虽印装草率,究可谓无比便宜也。

傍晚,孟邹来访雪村,谈良久,及去,乃偕同雪村、调孚赴振铎之约。今晚铎为冯笠山饯行,顺集诸稔友聚餐,到望道、雪村、剑三、健吾、文祺、调孚、愈之、仲持、东华诸人。席次询东华,知子敦仍在中华书局办编所善后。同时予介绍蒋静芬小姐托笠山途次照顾到港。九时许散,与剑三步至善钟路,乘七路电车以归。抵家未久,仲盐亦返自丏所,略谈各休。

1月7日(十二月初六日　己亥)**星期五**

晴。上午四八,下午五二。

依时到店,处理杂务。上午翼云来。下午柏寒来。仲盐在店饭,饭后偕鲁锦川返甬转绍,雪村命金才随去,将接取眷属来沪。武、汉遭空袭,机场及无线电台损失甚重。韩复榘由兖州西退,有已到开封说,蒋已严令反攻,不得擅退,徐州方面之增援部队已过临城。此间工部局一日所发布告,即如有侵犯军队情事,当即径交该军队办理云云,我外交部已向英美法政府同时提出抗议,俾维护我国在租界内之司法行政权。

夜归小饮。饮后闲看《西湖二集》。九时就卧。后日公司召开董事会,仍在衍福楼举行。通知今日发出。

1月8日(十二月初七日　庚子)**星期六**

阴霾。上午四八,下午四七。

济宁已失,韩复榘军队显已无法指挥,此等久在残阀把握中之兵杖,固早知其无能为也。

晨起为王生翼云书纪念册,即到店。十时许,翼云来,告以昨在湖帆家遇柏寒,并言予幸未偕往,否则必大感不安。盖苏州维持会首领陈则民正在座诱约乡人归去助势,属以收租歆人也。予闻而发指,深幸免于污耳矣。向调孚借五元,还雪村代垫铎家聚餐费二元。令阿四往宏兴药房买鹧鸪菜一匣,价四角半,取得日历一只。午后雪村拟定公司紧缩办法,酌量裁并后,薪给益减,原薪在百元以上者概支四成,五十元以上者支五成,四十元以上者支六成,不及三十元者概支二十元,膳宿均自理。一面写信告洗人,一面将于明日提出董会也。四时后,吴霞赤来访雪村,盖与雪村同船返沪者。以予与其弟旭舟稔,约面之,长谈至五时许乃去。予亦遂归。

夜在家小饮。饮后看《西湖二集》,九时就卧。丏子龙文已于今晨安返沪寓,丏当大慰矣。

1月9日(十二月初八日　辛丑)**星期**

晴。上午四九,下午五四。

济宁失后,归德、徐州均吃紧,寇舰云集连云港,企图登陆扰陇海路。青岛既失守在前,海州如再有疏虞,山东全省去矣。恨甚。

文权、濬华、昌顯来,同儿随归。夜饭后去,复儿复随往小住。士敭来,知予同已到上海,雪村将伴之吃饭,不来矣。俊生见过,谈商务近事,知发行所南落靠近交通路之房屋且将退却矣。是紧缩开销,各处皆然,时势影响,亦莫可奈何者。亭午辞去。今午以粥代饭,循俗例吃"腊八粥",聊凑时趣耳。午后到店,为公司董事会司纪录。出席董监,除雪村、丏尊、雪山外,守宪、道始、达君俱至,经雪村报告公司状况及赴汉返沪经过大略后,议决两案:一,照昨日雪村所拟办法实施紧缩。二,定二月十五日召集临时股东会,报告受害损失细数,讨议善后。四时,予偕道始往慎馀里访乃乾,未值,少坐便行。予复返店,予同、振铎俱在。因纵谈别后事,垂暮乃离店,复与铎偕过旅邸。六时,铎邀予同及予小叙于小有天。七时半散归。在家取五元,还调孚。清晨独往八仙楼羊肉面馆吃面,生意甚好,几不容足,久候方得食,计往来车费在内,竟用至四角四分,亦可谓花费矣。

1月10日(十二月初九日　壬寅)星期一

晴。上午四九,下午五六。

依时到店,整理昨日董事会纪录,并办理紧缩维持案所应办诸牍。计留职停薪即日交代回籍者四人:吴国香、胡瑞卿、王怀之、朱健安;练习生三人:王德馨、朱润德、杨汉生;先已回籍暂勿来店者四人:章涤生、倪文铨、张锡恩、赵廷玉。现在留职人员,重行分派职务如次:一,主持总公司事务,章雪村、范洗人、章雪山;二,总店兼门市货务,索非、胡智炎、孟通如、张纯嘉、辛士敭、顾均一、吕元章;三,会计,朱子如、薛庆三、顾惠民;四,出纳,沈安民;五,庶务,王阳生;六,收银兼收发,章士俊;七,编辑,夏丏尊、章雪村、王伯祥、徐调孚、顾均正。此后将摆落一切杂务，专意编辑，未始非省事之一道也。

报载我军与寇军相持于邹县，宋哲元部自西增援，李宗仁部自南增援，想目前剧战即将展开，系于胜败至巨也。此间法租界连日有寇方警察会同法捕房任意搜索居民，并逮捕沙千里。推演下去，危殆将超过公共租界矣。

夜归小饮。饮后看《西湖二集》。交二元与长发，属买肉及鲫鱼、蚶子。今日仅送到肉与蚶子，尚未结账。接芷芬信，前书竟未到也。

1月11日（十二月初十日　癸卯）**星期二**

终日雾塞。上午五二，下午五四。

各路战讯沉寂，寇内阁会议对我主和主战不一，其内务省大臣末次力唱对我宣战说，总理近卫将召开御前会议云。沙千里案，今日各报均更正，谓并无其事，盖沙早离沪矣。

依时到店，知安民确有亏欠，经雪山轧出者，已达二千数百金之巨，将来细查，恐不止三千也。当即由雪村致函洗人报告，一面即函知本人停职止薪，仍令逐日到店，负责理楚经手账项，以便正式交代。出纳事务，由雪山暂行兼管。下午丏尊来店，商编辑字典事，推予草拟意见书。上年度升工计一百六十五元六角，扣还前欠七十五元，实得九十元六角。上年十二月薪水补支五十八元，扣缴所得税八角，实得五十七元二角。两共实收一百四十七元八角。携回后交存珏人一百二十元，还清儿前借五元，到期存息六元。夜祀先。濬儿挈两外孙女归，团圆甚乐。适梦岩之子寅福来，怀之亦来，遂并邀共饭，兼邀同居陈氏子润宝同席焉。今日本为叔琴生日，以卧病，改期举行聚餐。接越然电话，谓昨日乃乾曾来，约明日夜饮高长兴。长发购物已齐，找付六百文。接济群长沙来信，知挈眷避地至彼，情形不安。

1月12日(十二月十一日　甲辰)**星期三**

阴晴间作。上午五三，下午同。

济宁陷落，徐州、归德同时吃紧。外蒙古别作战区，正副司令已委定，是苏联协助之说行见实施矣。

依时到店，杂事坌集，欲写字典编辑意见而不得。午前写信分复济群、芷芬。午后二时，道始来店，接洽房屋事，如专租后埭，索价二百五十元，尚可减让云。以此，决定即将前埭退租，事态已解决一半矣。五时左右，乃乾、剑三先后来，少顷，同丏尊、雪村共过高长兴；予与乃乾赴由廑、越然约，丏、雪、剑则别叙一局。八时许散，由廑作东。予与乃乾同行，彼乘人力车至打浦桥访友，予则乘电车径归。寄航信、平信各一，计三角五分。买儿饵二角。欢叙不免多饮，睡至中夜，颇感不舒，幸未吐。

1月13日(十二月十二日　乙巳)**星期四**

阴霾。上午五三，下午五二。

依时入店，草拟编纂字典意见，凡二纸。上午十时，道始来店，偕其友许君看门面砖墙及地脚等，估价值二千馀元，应作价抵与泰利，扣除房租。下午，守宪来，仲云来，丏尊来。雪村眷属本约今日到沪，甬轮入口，未见来，想须延日成行耳。夜归小饮。饮后写《随园全集》书根。珏人交我十元，付上月分电灯费三元四角。寇军自杭州陆续引退，集中于松江及乍浦，似有渡杭州湾模样。一方有我军反攻大捷,已克嘉兴说;一方有寇军在观海卫登陆说;究不知底蕴何如。调孚示我雁冰香港来信,知已安抵粤省。接晓先十二月一日屯溪所发快信,虽后到,固早已猜知到屯即行也。云斋来,送我母鸡两翼,谓近搭友船走南通,聊事贩卖土产,景况尚可。惜予在店未之晤,无法一询途中情形,为可憾也。接絜如来信,请续假三星期。当复一函,促即出,盖二月十五日即须召集股东会,一切账务必宜早日弄清也。

1月14日(十二月十三日　丙午)**星期五**

午前晴,午后阴。上午五二,下午五三。

陇海路我集大军四十万,准备血战,寇如进犯,必遭大创。韩复榘以屡次失机,蒋令李宗仁逮捕,将付司败。如所传不虚,诚愿明正典刑以昭炯戒也。此间南市维持会已宣告成立;界路两端镇门已启,五、六两路电车已延展至北站。京沪路已由寇方修复,业于本月十一日通车;津浦路浦口至滁州段亦于十二日通车;京沪间长江航道,日清邮船公司亦正谋恢复,但不许外商航行,故外商正向寇方交涉中。

依时到店。午后丏尊来,商字典编例。卒无结果,似须阁置矣。五时后归,待电车五部始得上,然依然挤轧,竟难贴坐也。夜小饮,饮后将写残《随园全集》之书根写毕之。雪村眷属仍未至,想错过一班航轮矣。廉逊来访,查所寄售《中学教科地图》之销数,未几即去。

1月15日(十二月十四日　丁未)**星期六**

上午晴后阴。上午五二,下午五三。

我军克济宁,韩复榘已解汉,将付军法审判。平汉路司令冯玉祥调回,委陈诚接充。山西军事全交朱德,阎锡山免职。江南军事委张发奎,前锋已达嘉兴、松江各境云。

依时到店,无所事。雪山轧见安民亏款三千五百元。买糟一元,计七斤,系托阳生打听在五马路大同槽坊出售,即令长发往购送归。道始电话约于下午六时在马上侯与雪村及予晤谈,商对付泰利事。届时予偕雪村往,久待弗至。以为因事不来矣,乃唤面果腹,拟各归。将八时,道始偕友陈君来马上侯,知开车欠慎,连肇事三次,英、法捕房均去过,遂延后至是耳。相与剧叹复饮。泰利交涉半已解决,所馀装修作价及欠租付清两点而已,大约再经商量即可全部解决矣。九时三刻散,予附道始车过其友华锦顺家,少坐再行,十时抵家。

1月16日(十二月十五日 戊申)星期

晴。上午五一,下午五八。

克济宁之军已进逼兖州,韩复榘有已判枪决说。津浦北段将大决战。十五日国民政府令,特任阎锡山、冯玉祥、李宗仁、程潜、陈绍宽、李济深为军事委员会委员,盖统帅调动,不能不优礼宿望也。

晨九时,丏尊来。未几,芷芬来,盖昨自南通乘轮转道抵沪也。畅谈别后情况,知备受颠沛矣。近午,雪村来,谓甬船尚未到,不审其夫人等究能来沪否耳。午刻,丏尊归去。予与雪村、芷芬同饭。饭后,芷芬去,住其戚家。雪村往看叔琴,旋偕振铎、予同来谈。有顷,振铎诣国泰看电影。予同、雪村复过丏尊同访愈之。予本欲往八仙桥青年会九楼贺继之嫁女,以雪村走后其夫人及子女由甬到,遂略为照料,未果往。三时后,独出闲行,步由杜美路、古拔路、福煦路、亚尔培路以返,顺道在邻近之五味斋进馒头、馄饨各一器。夜与雪村小饮。饮后正握管记日记,右臂酸楚难举而罢,只索就卧。此次先从右肩背扭筋作痛而起,已有多日,渐渐及于臂肘,若骨髓中有水一股蠕蠕流动然,殊难耐也。

1月17日(十二月十六日　己酉)**星期一**

昼阴夜雨。上午五五,下午五九。

晨八时出,早点于五味斋,连昨日所用共三角二分。依时到店,为泰利事连写两信与道始。是日起,店中不供膳,因与索非、均正、调孚共往南京路、浙江路把角之沈大成吃四喜菜饭,极便宜,大啖饱饫,各摊二角二分半耳。饭后归店道经冠生园,为诸儿购饼饵数事,费五角六分。傍晚良才来店,因约雪村同过马上侯小饮。三人且饮且谈,至八时始散,连前欠及当日酒菜共付十一元五角,该账还讫。归已薄醺,途中掉失扎脚管带一条。归后复与雪村闲谈,至十时半始各就卧。盖雪村家暂住吾楼下,须经纬里什物可取时再行觅屋矣。右臂仍楚,睡时尤甚,左侧时右臂在上反更酸,必右侧将酸处压住乃稍宁。甚怪。

战事中心在津浦线山东境,苏、豫并紧,徐州必难免恶战也。

1月18日(十二月十七日　庚戌)**星期二**

昼阴,夜雨达旦不休。上午五五,下午同。

依时入店,与雪村偕。午刻与索非、调孚、均正、雪村共诣老半斋吃咸菜蹄子面,各摊二角二分。食后历览永安、先施、新新、大新四公司,至二时馀乃返店。顾有成来访,探询晓先下落,谈移时去。

道始来店,告泰利事已有眉目,今日庭期请再展一星期。大约体段已定,仅馀小节待商耳。散馆时,孟邹来访雪村,予因先归。六时后,雪村乃来,遂共小饮。饮后看《西湖二集》,以臂痛加剧,即贴膏就睡。

1月19日(十二月十八日　辛亥)**星期三**

阴雨。上午五六,下午五七。

臂痛兼重感冒,怕出受风,因请假一日,在寓小休。晨卧被中看《西湖二集》。午前十时,修妹来,呼静甥去,谓有工作可得。因起坐,负痛鼓勇将三日来日记补记讫。十一时即面,面后修、静偕去,谓有确闻即来报。午后来,知为药房推销,予阻之。看《西湖二集》并写《小说旧闻钞》题记。雪村在丏所谈,饭后归卧,亦未赴店,薄暮起,与予闲谈。士敭归来,告孑如已到,偕新夫人同出,暂住大江南饭店。夜小饮。芷芬雨中至,告明日启程赴南通,转泰县接母、姊。草草具食,甚欢。饭后话别,约速出为是。右臂仍痛,肩背亦牵动,甚恚。汉儿往看濬儿,知昌顯正患痧子,至念。以盈儿故,珏人未便往视,明日将遣静甥往照料之。

1月20日(十二月十九日　壬子)**星期四**

阴雨,入夜霰。上午五六,下午五七。

晨强起,依时与雪村偕行到店。午刻以雨阻未出,即在对门购生煎馒头二十枚与雪村共食,各摊二百文耳。饭后闲谈编字典体例,历时甚久。为店写信与道始,送九十元去,五十元谢杜律师康侯,四十元谢汪介丞。夜归小饮,吃鱼杂豆腐,以近买之盐欠佳,颇有苦味,甚不惬。孑如晤及,已看定均正家之亭子楼,月租十二元,明日将由旅舍迁入。宁波轮船完全断绝,据闻仍系讲价未洽。

军事全在津浦线,南段寇由滁州北攻,直犯临淮关;北段由兖州南犯,我已放弃邹县:徐州已成腹背受敌之局,惟有默祝李宗仁部有奇迹示我民矣,伤哉!报纸纷传我无聊政客拟在南京有组织伪政府企图,唐绍仪任主席,陈中孚潜赴寇中求成云。呜呼!老而不死与热中无耻如二竖,其肉尚足食乎!

静甥遣往濬儿所照料昌顯。怀之今晨乘轮赴朱家角转苏州。

1月21日(十二月二十日　癸丑　丑初初刻大寒)**星期五**

阴霾。上午五二,下午五四。

寇已占临淮关,正渡淮攻蚌埠,徐州益紧。浦东封锁已五日,真相初不甚明,有谓我游击队大活动,寇调兵往防者;有谓寇部内讧,不欲外人闻知,故堵塞渡口者:莫衷一是。今日闻之新闻报馆人言,浦东事变实为寇军之久留米师团不肯战,擅退,拟出海,寇之别部欲制止之,遂起讧,甚至用飞机轰炸云。果尔,亦善战服上刑之报矣。

依时与雪村偕到店,薄暮仍偕归。丏尊来店,午间与雪村偕之同饮于高长兴。各饮酒三碗,蹄子面一器,连其伙杂费共一元八角,予付账。(雪村且另购花生滷肚等三角。)予命金才在马上侯购得火腿一盘,需五角六分。夜小饮,饮后与雪村谈,乔峰适来,少坐去。雪村付房租与我二十元,予坚不欲受,再三推让,卒受十五元。报载四川省主席刘湘病卒于汉口。

1月22日(十二月二十一日　甲寅)**星期六**

晴。上午四八,下午五〇。

战事虽紧，确信实少。宁波航路复通，不日即有外轮开往。国府任张群为四川省主席，承刘湘之乏。

依时与雪村到店，盼回船仍未至。午间与调孚、均正、雪村同饭于沈大成，摊二角。饭后返店，道经老九章绸局，知其二楼设有国货商场，因偕登阅视，甚简陋，杂陈杭剪及骨牌、鞋只等而已。惟价尚廉，雪村购一生铜痰盂，仅费一元耳。午前与调孚合写一信，备寄圣陶。甫写毕而圣陶在渝所发第一信至，因于午后又添写并复之，均正、雪村各附多语焉。来青阁书账送到，计图书馆二十馀元，予个人所取凡四十馀元。散馆后，予与雪村、调孚、均正共赴聚丰园子如喜筵，顺道先过来青阁。属将帐单分开，并与其主杨寿祺长谈，知其竟大减，只抵往年一成之谱耳。六时许到聚丰园，客尚未集，移时乃陆续来，凡列四席，霞飞坊同人之眷俱会，珏人及清儿与焉。予偕调孚、均正、雪山、丏尊、阳生、士俊、庆三、廉逊、雪村坐一席，饮至九时乃散，由子如唤汽车送归。

1 月 23 日（十二月二十二日　乙卯）星期

晴。上午四八，下午五四。

晨间雪山偕士珍来，因共过子如新居。旋归，闻老太太来，颇尤孙殇为媳不好之故，家庭问题至难措论矣。十一时，予往访梦岩、海林兄弟，因就其家小饮。饮后同出看坚吾，本约同饮，以渠已约定往叔阳家去吃年夜饭，遂谈至薄暮而别。予偕梦岩、海林归饮，适陈家邀予吃年夜饭，遂合饮，予家出酒，陈家出菜焉。九时撤席，少谈即别去。

浦东事确为寇兵与游击队冲突，陶雪生子阵亡，陶本人有屈意，故渡口已有一处相通云。津浦、陇海、广九各线大受寇机轰炸，其他军事消息沉寂。寇图四路在粤登陆，围攻广州之说则甚嚣尘上。

1月24日(十二月二十三日　丙辰)**星期一**

晴，时阴。上午四九，下午五二。

浦东西交通渐复，甬轮亦照常开出。内河小轮有直航至昆山讯，想怀之当能到苏探视也。战讯无发展，寇方力求速了，情见乎词，枢府与议会间之往复，亦徒作壮语，虚声恫吓而已。韩复榘正受军事审判，特庭正副审判长为何应钦、鹿钟麟，结果如何，则尚未揭布耳。

依时与雪村到店，五时后复同归。接洗人重庆函，知此间去电已收到，信则尚未接得也。廉逊来。继之、晴帆来。午间，与调孚、索非、均正、立斋赴浙江路全兴康对面之半价饭店吃菜饭，听海林之赞而特试之也。讵大失望，远逊于沈大成不知凡几程矣。价仍为两角。向珏人取十元，在广益购得《六书通》、《传家宝》及《牙牌数》三种，计用五角三分。夜在家小饮，饮后看《西湖二集》。九时就卧。接济群湘信，知不日将入川。甚怜其奔波。

1月25日(十二月二十四日　丁巳)**星期二**

晴。上午五三，下午五六。

宜昌昨被寇机侵入轰炸，死伤四十馀人。宜昌被袭，此为第一次，长江上游人心必摇，重庆亦必感受多少影响也。韩复榘已于昨晚八时在武昌宣布罪状，执行枪决。二十馀年来，失职疆吏与不法军阀之明正典刑者，韩实首膺其罚。政府之能行法于高官，不可不谓为贤明之征也。深愿执法无回，绝不徇近，则更可颂耳。

雪村发热，予独入店，依时往还。午前接廉逊电话，促向大业印刷所交涉，取回地图版子及前送备印之模造纸，盖确闻该所已由虹口安全取出矣。极感其关切，因即具函往取，即托廉逊设法居间。饭时与索、调、均共往聚昌馆进餐，摊费二角一分。支活存五十元，其中三十元留备同、复学费之用，二十元即于饭后亲往来青阁还书账。尚欠二十八元馀；开明所欠二十三元，亦带往还讫之。回店时道经国货公司，入购小骨牌一副，计四角。四时许，道始来，出"和解笔录"一件，属交雪村，盖泰利交涉已告结束矣。五时返，顺道在吕班路、华龙路一带留心房屋，拟酌设支店。然无所得。过培丽土产公司，购新市酱羊肉一小方，计二角三分，携以归。到家时，仲弟适挈淑侄来，因共饮啖。晚饭后长谈，至八时许归去。

金才请假返南浔省家，明晨即附舟行，来辞。予给节犒两元。写信寄济群，依来函嘱，径递宜昌船舶管理分局留交之。

1月26日(十二月二十五日　戊午)星期三

晴。上午五一，下午五五。

今日风中甚寒，滴水成冻，竟日未开，寒中第一严冷也。依时到店，办公函致工部局捐务处，告公司新租额，请更正税率，即自二月一日起照新改正率启征。下午三时许，与雪山、均正、士敭看店间壁新文化社旧址，量度弥宽，备布置新门面，盖公司定于下月将门市迁往该址也。午与调孚在老民乐园吃饭，予吃鳝糊饭，渠吃番茄鱼片饭，各费二角二分。散馆前离店，过四如春吃油汆馒头六枚，馄饨一碗，费二角一分。本月减支薪，今日发，计四折，七十二元，除去所得税三角，实支七十一元七角。交珏人六十元。给长发节犒一元。夜在家小饮,饮后随手翻阅《传家宝》。此书杂缀时俗应用劝善之文字,体类丛书,在清初曾盛行一时云。

报载战事中心惟在徐州。北面济宁仍在我军包围中,胶东一带多处克复。南面蚌埠集有重兵,寇兵顿住临淮关,不能进展。蒋委员长并派陈调元、张之江两员赴前线劳军,勉全力保卫徐州。国府命令,安徽省主席蒋作宾免职,任李宗仁继为主席。张定璠任军政部常务次长。驻倭大使许世英已返抵上海,即转赴香港,再转汉口述职。英国宣布空前大造舰计划,世界列强如美、苏、德、意、法等均开始为海军竞赛矣。前途风云正不知展开至何度也。

右臂酸楚加甚,不识将成何状也,颇厌苦之。为雪村在来青阁购《宋六十家词》,博古斋影汲古阁本,卅二册,九元。

1月27日(十二月二十六日　己未)**星期四**

晴,冻未开。上午五〇,下午五三。

徐州战局尚未展开,而准备甚充,寇如轻犯,必蹈危机也。昨日我机飞南京、芜湖轰炸寇阵及机场,毁其机二十馀架。被寇击落一架。粤海南岛榆林港有寇兵登岸说。

依时入店,办杂务,致函金城银行,为美成借款展保。写信复北平冯续昌,昨有信来询禹贡学会售出书价,并告颉刚最近通信处,故特复之。午与丏尊、为群小饮老民乐园(因高长兴已循例停售热酒),予购花生、茨菇片两角,丏尊会酒钞,计二元三角馀。托阳生购八都纸一刀,银朱一包,白术一锭,计七角一分。三时半出店,走三马路天晓得及浙江路老大房、石路口老大房欲为昌顯购饼饵。乃年关生意好,立顾客数重,无缘挤上,废然去。后在大马路申成昌勉强购到雪片糕两包,状元糕一包,计六角。即走西新桥乘电车归，甚惫，到家已五时矣。夜小饮，饮后与雪村、丏尊、乔峰谈。九时上楼，十时就寝。

1月28日（十二月二十七日　庚申）**星期五**

阴，午后四时起，雪。上午四九，下午五一。

依时到店，写信分致各庄行，解尾数，请将整数展期。午间与索非、调孚、均正同过老民乐园，予啖鳝糊面一碗，计两角四分。饭后写信送振铎，为叔琴推毂，未识能酌分一席否。傍晚归，在家小饮。饮后为诸儿批字，并与雪村长谈，盖雪村今日已强起矣。

战事仍未见分晓，惟知寇机又往湘、鄂肆虐耳。陈诚有被任为陇海路总指挥兼河南省主席说，不日或可见明文也。给华坤、学骥节犒各五角。

1月29日（十二月二十八日　辛酉）**星期六**

阴雨。上午五四，下午五五。

寇在明光强渡未逞，徐州仍固守。彼宣言将轰炸汉口市区，无非为声东击西之计，冀摇我耳目耳。川越已召回，昨自乘轮返东矣。依时到店，料理杂事。明日起，放假过旧历年，有琐务须本日办结也。午刻与调孚、均正、索非、士敭同往沈大成饭，各点客饭一种，甚酣畅，各摊三角六分。散馆后过仲弟吃年夜饭，躬与祀先。九时半乃归。竟日雨中往来，衣袂俱沾湿矣。

1月30日（十二月二十九日　壬戌）**星期**

阴霾濛雨。上午五三，下午同。

晨十时，过访均正，同往环龙路小桃园街德化小学（即前市立其美小学）为同、复两儿报名，兼为士文报名。同本当入五年级上期，复当入三年级上期，以春季始业无此班，只索自请插入四年级下期及二年级下期，士文与同同。学费一律八元，课业用品费二元则多还少补。当缓报名费各二元，准许免考，下月三日上课，缴费时得将报名费移抵也。午后弄骨牌，为演《兰闺清玩》各图，有可通，有不可通，恐有排错及画错也。三时许，罢。丏尊、予同来，谈至薄暮去，于叔琴教课事有谈及，恐无所成矣。夜，合家团坐吃年夜饭，盖今夕已届丁丑岁除夕矣。饮稍多。饮后，雪村来谈，九时许乃下楼就寝。听仙霓社旧人在富新播送《瑶台》及《小宴》，颇涉遐念，犹忆今岁元旦在大新观昆剧，如在目前，讵料不及七阅月，竟成《广陵散》耶。

报载寇兵在津浦路方面绝无进展，扬言轰炸汉口市区，亦经我政府揭破其虚声恫吓之长技，初无足畏。

昨日午前接洗人自渝二十一日所发航信，内附圣陶一笺。当日午后即分别复之，亦用航递，今补记于此。

1月31日（戊寅岁正月大建甲寅元旦　癸亥）**星期一**

阴霾，午后略露阳光，旋阴。上午五三，下午同。

昨晚迟睡，今日七时起，仍未见爽快。盥漱后进圆子汤一器。十一时，雪山偕士俊、士珍来，因共午饭，小饮薄醉。饭后，雪山等去。予挈同、复走毕勋路，谒俄诗人普希金逝世百年纪念像。迤逦由恩礼和路、宝建路、霞飞路以归。路不甚近，颇见疲乏，抵家小卧。四时乃起。弄《兰闺清玩》图，叔琴至，略谈便去，予亦夜饮。饮后，雪村来谈，未久，即各归寝。

2月1日(正月初二日　甲子)星期二

晨阴,近午开晴。上午五三,下午五六。

报载津浦南段战事剧烈,池河两岸血战一星期,卒为寇猛烈迫击,已退两岸。详情虽未悉,其势恐已失振矣,思之愤愤。

丏尊、絜如夫妇、庆三来,调孚来,因具酒与雪村共酌之。饭后,大椿来。未几,庆三、絜如、雪村、丏尊夫人坐拢打牌,予与珏人乃偕调孚往黄金大戏院看戏,票子三日前已预购矣。票价一元二角,加附捐一角。今日再泡茶一杯,价二角。前后合一元五角,相当昂矣。剧目:芙蓉草、高维廉之《拾玉镯》,常立恒、马艳芬、苏连汉、韩金奎之《法门寺》,林树森、程少馀之《举鼎观画》带《跑城》,李万春、毛庆来之《水帘洞》。一时开演,五时许完。尚好。夜归小饮。饮后为诸儿批字,并写《闲情偶寄》题记一则。

2月2日(正月初三日　乙丑)星期三

阴霾,狂寒。上午五三,下午同。

依时到店。今日起,门市暂设在后进之楼下,以俟间壁门面之装修。三楼正在部署,大约明后天即可将办事处所迁入也。午间,与丏尊、雪村、雪山、索非、均正、调孚往沈大成吃菜饭,饮酒半斤。须费三角馀。接圣陶重庆一月廿六所寄信,又接晓先长沙所发信。渝地生活尚不昂贵,可暂安。晓先则奔走甚窘,最近将有贵阳之行,惟眷累不能径行耳。夜归小饮。饮后看《传家宝》,十时乃寝。

战事侧重津浦南段,临淮关一带岌岌可危,徐州尚固守中。

2月3日(正月初四日　丙寅)**星期四**

阴,傍晚雨雪兼至。上午五二,下午五一。

临淮关似已陷落,而"华中政府"之酝酿乃大见活动,唐绍仪、李思浩、李国杰、傅筱庵辈正蠢焉思有以逞厥志。国家失驭,坐使群丑跳梁,可胜诛哉!

晨八时前,送同、复、密到德化,缴费各八元,连前报名费移作用品费,共为每人十元。校中人言,现须配书,后日乃可分发,大约须下星期一始能正式上课耳。即携同等归,然后偕雪村入店。店中三楼已出空,相度地位后,下午即将办公桌具移入。惟门窗均须改作,料想十日后乃得安坐也。午间,与雪村、士敭、索非、均正、调孚同往老民乐园吃面,予仍用羊肉,摊费二角五分半。夜归阻雨,与雪村、絜如、均正、索非、士敭共雇汽车以行,摊费二角,较人力车为廉且适矣。托阳生往鸿运楼定菜,预备后日晚间为雪山寿,兼补祝叔琴寿,当分柬同社知照。写信复圣陶,依来旨告家庭琐况。信须明日发寄,盖有所待也。

2月4日(二月初五日　丁卯　戌初一刻十四分立春)**星期五**

阴雨。上午五二,下午同。

依时到店,寄出圣陶信。写好晓先信,待明日有人附信再发。午刻仍在老民乐园吃面,予用鳝糊过桥一,饮酒半斤,计费五角八分。煦先由衢州挈眷来沪,以一时无屋可赁,暂住麦家园惠中旅馆。散馆时,振铎、予同、大雨偕煦先来店,约雪村、调孚及予往马上侯小饮。八时半始散归。正初物价昂,计用八元馀,予同付之。天然往濬儿所看昌顯、昌顺,据云,顺痧子甚透,已回。顯亦早回,惟新受风寒,微见咳嗽,但无妨。闻之甚慰。

报载蚌埠已陷,但我军正增援反攻中。寇机四十馀架袭粤。同时寇舰袭虎门炮台,炮战剧烈,寇未得逞。闻守台者仍为翁照垣,陈策副之。上海寇兵强占前市长吴铁城住宅及立法院长孙科住宅之今租与德领事作公馆者。局面日非,非回春实不足以湔涤此污矣。

2 月 5 日(正月初六日　戊辰)星期六

大雪,晚晴。上午五二,下午五〇。

粤中政局不稳,谣言蜂起,有谓陈济棠旧部与寇勾结,故俟寇机狂轰时欲乘此起事者。省垣戒严。报纸均言幸已破获主谋机关,而夜遇道始,则据告目前尚未脱离险境也。且闻渠言,陈中孚阴谋活动之"华中政府"不但拥唐绍仪以图拉拢西南实力派,所有从前国民党右派"西山会议"系下诸人均参加,刻正在着手组织中,不日将见分晓。呜呼!若辈只知权位,甘心作贼,戕害民族,诚狗彘之不若矣!又闻川省自刘湘死后,亦有问题,张群迄未能到任,并有暂止香港说,是亦腹心之患也,不审地方弄兵之流何皆无心肝乃尔。

晨与雪村到店,叔琴继来,因共呼一家春饭食之。摊费二角五分。以畏雪未出,故呼饭留餐。傍晚雪霁,与雪村、雪山、士珍、絜如、叔琴同过一枝香故址新开大鸿运酒楼,为雪山作生日会,并为叔琴补祝。守宪、丏尊、廉逊、晴帆、道始陆续至,沪上社友毕集矣。所惜洗人、圣陶在渝,未能共为衔杯之乐耳。畅谈至九时乃散,予及雪村、叔琴即乘道始之车以归。到家后犹及听仙霓社子弟播《夜奔》及《惊梦》、《秋江》各一段。公司为去年《民众周报》案及泰利调解案，特酬道始出庭公费三百元，今日由予当面交付之。大鸿运菜饭茶资及外小共十六元。同宝泰酒四瓶，计二元四角。八分摊，应各出二元三角。

2月6日(正月初七日　己巳)**星期**

晴。上午四八，下午五三。

蚌埠失后，战事甚紧，寇方志在打通津浦线，故同时在平汉线增援，压迫安阳。德国社党与军人决裂，希特勒已将军人系领袖白纶堡免职，自制海、陆、空三军。消息初来，以为将起政变，不无动乱，乃为希特勒所把持，遂行其志，欧洲风云，一时无由净扫也。余汉谋、吴铁城发表谈话，矢志拥护中枢，竭诚抗战到底，外间谣诼举不足信云。

午后独出闲步，自迈尔西爱路北行，经慕尔鸣路转西，过静安寺路，折南由西摩路、亚尔培路以归。依然无聊，而脚酸肩压之感随之来，殊不值也。四时许，予同见过，谈至上灯，去。予亦夜饮矣。饮后与天然及其三姊谈苏州近状，据告已有人乘轮船往回，不日亦将归视云。九时，听仙霓社播《秋江》、《刺虎》及《佳期》中之《十二红》一节。十时许就卧。

2月7日(正月初八日　庚午)**星期一**

晴阴无定。上午五一，下午五四。

依时到店，办事室已布置就绪，玻窗四辟，光明洞然。安坐其间，颇有新趣。数月以来，块然如寄，今乃得坐定，诚"八一三"后第一快也。午饭于店附近之天天福建馆，味不恶而价廉，可当家常日用也，费仅二角二分。同往者，调孚、均正及士敭、士敢兄弟。接云彬长沙所发明片、信函各一，知暂顿眷衡阳，或将西行入蜀，而身自往来湘、鄂，冀有所遇。当复一函，与晓先函并发，寄长沙支店刘甫琴转交。五时散出，坚吾适来访，因同过季康，约饮于马上侯。八时许始散，与季康同乘九路公共汽车以行。彼自成都路下车，予则由迈尔西爱路口降车步归。

粤局已定，捕乱党数百人云。其他战事消息，不甚明晰。

2月8日(正月初九日　辛未)星期二

晴。上午五一，下午五四。

战局重心仍在夹淮相持中。浙省我军反攻，已克馀杭及富阳，将迫杭垣，晚报载寇将松井赴杭，想见形势严重。

二外孙女昌顺痧后新感风寒，昨日陡剧，文权电话来告，因劝改延西医。当即托雪村电话往请克明，于六时过其家诊之。今晨文权来，谓杜医师诊断为肺炎，已送同德医院，尚未晓如何也。珏人嘱清儿往医院监护，仍嘱濬儿善视昌顯。下午四时许，清儿、文权先后电话来告，谓昌顺已没矣，玉雪可念，一朝化去，为之痛惜。遂为濬支存款百元，托阳生携往医院，并为一切料理之。

依时到店，预备股东会事务。午仍过大大吃八仙面，价二角二分。午后，越然、乃乾、良才先后来。散馆后，与雪村、良才同往高长兴小饮，盖雪村知予为昌顺悼念，特邀饮以解慰之也。八时许归，弥感。

今日淑侄生日，汉、漱两儿及静甥往吃面。润、滋以入学故，未与。

2月9日(正月初十日　壬申)星期三

晴，薄暮阴。上午五二，下午五四。

依时到店，处理杂事。午间与雪村、雪山、调孚、均正、索非、士敭饭于杏花楼小吃部，予吃牛腩饭，连茶二角六分。阳生告予，昨日医院中事料理至九时始已，费尚省。文权以送病人入院后十六小时内迄未见主任医生临诊，责其疏忽，坚欲起诉。嗣经道始调解，由院退回医药费，并罚出五十元以示薄谴。院长顾毓琪，亦为道始之好友云。午后，克明来店看雪村，对医院事有所解释，似有误会，颇窘。雪村为予疏说，绝不干渠甚事也。夜归小饮。饮后读周稚圭《心日斋词》。九时许就寝。

报载淮城战事甚烈，寇未必即能遂逞。汉口、宜昌、沙市均被空袭。寇舰扰粤海难逞，竟致牒我守厦门将吏，限日退出，否则轰毁全城云。狂妄蛮横，全无人理，自毙之时殆不远矣。英、美、法三国正式牒告寇方，重申伦敦《海军限制条约》，如不将最近造舰计划宣告明白，将各事竞造，自由行动。寇方军阀及其爪牙各新闻纸均仍恃蛮胡干，坚主不理，其主持外交者则稍稍知形势之无利，颇有依约宣布意，惟受制重重，恐难独行其志耳。

2月10日(正月十一日　癸酉)**星期四**

晴阴兼施，午后微雪。上午五二，下午五〇。

淮上战事无进展，寇欲犯亳以胁商丘，恐未必逞也。长沙昨遭空袭，颇有死伤，因念长支店及留湘诸稔友。

依时到店，为股东会事有所措置。文权电话来，谓已持二十元往谢克明，并当面解释。午间偕雪村、雪山、索非、均正、调孚、士敭往味雅吃饭，适遇坚吾、季康，因与索非过饮。午后约梦岩吃酒，而丏尊、子敦、剑三先后来，遂约共饮于茅长顺。散馆时，丏、村、敦、剑、调先往，予则过吴宫六楼六〇四号房会坚吾及梦岩。坚吾方入坐打牌,予遂与梦岩先行,径赴茅长顺。至则叔琴、煦先均在,叔琴之戚林君亦先到,共十人,坐两桌。及终局,坚吾卒不至,大约为牌局所拘矣。席次争会钞,雪村倡议,以撇兰法解决之。予拈得二十分之一,梦岩拈得二十分之五,予合付二十分之六,计一元九角二分。八时许归,看珏人等打牌,九时半乃睡。

2月11日(正月十二日　甲戌)星期五

晴,月色好。上午四九,下午五八。

报载寇舰攻虎门未逞,淮上战局亦无进展。上海于数日前发见社会日报馆主蔡钓徒被暗杀,悬首于法租界薛华立路电杆上一案,尚未破获。今日又在杜美路浦东中学门首电杆上发见无名男首一颗,而文汇报馆及华美晚报馆又各遭手榴弹袭击。是此间治安已臻混乱之境,寇方卑劣行为竟无所不用其极也。

依时到店,最后运汉之书件档卷,今日由馀顺公退回,因大事整理,迪康常管之卷幸未失,快甚。午间仍饭于味雅,与雪村、雪山、调孚、士敭俱,摊费三角六分。絜如告我,会计部账已大致有约数百凭,遂决于本日下午六时召集董事会,俾股东会提案有所依据。二时发出通告,六时在四马路味雅二号开会。至时,在沪董监毕集,惟何监察五良以病托代,孙董事道始以身自请客未克到场。报告账略后,决明日就议道始后再定。八时许散归。予与雪村、絜如同行,在郑家木桥乘廿二路公共汽车,经成都路、同孚路间,车正开驶,予帽突为窗外偷儿攫以去。此帽值仅一元八角,去秋新置,前年冬天曾被攫,故挨至去秋始再置,乃不半年而复失,亦堪笑也。虽然,上海攘窃之风不戢如此,殆鬼国之不若矣。晚报载巨福路畔又发见人头,至足骇叹。是第一、第二人头案未破,又突来第三个,必有阴谋,以予度之,死者未必皆抗敌,而寇方有意为此借刀之计,欲藉恐怖呵成在沪或竟为华中、华南之伪组织耳。可恨甚矣。饭后返店,途经三马路蟫隐庐,购得《经韵集字解析》二册及康有为自写《诗集序》与梁启超手写《延香老屋诗稿》一页之合订册,两计八角。雪村亦购得横行本《清经解》廿六册及编目两册,计四元。为文权买香烟二元谢阳生。

2月12日(正月十三日　乙亥)**星期六**

晴。傍晚细雨,旋止,夜半大雨达旦。上午五二,下午五五。

寇已有一部渡淮而北,然我阵地仍固,且别队反攻蚌埠得空军之助,颇有进展云。上海萨坡赛路又发见第四人头,可见寇方恐怖政策正在进行中,审此,只有见怪不怪耳。

依时入店,预备股东会事务。午间,与雪村、调孚、士敭共饭于石路吉升栈外之天津店,各啖炸酱面及饺子、包子等,摊费二角七分半。今日托阳生在石路大江南饭店开一三六五号房间,约文权、濬华与清华往浴,以便清华归时藉免传染。同时属珏人偕同雪村夫人、天然及其三姨先于下午一时前往,汉华陪去,适修妹来,因偕行。散馆时,接清华电话,谓将在旅馆夜饭,属即归,早饭后遣静甥等往浴,托士敭领去。因与雪村归。小饮罢,与雪村共调盈儿,属士敭、士敢、士文、静鹤、漱华、同、复及吴家小婢巧喜即驰车前往大江南,有顷,珏人、天然等四人先归,谓修妹及文权、濬华已归去,士敭等正入浴,清华当待毕浴后偕归也。九时,听仙霓社播送《思凡》、《絮阁》。十时许,珏人拥盈儿先睡,予坐待诸儿之归。至十一时十分尚未见来,以临近戒严时间,颇为担心。又十分钟,始叩户齐返,乃大慰。急解衣就卧,合眼已十一时三刻矣。写信约道始来，至暮未见，乃电话询之，已有事到浦东大厦矣，其忙可知。只得明日再访之。

2月13日(正月十四日　丙子)**星期**

雨。上午五五，下午五七。

淮战仍未分晓，报纸亦沉寂。

晨丏尊来，欲偕往道始所。予谓天雨淋漓，不如无行。遂坐雨闲谈，至十一时半，与雪村、丏尊共饮。饭后，雨稍止，三人同行，诣道始谈。决定股东会只提损失报告，不主减资及其他案由。三时辞出，过访愈之，愈之住贝谛鏖路、圣母院路间之巨籁达路，距道始住所甚近。至则愈之尚未归，只晤仲持。且谈且俟，至五时，仍未来，乃归。五时许，振铎、予同来访。少坐，铎去看电影，予同则谈至六时许乃去，留之晚饭，不肯。六时半，小饮。饮后，听祁连芳唱开篇，九时许即寝。

接怀之元旦所发香山北沙信，告翼之全眷在洞庭东山，尚未谋面。家下则已搜劫无馀。惟圣陶家完好无恙，仅衣物略有损失耳。

2月14日(正月十五日　丁丑)**星期一**

晴。月色皎莹。上午五五，下午五三。

报载津浦、平汉两线间寇侵益亟，南部已及固镇；北部已陷濮阳、封丘，将渡河逼开封、商丘。下午丏尊来店言，银行界息，徐州已失守，且有讲和之说。据云，先停战三年，从事于合作之进行，华北寇得随时干涉行政，上海则划闸北为公共租界，以虹口区专作寇租界，甚谓一般投机者已在闸北开始买收地产矣。予谓如此具体，决非真相,其为寇方故纵之谣言可知。否则何以处蒋,抑蒋将何以自处乎。

依时到店,拟好董会提案,俟道始来看,不至。饭后接其电话,谓实无暇过谈。予因就话筒中读与听之,认为妥适。因即交士敭印出。午间与雪村父子及调、索、均赴饭于天天。予用什锦炒面,计三角三分,甚丰腆,餍甚。午后与丏、村看帖,备选集仿本。东华来谈,移时乃去。前日向珏人取十元。今日阳生、金才各来算账,阳生代付大江南房金、饭菜、小账共九元。金才代付上月电费四元五角五分,均讫。夜归小饮。饮后,雪村夫人与珏人等出步月,士敭、士敢、士文、清华、润华、漱华、滋华、天然、巧喜俱偕行。遇法籍醉兵,几肇事。旋以法警斥去法兵,始安行以返。帝国主义笼罩下,殆无光明世界,斯言信矣。安得净扫胡尘以还我清白之域耶!

2月15日(正月十六日　戊寅)**星期二**

晨晴,近午阴,午后雨。上午五四,下午五八。

报载徐州甚固,北攻已克汶上,南战又克凤阳、临淮,空军复在蚌埠大炸寇军,与昨闻谣言殆难相近。惟寇出全力沿平汉线南犯,我军已退汲县,其别队之出大名者亦逼近封丘,直犯开封,而寇机且狂炸郑县,颇有死伤耳。

依时到店,办股东会事务。气闷郁而蒸润,殊不舒,恐致雨,饭后果然。未出馆,呼一家春牛肉明治饭食之,计二角五分。下午二时,在一家春八号开临时股东会,经过顺利,四时即毕事。惟黄素封临时动议,欲别选股东数人组业务设计委员会一案,颇有取瑟而歌之感,此人之野心诚咄咄可畏哉。当场决议,交董事会筹办之。

散会后仍过开明少坐,与望道、予同长谈,知外间议和之谣甚炽,且言之凿凿,一若势有所必至者,奇极。雪村夫人、珏人、士敢、清华均来参与股东会,傍晚乃与雪村、士敭及予共乘汽车以归。夜小饮。饮后为清等授归震川《先妣事略》两节。十时后就寝。

2月16日(正月十七日　己卯)星期三

晨阴雨霏微,旋发风,震窗作声,午后放晴。上午五八,下午五五。夜月色尚好。

郑州大轰炸后,寇机仍四出肆虐。但津浦线南北战事我俱大胜,寇军已自蚌埠向明光总退却。

依时到店,整理股东会记录并拟业务设计委员会简则。午间与雪村、士敭、索非、均正、调孚饭于吉陞栈外之天津馆,啖炸酱面并饮白干,摊费四角五分。归店时过世界书局,为静甥购大字笔一枝,为同、复等购铅笔一打,共费二角。散馆前,良才见过,邀雪村及予出饮,因共往茅长顺小酌。八时散归。托纯嘉在商务购到《国学基本丛书》本《新学伪经考》、《庄子集解》、《荀子集解》、《韩非子集解》、《天工开物》、《饮膳正要》、《语石》等七种,计一元四角八分。闻良才言,此次广州事变,据其粤友家报,实为一幕喜剧。盖寇先与李福林勾结,约期集事,以飞机空袭为号,同时暴动,且已混入浪人百馀,过付贿金约千万元;乃争位未定,李听人之劝,密电汉蒋出首,遂得一网捕尽,及飞机翔空,城中竟无一人能应之也。

2月17日(正月十八日　庚辰)星期四

晴,风峭。上午五四,下午五七。

依时到店。发出圣陶信，附雪村所致洗人函中，告苏屋无恙。午饭于味雅，仍与雪村、士敭、调孚、索非、均正俱，摊费二角九分半。午后，丏尊来店，出彬然信，知仍住萧山临浦，祖璋亦旅居彼处也。散馆归，小坐便饮。饮后为诸儿批字，并将归震川《先妣事略》授毕之。反复讲解达两小时，十时始睡。

战事消息如故，寇虽很，未必遂逞也。向珏人取五元。

2月18日（正月十九日　辛巳）**星期五**

晴朗，夜月皎好。上午五三，下午五五。

报载我军战况顺利：津浦北向已克邹县；南向已复小蚌埠，淮北除怀远外已无寇踪；浙西方面，在长兴、吴兴一带迭有进展，游击队且攻入嘉兴云。如此克捷，何得遽有求成之谰言，其为寇方故纵以惑民心可知，奈何自隳信心以倾听之耶！

依时入店，股东会纪录就理，并送呈主席周为群签字。下午校活页文选四篇：一蒋士铨《秋灯鸣机图记》，二袁枚《祭妹文》，三胡适《差不多先生传》，四朱自清《背影》。又校龚自珍《病梅馆记》。此皆乐销之货，故随时凑排，付诸校印也。午前幼雄来，三日前自上虞返抵此，暂住愈之所。因共往南园午饭，雪村、雪山、士敭、调孚、均正与俱。啖瓦罐煲腊味饭中器一事，又烧鱼头及炖牛筋各一事，白饭各一盅，甚酣饱。计摊费三角五分。夜归小饮。海林来陈家，因晤之，悉梦岩已于元宵返周浦视产，以得伪组织通知，如不报到登记，将没收财产，故冒险一往焉。据云日内即可出，未审安顺否耳。饮后，为诸儿理课，并为授蒲松龄《口技》一篇。九时三刻乃得睡。

2月19日(正月二十日　壬午　申初一刻七分雨水)**星期六**

晴。上午五四,下午五六。

战局甚好转。虽寇机曾袭重庆、衡阳及武、汉,而在汉被我机击落其十二架。封丘之寇已击退,平汉线仍在卫辉以北作战。寇将松井石根且向东京请益兵,无论措辞如何堂皇,而不敷分配则无可掩饰矣。

依时到店,丏尊亦以家下太喧攘,来店写作。午间,与丏、村、调、均共饭于燕华楼,远不逮昨日南园之畅适,摊费乃至四角五分,可云昂矣。今后恐未必再往问津也。午后,看陈石遗《近代诗钞》,前印线装本,今改西装本,定价视前减十之七。予细检之,竟缺郑孝胥、罗振玉二人弗录,前本明有而兹削之,殆为失身"满洲伪邦",坊贾恐贾祸而去之耳。人之行能用藏顾可不谨乎哉。散馆时,接良才电话,约往马上侯吃酒,至五时许,予与雪村赴之。予付小账两角,正数三元一角七分七厘,属记帐。八时左右乃各归。濯足就寝,已将十时矣。

2月20日(正月二十十一日　癸未)**星期**

阴霾。上午五五,下午五七。

报载各路战况无甚异动,而此间法租界蒲石路圣母院路附近又发见无名男子头颅一颗,先后第五次矣。举动无聊可叹,寇方诚卑劣残酷之至哉。

潘临生来谈,盖本在南京水泥厂服务,亦随军撤退至汉口,转道长沙、广州乘轮到沪者。途次尚平顺。现暂住天然所。竟日未下楼,看《唐诗纪事》。午后一时起,听国华广播孙纬才父子药房为“镜面霜”拉拢之特别节目，计蒋月泉、朱耀祥、赵稼秋、严锡龄、杨斌奎、沈俭安、薛筱卿、徐云志、陈莲卿、祁连芳、陈瑞麟、陈云麟、许继祥等，直至晚十一时始止，不啻光裕社大会书也。予于九时三刻睡，未及听许继祥《英烈》耳。六时许小饮。七时许为诸儿温课，反复剖解。汉儿自濬儿所返，知昌顯已全愈，惟不能脱人将护耳。因再饬静甥往住，俾伴几时，亦一佳事也。

盈儿昨起不松爽，夜半发热作咳，今日早睡，气甚逆，屡醒，予夫妇深为此惧，或染到痧子耶。

2月21日（正月二十二日　甲申）**星期一**

晴。上午五六，下午六〇。

中原战局暂息，晋南转趋危急。而国际情势变化，尤为不利于我。德总统希脱拉在下院发表宣言，明示祖日，一面即承认“满洲国”，一面力攻苏联势力之不应抬头，中国如获胜利，必将危及白种人文明云。如此人头畜鸣，无理可喻，只有发挥自己力量，自求多福而已。同时英外相艾登辞职，其首相张伯伦即将承认意国并兼阿比西尼亚，且有加入德、意、日集团，参加所谓“四强会议”之风说。协以谋我，显而易见，前传英新使东来，挟调解中、日和议方案以俱至，实不为无因。盖此时而言和，在寇则藉以息肩，引满恃骄；在我则无殊签字卖身，永沦奴籍，英之此举全为见好于寇，欲自保其在华之利益耳。我之生死，彼何尝措意及之哉！凡期变动，于我大碍，不识秉钧者终克坚定以持之否？

依时入店，拟议编撰“中学略读丛书”。须凡例写定即入手。

接圣陶十二日渝发四号信，悉将任教于巴蜀中学小中学部，且渝中人材所聚，新旧宾从，络绎往还，殊不寂寞。甚慰。因即写信复之。大约俟此间同人各书复札,或须明后日始得寄出也。

午饭于南园,与丏、琛、索、调、均、珊俱,摊费三角四分。散馆时,乃乾见过,因与雪村偕之同往大马路冠生园啜茗。略啖点心数事。七时归饮,饮后小坐,与雪村纵谈,十时乃寝。买盘林牌香烟一条,棕榄香皂一块,计两元。冠生园茶点费六角六分。盈儿服鹧鸪菜后已退热,为之大慰。此叶右上角之铅笔痕即伊所①。

2 月 22 日(正月二十三日　乙酉)星期二

晴。上午五八,下午六〇。

北方战事重心移晋、豫,寇图进展,至感困难。南方则寇机六十一架轮流袭粤,在韶关击落一架。德承认“满洲国”事,我将向希脱拉提抗议,汉口报纸一致抨击,驻汉德大使陶德曼感受不安云。

依时到店,商定“中学国文教材”即昨日之“略读丛书”编例,予先节选《左传》,雪村拟为“书牍选”,待进行。午间电话叫老半斋春面啖之,未出。价仅一角七分。二时,幼雄来,散馆时同出,在四马路购得王和牌一副,偕行返霞飞坊。修妹、组青来省,晚饭后先后去。予仍小饮。饮后为群儿授元遗山《张萱四景宫女画记》一节。九时三刻就卧。

2 月 23 日(正月二十四日　丙戌)星期三

晴。上午五六,下午六一。

依时到店,午前办杂务,午后开董事会。董会到雪村、丏尊、雪

① 按,此处疑有阙文。

山、道始、守宪、五良六人，通过《业务设计委员会简则》六条，并通过委员人选五人：黄素封、胡愈之、朱仲华、周予同、陈望道。即日致聘，定二十七日召集首次常会。午间与丏、调、均、琛、珊、索、緻同饭于沈大成，摊费三角另四厘。夜归小饮。饮后为诸儿续授《张萱四景宫女画记》一节。

战局依然。寇将松井石根已调回，后继者为畑俊六，当亦抵沪矣。

接绍虞信，知其尊人已逝世。有致其兄际唐一函，当为转送二马路卫生旅馆益苏办事处代带，予亦托带一信与怀之，计费一元。下午绍虞由大陆银行汇来二百元，代为存放，即复之。

2 月 24 日（正月二十五日　丁亥）**星期四**

晴。上午五八，下午五九。

报载松井、柳川均已调回寇境。我空军昨日大队出国，轰炸台湾台北机场，抗战以来，此为第一次，例得特书，所愿再接再厉，扫穴犁庭而后已，则积世之仇庶可雪，被害先民之冤亦可止息耳。英艾登辞职后，政潮起伏，卒为老猾张伯伦所掩盖，下院中工党之质问与弹劾竟遭否决。政侩之肉诚不足供世人大嚼也！今日此间寇机乱飞，迄无休歇，殆恐台北之事复演于虹口一带耳。夜报载昨台北之役，我机一无损失，当地寇机四十架被毁，且油库爆炸起火云。今晨我机一队飞经杭州东去，直指倭土，长崎及九州岛全部终日在空袭警报中，虽结果未闻，料想寇众难安，亦一快也。

依时到店，办理董会文件。午饭于陶乐春，与琛、索、调、均、緻、幼雄偕，摊费三角四分。夜六时到聚丰园为絜如庆生日。丏尊、雪村、雪山、叔琴、守宪、廉逊皆至，惟道始、晴帆未来。八时许散。九时乃到家。向珏人取五元。付生日分子二元五角;前缺四角三分,红蕉缺三角五分,又廉逊生日时酒资二角,均由予付清。

苏州陈君带到怀之、翼之各一函,知翼之所遭甚窘,现仍住横泾。

2月25日(正月二十六日　戊子)**星期五**

晴。上午五八,下午六一。

报载寇军力谋在孟津渡河,我正重兵扼守,决难逞。寇机在粤北南雄等处袭击,与我机遭遇大战,寇八机坠焉。德认"满洲国"事,我已提强硬抗议,同时在汉交德使,在柏林由我驻使交德外部。英新任驻华大使寇尔昨到沪,据言艾顿辞职事与远东时局无关。

依时到店,发出董事会文件。十一时许出访坚吾,坚吾昨尝来约吃酒,因生日会未与偕,故今特过约之。十二时,同往平乔里访梦岩、海林,盖闻梦岩已由周浦返矣。至则晤其兄弟,遂留饮焉。饭后,四人同往跑马书场听书,头档沈丽斌已过。二档张少泉之《杨乃武》,三档夏秀英、夏文英之《描金凤》,四档王燕语、王莺声之《珍珠塔》,均可听。五时半散出,同往三和楼小酌。酒在言茂源购,坚吾抢付之,三瓶计二元一角。菜账一元八角,则梦岩抢付焉。予未用一文,殊难为情。八时许,各归。

2月26日(正月二十七日　己丑)**星期六**

晴。上午五八,下午六三。

依时到店,处理杂务。午间,与丏、琛、雄、索、调、均、觳共饭于会宾楼,甚适,摊费三角五分。三时许,刚主来,谓由湘、桂转港来此,暂寓八仙桥青年会,将返平,仍服务图书馆,据云庚会主张,应以事业为前提,他可不问,足征一般高等华人之心理固与真正民众有别也。五时许,振铎、乃乾先后至,遂偕雪村、调孚约刚、铎、乾共饮于马上侯。良才先在楼下,约并案食,坚不肯。予等乃上楼焉。八时许散,各归。酒账则雪村抢会之,计五元六角。

战讯特佳:津浦南段,我已克复六合,迫近长江,寇纷退南岸;北段则仍在济宁及两下店相持。平汉线我军正由新乡反攻,大有进展,寇队之西向侵晋者,有多股遇挫,已自孟县等处东退。我空军曾飞往寇都东京侦察,寇情不无惴惴,乃扬言即将报复,可叹亦复可恨矣。

2月27日(正月二十八日　庚寅)**星期**

晴。上午六一,下午六七。

报载战讯,昨情多所征实,我南昌防空部队与寇机大战,卒逐出之。我机且在芜湖上游不远,炸沉寇舰两艘云。寇侵晋之股集中灵石,正与我守军激战中。若得大胜,局势当大为改观也。

晨濯足修剪,垂两小时。十时许,丏尊来,借世界书局本《唐诗词谱》合册。十一时去。大椿、叔琴先后来,抵午亦去。予遂饭。饭后一时往店,参列业务设计委员会,到素封、望道、予同、丏尊、守宪、雪村、雪山七人,往复商讨,徒资空论,素封所言,仍为无法实行之高调耳。四时许,散会。望道、丏尊、予同、雪村、守宪则留谈抵暮乃出。守宪径归,而予等五人则过饮于茅长顺。席间丏尊畅谈所欲言,半年来未见有此,亦大快事也。酒资各出一元。九时返,看珏人、天然等打牌,十时乃就卧。

2月28日(正月二十九日　辛卯)**星期一**

晴煦。上午六三,下午七一。

封丘有不利风说，因之开封陷落之讯亦已传播，但均未能征实。山西灵石确已失守，而邑南山地工事仍强固，寇锋未必遂能直前也。空袭广州等处已成老例，我固早为设备矣。

依时到店。索非为付文化生活社款事，与公司闹扭，提出请假一月，雪村、雪山毫不顾念前后，竟批准之，殊令人有长颈鸟喙之戒。付款当否，固须明辨，而私人交谊，恝焉置之，诚不能无憾已。午饭时，乃乾来，遂同村、歇、调、均往复盛居吃火烧及包子，予啖大卤面一碗。账由乃乾会，至窘。夜归小饮。饮后为诸儿批阅习字及订改文卷。九时乃寝。厚斋来，询悉苏州近状。

3月1日(正月三十日　壬辰)星期二

晴煦。上午六八，下午七一。

寇机肆炸宜、渝、粤，宜昌受损颇甚，广州则击落寇机一架云。平汉线我已克复渭县。寇扬言将大炸郑州，且在晋豫交界力图西窜，窥伺潼关，是则大堪注意者。又，昨日此间法租界又发见无名人头第七个，足征混乱，抑且无耻。

昨日月终，取到折实薪水七十二元，扣缴所得税三角，才获七十一元七角耳。归后交珏人六十元，备家用。依时到店，办出股东会通函，有半数地址不明，无法投递，只得暂存服务课待领矣。午间与丏、琛、歇、调、均往东新桥北首南来顺教门馆吃薄饼，其羊肚汤甚鲜美，炒合菜及大头菜丝炒羊肉丝则平平。摊费四角五分，似稍昂，较之洪长顺则大廉。傍晚乃乾来，散馆时同出。彼往三马路书肆闲逛，予则与雪村偕归。文权来，因共饭。入晚小饮。饮后看文权、珏人、天然及雪村夫人打牌，渐渐技痒，因代珏人打数副，九时乃散，文权去。为诸儿购八都纸一刀，毛笔五枝，共费六角，纸价视前涨起几及倍矣。十时就睡,天初转暖,殊难安被,盈儿尤转侧,因失寐。幸一时后即入睡,尚可耐也。福崇自浦江来,暂住旅邸。

3月2日(二月大建乙卯初一日　癸巳)**星期三**

大雾,近午雨,午后开霁。上午六七,下午六六。

灵石克复甚喧腾,但未征实。山东嘉祥已失守,蒋已限令孙桐萱等克期收复济南。津浦南段之寇仍亟图渡淮。是徐州、开封为轴心之战局将展开空前之血斗也。

依时到店,写信寄圣陶、绍虞、晓先。绍虞再寄其兄际唐之函已送益苏办事处转带,其汇款亦代收存待用;晓先前寄屯溪之包裹四件已代向邮局领回,存放店中:故分别函知之。圣陶则以雪村寄洗人之便,因而附致之耳。信甫发出,圣陶信来,知去年尚有会款一百另三元在雪舟处,始终未提,明日当再复知,请就近催提。又接云彬汉上来信,慷慨激昂,漫施褒贬,依然昔日狂态,明日亦将复之也。今日起,讲定包饭于天天楼,每餐一角五分;先付六角,吃至本星期亦止,以后每星期一付九角云。饭时,丐尊未到,幼雄、芷芬来,因共过天天楼进餐。散馆前,乃乾、刚主、石子来访,因电话约振铎同饮于茅长顺,雪村、丐尊偕往。八时许散,酒账五元二角四分,坚为刚主抢会去,甚歉。与雪村乘十四路公共汽车归,到家已九时矣。为诸儿批字课后就寝。福崇午前到店见访,知将移住其叔处。下午四时到家再访,适予未归,不克接晤,至疚。

3月3日(二月初二日　甲午)**星期四**

雾翳。上午六四,下午六二。

依时入店。写信复圣陶。别写致硕民信,附入圣陶所寄函中,即饬送益苏办事处托带黄埭。信资五角。不审能否到达耳。饭后看《左传》,备选注。四时,乃乾来。五时许,雪村、丏尊及予偕乃乾同过刚主于八仙桥青年会,石子、振铎及和尚范成已先在。少谈后范成辞去,予等乃同出,先过大世界东首言茂源,以坐满不容,即由雪村购酒三瓶,二元一角。携往陶乐春三楼共酌之。菜饭不甚好,然谈甚畅。账款五元馀,由振铎付。八时半散,约明日下午七时会功德林。予与雪村、石子同乘九路公共汽车抵慕尔鸣路口同下。因偕雪村步归,甫及门,已九时矣。

时事甚剧转,临汾以南有战事,似临汾已失矣。航空委员会秘书宋美龄已辞职,别任宋子文为主席,已就事,将来且当改组为航空部,直接指挥空军作战云。寇方卵翼之"华中政府"有日内成立说,究设南京或上海尚未定。其阵容已发露,大抵从前安福系之闽人为主要,一部失意政客附之,如梁鸿志、章士钊、陈中孚、陈群、李择一等群丑,俱与其列。推演扩充,不知所届,未识若辈亦曾一思显戮与冥诛之难逃否。

3月4日(二月初三日　乙未)**星期五**

重雾,午后开霁,夕阳甚显。上午六一,下午六三。

战争消息无发展,宋子文任航会主席事经否认,谓钱大钧任副主席,其主席仍由蒋兼领云。欧洲则德奥问题、英义问题与苏联党狱问题,在在紧张,动足牵连世界战局也。

依时入店,仍看《左传》备选,并理杂事。写信复云彬。饭后,与调孚闲步坊间,过访坚吾于新设之教育用品廉售处,未晤。乃入大东书局廉价部随瞩,以法币二角六分购得鸿宝斋石印《四书合纂》十二本,醉六堂石印之《五经体注》十二本,大东翻印之缩本

《吕晚村家书》二本。返店后又属纯嘉在商务印书馆购到郭伯恭辑《四库全书纂修考》及明王三聘辑《古今事物考》、清计六奇辑《明季南略》各一种,计一元九角八分。王著收《续知不足斋丛书》中,已为《丛书集成》所包,偶一失检,致复购;费虽无多而意味索然矣,足见凡事不可出以轻心也。五时散馆,予与雪村共赴昨日石子、乃乾之约,丏尊惮于行,谢未往。予等以为时尚早,先过坚吾谈。继复闲眺大新公司。七时前二分,同到功德林。石子、乃乾及范成和尚已先在。范成和尚现居觉园办难民收容所,不日将组队出发嘉、太、宝等战地掩埋残骸,其热心公益诚可佩。前为印行《碛沙藏经》之役,虽北至冀、晋,搜罗遗经,在赵城发见宋《藏》,所补《碛沙》之缺,尤为人所称道。顾其人和易健谈,初无峻容也。七时半,振铎来,待刚主久,因先饮。至八时半,将阑而刚主来,盖已在叶揆初家晚饭矣。饭罢复谈,至九时一刻乃散。予与雪村、石子仍乘十四路公共汽车归。以途中践及泞淖,濯足而后就寝。连日在外饮酒,多少带有酬应意味,颇厌苦之,不识世之攘攘以征逐为业者,每夜辄赴三四局,其中亦有所感否?

3月5日(二月初四日　丙申)**星期六**

雾,午前后开朗。上午六四,下午六九。

寇志在渡河,集中兵力于晋南,冀突破上游,窥潼关,则陇海铁路且可席卷,遑问洛阳、开封、徐州哉。其计甚毒,其道亦甚危。我军已自平汉线之新乡猛向北面反攻,若到石家庄,寇众将悉成禽,即不尔,牵制其西进亦甚有力也。故日来战局形势乃悬于晋南及平汉路北段焉。国际形势依然如张弓,苏联党狱朋兴,株连日广,内幕必甚复沓,岂史太林一人而外俱犯不韪者耶?

依时入店，看《左传》备选。四时许，有在商务印书馆会计部服务之刘志惠者，来看索非，索非在假，由予接见。据谓前为两船营救之李继法已与美华方面之胡毓威、毛树钧闹僵，不愿与之接洽，愿约开明当局见面，俾除隔阂，约今晚六时在冠生园晤谈。此事早见纠缠，雪村为求速决计，慨允偕予赴约。刘即去，订于五时后再过店同去。一面电话招毛树钧来，诘问经过真相。五时一刻，刘复来，正与雪村絮谈，而树钧至，当面揭发刘非李托，显系招摇妄干。刘甚识相，逡巡求去，谓既有误会，可罢约。予等乃送之出门，因径归。到家已六时半。颇叹世路崄巇如此，真鬼蜮境界矣！亦幸未蹈"鸿门宴"，免罹烦恼焉。小饮后，与诸儿讲解予所删改诸文卷之理由。旋续授元遗山《张萱四景宫女画记》一节。十时乃睡。天然之长兄树伯自苏垣来，行三日夜，今夕始到此。

3月6日(二月初五日　丁酉　未初三刻三分惊蛰)**星期**

重雾不开，近午郁成大雷雨，午后细雨绵延，抵暮不休。上午六三，下午六二。

各路战事均紧，而晋南尤亟。晚报所载，曲沃、绛县俱陷，寇氛将压潼关，则更足注念矣。万一潼关有失，牵动必大，深愿前方将领努力以持之。

上午十时，健君来，知已迁住迈尔西爱路馀庆坊二号。旋刚主偕刘子植节见过，谈甚畅。至十一时许，子植雨中先去。及午，健君亦去。适文权、濬华、昌顯归省予，因具酒留刚主，而约雪村、士敭、文权共饮焉。饮后，刚主偕雪村过访丏尊。予在家整理旧有拓片。未几，代珏人打牌，薄暮乃止。入夜小饮，饮后，文权将眷归去，予亦就卧。

3 月 7 日(二月初六日　戊戌)**星期一**

晨霾,寒风料峭,有如砭骨。巳初大霰,落地如跳珠,旋转大雪,顷刻堆絮矣。薄暮霁,夜半后又雪。昨日雷雨闷燠,今乃忽变如此,诚难测度已。上午五七,下午同。

晋南战亟,形势殊危,报端转无确息,令人悒闷不已。

依时到店,处分杂事外,仍看《左传》。接长沙刘甫琴、张梓生来信,知晓先赴黔以乏车未果,刻正考虑径往抑回沪中,或者仍来海上欤。散馆后与丐尊、雪村、调孚往南来顺吃涮羊肉,饮白干下之,甚酣。较之洪长顺胜多多矣。七时半罢,丐尊忽高兴欲听磞磞戏,予等以难得见此景象,俱愿陪往,乃同过二马路时代剧场看喜彩莲、王宝兰,彩莲之阎媳姣尤出色。十一时离场,乘亿大汽车归。在大东廉价部购得石印《御批通鉴纲目》前编、正编、续编,三编共廿六册,杨守敬、饶敦秩《历代地理沿革图》一册,计七角,虽字不甚好看,而价诚廉减,故出资买归。预付本星期饭资九角。

3 月 8 日(二月初七日　己亥)**星期二**

大雪,薄暮霁,夜深又雪。上午五五,下午同。

寇已逼风陵渡,正炮轰潼关。陕北府谷已被寇渡河陷落,据报已收复。津浦东侧又吃紧,我正派队增援,东海防务已臻稳固。前廿六军长周凤岐近方昧心作奸,在浙西导寇肆虐,我政府播越西陲,无由加之显戮,渠更参列伪组织,有未来"华中政府"军政部长之拟议。连日在沪活动,几于路人皆知,昨日下午一时,竟被人狙击于其亚尔培路私寓之门首,中十三枪,立毙。凡有人心者,莫不称快,想同列奸党不无沮丧矣。

依时到店。接洗人信,知汉运之纸尚未抵渝也。仍看《左传》备选。昨日用费已派好,计东来顺一元二角半,时代剧场五角,亿大汽车四角,共摊二元一角半,即照付讫。又买五华牌香烟一条,计一元另八分。散馆归,少坐便饮。饮后为诸儿授毕元遗山《画记》,并为潄儿讲改文关节。仍批阅字课。十时始就寝。

3月9日(二月初八日　庚子)**星期三**

大雪竟日不休,无人履践处积厚几及五寸,二十年来所仅见。上午五二,下午五三。

报载战况,寇虽沿河猛扑,分路欲渡,迄未逞。潼关无恙,陇海线当在我军握中也。东海县属安东卫突告吃紧,殆寇转变策略,将自陇海线之东端伺我之隙耳。

冒雪到店,为公司复书厂矿迁移监督委员会;为编所复著作人隋树森;为人事课复在假练习员吴寿嵩。写信寄圣陶,编沪渝新八号。附雪村复洗人书中。五时,与丏、琛、均、索、絜、勷共唤祥生汽车乘以归,盖雪泥载途,虽扫除甚勤而泞滑难履,故出此计也。摊费二角。向珏人取五元。饬金才购鲜肉、板油一元三角,散装饼干一元。夜小饮。饮后为诸儿批阅字毕,并理旧课。先提《木兰辞》大意与诸儿,属预备,明后日当详解之。

3月10日(二月初九日　辛丑)**星期四**

快晴,雪未融尽。上午五一,下午五七。

黄河两岸,战况沉寂。蒋委员长发表谈话,对战局前途,仍抱深切信心,谓两个月内战斗力可高一倍,暂时受挫,适足增抗战效率云。但寇方盛传英、义将出面停战事,不识究竟如何也。周凤岐死后，唐绍仪深藏不出，前驻美大使施肇基亦登报否认曾参加伪组织之拟议，因之“华中政府”又难立现，一击之威诚无减于一纸爰书矣。

依时到店，仍理杂事。午后看《左传》。今日为予生日，连日阴霾，忽焉开朗，甚喜；况快雪时晴，本为吾家故实，尤欣欣自得已。同仁朋好原有生日会，以丏尊畏事故，及予而停，不复召集。而丏尊似有缺于予，坚欲于午间便饭时觞予，于是雪村、调孚、均正、士敭、幼雄并丏尊醵酒增肴，即在天天共饮，且同啖面焉。四时许，良才来，本约吃酒。适雪村、调孚以公饯巴金、靳以须往振铎所聚餐，而予以家下有人相待，亦即归；因约明日赴饮。抵寓时，濬华、文权、昌顯已在，遂同饮共面。八时半，濬等辞归，予乃为诸儿批阅字课。良才言，允若自角直返沪，知柏寒家所遭甚酷，门户为寇兵撞开，细软什物席卷一空，而所遗官家所付抗敌后援会等诸文件俱为所得，因扬言将穷治其人。于是柏寒真不能即归，而产业亦难保安全矣。予闻之甚愤，然无语以慰柏寒也。买杭州老大昌“元奇”烟半斤，价五角。

3月11日(二月初十日　壬寅)**星期五**

上午晴，融雪殆尽。下午又雪，间以雨，及暮乃止。上午五二，下午五四。

寇氛虽逼，而我军应付殊不弱，屡欲渡河来犯，卒未一逞。充其量声东击西，多方误我而已。此间连日雨雪，寇机伏而不动，今晨及昨日开霁，深恐我空军来袭，整队狂飞，一则防空示威，一则趁晴训练耳。下午彤云密布，又蛰焉无息矣。予每闻其声，辄胸次作恶，睹其翱翔，不知觉顷上齿切于下唇也。

依时到店，办杂事。接洗人、圣陶信，系三日所发航函，尚不迟。知近况颇好，洗人将觅期东归矣。雪村有书寄长沙，予附书与晓先，一探究竟，未识能否不相左耳。午前十时许，陈晋贤来访，盖自苏避地来此，甫于五日前到此也。据告允言已携眷回溧阳，迄今无消息。勖初、致觉刻俱在城，勖初仍住古市巷，致觉仍住十全街，均曾逃过洞庭山，幸未遭劫掠。勖初特托打听浙江大学所在，以其子济华去秋考入浙大一年级，随校流徙，至今无信也。予接闻诸信，百感交集，当力为探求答复之。并询其他识友状况，多半不知。有顷辞去，为之怅惘不怡者半日。散馆前，良才来，因与丏、琛偕之出，过饮于马上侯。坐次，良才以恢复二元会为言，遂重定酒友，不愿者听其退出，略拟与会者为丏尊、雪村、良才及予，此外廉逊、世璟、子敦仍旧，别约坚吾参加之。以后每月集饮一次，推予接洽。今夕酒账由予会，计三元另，记账上。支活存三十元。付汉、漱两儿利息八元八角。明日为孙中山逝世纪念，开明循例放假。

3月12日(二月十一日　癸卯)**星期六**

朝晴，旋阴霾。风厉。上午五四，下午五五。

报载晋南战事已反攻得手，风陵渡之寇已向北撤；渡河西侵陕北之寇亦被击退回；津浦路南北战事均烈，但局势仍无变动。德奥风云甚亟，德国已陈师境上，奥总理许士尼格已被迫辞职，而德所发与奥之最后通牒则已通知意大利，是欧战爆发已在眉睫矣。

竟日未出，写书根自遣。午前丏尊来。午后福崇来。珏人率润、滋两儿并偕密先于清晨同往濬儿所。薄暮，珏人归，谓密、润、滋被留住，将于明晨伴送归矣。夜小饮，饮后少坐即就卧，虽未出门却甚觉吃力也。

3月13日(二月十二日　甲辰)**星期**

晴阴兼施。上午五三,下午五六。

西北战场形势陡转好,我军挺进,已深入晋北。克复黑龙关、岢岚等地。同浦路切断,临汾寇军北退。豫北我军已克汤阴,进逼彰德。寇军志切渡河,分从封丘、原武、孟县、垣曲、平陆、风陵渡等处伺便窥攻,今已全失机宜,将难图一逞也。德国希特拉入奥,奥总统亦被逼辞职,兼并之势已成,中欧之现局立破,火并之期不远矣。俱见各报。

晨挈湫儿往亚尔培路五味斋吃汤包,计二角二分。文权、濬儿、昌顯及润、滋、密于午前十一时许归来。夜饭后权等去。竟日未出,仍写书根。夜小饮。饮后随意翻览,直待文权等打牌毕始罢。伊等去,予亦就卧。

3月14日(二月十三日　乙巳)**星期一**

快晴。上午五三,下午五七。

德已不劳一卒实行并奥,义国原为力保奥国独立之强援,今得凶问,置之若无睹,可见国际道义直刍狗之不如也。寇军在前数日声势甚壮,指日渡河,将直犯陕、豫窥我蜀、鄂;终以深入无继,后路被绝,风陵渡濒河部队纷纷北撤,永济、临汾诸城俱为我军收复。其华北军司令寺内寿一已明令调回,改派朝鲜军司令小矶国昭承其乏。小矶本关东军参谋,一手造成"满洲国"者,不审此来亦自问有把握否。暴师远征,统帅屡易,我见其即毙矣。

依时到店,办理杂务。写信与廉逊、子敦,约明日复行二元会。下午,开董事会及设计委员会,到丏尊、雪村、雪山、予同、达君、道始、振铎、素封、望道、守宪十人，甚盛。董会通过裁撤北平分店；添设天津、重庆、桂林三办事处，直属总公司。追认添聘振铎为设计委员会。设计委员会议复函授学校，但计画甚大，尚待从长考虑耳。乃乾、廉逊来，谈有顷，散馆后乃各去。夜归小饮。文权来，谓予托送勖初信已送麦家祺带苏。其到期存款即属予代转。盖予上午曾写信致勖初，饬人送与文权，属乘西友之便携交也。晚饭后即辞去。

昨日小烟兑店拒用钞票之印有外埠地名者，一时谣诼蜂起，人心惶惶。予家收有厦门中国银行票及山东中国银行票各十元，今日携往店中，向雪山掉换；雪山取以向银行兑现，无问题，其实烟兑业乘机要利，特播此风传以牟好处耳。换得处取五元付上月电费，找还一角三分。属金才购腌肉二元，鸭蛋一元。馀款仍交珏人。预付本周饭钱九角。士敫耳疾作，上午往杜克明处诊察，谓不致患他疾。下午形寒，即属归休，入夜竟发热。不识明日能即痊否？托纯嘉在文星处购得《王季重十种》、《谭友夏合集》、《白石樵真稿》、《李氏焚书》、《袁小修日记》等五种七册，计五角二分。

3月15日（二月十四日　丙午）星期二

晴。夜月皎好。上午五五，下午六三。

德奥合并已正式实现，所有奥国军队及驻外使领馆均并入德方，慕沙里尼既默契于先，英、法两国遂瞠视不能发一言，只谓若再加甚不堪复忍耳；而捷克边境已重师压之，德、捷之间不能容发矣。希特拉乘时投隙，诚幸运人哉，宜其踌躇满志也。虽然，多行不义，天实厌之，行见陈尸道路，燃灯于脐，与“卓灯”竞辉耳。晋中战事日见好转，同浦路上将歼寇于临汾、赵城之间，道清路上转觉紧张。

寇无由获逞,乃大队飞机袭击西安、汉口以求泄愤,而我固具有相当防卫,损失亦甚有限也。

依时到店,办理杂事。兼写信与圣陶,告勖初、致觉近闻。维文来访,谓与慰元曾返苏一行,遇见彦龙,仍住故宅,损失尚微,顾氏则终无消息。并承见告苏地维持会群丑跳梁状,不禁心恶,斯等亏体辱亲之败类,不问其为先辈抑同道相识,举可杀,吾不忍数其姓氏矣。夜六时,在老半斋举行二元会复兴会,到雪村、廉逊、良才、子敦、坚吾及予六人。丏尊形寒早归,世璟校事忙迫,俱未与。酒系在国货公司所购,每瓶价止五角五分,较别家廉一角五分,味尚不恶。终席综计,人摊一元六角。席散,与雪村归,在大世界门前遇柏寒及其少子,同乘廿二路公共汽车西行,匆匆未获畅谈,至霞飞路而别。士敭耳疾未痊,入晚仍有寒热,故未到店。同、复、盈三儿今日属天然播种牛痘。为濬儿将定期存款到期款二百元转入活存折,利息十元取归,代付所得税九分。

3月16日(二月十五日　丁未)**星期三**

晴,月色明鲜。上午五八,下午六三。

依时入店,办理杂事。下午为丏尊校《阅读和写作》排样。

德、奥合并已正式举行典礼,奥大利遂夷为德意志之一省,奥国内奸殷嘉德竟腼颜为首任省长云。意大利本为保障奥国独立之靠山,今得希特拉之暗示,乃召集法西斯最高会议,力赞德并奥之合理,国际道义可知矣。苏联党狱已判决,布哈林等十八人处死刑,已执行枪决。晋局大转,寇败挫引退,似已不敢冒昧轻进深入矣。群丑梁鸿志、章士钊、温宗尧等甘心附寇,竟于昨日随畑俊六乘车入南京,着手组织“华中政府”。上海有无耻游民受寇嗾使,将在公共租界游行示威，表示拥护此伪组织，工部局遂举行警戒，一若前此寇军游行南京路之情状。但终日无事变，晚报仍言伪组织犹在筹备中，未能于今明日立时实现也。

饭后阅书摊，遇乃乾，同过蟫隐庐，购得石印《格致镜原》十六本，价一元六角，并不便宜，爱其字尚大，纸尚洁，故过存之耳。昨夕之会，雪村购得多馀国货公司绍酒一瓶，予以彼不多饮，宜由予购，遂转让来，偿价五角五分。夜归小饮。饮后为诸儿批改字课。九时三刻就睡。接济群八日宜昌所发信，知伉俪已安抵彼处。

3 月 17 日（二月十六日　戊申）**星期四**

晴，夜月好。上午五八，下午六二。

战况已东移，津浦北段寇大增援，由关外开到者均即转前线，预料将来决战仍在徐、海之北，山东境上也。连夜月妍，寇机乃累袭汉口、南昌，汉机场尤为欲得甘心之目标，幸防卫密匝，不敢低飞，所损无多耳。我空军亦连日轰炸南京、杭州寇据地以报之。希特拉奏凯回柏林，备极铺张，群下竞上“大日耳曼元首”等号以媚之。独夫民贼，千古一辙，可慨也。波兰、立陶宛冲突；法表示捷克如被侵，即下动员令以救之；西班牙政府军大败，德、义增开队伍入境；英内阁动摇，艾登将起而代张伯伦；苏联党狱继作，鲍格莫洛夫等又列入被告：凡此不安诸状，胥足引发战祸，第二次世界大战殆不能免，而轴心将仍系于欧洲乎。

依时到店，处理杂事。芷芬今日复来店中工作，仍任编辑。夜归小饮。饮后批字课，并为《格致镜原》写书根。顺查有缺页两张，已无法增补。此书付值太昂，而又残缺，贾人亦心狠也已。十时就寝。

3月18日(二月十七日　己酉)**星期五**

晴。上午六〇,下午六四。

晋南寇军退路截断,我军已陆续渡河追击,风陵渡北退之寇已被包围。浙、皖游击队又纷纷斫阵斩获,守寇已不遑宁处。十六夜寇袭汉时,堕弹一枚于汉口中山路商会与新市场间,伤数人。又十七日广州北开之车在河头车站遭寇机袭击,中车厢一节,立死乘客二十五人,其逃下避入麦田者,复为机枪所扫,又死多人。南通附近寇军企图登陆,我发炮阻之,战事遂作,各航轮昨均中途折回,崇明、海门、启东各港亦告封锁,长江航运已全部停顿矣。并闻镇海口有炮战,温州亦将封闭云。

依时到店,处杂务,下午仍看《左传》。有乡人陆伯云者来访,询知久在老介福服贾,与绍虞之兄际唐稔,持际唐函欲取绍虞所汇二百元去。此人调孚亦识之,盖越然之友也,因如数付之。接圣陶函,属打探硕民行踪,且设法汇款济之。其实汇款绝不可能,而前信且未见复到也。明日当详复之。夜归小饮。饮后批字课,旋翻看《结邻集》,十时始寝。同儿感冒乏力,昨夜发寒热,今日为请假一天,俾静卧休养。入晚得汗,热渐退,明日当可霍然耳。

3月19日(二月十八日　庚戌)**星期六**

阴,近午细雨,午后放晴。上午六〇,下午六二。

报载山西我军反攻大胜,重要渡口如风陵渡、茅津渡、平陆等处均先后收复,黄河北岸之寇纷纷后撤。津浦线转紧,寇传占领滕县及临城,我军则自左翼猛攻济宁以牵制之。而我司令长官李宗仁于昨晚通电报捷,谓"鲁南临沂方面之寇约万馀人,连日被我军围攻，歼灭甚众，本日残部突围，分向莒县、沂水窜逃，狼狈不堪，我军正猛力进击中”云。寇方唯一炫技厥为飞机，故愈败而活动愈力，连日大队轰炸粤汉路，即坐此故。报又载有德机师五十人昨到沪，携有三人坐轰炸机五十架，不日北上，参加津浦北段之决战云。同恶相济，亦固其所，在我惟有深切记泐，得当有以并报之耳。波兰竟向立陶宛致最后通牒，且发兵入境，显系德嗾向苏挑衅。苏联既竭力避免对外作战，则立陶宛必致屈服也。虽然，机热矣，吾见北欧必先被兵耳。

依时到店，办杂务。士敭病痊入店，庶事有所归，大松。写信与洗人告近状，复圣陶以硕民尚无信，苏州汇兑无门，一时殊难如志云。向珏人取五元。商务印书馆今日起设廉价部，陈列新书，均售对折。予与调孚、雪村于午前十时左右往看之，人已挤满，予购得《宋诗钞》四大册，《元诗纪事》两大册，《桃花扇》及《董美人墓志》各一册，计二元。下午三时，予同、剑三、巴金来，谈移时去。夜归小饮。文权、濬华、昌顯均在，晚饭后去。汉、滋两儿偕之行，将过宿焉。同儿热已退，且强起不肯卧，仍令在家休息，俟下星期一再入校。见长沙支店店务日记，知晓先率眷于六日入筑矣。

3 月 20 日(二月十九日　辛亥)**星期**

阴霾，午前即雨，竟日未停，入夜倾盆之势陡增，沟渠充盈，马路低洼处，水深没膝。上午六〇，下午六二。

国内战况好转，国外形势依然。惟南通已陷寇手，崇明、海门、启东将全沦异域。沪人深惧南通船阻，将无肉吃，不知通航运货决不久延，所异者贼民又得乘机要利耳。

十时，梦岩来。言将往看坚吾，因同出，比到四马路教育用品廉售处,已遭雨,路湿如浆矣。午间,与坚吾、梦岩过杏花楼小食部饮。饭后雨甚,只索返坚吾处闲谈,予亦以其间到开明,向雪山假得雨具,仍返坚吾所。薄暮,过饮会宾楼,供具甚劣,其将闭歇之兆乎。草草食已,雨中诣平望街西园听书。其第一档钟笑侬《珍珠塔》已过。第二档周玉泉、蒋月泉《文武香球》甫上,屋漏台湿,说书者就燥避潮,时时移动,至可笑。第三档为朱耀良之《彭公案》。第四档为蒋如庭、朱介生之《落金扇》。周、朱、二蒋,予初见,书则在播音中久已聆之矣。均好。十时半散,大雨如注,乃乘人力车以归,坚吾、梦岩各去,衣襟尽湿,甚歉如也。杏花楼账(三月五角)系梦岩会,会宾楼账系予会,计二元,午晚之酒(二元二角)及西园书资(四角)俱坚吾会。

3 月 21 日(二月二十日　壬子　未正三刻九分春分)**星期一**

晴。晨仍阴翳。上午六四,下午同。

晋局转佳,黄河北岸之寇已肃清。津浦线乃转紧,两翼甚佳,临沂、济宁俱有所获;正面则滕县、临城已失,支点在韩庄,徐州濒危矣。但愿将士用命,寇志不竞,鲁南挫败不减于晋西,则转败为胜,指顾间事耳。立陶宛已屈于波兰,全般接受波要求,两国人民竟集会庆祝和平云。

依时入店,处分杂事。下午仍看《左传》。丏尊近作《文章讲话》,今为之读定《意念的表达》一篇。夜归小饮。饮后听弹词播音,兼弄盈儿。十时后始寝。预付本星期饭金九角。

3 月 22 日(二月二十一日　癸丑)**星期二**

阴霾,午后雨。上午六二,下午六一。

报载我津浦右翼生力军向北猛力推进，昨晨二时许，将临沂寇军之联队约万馀人包围激战，寇被歼殆尽，仅馀残股三百人向莒县退却，我军正在乘胜追击中。滕县、兖州、临城之寇亦均在包围中，即可解决。左翼亦向嘉祥推进，反攻济宁。徐州各界欣睹兹空前胜利，即日召开庆祝大会云。陕北我军亦纷纷渡河袭攻归、绥，马占山部七路向萨拉齐，已收复托克托，前途大有进展也。

依时到店，东风砭骨，甚料峭。处杂事外，仍看《左传》。复冼人，兼呈复教育部补送《高小国语》改订本。调孚为我在商务廉价部购到《唐诗别裁》二册，《元诗别裁》、《明诗别裁》各一册，《清诗别裁》二册，计七角五分。向晚，乘金才为丏尊取雨具之便，连前购诸籍，属携归于家。夜归小饮。饮后为诸儿授《木兰词》。九时后听蒋月泉播《玉蜻蜓》。十时乃就卧。

3月23日(二月二十二日　甲寅)星期三

晴雨不常。上午五八，下午六三。

晨起为诸儿批字课。旋看报，鲁南我军大包围成功，淮南我军亦进克张八岭；晋南各地反攻部队正混战中，临汾将克复；浙省我军已收复安吉，杭州大震，沪、杭交通全断。

依时到店，办杂事外，仍看《左传》。昨夜十一时许，四马路文汇报馆又被人投掷手榴弹（此已为第三次），且将守门捕击洞背胸将死，对门味雅之学徒亦受波及伤足。而匪徒来去从容，俱乘汽车，显出寇方嗾使。此类动作，除造成恐怖、惊扰庸众外，别无意义，初不能回报馆正论之词锋也。既不能制令弗言，又无由尽杀其人，徒挑恶感，亦大愚也哉！夜归小饮。文权、濬华、昌顯在家，因共饭。饭后文权与树伯等打牌，濬、顯先归。权于十时半始去。

接勖初复信，亦托人带沪投邮者，知致觉已觅得小事，月入三十元，聊资糊口。惟不审究为何事耳。

3月24日（二月二十三日　乙卯）**星期四**

晴。上午五九，下午六四。

战讯甚有进步，鲁南我军已侧击兖州，徐亦均有推进。依时到店，办杂事外仍看《左传》。散馆前，君松来，邀予过坚吾。坚吾约季康及世界书局之刘、张两君并中华书局之王君晚饭，属予与君松作陪。六时半，共往敏体尼荫路三和楼谈至八时三刻，散归。抵家听蒋月泉、蒋宾初播音。十时半乃睡。饭后散步，在商务廉价部购得陈石遗《金诗纪事》四册，计一元。

3月25日（二月二十四日　丙辰）**星期五**

晴。上午六一，下午六九。

晋南大胜，平陆、垣曲俱复，将围临汾。鲁南亦捷，已到兖州郊外，正激战中。寇在苏、嘉路上赶筑防御工事，弥微，太湖西岸我军实占胜利。而无聊政客章士钊在津力辩并不参加“华中政府”一事尤足反映寇军失利也。

依时到店，仍看《左传》，兼治杂事。绍虞书来，并汇到五百元，属转存，托伯云酌划苏。午后书告伯云，有顷，汪叔良持绍虞信来访，亦商划款事，知伯云可代划，则伊亦将托带也。夜归小饮。饮后为诸儿授《通鉴》“赤壁之战”一节。盈儿发水痘，入夜有寒热，睡不稳。予为数起抚拂，垂三小时。

3月26日(二月二十五日　丁巳)星期六

阴霾。上午六三,下午六二。

依时入店,办庶事,仍看《左传》。在商务廉价部购得《张太岳全集》、《畴人传》各两册,《南季北略》三册,《小说丛考》二册,《辽诗纪事》一册,共费一元三角一份。午后季康来,约儿童节同行不必有所举动。因转主其事者知照。夜归小饮。饮后小坐看《辽诗纪事》,九时便睡,以昨夜欠睡故。盈儿水痘已有一部分回,惟晚间仍有寒热,且微有咳嗽。

战局各路得胜,我空军又分三路袭击寇阵,且击毁寇机之迎斗者。

文权、濬华、昌顯来,晚饭后去,同、复两儿随之往,约明晚归。

3月27日(二月二十六日　戊午)星期

晴明和煦。上午六二,下午六七。

梦岩之戚陈咸生今晨搬去,此人不漂亮,搅扰数月,深幸其早离矣。津浦战争大有进展,惟长垣又失。浙西我军大捷,歼寇千馀。士𩥇、士敢兄弟今日搬入二层亭子间;清儿则自三楼后间迁入三层亭子间,汉、漱两儿及静甥乃得与之合住一室,居处遂大舒松。清儿所住之三楼后间,予将收拾为弆书之所,明日当唤匠工看度刎刌,俾着手庀材也。竟日未出,而同、复在姊所不来扰,甚悠然。夜小饮。饮后即睡,以盈儿仍有微热,早早伴卧,预备中夜数起也。同、复于薄暮时由应妈送归。买中西药房白松脂糖浆一瓶,计六角。

3月28日(二月二十七日 己未)**星期一**

晴煦。上午六三,下午六八。

依时到店,处杂事,并布告明日放假,纪念黄花岗先烈成仁。自下月一日起,公司将复供膳食。已属阳生向各家接洽包饭。予等以天天为日无多,即日改谋别餐。调孚明日生日,以放假,特于今午公宴,聚饮于老半斋,摊费九角。

战讯日佳,鲁、晋之寇已穷蹙,别聚大股于封丘一带,企图渡河袭开封,以谋突破陇海线之中权,然又大挫,未能逞也。至芜、浙、杭、嘉一带,我游击部队复时予守寇以打击,直使寝食不遑。乃日暮途远,益复逆施,在南京则建置傀儡,使群丑揭皮露恶;在上海则嗾令浪人愈为无聊之行,迭次抛弹恐吓报馆之不足,昨又有人送注射毒液之鲜果三筐于文汇报馆,当场败露,累及旅店之送役。冥顽无耻,至于此极,实不足与其人齿矣。今日上午十一时,群丑占南京国府为礼堂,公然就任伪职,发布宣言,窃号"中华民国维新政府"以自娱。上海寇孽,欲借此自重,居然勒令南市、闸北居人点放爆竹,悬挂五色旗,并雇乞丐、流氓欲在租界游行示威。租界警务当局严于防范,迄晚未见游行,仅见四川路桥北首之逆巢(即新亚酒楼,已为群丑策动之根据地。)及二马路之伪税务署揭露五色旗耳。二马路之旗尤滑稽,饭后归店,在北窗望见之,正在指斥间,忽摇摇下坠,似落半旗,有顷竟收去矣。岂植旗者良心未泯,犹惭正议,遂为此昙花之一现耶。兹录报端所列今日在京登场群丑之伪职姓名年籍于下,以彰贼行,而备他日逆籍之按求云。计:伪行政院院长兼交通部部长梁鸿志,年五十五岁,福建长乐人;伪法制院院长温宗尧,年七十二岁,广东台山人;伪财政部部长陈锦涛,年六十九岁，广东南海人；伪内政部部长陈群，年四十七岁，福建长汀人；伪外交部部长陈箓，年六十二岁，福建闽侯人；伪实业部部长王子惠，年四十七岁，福建厦门人；伪教育部部长陈则民，年五十九岁，江苏吴县人；伪实业部次长沈能毅，年四十五岁，浙江桐乡人；伪绥靖部代理部务次长任援道，年四十八岁，江苏宜兴人；伪教育部次长顾浩然，年五十五岁，江苏无锡人；伪内政部次长夏奇峰，年五十一岁，江苏泰县人。此外，伪财政部次长严家炽、伪交通部次长胡礽泰亦参列，惟报未揭其年籍，予知严亦苏人，曾任江苏财政厅长，历事齐燮元、孙传芳诸军阀云。胡则不深悉。章士钊已内定任伪司法院院长，虽规避在津，其何能卸责乎。馀如陈中孚、李思浩、李国杰辈，事前活动甚力，此番虽未露脸，仍难宽诛；而老猾唐绍仪不遽与若辈引决，亦必不能逭之也。

夜归后小饮，气闷欲绝。饮后为诸儿续授《通鉴》"赤壁之战"一节。十时后就寝。

3月29日（二月二十八日　庚申）**星期二**

晴。上午六四，下午六八。

晨起为诸儿批字课。木匠来，指与量度地位，俾即日动工。

报载鲁南我军三路大捷，克济宁、峄县、临城，临沂之寇亦已开始退却；津浦线上，寇势已臻崩溃之境，实为我抗战以来空前之大胜。

是日祀先，濬儿挈昌顯来。傍晚，文权亦来，夜饭后回去。予饭后无聊，偕雪村及士文闲步附近，由亚尔培路、辣斐德路、拉都路、环龙路而归，路侧园柳舒绿矣。都会尘俗，物产无闻，偶见新绿，竟如奇珍，可叹也。抵家，芷芬来访，谈至五时乃去。夜，絜如夫妇来访章家，即在三楼打牌。予九时许即寝，不审何时罢局也。盈儿咳嗽未痊，夜睡尤剧，甚怜之，投以白松糖浆，想当就愈耳。接硕民复信，尚系十三日所发，幸平安。

3月30日（二月二十九日　辛酉）**星期三**

晴。上午六三，下午六六。

鲁南战讯仍佳，惟临城曾一度为寇夺去；台儿庄之战，寇终败，袭邳难逞也。夜报消息，又转好，寇退却，我已包围兖州云。

依时到店，接圣陶二十一日寄信，当作复，并将硕民所附之信转去。写信复硕民，告托人在苏划款，如有妥便方法，当汇款相济。仍送益苏，信资五角。午饭于复盛居，摊费三角一分。饭后为同、复购水彩画色及蜡笔等，费五角。天天前日饭资一角五分仍收去。雪舟在外兼职，雪村去函训之，竟腾书强辩，蛮悍绝伦。此人骄蹇桀骜，必致偾事，为开明计，为其昆弟计，当立去之；顾疏不间亲，奈不能尽言何！丏尊言，其友蒋君自杭避地来，据告丝线厂主都锦生及其二子俱能日语，自杭垣失守后，厂中既不能工作，只索甘心事仇，作汉奸以图自保。乃寇贼狼子野心，何能餍欲，竟掩入其茅家埠住屋，遍淫其母、妻、女、媳，都吞声而已。汉奸咎由自取，固不足惜，而寇暴如此，实已罪不容诛。且闻寇众肆凶时，往往强令被害之家乱伦相淫，若辈在旁拍手笑乐也。是真天地之所不容，神人之所共嫉者；而传言者毫无愤怍之色，一若寇行当默许者然，呜呼！哀莫大于心死，其人殆心死久矣！夜归小饮。饮后为诸儿续授《通鉴》“赤壁之战”一节。九时许，文权来邀天然，盖濬儿将产矣，因属清、汉两儿随天然去，俾照料之。

3 月 31 日(二月三十日　壬戌)**星期四**

晴。上午六三,下午六八。

晨起,为诸儿批字课,并为清、漱两儿阅改文卷。依时到店,处理杂事。饭于味雅,摊费二角八分。本月薪,折扣并缴所得税外,实得七十一元七角,今日已取到。付三、四两月房捐十八元;交珏人家用四十二元;为诸儿购八都纸一刀,计四角;予自购七紫三羊毫笔一枝,计一角九分;在商务廉价部购得吕晚村墨迹印本一册,严长明《千首宋人绝句》二册,吴梅《词学通论》一册,吕思勉《字例略说》、《章句论》各一册,计九角九分。同、复两儿明日起放春假七天,据呈校中成绩报告,尚列超等,甚慰。与诸儿约定,每逢星期一、三、五之夕为之授课。馀日自为预备及修习。如当值有事未及上,则于次日补课。汉儿清晨随天然归,告濬儿已于今晨另时二十分举一女,母子均安。月来为此,珏人朝夕记挂,今得大慰矣。夜归小饮。饮后记日记,随意阅览。

台儿庄之役,我军歼寇千人,夺获坦克车十五辆,铁甲车三辆,机关枪二十挺,步枪数百枝,空前肉搏,获此奇胜,宜乎中枢有令褒美前敌将领张自忠,撤销前此褫职查办命令也。又据别报,前察省主席刘汝明本亦获罪行间,刻竟领兵袭取平原及恩县,使寇方济南退路已断,将蹈晋省前车之辙,是诚戴罪图功之后先媲美者,不可以不书。盈儿咳嗽未痊,同儿亦染之,夜间迭作,甚为不安。

4 月 1 日(三月小建丙辰初一日　癸亥)**星期五**

晴,不甚朗。上午六四,下午六八。

晨为诸儿批字课,并为汉儿、静甥各改文卷一。阅报,知鲁南之捷,所关实巨,刻正在再接再厉中。浙西战事亦大利,泗安收复,寇退长兴及吴兴,皖南殆无寇踪矣。海盐、海宁均为我游击队所克,将会师乍浦云。

依时入店,办理杂务。索非假满,径来辞职,予主挽留,因写信属均正携改,敦嘱销假。惟渠甚执,未识能回意否耳。今日起,膳食由店供给,一般包饭,菜冷而不堪食,新承包者虽刻意讨好,较之天天,终逊一筹也。然天天既不肯包,自办又不上算,亦惟有受之而已。下午三时半,乃乾来,电话约道始来会,五时许始至。因与丏尊、调孚及道始、乃乾同过冠生园小饮。并电邀振铎来。有顷,铎至,共谈至八时半乃散。道始作东。予独乘十五路公共汽车以归。

4月2日(三月初二日 甲子)**星期六**

晴,午后阴。上午六四,下午六八。

晨为诸儿批字课,并为士敭改为文卷。依时到店,发函致各董监及诸设计委员,定四日下午二时在本公司开业务设计委员会。在商务廉价部购得《韩诗外传》四册、蒋竹庄《佛学浅测》一册,共八分耳。夜归小饮。饮后静坐听书,九时即睡。业熊有信与士敭,知已到港,即将附轮来沪,向商务报到。屈指今日可到,终未见来,想船有阻,或到淞口已晚,不能径入耳。鲁战甚烈,我终占捷势,汤恩伯部已围兖州矣。静甥返去祀先,当小住也。前托益苏寄怀之之信今退回。谓姚社无此人,甚念。

4月3日(三月初三日 乙丑)**星期**

阴雨。上午六四,下午六六。

军事仍持昨胜之势。上月二十九日汉口所开国民党临时全国代表大会，至二日闭幕，修改党章，蒋中正膺选为总裁，汪兆铭膺选为副总裁。并发布极长宣言，表示益臻凝固决不屈辱云，甚为引慰。

九时许，华坤带同木匠及小车人车送已经制就之书架板料来，经雨不无受潮，然依时来装，予心实快也。予督木匠装架，华坤及小车人为予拆箱出书，诸儿及章氏诸郎爰俱帮同搬送上楼，处处俱满。草草饭已，继续工作。芷芬来佐理书，因与士敭共立梯上，为予将乱书砌入架中。地小不能容，《丛书集成》箱顶均满堆矣。抵暮始暂止，分类整理，尚有待也。业熊今日午前到，明日当向商务报到，暂住士敭室中。夜与芷芬、业熊、士敭小饮，士敭以耳疾初愈未敢饮，芷芬颇能饮，故事实上我二人对饮也。晚饭后，芬去，予亦以终日积倦，少坐便寝。

4月4日(三月初四日　丙寅)星期一

晴。上午六五，下午六七。

报载军事有胜无已，浙西及晋南均大挫寇焰也。依时到店，见《导报》，据阍人言，馆中径饬役人送赠于予者，甚讶惠自何来。午后三时，唐鸣时来访，始知报为渠所开送，故特来拉文也。二时举行业务设计委员会第三次常会，到愈之、振铎、予同、望道、守宪及丏、琛、珊。前议恢复函授学校案已撤销矣。乃乾来，散馆时同出，同行至爱多亚路而别，予等径归。接圣陶、洗人渝信，即复之，告硕民处已托人划款去。盖午前已交百元与芷芬，并手信一通托致硕民，俾在苏支取应用也。(为圣陶支出八十元，作圣陶与元善各四十元，予亦支二十元，附去凑数。)怀之晨来，云昨到沪，以时晏未及过此，据云乘轮往来，尚无不便，惟近来须向当地“自治会”登记领证始得购票，则至感麻烦耳。询悉其眷仍在姚社（可见益苏靠不住），翼之仍住横泾，且与旧友数人借横泾校舍仍开学校，聊以维持。全家人口均平安。为之大慰。夜小饮。饮后为诸儿批改字课。十时乃寝。

4月5日（三月初五日　丁卯　戌初初刻八分清明）**星期二**

晴。上午六四，下午七〇。

报载陈诚将军谈话，津浦我军渡河追击，鲁省寇股板垣、矶谷两师团将全歼，其他在晋、皖等地寇所取攻势俱失败矣。又载我军已渡钱塘江济师，克复海宁、海盐，直向平湖，已逼近乍浦，形势张甚。证以日来上海开往平湖之小轮均暂告停班，足见此讯之真耳。

竟日未出，整理书籍。汉儿相助为理，抵暮，仅将《四部备要》皮放稳贴，馀书翻乱，须明日续为之矣。怀之此来，有人介绍在花衣号任事，兼为其妇打听宏大厂是否复工。据昨日、今日两天奔走之结果，两皆有成，故明日即须返苏，整顿后即将眷出来也。业熊已与章氏及我家说妥，早餐、晚饭贴我家，住房贴章氏。家小饮，饮后觉倦，即就卧。

4月6日（三月初六日　戊辰）**星期三**

晴煦，真阳春三月景也。上午六八，下午七四。

怀之凌晨即行，盖轮船购票甚不易也。报载台儿庄北战仍烈，莒县、临沂道中寇股增援者大为我空军所袭轰，歼灭甚众云。国民党四中全会将在重庆召开，《国民参政会条例》即将提出讨论，予以通过也。西班牙政府军大败，将三迁其都矣。

仍未到店，上午穷半日之力，除为诸儿批字课外，俱续理书，居然类聚群分,楚楚有致矣。饭后,拂几安砚,张堂设坐,始得据案作字,左右取给,八阅月来难中第一胜境也。快甚,因名此隘室曰"书巢"。三时后,看林葆恒辑《集宋四家词联》,继看《飞鸿堂印谱》,两日来竟未出家门一步也。夜小饮自劳,饮后仍坐书巢闲翻,以其间与树伯谈苏州往事。知颜亚伟为其妻舅,张叔鹏为其姻长也。九时许就卧。聿修托陈让之带一信来,难后沦为负贩矣,闵甚。

4月7日(三月初七日　己巳)**星期四**

晴。上午七〇,下午八〇。

昨晨我空军曾来沪侦察,寇高射炮又乱鸣,昨初闻之,以为法兵打靶,今阅报,乃征实。又载台儿庄东北向城一带我军又获奇捷,歼寇千五百人云。

八时许即偕雪村到店,积日诸务,赶办一空。下午写信与乃乾,属金才取《十通》二十巨册,索引一册,径送还寓。计价五十五元,约缓日奉缴。坚吾前租上海杂志公司原址为教育用品廉售处者已退租搬出,今日文昙等所组之大众杂志公司即其地揭布开幕,予前托纯嘉所配《尺牍新钞》、《藏弆集》、《娜嬛文集》、《叶天寥四种》、《钟伯敬合集》等数种,均配到,计共一元四角一分。夜归小饮,以意兴稍倦,仅饮一杯而已。晚饭后,坐书巢翻《十通索引》并刘锦藻《续清通考》。

晚报揭载,沪江大学校长刘湛恩今晨被刺殒命,原因未详,明日各报当有详志也。因忆日前唐鸣时见告前北平女师大校长杨荫榆女士在苏被寇兵刺杀投诸河中事,与此事殆出一途,大氐挺身任事,稍申公道之所致耳。呜呼!

4月8日(三月初八日　庚午)**星期五**

晨晴,午前雨,达晚不休。上午七二,下午七〇。

晨兴阅报,知刘湛恩之死确为寇方及汉奸所指使,温贼宗尧曾口头警告之,足证贼伤之来由矣。正人虽死,正气犹存,试看恶魔究能横行几时否?此间甫奉到政府明令,所有工商团体一切仍旧,暂停改选。而昨日伪大逆市府社会局竟派人驰往市商会,强行接收。彼辈利欲熏心,亦尚一顾后日之谴诛否?台儿庄之寇已完全歼灭,附近肃清且分途追击,正续加斩获中。武、汉民众悬旗鸣鞭,且为盛大之火炬游行。蒋委员长通电全国将吏民众,勖以努力抗战,胜勿骄,败勿馁,以支持久长之战局,获取最后之胜利云云。

依时到店,处理杂事外,仍看《左传》。将着手选定,加标注。夜归小饮。饮后坐书巢写书根,并看《翠楼集》。十时三刻乃睡。硕民信来,谓有一信在前,却未到,予信亦未见提及,想尚在途未达也。托抵押商务股票,恐未必有路子耳。

4月9日(三月初九日　辛未)**星期六**

早阴雨,午后晴。上午六九,下午六七。

台儿庄战胜后,士气陡旺,各路大捷。兖州、济宁之寇已被包围,临沂、莒县之寇亦经肃清。鲁省大局或可即定也。刺刘湛恩之凶手曾姓者供,刘本爱国分子,近将作汉奸,故奉命警告之,初不料同伴遂毙之耳。词甚离奇,岂若辈被收买作恶时,不以实告,而故作反宣传以中被害者之声誉乎?噫,难言哉!

依时到店,办出三驻外办事处主任聘书及寄出《高小国语》修订本。陆伯云来,托渠代绍虞划款二百元与际唐,谈移时,去。怀之昨日午后来店，谓是日乘喜久丸行后，经两日始达丰田纱厂，卒以照会未妥，被折回，退票起岸。旋经别谋路子，购戴生昌票，于今晨开出。但不识究否安达耳，甚念。作书寄绍虞，告伯云来划款事。又复慰聿修，送陈让之托转。厚斋来店，当局欲令赴杭视察支店近况。复电话询季康，是否派人同行，得悉沪、杭间我游击队大活跃，无法前往，遂罢。饭后在商务廉价部购得孟心史《清朝前纪》一册，计三角。散馆后，与雪村、调孚往观来青阁、中国书店合设之中华书画商场则无所获，因即偕雪村乘十四路公共汽车以归。夜小饮，饮后为清、漱两儿讲改订之文卷，静甥所作，亦为改且讲。清儿今日自濬儿所归，携顯孙与俱，即留此小住。夜睡尚不闹，可久停也。福崇书来，告新迁成都路爱文义路浦行别墅四楼（电话三一六七四）。

4月10日（三月初十日　壬申）**星期**

晴。上午六四，下午六八。

晨起看报，我军乘胜奇捷，已攻入济南东南西三门，正在搜歼留寇，当地伪自治会会长马逆良，传已俘得枪决，其他未及遁走诸逆多被俘获云。津浦北段之寇已无志再斗，纷将辎重渡河北撤矣。连日捷音狎至，真欣快欲舞，不能自已。

丏尊来，为奇胜故，约午间饮其家。健君过谈，十一时去，予与雪村乃往丏所饮，遇杨君，彼等狎呼以为“老令公”者。饮罢饭毕，雪村拉杨君先归，别约光焘、幼雄游王和。予则与丏尊走西摩路、静安寺路、安凯第商场看秀州书社所陈旧籍及书画，逡巡而还，无所得也。

归后，坐书巢翻架书，漫书题跋二通。入夜小饮，饮后仍坐书巢闲看。九时就卧，吴、章两家之博友俱未行也。盈儿又患咳嗽，夜半尤甚，移时不休。予心怜之，而无术相驱，至恚。

4月11日(三月十一日　癸酉)**星期一**

晴。上午六四，下午七〇。

济南仍在巷战中，豫北道口镇及浚县、滑县俱收复，冀南、鲁西反正有望矣。而川军出动，将由王陵基率领，顺江直下，规复南京云。

依时到店，接洗人、晓先信。知君毅已赴汉，将转粤返沪，滞留宜昌之纸已起运，不日可到渝，渠于月底月初当可返沪矣。晓先全家已安抵贵阳，赁屋而居，想可久住也。写信复趾华，告一时无事可派，不必来。又寄硕民，复前信，并属入城向吴惟伯取款，商务股票则恐难获售也。又寄洗人、圣陶，告近状，并索题书巢。子恺、云彬均有信寄雪村，于此间事颇隔膜，力说雪村复赴汉，一若在此大受炀蔽然。其故当为雪舟所播弄，子恺受而不察；云彬则变本加厉，益纵狂瞽耳。其实开明非政治机关，无所用捭阖纵横之术，而雪舟悖妄，云彬诡随，则有识所共知者也。千里悻悻，深可诧笑。偶触风怀，聊为涉笔志之。付益苏信资五角，五洲大药房白松糖浆一瓶五角二分，车送书架板料小车资八角。夜归即饭，拟废例饮，非敢侈言戒酒也。为诸儿批字课，并续授《通鉴》“赤壁之战”一节。同儿顽劣取厌，颇惹予怒。晋贤来店看予，为其子托借高中用算学书。允为设法致之。

4月12日(三月十二日　甲戌)**星期二**

晴。上午六七，下午七〇。

清晨坐书巢闲翻，试昨日所装电灯甚灵，从此光明不间昼夜，永不虞幽暗矣，快甚。我军连日克捷，抗战前途，其亦同此朕兆乎。报载破济南之兵已西移长清，正面在泰安、兖州间相持。沪杭线大发展，已有数师渡江达平湖、乍浦间。据武汉卫戍司令陈诚谈话，最近江南布置，不复于津、浦及台儿庄，现在寇方已不敢抽兵北调，如推进顺利，收复京、杭直指顾间事耳。晚报载寇已退集松江，沪杭线我军已大活跃云。又，前日寇机袭长沙，将新迁设之清华大学炸毁，死三十人，伤七十人。摧残文化，固为寇方长技，惟有刻记，俾将来总算账已。

依时到店，开始标点所选《左传》，并为丏尊校对《文章讲话》排样。写信复晓先，并附诸儿所写与士秋信。接诚安转来颉刚兰州信，以久不得音问，深为我挂念，恐我职业发生问题，力劝我离此入甘，并为指点路程。颉刚厚我，读之感泣，深悔疏阔，致劳远注，因即写一长信，航快发出（邮资四角二分）。午后，晋贤偕月斧来店，带到勖初信一封。并详告故乡状况，群丑跳梁，令人发指，别后犹气愤填膺也。散馆时，良才来，因与雪村共过福建路复盛居对门之永兴昌酒店小饮。价廉而货高，甚满意。八时许乃散归。夜，昌颙闹。珏人发寒热。为之竟夕不安。

刚主返平后有书来告近状，且询《丛书子目类编》稿本下落。今日作书复之。

4月13日（三月十三日　乙亥）星期三

晴，近暮阴霾。上午六七，下午七四。

战讯续有发展，沪杭线渐紧，已证实。依时到店，标点《左传》。上午十时，鸣时来访，为《导报》索稿。予为所缠，不得已，许于下周撰一文应之。下午，检《解析几何学》等三种，作书饬送晋贤。四时许，予同来，谈至散馆时同出。归寓夜饭，饭后与树伯谈，旋即坐书巢闲翻。涵、淑两侄来，询悉仲弟安好。夜饭后去。珏人卧床竟日，薄暮起，强食。幸夜眠尚好，惟昌顯仍闹耳。夜雨。

4月14日(三月十四日　丙子)**星期四**

晨霾，旋晴。近午晦，雨，起风。午后又晴，抵暮未变。上午六九，下午七二。

各路战讯俱有喜，寇不得逞，狂炸广州。袭武、汉则天阴无法窥探，两度折回也。其内阁有问题，近卫文麿已露辞意，军人气焰日高，恐日即自毙之途耳。

依时到店，标点《左传》。新装书架账已开来，计人工五工半，五元五角；板木八十九尺半，十元七角四分（每尺一角二分）。因支活存二十元，分别付讫。追加前付木匠酒资六角，小车八角，统共用于书架者计为十七元六角四分，不昂。属阳生购邵芝岩七紫三羊毫笔一枝，计四角一分。属金才购同宝泰绍酒一瓶送归，计七角。夜归，文权在，与共晚饭，饭后去，将至贝当路为西友授国语焉。

今日为予与珏人结缡二十七年纪念，因小饮。珏人感冒仍未痊，实为久缺女佣，困于劳作所致。若即雇人，不但增费可虑，抑且无地容宿。甚难解决也。

4月15日(三月十五日　丁丑)**星期五**

晴。上午六七，下午七四。

鲁南战仍烈，峄县、滕县正在相持中；惟寇虽增援，而崩溃之势已成,我能坚忍以待之,寇必趋于歼灭而后已。上海四郊,我游击队大开展,寇已敝于奔命,南市、浦东均戒严,内地小轮多折回,从可知矣。

依时入店,办杂事外,标点《左传》。今日本为二元会会期,上午坚吾来,谓渠将有岭南之行,季康今夕邀饮,并及予,可否缺席。予谓可并行,因电话与季康洽定,即请其加入。乃属阳生在聚丰园定一房间,下午六时群赴之。届时,到丏尊、雪村、良才、世璟、廉逊、坚吾、季康、沈君、朱君及予凡十人。除坚吾及沈君外,公摊酒菜资各二元六角。九时乃散归。是日购鸡蛋、鸭蛋各一元,文魁斋菜梨两只,计四角。接圣陶渝信,属转硕民信。立斋来谈,于苏州自治会诸逆近状言之甚详。不禁发指。

4 月 16 日(三月十六日　戊寅)星期六

燥热,晴。上午七四,下午八〇。

依时入店,写勖初、翼之信各一通,备月斧来取。又写信与硕民,转圣陶信。标点《左传》,且办出所得税公函两件。乃乾来访,散馆时同出。伊上五马路古玩商场,予与雪村则径归。明日坚吾夫妇约来晚饭,予因交两元与清儿,属弄菜,寓教育焉。别交一元二角八分与阳生,属明日下午五时令同宝泰送四斤酒来。又电话约梦岩夫妇明晚同来参饮。

时事消息依然,无大变化。晨,履善来,谓昨日由杭州乘火车来此,据云内地恐怖难居,而绍路则甚安谧。此行与其姊、嫂同出,一时苦无住处云。清儿约之来住,入夜,伊等三人至,下榻焉。组青来,晚饭后去。连日物价腾贵,鞋子及毛笔俱由该两业公会登报公告,自今日起,照原价加二成。夜在家小饮,前日所购酒,犹有存焉者也。

4月17日(三月十七日　己卯)**星期**

晴。上午六八,下午七六。

峄县仍在寇手,且纷纷增援中。我右翼则已克向城。将来鲁南大战必在临沂也。上海伪大道市长苏锡文前日被刺,未果。浦东西交通因以受阻。击而未中,因不免不了之叹,然附逆群从丧胆褫魄矣。英、意协定昨日正式签字,法、意谈判及英、法谈话将接踵而作,欧洲大局将开一生面。此一生面下,德固将陷于孤立,远东暴寇亦必气沮耳。报又载我国府为应付长期战争计,已着手伟大之策划。汉阳兵工厂等将移入内地,自制轻重武器。重炮、坦克车不日可造成,且另设飞机厂,年内亦必有出品云。且同时开发西南各省之富源,与增进其交通焉。

竟日未出,候坚吾、梦岩等来。下午三时,坚吾、梦岩及坚吾之妻弟来,谓其夫人略感不舒,拟不来矣。珏人不听,属清儿电话邀梦夫人,坚吾亦遂令其妻弟往接其夫人。有顷,梦夫人先至,坚夫人挈其一子一女亦至。入夜,共坐小饮,移时乃罢,谈至九时,坚吾等先行。梦岩夫妇则十时左右始去。据谈陈咸生癖性甚劣,而其妇尤长舌擅是非云。予等深幸其早搬走,否则日久必致乏味也。

4月18日(三月十八日　庚辰)**星期一**

晴,骤暖。上午七四,下午八二。

时局无甚变动。广州市又遭寇机轰击,惠爱路一带死伤累累,不识开明分店无恙否也。依时到店,校对及看信。洗人有信至,谓宜昌上运之纸已抵奉节矣。汉口分店来信，谓涤生已报到，即执前出派赴汉口之信为凭云。此人亦太无聊，人事课早有停职信寄绍，而其兄之私信亦早言之，何究如是硬扫昆弟之光耶！雪村精明强干，而其诸弟实妨之，居恒常为深惜，苦无驱遣之方耳。如继长坐大，开明前途亦将受累也。下午，雪山忽欲召厚斋来，属往杭州一视。经众商量，尚以从缓为宜。故五时许，予及雪村、丏尊拉厚斋往饮于永兴昌。八时散归。计费二元五角。索非今日到店销假，予与调孚调使之力尽矣。

4月19日(三月十九日　辛巳)**星期二**

阴霾，气不爽。上午七五，下午八〇。

依时入店，写信复圣陶，告硕民信已转出，惟尚无复信来。月斧晨来，谈移时行，知后日或将返苏，因于饭后写信与之，送前写勖初、翼之信托带交。乃金才归报，谓修德里及修德新村俱问过，十二号中无尤姓也。只得坐待来取矣。下午丏尊来，携白马湖新茶试瀹之，气味绝佳。不图难后，依然得享如此。散馆归，即夜饭。饭后坐书巢看《明史纪事本末》，预备撰文应鸣时。乃头绪纷繁，无法强合，只得阁笔。因别辑明代倭患大略四纸，作书辞之。将于明日送出，俾了一重心事。战讯沉寂，正相持中，寇机又夜袭汉口，无大损害。

4月20日(三月二十日　壬午)**星期三**

晴。上午七六，下午八〇。

晨起，为诸儿批字毕，积日不免多搁，批清亦费时不少也。

鲁南战局仍在峄县、临城、枣庄一带，韩庄已收复。寇方正由青岛及济南等处济师，临沂确为核心，但望再获胜仗，歼厥援股，则苏北及陇海线定矣。江南我游击队甚活跃，松江、乍浦等处，寇均敛兵不敢婴锋，而宜兴、张渚、和桥等地，尤为我出入太湖之冲，屡进屡退，已使寇酋无法安枕矣。

依时到店，发通函与营业处，属转行各分支店及各办事处，嗣后调动人员须经报由人事课呈准经理，始得照章办理，否则所有未经核准人员之薪津各项概不准作开支核销。此事实为汉口分店而发，雪村为雪舟与涤生之举措太不利于众口，故颇震怒，遂有此振厉之严令耳。啸桐信今日送出，文责一轻，至快。月斧信今日复投，居然于老修德里问到，亦快。托纯嘉在中央书店购到《长真阁集》一册，计五分。在广益书局购到《徐文长集》一册，《袁文合笺》二册，《子不语》正续三册，计三角八分。散馆归，组青在，盖来为珏人修理收音机者也。夜饭后去。

4月21日(三月二十一日　癸未　丑正一刻十二分谷雨)**星期四**

阴霾，细雨时作。上午七二，下午七五。

鲁南战事吃紧，寇合全力扑临沂。胜负未见分晓，想我方甚危急也。然上海、苏杭各地寇兵之厌战畏调而自杀者日有所闻，无名之师终必坐毙乎。

依时到店，办通函分致各董监及各设计委员，定二十三日下午二时开董事会，三时三十分开第四次设计常会。仍标点《左传》。

夜归吃面，士嶽生日也。怀之夫妇及宏官、玉官今日自苏州乘汽车来，下午即到。据云，翼之遭遇甚苦，而苏城群丑之无良与贱民之丧耻，闻之疾首已。夜坐书巢，看《尺牍新钞》。清言霏屑，致爽也。怀之宿其弟悦之所，潄石及宏、玉则留宿于予寓。

临睡,知晚报有沂淮失陷讯,惟未之见,甚痛。前托圣陶在苏所配之砚匣,即贮购自浩泉之流云砚者,以日久木身缩,跋裂,盖不能上。因强为取出,几破匣,只得分置之,无缘合也。物之有数如此哉。

谢来报到,属在店候命进止。

4 月 22 日(三月二十二日　甲申)**星期五**

阴雨。上午五〇,下午五二。

临沂守兵确已退出,刻正距城东、南、西三面五六公里处构成包围形势,配备重兵,遏令弗进。沪杭线流动战已展开,内河航轮既停,崇德县城又收复,嘉兴、平湖一带时袭寇兵,寇大为不安矣。

依时到店,标点《左传》。接硕民黄埭十一日所发信,知予上月三十日信已到,续寄之信则尚未到也。中间寄来一信,究付洪乔矣。伯恳自汉转粤来,言武、汉、广州人士之乐观,至慰。接汉店转来云彬、挺生函各一通,云彬意气仍盛,挺生则远致系念。并于云彬信端转抄颉刚念我语,劝我赴汉。愈之、幼雄先后来,谈《鲁迅全集》出版事。雪村或将于下星期一与愈之同赴香港,并转汉一行也。散馆归,过店门,通如示我寇方所出《新申报》一张,满纸胡诌,无聊之至,然于沪杭、沪虞一带之游击队则亦无法掩盖也。可笑可叹,不惮心劳日拙耶。士佼傲慢,而其父庇之,索非及门市课诸同人屡以为言。雪村知之审,已与雪山说,令调别部,然无效也。我知日久酝酿,必无善果耳。

4 月 23 日(三月二十三日　乙酉)**星期六**

阴雨。上午六八,下午七〇。

战局仍相持,无大变化。报载两讯,予认为大有可虑,则东京所传英、法、意三国使节将联合向蒋总裁有所建议,及重庆所传大搜书肆,捆载禁书甚多以去是也。前讯果确,或有强迫讲和之可能。后讯实国共摩擦之尖锐化耳。有一于此,足以破现局而趋沉沦,能弗惧乎。又昨日汉讯,张嘉森组织之国家社会党居然与蒋总裁交换函件,是亦一表面开放,暗流纷议之伏线耳,将来演变,难测所届也。香港船票已买不到,雪村决缓行。予谓目前并无立刻成行之必要,还候冼人返后再行为宜。

依时到店,写信复挺生、云彬,仍交汉店代转。下午开董会,到守宪、达君。接开设计会,到振铎、予同及道始。五时散,乃乾来,遂约同小饮于对门同宝泰。丏、琛、孚、铎、同、始、乾及予八人合坐,旋由始招叶华表来,共九人,中除四人不饮,凡饮十四壶。予不觉醉矣。八时许归,睡至半夜,几呕。幸仍睡去,免焉。今日濬儿生日,汉、漱、湜三儿往吃面。

4 月 24 日(三月二十四日　丙戌)**星期**

阴雨。上午六八,下午六四。

鲁南战事严重,报载展开捷利,则台儿庄当仍在我军手中耳。国际情形亦无大异,法、意谈话则大为接近矣。

晨坐书巢看《长兴学记》及《读书分月课程》,毕之。饭后,丏尊、叔琴、世璟来,谈有顷,去。叔琴借去《世界历史大系》本《日本史》三册,《年表》及《总索引》各一册。下午,看江山渊《作文初步》。夜,怀之过宿,谓明日将往顾家接头,不识派往何乡收花也。

4月25日(三月二十五日　丁亥)**星期一**

晴。上午六四,下午六九。

鲁南局势依然,寇又致力淮上,渡淮而北者多遭歼灭,仍未得逞。夜报载蒋委员长已下令各路总攻,想日内必有空前局面展开也。

依时到店,办理董会文件外,复南京张克明信,先汇二十元接济之,盖邮局现例只限此数耳。标点《左传》。散馆出,途次丏尊舍,石路王人和隔壁亦有小酒店一家,价廉而货不恶,盍试之。予与雪村因同过沽饮焉。七时许归。酒账丏会,予仅购酱蛋及熏鱼三角耳。比归,再过王人和,则又购儿饵六角七分。归后,与树伯长谈。

4月26日(三月二十六日　戊子)**星期二**

晴,近午阴,傍晚雨。上午六五,下午六八。

清晨起,坐书巢补记前昨日记。旋看报,知渡淮北犯之寇已歼灭。临沂南下之寇已陷郯城,形势紧急。豫北则多所收复,浙、皖交界亦大获胜利云。蒋委员长亲在徐州督师,昨传总攻令,即于此会议决定后颁下者。

依时入店,标点《左传》。买茶叶三角,香烟三分半。四时三刻归,已值雨,且受凉,颇不适。怀之已赴东沟,其夫人及子女今日亦移往东京路赁屋以居矣。夜坐书巢,将《四部备要》所收之书与《书目答问》对看,记注于《答问》之上。他日当拟将架上现有者再校注于《答问》上也。

4月27日(三月二十七日　己丑)**星期三**

晴。上午六四,下午六八。

鲁南战事已延及江苏北境,沂水、运河之间,我与寇正严重对峙中。如临沂、峄县、郯城三县之联络我军能切实控制,则未来大胜,其壮烈不亚于前此台儿庄之役。否则邳县难守,台儿庄亦复岌岌,陇海东段将不堪设想也。我深为此惧,惟有静待捷报之来以卜定之而已。呜呼,余心危苦甚矣。中国青年党代表左舜生致函中国国民党总裁蒋中正、副总裁汪兆铭,表示输诚合作,共赴国难,蒋、汪答书优容,交相黾勉。各派团结,固今日蕲求不得者,只有欢喜赞叹。顾必欲标新立异,煽国家主义垂熄之焰,以自张目,大可不必。凡此,皆研究系张嘉森有以为之先。作俑阶历,吾知来者纷纷矣。虽欲不以投机斥之,良心上安得已乎。

依时到店,标点《左传》。接洗人、圣陶十七日所发渝沪十三号信,知宜昌运去之纸船已过巫山到万县,越险即夷,日就安顺,大慰。因即复书航空寄出,此为沪渝新十七号矣。散馆后,与丏尊、雪村、谢来饮永兴昌,遇良才,七时乃罢。偕雪村走八仙桥,乘电车以归。

4月28日(三月二十八日　庚寅)**星期四**

晴,陡热。上午六九,下午七七。

鲁南战事中心在临沂、台儿庄间之四户、重坊一带,我军累朝血战,已毙寇数千,我援军四集,一时必有大捷慰国人也。英、法谈话,已在伦敦施行,关涉中欧政治至切,远东问题亦将论及之。日来香港议和之说又甚嚣尘上,未免神经过敏之谈,我中枢岂肯俛随如是耶。

依时入馆，仍标点《左传》。头晕，殆以骤热故。珏人挈汉、漱、湜三儿并静甥于上午十时来店，盖出来购物，顺道过之耳。即去，在沈大成饭而后归。散馆归，修妹在，晚饭后去。夜坐书巢校记《答问》经部，予藏十有六七，欣甚。看《涌幢小品》。十时就卧。

4 月 29 日(三月二十九日　辛卯)**星期五**

晴。上午七一，下午七七。

依时入馆，标点《左传》。接洗人、圣陶渝沪十四号信，圣陶寄来长歌一首，题予书巢，甚欣快。并知吴朗西将来沪，《四当斋集》已托其带来也。君匋夫人陈女士来见，托向开明提存款。甚为难，属孑如酌支与之。散馆后，与雪村、丏尊复往永兴昌小饮，计二元一角，予付之。将阑，调孚来，复谈，七时半乃散归。俱醉矣。盈儿连日出游，不免吃力，今日往朝仲弟，又跌一跤，归后发热，甚以为恚，何荏弱至于如此耶。

鲁南我已配备就绪，寇来犯，即决战，不来，亦须向前总攻矣。报章均云然，宜可信也。英大使寇尔声明无斡旋和平意，连日苟和阴霾为之一扫。快甚。尤有一事大足乐观者，即我国各种公债俱看涨，而外汇亦复稳定，而寇方则证券狂跌，几难自持，经济状况无法挣扎耳。

4 月 30 日(四月小建丁巳初一日　壬辰)**星期六**

晴，夜大雷雨。上午七三，下午七七。

苏、鲁、皖各路接触俱发动，寇似转向淮北，图牵制。可见由沪增援之寇，日来颇多经浦口北上也。昨日寇机四十架袭武、汉，经我空军奋击,纷纷如堕叶,计毁其二十一架。我方当然亦有损失,但予寇以重创矣。夜报更征实我克郯城,正追击逋寇中。

依时入馆,写信复圣陶。午后芝九、鞠侯过我,谈良久,乃去。芝九昨自苏州来,告近状甚悉。言升平小学学生反抗日语教员钮女士(据云即今任铨叙部长钮永建之侄女,嫁孙姓者)事,甚兴奋,惟其不畏虎狼,正见民族元气犹存,益反映甘心作伥之群丑真无颜忝视人世耳。芝九现住立斋校中,三数日便须返苏,预备接眷出来。约明日来看我。明日为世界劳动节,放假一天,适值星期,即以星期例移后于二日补行之。昨日属永兴昌送酒一斤到寓,散馆归,已早来,因与雪村分饮之。以后将继续送来也。今日月终,例得薪水,除折去税,实取七十一元七角,交珏人家用五十五元,还清儿五元。睡至二时许,雨声打窗,三时竟为霹雳所醒,密电四掣隆隆不止。雨遂达旦。予本不安于睡,至此乃失寐。

5月1日(四月初二日　癸巳)**星期**

晴,时霾,燥热,夜大雨达旦。上午七五,下午八〇。

郯城收复后,战枢在马头镇、红瓦屋一带,寇方正力图反攻,台儿庄受严逼。同时豫北收复沁阳,包围博爱,道清西段之寇即可肃清。昨日我空军又两度飞芜湖轰炸寇机场,毁其机二十一架,在寿县亦击落一寇机。寇第三舰队司令长谷川已受代,后任及川吉志郎亦海军中将,本为海军航空处处长,昨日已在沪交替。北平伪临时政府主脑王逆克敏因自身问题飞东京后又飞沪,与梁逆志鸿、苏逆锡文有所洽商,想为南京、上海两伪组织拉拢耳。前传附逆之李思浩、吴光新、章士钊、曾毓隽均先后到汉口谒蒋输诚,声明并未参加逆谋。今日国民党中央执行委员会致函国民政府,请转令各省市,于各地人望之陷寇者必附从确有证据时,始得加以逆名,免中寇诡计云云,殆为此等人而发。昨日上午十时许,福州路外滩招商局门首现为美商卫利韩公司连遭手榴弹两枚,伤行人十人,恐又系寇方之卑劣行动,以日来卫利韩公司正因按约接收招商局全部财产,并令寇占各部分别交还也。英、法谈话结果,将联合致牒德国,声明保卫捷克决心。

今日三外孙女昌预弥月,珏人、汉、漱、润、滋、湜五儿及业熊俱往吃面。润、滋傍晚归,馀人夜饭后归。上午十一时,芝九、立斋来。立斋约幼雄打马将,故少坐即去。予与芝九谈至十二时,伴之出,饭于亚尔培路美心酒家,地不大而肴甚精洁,且不贵,二人共食两菜一汤,连小账仅一元九角耳。饭后芝九别出访友,予即返,写书与硕民,备托芝九带去。三时许,芷芬来。四时,芝九来。谈至五时许,先后辞去。芝九则过饭世璟;芷芬则假去书业公所本《通鉴纪事本末》二十四册,并还我前假《四库全书纂修考》一册。夜小饮,仍为永兴昌所送。九时就睡,以天气恶化故,又失寐,甚苦。

5 月 2 日(四月初三日　甲午)星期一

阴雨时作,午前后放晴。上午七五,下午七八。

郯城、台儿庄等处正血战中,反复攻围,想将士辛苦,不禁泪下。豫北我军甚得手,已进迫河北大名,高桂滋部且一度攻下涿县。平西门头沟等处我军大胜,已进向廊坊,北平大震,平汉路遂停通车。沪杭路一带寇队已大感棘手,喧传杭州通邮事因遂搁置。国际形势甚错杂,希特拉昨日骋罗马,而法、意谈话又甚接近,究不知演变至于何所也。其他捷克问题,立、波问题,俱枝叶耳。大本有定,不难迎刃解之。

午前,坐书巢对书,《答问》之眉已注毕,予所少者清人集为多。饭后读王百谷《吴骚集》。夜仍小饮，永兴昌送来者。饮后为诸儿批字课。旋看计六奇《明季北略》，甲申从贼诸臣，不啻预为今日各地汉奸写照。可叹可恨。

5月3日（四月初四日　乙未）**星期二**

晴，时阴，甚闷。上午七四，下午七八。

鲁南战事，未脱危险期，前线将士正浴血苦斗中。心焉系之，至难释然。希特拉骋罗马，备极铺张，据报纸所传，实为前史所未有。何民贼之善于摆架子哉。英首相张伯伦颇有干涉东方之议，故日来英将调停我与寇战局之说甚炽。以予揣测，或将出以"强家劝"，则我殆矣。非我族类，其心必异，帝国主义之厉鬼终为祟于我耳。愤甚。

依时到馆，接各分店来函甚多。雪村示予雪舟函，狂悖殆同梦呓。别接子恺函，竟谓汉口众口铄金，故前函直陈所见，盖中雪舟、云彬之浮说久矣。开明前途，系于章氏群昆，加以子良等以官为准之流左右上下于其间，真漆黑一团也。绍虞书来，谓将于暑假中为其父开吊，讣闻上拟将上海通讯处托开明，予为避免是非计，即复函谢之。午后标点《左传》。夜归小饮。饮后坐书巢静息，觉世事无聊，几每日与鸡鹜争食也。不禁浩叹。

5月4日（四月初五日　丙申）**星期三**

晴，闷热。上午七五，下午八一。

雪村昨夜发热，殆肠胃病耳。今日未到馆。予七时四十分即独行，先过贝谛鏖路五芳斋吃汤包十件，鳝丝面一碗，计二角二分。然后缓步循爱多亚路、跑马场路、广东路、福建路、福州路以到店，时才八时十五分也。办杂事。复南京张克明信。致大业印刷公司函,贴运费四十元,取回存纸及图版。午后韵锵往交涉,卒以手续问题,未得解决。约明日下午再办。俊生来,谈国事,旋去。慰元来,谈盐城君畴、吉如、秩臣念我,甚可感。有顷去,约星期六吃酒。托纯嘉在树仁书店购到光绪编《清会典》、《水道提纲》、《长生殿》、《历代统系录》等四种,除《长生殿》为文瑞楼铅印外,馀俱光、宣间老石印,计二元五角二分。属金才往佛学书局购平湖孙透云安息盘香,以店已被炸,存货早罄,未果得。别在有正书局买到福州庆香林代售泉州何桂山制黑沉钟香一盒,计七角。试之甚佳,然价太昂矣。芷芬交来吴惟伯字条,知划与硕民之款,已送铁瓶巷王彦龙矣。又交来汪叔良带到郭际唐函,催将绍虞退来之款馀存三百元即划与陆伯云转去。此君甚不大方,似疑予从中抑勒者,明日当悉交伯云,免受夹缝气也。散馆归,与丏尊同看雪村,知热尚未尽,仍偃卧也。夜小饮,饮后坐书巢随意翻览。

苏鲁之交,战事剧烈,北面我已失守邳县,南面已失守盐城,寇攻上冈,逼阜宁。形势日亟,我甚忧之。

5月5日(四月初六日　丁酉)星期四

阴雨,午后转晴。上午七八,下午八六。

战局好转,鲁南右翼已直逼临沂,左翼已过四户,寇方峄县、郯城间交通已被截断。江北军讯,亦有收复盐城说。英与寇勾结,擅将沪海关收入订立办法,即将应付外债之款悉交正金银行收付。此举不但破坏我国关税之完整,即指偿内债之担保亦已落空,何能苟容。闻我政府已提出反对,惟不审帝国主义之群魔能否稍回向公之心于万一耳。

雪村寒热虽退，然体甚乏，仍未到馆。予晨雨独往，晚归则与丏偕，日曝汗流矣。大业存纸今日由韵锵往办，居然连图版取出，悉付国民印刷所属印。为之一舒。十时许，廉逊来，近午，丏约予及廉逊过饮于对门同宝泰，各尽三壶，不觉醉矣。午后返店，闲话而已。四时许，乃乾来。谈至五时半乃归。至家则永兴昌之酒已送来，遂再饮。饮后少坐便寝。

5月6日（四月初七日　戊戌　午正三刻十二分立夏）**星期五**

午前后雷雨两作。上午八一，下午同。

眼前战局，仍以徐州为轴心。寇不能逞志于此，便转扇南焰，以图牵承。南不能逞亦如之，数月以来，此技惯使，迄无效果也。近以台儿庄之败，临沂、郯城之未获开展，遂有盐城、邵伯、定远、巢县之警，盖又扇南焰，欲渡淮北犯矣。然连日各报所载，参以多方传闻，我军始终坚守，未见有何损灭也。

雪村已痊，依时偕出，傍晚同归。仍标点《左传》。昨有应君者来看我，出函托寄勖初，盖其女夫也。一时无便，有间当为带去。业熊与静鹤之亲事，又经濬儿重提，日来颇有眉目，大约秋后时即可订婚耳。夜小饮，饮后坐书巢看《淮海集》。九时即寝。珏人喉痛感冒。盈儿连发寒热，且言左边头痛，疑上星期在仲弟所所跌之故，适涵侄来，因询之，据云连跌两交，先一交从楼上倒栽而下，尤重。乃当时问诸伴去之静鹤则讳莫如深，何不明事理至此，甚以为恨。

5月7日（四月初八日　己亥）**星期六**

阴雨。上午七七，下午七六。

战局依然。我流动战大活跃，南京附近之江宁镇已一度攻下，虽不久退出，而寇不安枕矣。德、意勾结，希特拉大放厥词，气吞河岳，其实亦外强中干之表现耳，我不信纯恃武力可以横行天下者。

依时到馆，标点《左传》。饭后俊生来，于印装地图有所贡议，似当采行。散馆后，与雪村、丏尊往饮永兴昌，先约慰元在彼相候，谈此次赴江北途中所见，颇发噱，我知寇入愈深，其困难将愈增耳。夜七时许散归，酒账为雪村所付。盈儿发热仍未退尽，精神乃大见委顿，甚虑之。

5月8日（四月初九日　庚子）**星期**

晴。上午七四，下午七九。

邳县、郯城间仍相持，夹淮之战亦依旧，盐城之寇则后路已断，京杭国道已全破坏，吴兴歼寇数千云。上海海关自英与寇方私擅订立协定后，我关员已正式发布宣言，反抗乱命，同时即全体怠工，静待我财政部之明示。据云一日不奉财部命令，即一日不复工也。如此英勇敢为，非平时有组织不为功；邮务工会之陆京士辈其知丑矣乎。否则行见接武而奋耳。德、意谈话已有相当结果，大旨加强勾结，且有私划势力圈以制他邦之企图焉。人道之蟊贼不去，其终为害于民主之嘉禾乎。

清晨坐书巢，看弘一法师所写《金刚经》。九时许，丏尊来，送予白马湖茶叶，甚感。旋去。十时三刻，予偕珏人往八仙桥省仲弟。至则伊等尚未起，良久乃呼饭。啖汁肉甚美。饭后谈家常，至二时一刻始告归。到家则濬儿、文权及顯孙俱在。未几，渠等打牌，予则坐书巢看《章氏遗书》。及暮，濬等三人归去，予亦取酒独酌。夜饭后，复坐书巢，随取架书阅之。盈儿寒热仍未退尽，属天然为配药各饮之,且购“儿宝”为吊左寸关云。

5月9日(四月初十日 辛丑)**星期一**

晴。上午七五,下午七六。

依时到馆,办杂事,兼标点《左传》。五时前,振铎、予同、乃乾来,乃于散馆后往饮于同宝泰,丏尊、雪村与俱。酒半,丏忽与村争,丏竟举壶欲掷之,殊可叹笑。八时许散,各归。盈儿热略退,精神亦稍复,惟咳嗽仍剧,不无悬之耳。

战事无变化,寇方谣传已于六日渡江占领绍兴,正向馀姚、鄞县推进中,而沪甬班轮适又奉令停航,于是此间遂大震。丏尤信之,其实传者自传,安堵如故,亦惟见心劳日拙而已。

谢来昨日赴杭,已成行。想不日当有报告也。勖初女夫应君信,已送慰元托便人带苏。接洗人、圣陶信,当即作复。归后接硕民信,知款已收到,将明日转出。绍虞之兄际唐托汪叔良带信来,催将馀存三百元交陆伯云划付与之。予即致书伯云,约来取去,以免误会,而释仔肩。想伯云明后日自会来洽耳。

5月10日(四月十一日 壬寅)**星期二**

晴。上午七三,下午七八。

绍兴失陷讯迄未能征实。徐州南北确甚紧急,寇股之在北者逐渐西移,集重兵于微山湖北,窥丰、沛,拟截商丘以东之陇海线。其在南面者规模较大,分三路北犯,一自盐城迫阜宁,一自津浦线攻新桥站,一自蚌埠西扑蒙城。但无进展。沪海关人员昨议定护关办法后即复工。乃汉奸导寇,架绑税警杨文龙去,有意挑拨,至为可恶,汉奸之肉岂足食哉。

依时到馆，处理庶事外，仍标点《左传》。饭后，与调孚往泗泾路口，参观听涛山房书画古玩，无可浏览，即返。俊生来，接洽地图制版事。伯云来，即将绍虞存款三百元悉付之，俾划与际唐，了一事。薄暮归，小饮。饮后坐书巢补记昨日日记。旋看《清会典》，至十时乃就卧。盈儿大为起色，甚喜。珏人则咳嗽愈剧，两目为之微肿，可见利害，予甚忧之。昨日乃乾言，此次苏州散出抄校本元曲二百馀种，系也是园旧物，有董玄宰跋及黄荛圃校语，超出臧晋叔《元曲选》一倍有馀，为学术史上一大发见。书藏丁芝荪家，今为王君九、潘博山所购获，价止二千金。振铎亦尝逐鹿，未得手，甚懊恼也。宝物之蕴藏者正多，轻言著述，落笔必有后悔，信然。为同儿购一口琴，价一元。

5月11日(四月十二日　癸卯)星期三

晴。上午七四，下午八〇。

依时入馆，标点《左传》。午后，应秀棣及勖初之二小姐来，探问如何回苏。未几，维文来，谈伯樵念予状，渠将出国，现住九龙云。俊生亦来，将所缺地图墨样三幅补来。傍晚归，小饮。饮后坐书巢为诸儿批字课。

绍兴失陷确为谣言，而厦门已于昨日为寇所陷，虽守军仍有抵抗，寇已登岸则事实也。甚恚。蒙城仍在激战中，微山湖北亦正由我生力军御守中。阜宁寇股行动有两说，一谓已向海州推进，距州城仅十七英里。一谓寇实不支，已向海滨退却。总之，徐州核心之战局形势甚紧，不容放心也。

云彬昨有信与雪村，仍断断致辩，力为雪舟开脱。予觉小题大做如是，雪舟亦究有限耳。不拟措意及之。写信与绍虞，告所有款项均已交伯云划出矣。

夜报载寇机袭粤，即为我空军所包剿，当击落两架，且追击及于海中，毁其兵船一艘，并及岛上机场、油库云。然则我空军实亦有大绩昭示矣。海关税警杨文龙生死未卜，而收税员张鸿奎又被绑。

5月12日(四月十三日　甲辰)**星期四**

晴。上午七六，下午八三。

蒙城仍在血战，厦门已开到生力援军，正歼寇中。依时到店，标点《左传》。下午，谢来自杭回，告所见所闻状。杭支店货损十之六，寇焰之毒，不可向迩，但绍兴失陷之讯杭城阒无所闻，可以切证此间寇报之造谣靡所不至矣。奈何又有人偏信之。

维文复过我，商为伯樵购书事。散馆归，翼之在，盖今日自苏伴送友人来此也。相向痛谈，有隔世重逢之感。据谈故乡状况，不啻全存尸居馀气之人矣。入夜对饮，谈至十时乃各就寝。伊为勖初带到一函，托代觅住屋，此诚目前最难解答之问题，只得俟翼之归去时携书谢之也。

5月13日(四月十四日　乙巳)**星期五**

晴热。上午七七，下午八四。

淮上之战渐见不支，恐蒙城失后，寇将冒险深入临德也。厦门正混战中，以平日民众组织较强，故遭寇屠杀亦最惨烈。据报，被害男女已不下三四千人矣，闻之不胜切齿。又，广州、郑州、徐州各地，寇机连日狂炸，前敌使用毒气更恬不为怪。国联开会，依然忝颜自倨，一方力压阿比西尼亚，不使抬头，俾结好于意大利；一方空言表示对我同情，遣责寇军用毒气，硬绷无聊之威严。噫！何无耻乃尔！

依时到馆，仍标点《左传》，及处理杂事。接绍虞书，托就近划拨其妻弟张君一百元，不知乃兄际唐早已挤去，何来应付耶。只得候张来看我时，面告之。乃乾来，即以朴社托转之款四十元与之。闻其与振铎通电话，似乎前日说起之《元曲》又有活动可购之路矣。

散馆时，翼之来，濬、清二儿及顯孙来，子敦来。本月十五之会，适逢星期，拟提前于十四举行之。有书通知子敦，子敦乃先有他约不能来，故今日来说明也。五时三刻乃归。夜与雪村、翼之及仲弟小饮，仲弟以念盈故，下午三时即来，已待我良久矣。七时，仲弟去。予等饭后再谈，至十时半乃各就寝。

5 月 14 日(四月十五日　丙午)星期六

月食，未见。阴晴不定，闷。傍晚雨，入夜转甚，风雨达旦。上午七七，下午八〇。

厦门已全去，附近且遭狂炸。海州亦陷，鲁、苏滨海一带为寇逼连矣，陇海东段难保，徐州益见危急，热泪欲迸眶而出，顿足不已。奈何！

依时到馆，接洗人、圣陶八日重庆信，知汉、粤两店之劣状益著，此开明附骨之疽也。往复胸中，徒深瀎急而已。参以近日战报，诚公私交迫之至，大为不怡。标点《左传》。下午四时许，良才、翼之来，因定今日之会在河南路状元楼，即呼酒前往。到雪村、翼之、世璟、良才、廉逊及予六人，用去十一元四角，拟一元九角一份，予出双份。八时散归，正大雨，合乘汽车以行，其费亦在内矣。

丏尊以有他约，幸未与。否则徒听嗟叹，举坐将为之失欢也。

5月15日[①](戊寅岁四月十六日 丁未)**星期**

阴霾闷郁。上午七七，下午八〇。 夜月转皎。

晨起看报，于津浦线战事极少登载，厦门则已征实全陷，其他均无较详报道。手披目凝，不觉神索，日来情形殆有日下之势也。愤悒兼至，不能自已。开卷写此，竟致误改，滋可愧耳。

十时许，偕珏人、翼之、滋儿往濬儿所饭。文权方去道始所治事，未之见。及午，偕道始至，携来旧手卷一，有陈希曾、吴鼒、孙星衍诸手札，盖与当时天津知府李谊源者，凡系朝官数十人，新得自古董商场，价止二十四金。谊源名里未详。予浏览一过，即共饮。饮次，据告外间颇有人遮之，欲令再为冯妇。予正色规之，彼矢口绝谢前途，固未允也。饭后去，承派人送来十七日兰心昆剧券二纸，俾珏人与濬儿往观焉。二时许，珏人、滋儿先归。予偕翼之步自古拔路、杜美路以归，沿途闲谈，聊遣闷怀，盖十月以来之环境，止容徜徉于圈内之街衢，竟无可以税驾息游之所矣。若新兴之茶室与溜冰场，胥以女侍及伴游为号召，苟非丧心病狂，固绝无随行逐队之馀地也。夜小饮。饮后看《鹤林玉露》，并为诸儿批字课。

5月16日(四月十七日 戊申)**星期一**

晴，转凉。上午七九，下午七七。

我军克复永城，合肥则发生巷战，是寇已冲入城厢矣。陇海路之南甚紧，铜山、商丘之间颇见危迫，而路北萧县又失守，铜山不啻

①底本为："容堂日记第二卷"。原注："戊寅清和月既望灯右自署。"

四面受围矣，脱无新发展，陇海线难望固守，开封、郑县又何以自持耶。偶一念及，辄为心怵。惟求转危为安，能在蒙城、金乡等处获一胜仗则铜山犹峙耳。

依时到馆，写圣陶信，并办杂事。午后，丏尊为人写对，予顺乞一小联，集定盦句云“端居媚幽独，结习愧平生”，甚欣，将以付装池焉。五时前，廉逊、子敦、翼之、良才来，因同过新开王天和觅饮，乃上下客满，只得退出，仍就饮于永兴昌。八时散归，账由良才付。珏人与天然及其三姊往兰心看昆戏，十二时乃归。

5 月 17 日(四月十八日　己酉)**星期二**

阴雨。上午七五，下午七三。

徐州周围战事日紧，砀山、永城均有寇踪，商丘、开封亦相当危迫，予甚为耽忧也。

依时到馆，办杂事外，标点《左传》。下午三时，道始电话属往取兰心戏券，盖有人又兜售之，而彼等不欲去也。予饬金才走取之，顺属在兰心易坐号。备归后与翼之往看焉。五时返，翼之不欲往，予亦无兴，因命汉儿奉雪村夫人与珏人及天然姊妹同往观之。十二时，珏人等返，汉儿则伴同濬儿归去，即住其家。予与翼之、雪村谈，至八时，即各就寝。

5 月 18 日(四月十九日　庚戌)**星期三**

阴雨，午后止，未见日。上午七五，下午七四。

鲁、苏、皖、豫四省之交战况日剧，我虽力守，徐州恐终不免退出耳。甚恚。

依时到馆，写信多通，为公司复南京张克明，通函各董监及各设计委员,定于二十一日下午召集董事会及设计常会。为己致勖初、致觉兄弟及硕民、允言,备托翼之带苏。章式之遗著《四当斋集》四册,昨日索非带来,盖圣陶托吴朗西携来者。受读甚快,弥可感也。五时三刻归抵家,与翼之对饮。饮后,翼之打牌,予则坐书巢为诸儿批字课,并续看《鹤林玉露》。十时许就卧。

5月19日(四月二十日　辛亥)**星期四**

晴,转寒。上午七三,下午七二。

晨起坐书巢看《鹤林玉露》尽一卷。看报,知徐州已届危殆,寇机攒集狂炸,馀路亦各自奋战,互有出入。

依时入馆,办杂事。标点《左传》已毕。散馆归,与翼之小饮。饮后长谈,竟未复入书巢。十时各寝。

5月20日(四月二十一日　壬子)**星期五**

晴冷。上午七一,下午七四。

徐州已沦陷,西报及寇传均云然,虹口日领署又升气球宣传矣。撤退已成难免之事实,顾能否全师以退则大堪悬念耳。下午《大美晚报》出号外,今晨黎明我机大队飞越东海,入寇空,在大阪、九州等处投掷多星传单,警告其民众,谓当阻止军阀横行,并未投弹。予不禁兴奋,然颇致恨于我当局,何以受毒至此,犹不肯加以奋击,拘拘于先礼后兵也。惟愿风气既开,再接再厉,必达以眼还眼而后已耳。法、意谈话已陷停顿,墨索里尼之与希特拉固早勾结致此矣。欧局不定,寇乃大乐,岂恶贯未盈,犹有若干残光照耀耶。可叹!

依时入馆,开始注《左传》。翼之今日返苏,仍乘汽车行。大约下午便可抵家也。月斧来，谈次颇露参加伪省署意。此人本在观望，今得徐州陷落信，益坚其从逆之心，殊可恶。予冰之，趑趄去。人心陷溺至此，奈何！夜归小饮。饮后为诸儿批字课，并为林讱厂《集宋四家词联》施点句。九时而毕，即就卧。

5月21日(四月二十二日　癸丑)**星期六**

晴，夜雨达旦。上午七一，下午七七。

晨起阅报，知徐州已全师而退。寇方本布有军事网，企图尽围我军。乃寇兵及城，守者不及千人，于是寇始大沮云。馀事与昨无出入，惟福建省府迁永安，厦门备受荼毒两事堪记耳。

依时到馆，上午注《左传》，下午应付董会及设委会。

振铎、剑三先后来，散馆后同过永兴昌小饮，调孚、雪村与焉。遇良才、芷芬均先在，各引朋曹列坐矣。此店殆日即昌隆乎。七时许散，八时归。文权偕濬儿、顯孙来省，予归时，濬、顯已去，权则与士敭、业熊及雪村夫人打牌。九时许罢归。

5月22日(四月二十三日　甲寅　丑正一刻四分小满)**星期**

阴霾时雨，大类梅令矣。上午七六，下午七八。

晨坐书巢作《四当斋集题记》。看报，知陇海线正激战中，寇则已在东海登陆矣。欧洲形势突紧，法、意谈话既搁浅，德军竟开捷克边境，有立即爆发势。欧战恐难免再见，东亚之局则或将因此加甚耳。

竟日未出，为《故宫旬刊》三十二期编分类目录，俾揭诸册首。涵侄来，奉亲命送汁肉饷予。晚饭后去。夜仍小饮。饮后坐书巢看《鹤林玉露》。九时就卧，以骤热难眠，盈儿大扰，予竟坐是欠寐。雪村与杨克齐、黄幼雄、贝漱六碰同棋,十二时始了,亦为一因。

5月23日(四月二十四日　乙卯)**星期一**

晴阴不常。上午七五,下午七八。

军事重心已西移,兰封、杞县、陈留间俱有寇踪,归德西陇海线两侧皆受迫矣。不有翻新之局,行见寇焰日高,而伪组织中之群丑益且肆无忌惮耳。思之惘然。捷克边境局势似少缓,据云英国斡旋之力。但一时弥缝,岂能终古压落耶!

依时到馆,接子恺汉口函,于云彬、彬然、冀野近状至悉,野为二陈拉拢,然就大路编辑,云则又披军衣混入官队矣。白云苍狗,变幻亦奇已哉! 又接佩弦蒙自来信,知清华在彼开学。注《左传》。应秀棣来,知勖初夫人已来,勖初日内亦将到。惟房屋无着,大为周章,一时恐不得解决也。散馆归,小饮。饮后坐书巢看《故宫周刊》第一分,予自付装,自第一期至第一〇〇期。旧物重亲,亦甚有味。然较诸复出各期,幅小而黯,远不逮也。十时就寝,盈儿为蚊所扰,时醒,予亦随觉。

5月24日(四月二十五日　丙辰)**星期二**

晴,不烈。上午七六,下午七九。

阅报,知李宗仁之总部已安撤至阜阳,是蒙城一带必已为我收复,津浦南段西侧之平行线必为我军之新防地也。德国希特拉召回驻在我国之军事顾问,显系徇意袒寇,且闻该项顾问竟转赴寇方为之服务矣。外力万不足恃,惟有自求多福,力抗危难耳。

依时到馆,注《左传》,并书复佩弦。散馆归,小饮。饮后坐书巢看《清会典》，专注于科场情形。九时就卧。聿修自苏来，今访予谈。

5 月 25 日（四月二十六日　丁巳）**星期三**

晴。上午七四，下午七九。

兰封附近战局开朗，寇方土肥原部之十四师团受围歼，极狼狈，有溃败势。兰封以东考城等处之寇俱退去，我军曾攻入砀山截其退路云。德召回顾问事，寇示幸，其实我方作战何尝全依顾问之力，其称幸适以见其内荏耳。昨日寇机狂炸阜阳、颍上，多烧夷弹，毁屋极多，人民死伤甚众。大氐李宗仁行踪又为汉奸所谋知遂密报寇方致之也。可恨之至。

依时入馆，注《左传》，为编所复杨雪琼，查询稿件事。午刻，振铎来，乃乾来，因同饭于一家春。谈次，知也是园《元曲》尚在贾人手，须一万金始肯脱手与人也。振铎求得甚切，恐缘是抬价愈高耳。散馆归，途遇仲持，据谈徐州下后，汉口人心颇浮动，因而议和之谣亦盛。前途至堪忧虑。又云特区法院为伪组织接收事恐终实现，目前仅挨延时日而已。乃乾言，赵叔雍已任伪维新政府行政院首席参事，余大雄已任华茶监督局长，陈灨一已任天津烟酒印花分局长，冒广生亦已出，惟不审就何事耳。此等人本不足重，反覆固无长技，独恨政府已往对若辈太宽容，则不能释然也。

夜小饮。饮后坐书巢看《鹤林玉露》。九时就卧，以天气骤变，体倦殊甚，睡后觉遍身酸楚也。

5 月 26 日（四月二十七日　戊午）**星期四**

夜半大雨达旦，昙。上午七五，下午八一。

依时到馆，注《左传》。接圣陶十九日航信，寄照片二纸与丏尊，一为满子半身，一为圣陶夫妇及其老太太与满子之全身。老太太矍铄逾昔，精神弥满，大可慰。满子肥白真如满月矣。圣陶亦无风尘色，眉宇间反呈英爽气。惟墨林则大为苍老耳。附来近作四首，想见安闲，可慰也。

报载徐州退出时，以汤恩伯师为殿，损失殊不大。乃寇方造谣，谓中央师二十五个为所包围，张自忠等俱被扣云云，故摇人心，可恨甚矣。

俊贤来，谓勖初将到，惟房屋大成问题，属予设法。予实告无法，只得待其来后再说耳。散馆归，小饮。饮后，怀之来，宿予寓，谈东沟近状亦伥鬼大跃，寇仅一人踞其上，予所予求无不如志也。气极。未如书巢，九时即睡。

5月27日（四月二十八日　己未）**星期五**

雨，晚晴。未冥又雨。上午七八，下午七九。

战讯，兰封已失，克复菏泽，寇军正谋进窥许昌、郾城、信阳，企图截断平汉路，威胁汉口，然我节节设防，此迷梦亦徒萦妄想而已。但一般短视者已魂飞天外，以为我必即亡矣。可叹。寇舰三十八艘在瓯江口扬武，永嘉吃紧，恐日内浙省沿海各口俱将封锁矣。在运输上实大见损耗也。寇方内阁突改组，昨晚六时宣布，定今日下午七时，新阁员就职。外务广田、大藏贺屋、商工吉野辞职，前朝鲜总督一度组阁未成之宇垣任外务，前三井系领袖日本银行总裁池田任大藏兼工商，前陆军大臣荒木任文部，原兼文部之木户专任厚生省，馀仍旧。于是近卫文麿之气焰一振，而寇内阁之五大行政部悉入军阀手中矣。夜报载将任久在我国北方之板垣代陆省杉山，则其对我侵略将益加甚，而其求速战速决之情亦益露骨焉。

写信复圣陶，以昨接硕民信，遂叙入之。接济群十九日万县发航函，知已移住万县陈家坝东后街十七号，生活尚好，至慰。并知其两亲已移来上海，住爱文义路大通路同寿里三十九号。稍暇当往看之。散馆归，即小饮。饮后犹未断思也。入坐书巢，看《两般秋雨盦随笔》及《春在堂全书叙录》。九时就寝，奇燠蒸润，难入睡，扇不停挥，至倦极乃已。

5月28日(四月二十九日　庚申)**星期六**

晴，夜雨。上午七九，下午八四。

我军昨夜十一时收复兰封，血战染土尽赤，仅乃克之。寇方土肥原部几聚歼，馀众不及千人向考城退却。鲁西、冀南、晋南、皖北各路，反攻俱好转，蒙城亦已收复，合肥仍相持于大蜀山耳。捷电纷飞，谓为“第二台儿庄之胜”云。然则开封可以稳定，而新改组之寇阁着实受一掴颊矣。快甚！其他丽水被炸，永嘉仍危，俱寇方声东击西之故智，明眼人自有以鉴别之。德、捷关系依然紧张，英与德有特开会谈之举，不识能否弥缝一时耳。

依时到馆，注《左传》。勖初与其幼女来访，谓前日到此，暂住三马路中新旅社十八号。略谈后约五时再过访之。周作人甘心在北平作汉奸，日来各报章均揭有攻击其人格之文字，阿好者乃欲强为开脱，以示爱惜，甚矣方曲之见之难泯也。其实名节所关，得罪民族，虽有孝子，固百世难掩矣。他人又何必斤斤恋此残骸耶。

散馆出，走中新旅社访勖初，因同过永兴昌小饮，畅谈别后事，甚快。七时许散，已雨，因乘人力车以归。向公司支活存十元，还雪山五元，付永兴昌一元一角。归后揩身洗足，十时乃寝，至适也。

5月29日(五月大建戊午初一日　辛酉　日食中国不见)**星期**

晴。上午七九,下午八六。

晨起看报,兰封克后向东挺进,寇又占归德西犯,冀解土肥原之围。将续有大战展开也。合肥大蜀山仍未下,巢湖寇股则已受困矣。昨日竟日,寇袭广州,自上午八时至下午四时,凡三度狂炸,中山公园及黄沙车站等处受害尤烈,死者逾千。今得电讯,为之大愤,暴寇横行如此,奈何我空军既至彼境反不投一弹以示薄警乎!

竟日未出,且未下楼。待勖初不至。丏尊于饭后来,谓其孙痧子后转肺炎,殊急,催天然往帮忙。甚为耽心。看《故宫周刊》一、二、三册,作《旬刊跋语》一首。午后三时入浴,然初热难耐,竟无腻出汗也。上午汉、滋往省濬,下午,濬、权、顯偕之来。夜饭后去。组青来,薄暮去。夜小饮。饮后感热,不复入书巢,坐房中窗下招凉,至十时乃寝。

5月30日(五月初二日　壬戌)**星期一**

晴热。上午八二,下午八七。

兰封附近激战中,广州连日遭狂炸,夜报电讯,今日复然。死伤不少,破坏孔多。其他南昌、郑州、宁波亦均遭袭,投弹不少。是寇阁无聊之示威,适见其穷蹙靡逞,一露狂态耳。

依时到馆,注《左传》。丏尊上午未到,饭后来,知其孙病势未减,甚危。志行昨夜自扬到沪,住店中。今日与谈,知别后状况,尚无大苦也。暂在经理室办事。散馆归,小饮。饮后未入书巢,稍坐便睡。勖初来访,知已获屋于蒲石路劳而东路口,至慰。惟前住者尚未迁出,仍须在逆旅中候之耳。三日以来,寇机到处肆虐,然亦防我机之来袭，故此间天空，竟日盘旋不已，轧轧与隆隆之声扰耳弗宁，至可厌也。予深盼我空军飞临，使“八一三”初状复见于今日，则多少出一口气焉。郭沈澄来，送粽子及儿饵，甚愧受之。

5月31日(五月初三日　癸亥)**星期二**

晴热。上午八二，下午八八。

战事暂时无大变化，豫东、皖北仍吃紧。广州空袭较前为静矣。依时到馆，注《左传》。本月薪七十一元七角取到。付讫马上侯酒账七元，永兴昌酒账四元。家用六十元。购草帽一顶一元一角半。接硕民二十三日来信，知前托芝九所转之函已到矣。翼之带信亦到。

散馆后，与雪村、志行、俊生同过永兴昌饮，遇勖初及俊贤，据告允言景况之窘。硕民信中本已详告，相与慨叹久之。爱莫能助，如何如何！七时三刻散归，呼汤澡身而后睡。丏尊未到馆，想见其孙甚危，然不敢往看也。托业熊在广昇祥买卅六号汗衫两件，计三元九角；又买毛巾手帕一打，计九角九分。午间店中过节，吃酒。饭后往附近理发，出费两角。

6月1日(五月初四日　甲子)**星期三**

晴，午后风霾，转凉。上午八四，下午同。

寇机仍袭粤，但损失较轻。昨日武、汉空军又奏殊勋，有大队寇机由长江下游往犯，我机起飞应战，霎时即将寇机包围攻击，仓皇图逃，未敢投弹，当场击下十五架。馀机逃至湖口，我机别队又截击之，堕两架。经此巨创，想当稍敛也。闻我机亦损失两架云。

依时到馆，注《左传》。丏尊十一时来店，饭罢即行，其孙病势未减,故匆匆出外求药也。心绪本不佳,再益以如此刺戟,宜其更见无憀矣。给金才节费两元,华坤一元。条止永兴昌送酒,拟过夏再吃例酒也。散馆归饭,饭后小坐听书,未入书巢,八时三刻即睡。昨日昼夜连饮,致倦已甚,故入晚不复自持耳。

6 月 2 日(五月初五日　乙丑　端阳节)**星期四**

晴。上午七八,下午七九。

豫东战局沉寂,土肥原部仍被围,寇虽自河北及商丘两路往援,卒未逞,我亦正在补充整理中,故无大战。皖北则蒙城已复,合肥亦一度攻入巷战,惟亳县又陷落矣。各地零星所受寇机空袭则仍不少,但扰乱而已,无大损害也。此外,有两事足记者:一为特区法院之拒绝伪组织接收,已臻严重之境,凌逆启鸿一再与领事团接洽,俱未得要领,乃扬言将加不利于法院之法官,而英兵亦加紧防备,竟在院内布防御物。一为伪维新政府擅改减寇货之税率,已于昨日实行,优惠特加于寇方,不啻对其他各国之来货加以阻遏,国货之被迫,固无论矣,我想各国岂遂甘心拱手让之乎。

依时到馆,注《左传》。接聿修书,知迁住侨光中学之暨大宿舍,仍以下半年事能否有办法为言。且附来《译报》一张,上载有《虹口一瞥》一篇,系渠所作,颇可看出最近虹口之状况,开明夷毁,又得一确证矣。下午三时,乃乾来,携有明梁溪华夏《真赏斋帖》三卷及清宣统二年铅印大本《中兴别记》十二册。《真赏斋帖》近已难得全帙,予幸获观,快甚。《中兴别记》为上元李滨所撰,仿《小腆纪年》例,述洪、杨建国始末,起道光十六年,迄同治三年,凡六十一卷,未有《自叙》。此书向未之见,虽近刻,等秘笈矣。惟材料大氐出于当时邸抄,无以逾越官修《方略》之范围,且无考异,每不详所本,实亦通常之书耳。予留以细看,或将买之也。

夜归饭,饭后坐书巢看《故宫周刊》第三自装册,甫逾半,忽感腹痛,遂如厕。未几就卧。

6月3日(五月初六日　丙寅)星期五

晴,晨阴。上午七八,下午七九。

晨兴阅报,知被困在三义砦、兰封口一带之寇确受重创。渡河来援之股亦击退。冀省府由行政院提请国民政府明令改组,由鹿钟麟任主席,谷钟秀长民政厅。是河北我军民仍不失维系也。永城、蒙城一带之寇均趋向皖、豫边境,似图西向平汉线。归德西犯兰封之寇亦转趋西南,前锋已抵宁陵,与亳县之寇连结,进攻鹿邑。宁陵、睢县一带已发生激战。蒙城之别一寇股,南窜窥伺凤台,正御击中,此股显欲直犯阜阳、固始以图破坏我皖北、豫南之根据地也。综观大局,形势殆十分严紧矣。惟有力战以求自存耳。

依时到馆,仍注《左传》。丏尊昨日殇一孙,今日来店,予约其吃酒,聊为拂愁。酒账四元一角即付。午刻约雪村与俱,共酌于永兴昌。振铎、率平、乃乾先后来,彼等大谈《元曲》购致事,已臻妥洽,或可于日内成交也。

散馆归,知盈儿及汉儿已往濬儿所,将留彼小住。并知珏人、濬儿、清儿今日午后曾往大通路访吕家。至则已搬往浜北天潼路七浦路口之彩和里一百十三号矣。寻踪而往,果得之,晤锦珊姊丈、大姊及灿庭甥妇与家英甥女。询悉在苏东乡黄土桥逃难状,备受寇警,闻之发指。锦珊约后日来寓访予云。组青来,为珏人修理收音机,晚饭后乃去。夜饭后,坐书巢为诸儿批字课,并续看《故宫旬刊》第三册。十时寝。接勖初条,知已于一日迁住吉陞栈十七号。

6月4日(五月初七日　丁卯)星期六

晴,有风,入夜雷雨。上午七七,下午八四。

战讯转寂,恐不甚佳,豫东、皖北想吃紧也。

依时到馆,注《左传》。饭后,乃乾、振铎、率平来,二时,三人同往孙伯渊处看《元曲》,面洽价格。要予同去,坚谢不往。散馆归,甚倦,且骤转闷热,竟惮于动弹矣。匆匆晚饭,饭毕濯身偃卧,看《留青新集》自遣。至十时入睡,未入书巢。在馆时写信与翼之。并附致硕民,托转。

6月5日(五月初八日　戊辰)星期

阴晴时作,略见细雨。上午七八,下午八二。

晨起看报,知皖北、豫东之局仍相持。兰封形势转稳,寇土肥原部消耗已不足五千人,我且以二师兵力渡河袭其后,想能不任漏网也。广州市昨仍被寇机狂轰,损害视前加甚。国际对寇谴责方喧腾世界,而寇仍视若无睹,尚何能以人视之哉!大通附近寇舰西窥,经我派机掷弹御之,已下驶。可见贼人心虚,只要敢行膺惩,自必引飏耳。以此,益恨我空军既至寇境,何以不掷一弹而还也。博宽仁之虚名,捐踵顶于实害,我不能自已于方寸矣。

前日任克昌来看我,谓将赴南浔乡间,开口借钱。予以去年所买黄善夫《史记》实廉得之,故昨日特着金才送两元与任。

竟日未出,看石天基《传家宝》,虽俚俗劝世语,颇有见道处。午后三时,锦珊姊丈、大姊、家英女甥同来答访,长谈别后情况,知去冬逃在北庄基、黄土桥一带时,备受游寇及土棍之扰。最可恶者，当地出任维持之劣绅，每硬向居民勒捐，任意科派，无敢或违，设稍不如欲，即以导引游寇相扰为恐吓。故无法再住，间关来沪云云。濬儿、文权、昌顯及修妹俱来会大姊。晚饭后先后去。予则与锦珊对饮。大姊则打牌。十时一刻，大姊等三人乃归去，予与清、汉两儿送之登电车始返。酬酢殊吃力，十一时就睡，即入梦矣。

6月6日（五月初九日　己巳　酉初一刻三分芒种）**星期一**

晴昙兼至，入晚又雨。上午八〇，下午八七。

依时入馆，仍注《左传》。闷热难堪，四时许即归去。刚主前日有信递到，仍以《丛书子目类编》稿为念，以被阻之船未获挽回，竟无由复之也。勖初来告，已移忆定盘路九五号暂住，蒲石路之屋变卦矣。小坐便行。今日店中接伪维新政府教育部陈群伪令一件，属送中小教科重审。下午书业公会公议，决定置之不理，幸法院尚未被接收，否则此类事真难办也。我意，孤岛生活，恐从此多事矣。为之愤愤。

早晚报互勘，军事消息欠佳，开封已沦陷，中牟亦急，平汉线时有切断之患。汉口已下令在三星期内撤退三十万人，人心震荡可想。至于广州则自上月二十八日以来，无日不受狂炸，今日死伤尤重，超过五千人，诚开大屠杀之新纪录矣。每一涉想，神魂越次，寇之肉不足食也。

散馆归，幸未值雨。夜饭后，坐书巢闲翻，大雨乃作。予早濯身，乃得受风取快，否则燥热不可忍矣。夜睡着凉，右手忽不仁，酸楚不甚，而麻木殊剧。

6月7日(五月初十日　庚午)**星期二**

昙,入夜雨。上午八二,下午同。

晨起右手麻木,几不能执箸。肩臂亦酸楚,遂未入馆。时一偃卧,饭后乃伏案看廉惠卿小万柳堂所印《书画扇集》六十集,抵暮乃毕。

战事消息及广州被炸依旧。总之,气愤填膺而已。

夜,孑如、志行、雪村过访,与谈久之。洗人渝发廿九、卅一信同时到,知汉况已紧张,伊亦尚难动身也。雪村已复去,告此间运道只昆明可靠,属先往滇设处云。附来圣陶信,知复旦事已辞去矣。九时就卧。

6月8日(五月十一日　辛未)**星期三**

阴雨时作。上午八〇,下午七八。

郑州、洛阳俱被炸,寇土肥原部已突围出兰封、开封,西逼中牟。平汉线大受迫胁已。豫省河堤决,我民固赋其鱼之叹,寇股之机械化部队亦无复大用矣。我人早誓偕亡,实有乐祸之心焉。广州昨仍三次遭炸,入晚月光下复来袭,死伤綦众。计自上月廿八以来,死伤已逾七千人。美国扬言不袒暴行之国,而售于寇用之飞机实较售于我者为多,是间接助长凶焰者彼实尸之,帝国主义之恶毒,终乏掩盖之路耳。

以右手仍酸,未到馆,晨入书巢,试握管补日记,颤不成字,午后复试写此,勉属十行,已酸不能举矣。即止。奈何!晚饭后早睡。

6月9日(五月十二日　壬申)星期四

阴雨。上午七七,下午七八。

广州昨仍遭炸,寇且扬言将炸潮、汕。一面力营厦门,改为军港,将于此树立南侵之根据,且图威胁英、美、法,以求道于香港、安南、菲列宾耳。其野心诚不在小也。李宗仁已自前敌返抵汉,其任务已委张发奎继之。不逞之徒与寇谍、汉奸遂不谋而合,共播谣言,谓蒋、李之间已呈裂痕,而汉、粤亦复不睦,故受炸不一遣救云云。若辈无风兴浪,固甚可恶,而空穴来风亦不可不防,深愿当局者有以善处之。

拦朝大雨,仍请假未到馆。看报后入书巢试腕,勉写十馀行,仍感酸麻,以不敢多劳而止。夜,芷芬、丏尊先后来看我,长谈移时乃去。

6月10日(五月十三日　癸酉)星期五

昙。上午七七,下午八一。

各路战报沉寂,无大出入。广州则仍遭炸。

依时到馆,右腕仍酸,然可以强忍之矣。注《左传》,写信寄南京张克明,贵阳丁晓先,万县吕济群。散馆即归,终感疲倦,晚饭后安坐听书,未入书巢。十时就寝。

连日谣盛,一般有钱者咸设法逃遁资金,致黄金陡涨,银楼饰金每两至一百八十三元,真空前之绝缘矣。

6月11日(五月十四日　甲戌)星期六

昙,夜半雨。上午八一,下午八六。

报载寇军舰多艘在大通向两岸开炮，企图登岸，经我空军飞往猛炸，已沉其一，馀船亦纷纷下移。苏省府代主席韩德勤部昨电告猛攻徐州。郑州以东阵地转稳。广州昨仍被炸。上海汉奸尤菊孙被刺。

依时入馆，注《左传》。奇热而闷，困甚。散馆后，偕雪村、雪山、调孚、志行、孑如饮丏尊于永兴昌，有顷，盈儿、叔琴来会。盖丏尊生日，假此聚饮耳。予以手麻未退，不敢纵，然多日未亲杯酌，不免仍稍见馋，饮一斤而归。抵家已八时三刻，取汤濯身，酣然就卧。

6月12日(五月十五日　乙亥)**星期**

阴雨延绵，竟日未休。上午八一，下午七七。

黄河决口，豫东成空前大灾。郑州军队已南撤，恐不守矣。湖北省主席易人，何成濬去，陈诚继。武、汉加紧设备为军事中心云。俱见《文汇报》。

晨起入书巢，为诸儿批字课。旋看《大美报》，知尤菊孙伤势尚无大碍，可不死。《晶报》创办人余大雄昨亦被刺，仅伤膝而免。溯自陆伯鸿被杀以来，汉奸之横死者踵相接，周凤岐、俞朴外，殆不一数。方谓鼠辈畏死，或可少敛，乃招摇过市，竟以为伪荣相夸，恬不知耻。安得尽扑杀之，一雪我民族之羞乎！

竟日未出，看《清会典》及《清续通考》。

夜报盛传，中、苏、法三国协定即将宣布，其内容为以武力援助中国云。其他中英借款亦将成立，而我《军事征用法》已公布定于七月一日实施。或者外交及经济具有办法矣乎。不禁跂予望之。

晚饭后与雪村谈，九时始各就卧。

6月13日(五月十六日　丙子)星期一

阴雨。上午七七,下午七八。

三国协定事经各方否认,大概来自寇方,又出奸人捣鬼耳。黄河决口颇烈,中牟以东漂没人口无算,诚浩劫也。寇兵亦以此被阻东退,郑州转稳,仍与汉口对开火车也。此次决堤,据报载全出寇方重炮、飞机猛轰所致。豫、皖、苏三省之民将数世受累矣。又昨晚七时许起,二小时半以内,公共租界接连发生手榴弹案五起,一处未炸,馀俱伤人。末次且当场掠获放弹寇棍三人,拘入捕房云。此三人固不至死,必引渡于寇方纵之去,然存心造成恐怖则昭然如揭,无可委饰矣。

依时到馆,以天雨骤凉,右手臂又大酸,虽仍注《左传》,下午竟不能提起此腕也。且眼花特甚,稍远处所见皆双笔画矣。体衰之速如此,诚出意计之外,其能久于人世乎。夜冒雨归,路中眼花益甚。晚饭后,入坐书巢记日记,自觉手震心烦,竟难成字也。奈何!雪舟有信与其兄,颇可看出汉口近日慌乱之状,从前万丈气焰竟消泯至不可寸度矣。是足见武、汉之紧张,想云彬辈亦必早收行装,流转别地去耳。

6月14日(五月十七日　丁丑)星期二

大雨不休。上午七七,下午七四。

豫北、豫东俱以水灾泛滥故,战事转寂,寇部已东退过开封矣。皖北大见紧张,安庆垂危,舒城亦为寇破,幸南岸登陆之寇仍被击退,否则豫章门户撼矣。其他消息,福州、汕头俱受猛炸,广州仍遭空袭,惟未投弹耳。

依时到馆,注《左传》。接南京张克明快信,当即作复指示货运。又通函各董监各设计委员,定十六日下午开会。雪舟又有告急信至,求速离汉,情见乎词,且请示撤退办法,并自请入黔、滇设办事处云云。当由雪村复以一电,属于必要时酌退渝。竟日大雨,道途泛水,霞飞路吕班路口及萨波赛路、马浪路一带,水深及尺,波激涟漪,设再加甚,将不能行车矣。

散馆归,看《大美晚报》,开封水深二丈,寇军七万被围水中,在白沙区已溺毙五千以上。其机械化军器重炮二百五十门,坦克车八十辆,铁甲车百辆,俱没入水底,无法运走。此次寇方决堤,竟作法自毙如此,是殆天殛之矣。安庆失守已证实,寇分两路西犯,陆路自合肥、舒城,水路由长江集中兵舰冲封锁线,汉口当大受影响焉。但愿马当之线无损,舒城之锋挡回,则犹可为也。又讯,驻德大使程天放辞职照准,任外次陈介继之,前铁道部次长曾镕甫继外次。陕西省主席孙蔚如免职,以蒋鼎文继之。湖北省府改组,何成濬改任军法处处长,以陈诚任主席,严立三长民厅,徐杍长财厅,石瑛长建厅,陶希圣长教厅云。西班牙政府军大败,将不能维持。捷克苏台德党大得势。盖希特拉与墨索里尼会晤后必然之结果,以与远东之寇唱双簧者也。英、法至此犹无确切办法制止之,将见希、墨坐大,噬脐之祸悔之莫及耳。

依时到馆,出入均遇雨,窘极。夜,臂又酸楚。

6月15日(五月十八日　戊寅)**星期三**

阴雨,下午曾略晴。入夜雨甚。上午七五,下午八〇。

寇机仍飞袭粤,大肆狂炸,死伤惨重。安庆方面,沿江俱将犯寇击退,且有反攻会垣说。豫东浊流已侵入皖北,将泛滥及于淮河耳。

依时入馆,注《左传》。下午四时许,子敦来。五时左右,良才亦来。乃与丏尊、雪村偕之出,为会于杏花楼小食部,酒则叫自永兴昌。坐定,雨已大作,世璟亦至。谈饮甚欢,惜菜肴太劣;以原料昂贵,配来之品几不成样子也。八时半散,过稻香村为诸儿购饼饵。雨中步至东新桥,与雪村、世璟同乘二十二路公共汽车以归。聚餐费一元七角,儿饵五角五分。抵家听书,十一时乃就睡。

6月16日(五月十九日　己卯)**星期四**

阴雨,傍晚稍止,夜半又大雨,霪霖将为灾矣。马路低洼处已水深没膝,连日不退。上午七六,下午七七。

水盛,寇变计窥汉,集中力量由安庆西陆路进攻,但殊少把握。

依时入馆,仍处杂事,以其间注《左传》。午后三时开董事会,除丏尊、雪村、雪山外,到道始。决议在昆明增设驻滇办事处。并已内定派谢来、卢芷芬前往筹备。四时续开设计委员会,除四董事外,到望道、振铎二委员。决议切实调查本埠中学,由各委员分头接洽,以期广销教本。六时始散。乃乾来,托渠代开明购到黄摩西《中国文学史》二十八册。谈至六时许,辞去。六时半,予与道始、丏尊、雪村、振铎小饮于同宝泰。调孚亦来。八时许散,乘道始车以归。道始送我影印《金瓶梅词话》一部。

6月17日(五月二十日　庚辰)**星期五**

霪雨。上午七六,下午七八。

气闷如塞,恚甚。依时到馆,料理昨日开会事,并注《左传》。振甫偕调孚家属今日到沪,据云内地状况混乱,寇亦莫如之何也。

散馆后即归，濯身洗足，然后就食。晚饭后，坐书巢记日记，并为诸儿批字课。接聿修书，知曾来询我，适病手未到馆，竟失候。又接绍虞书，知将来沪矣。慰元电话告我，君畴、吉如、秩丞均已抵沪，约明晚六时在同兴楼吃饭。予自当赴约一晤。珏人今日往看濬儿，知楼上房客延不肯搬让，竟致涉讼也。闻之甚怪文权之孟浪。

战事仍在安庆附近。昨日寇机袭粤北，被我空军击落五架。馀多浮词。至政治问题，颇有可述者：一，参政会名单发表，汪精卫、张伯苓任议长，即将召开会议。二，蒋总裁发表《三民主义青年团宣言》。三，周恩来、秦邦宪等致书蒋总裁，请武装工人，力守武、汉。此三事互有关连，而国共两党之摩擦恐不可讳言矣。至可浩叹。

6月18日（五月二十一日　辛巳）**星期六**

午前后晴，馀阴，北风甚急而气特燠闷。上午七七，下午八三。时闻无变化，安庆附近仍有战事。

依时到馆，注《左传》。接洗人信，于西南发展事有建议，因决专派芷芬一人前往调查，会晤洗人后再决行止。船票已购，定二十二日动身赴香港，转海防入滇。午刻，振铎、乃乾来，同饭于间壁一家春。饭后，振铎与乃乾赴孙伯渊家，以九千元为教育部购定《古今杂剧》，三时许携书见过，因得饱览。书凡六十四册，收杂剧二百四十二种，内三种重复，刻本为息机子刻及陈与郊刻，馀俱钞本，最初为明万历间常熟赵琦美所结集，庋诸脉望馆。后归同县钱谦益。绛云楼一炬，此书幸存，与烬馀俱入钱曾也是园。著诸《也是园书目》，遂为世所艳称。后归长洲何煌。旋入吴县黄丕烈士礼居。继归长洲汪士钟秋芸精舍。太平天国之后转入阳湖赵烈文旧山楼。

烈文晚寓常熟,辛亥后其书为邑人丁祖荫所得,流寓吴下。寇陷苏州,故家法物散亡殆尽,是籍乃为古董商孙伯渊所收,载来沪上。由乃乾之介,几经唇舌,始于今日入于振铎之手,予是以获经于眼,亦大幸矣哉!移时,振铎挟书去,予为记其源流授受如此。琦美字元度,号清常道人。谦益字受之,号牧斋。曾字遵王,号也是翁。煌字仲子,号小山。丕烈字绍武,一字荛圃,号复翁。士钟字阆源。烈文字惠甫。祖荫字芝孙。书首有荛圃手写全目及待访目,并制序文。书中多有清常校题、遵王校补及小山校补语,并有顾千里子河之校语。在脉望馆时,曾有董香光跋语三则。诚玮宝也。

散馆后,叔琴来,乃与雪村偕之往永兴昌,途遇陆高谊,拉以同去。予以赴同兴楼时尚早,乃亦先沽饮焉。六时半到同兴楼,慰元及彭介子、朱家积先在,良久,君畴夫妇、吉如父子、秩臣夫妇、汪怀之夫妇俱来。遂合饮。据君畴谈,江北情形之坏俱坏于汉奸,盐城失守,伊奉令交卸,始得与吉如、秩臣间关来沪云。秩臣本住武定路柴阳里五十一号,君畴已租定古拔路古拔新村二弄八号,吉如则拟返苏度夏再出也。九时许散,已微雨,即走郑家木桥乘电车以归。濯身小坐,乃入卧。

6月19日(五月廿二日 壬午)星期

午前阴霾欲雨,午后微雨,夜半大雨。上午七九,下午七六。

晨起看报,知黄流泛滥益盛,恐酿成空前大水灾。寇在豫已无进展馀地,而图汉之念未戢,派机轮流轰炸赣、皖交界之马当封锁线。但长江南岸登陆之寇则扫灭无馀矣。本市有一狙击事件,即于昨晚九时五十分发生于同兴楼。据载伪督办署土地局长任保安在同兴楼二号宴客,座宾多寇籍浪人,叫有妓女及女向导等取乐。迨后任亲送寇籍友人下楼等车，反身上楼，即有穿西装者四五人随之。任甫坐定，此四五人即举手枪击之，任及妓女立死，女向导及琴师轻伤，别有食客姚姓一人重伤，放枪者从容下楼自去云。此举又一除奸快举，足寒贼胆，甚松爽也。按诸昨晚席散，相距仅半小时，竟未及见，亦奇。

上午十时，芷芬、振甫来访，还我《通鉴纪事本末》。谈未久，慰元来。告以昨晚事，彼尚未知，称险不置。有顷，慰元、芷芬、振甫俱去。饭后，偶翻《诗式》，见五言律仄韵陈子昂、灵一各一首，七言律仄韵高适一首。丏尊近撰《文话》，于律诗不承认有仄韵而绝句则仍认之。遂录出此三首，将以质诸丏尊。怀之夫人挈宏官、玉官来，晚饭后去，知翼之亦无信寄来也。夜饭时，雪村方与幼雄、曙光、克斋游王和，忽感腹痛甚剧，吐泻交作，后请天然施打一针，且服药水两次，始渐平。予初惧其霍乱，既而得睡，心始下。十时就卧。

6 月 20 日（五月廿三日　癸未）**星期一**

阴雨，傍晚略晴。上午七六，下午七七。

天雨，一切沉寂，惟寇方宇垣放送松动口气后，伪临时政府及伪维新政府各发宣言，靳求和平，虽各报未予转载，而字里行间固已跃然如见矣。此殆寇欲速了，故来此应声之虫以媚寇耳。

雪村吐泻已止，偃卧未起，予一人到馆。为芷芬赴滇事，忙碌竟日，信件等手续俱办妥矣。午间，予与调孚请芷芬在老民乐园吃饭，小饮话别，略致珍重。并拉士敭作陪。摊费二元五角。散馆后，丏尊请芷芬、振甫在同宝泰小酌，拉予作陪。至八时散，振甫遂送芷芬登船，予与丏尊径归。归看雪村，益好矣，心为放下。十时就卧。接翼之信，知仍在乡。

6月21日(五月廿四日 甲申)**星期二**

凌晨大雷雨,旋止,竟日阴霾,间以霏雨。上午七五,下午同。

大局消息无变化,长江寇舰则充塞西上矣。如马当防线完固,武、汉固安如磐石也。

雪村已能起坐,仍须休息。依时入馆,注《左传》。天气突转凉,东风大作,御袷犹不胜,路上落帽者多,奇兆也。散馆归,与雪村略谈即进晚餐。饭后坐书巢为诸儿批字课。秩臣来馆看我,谈移时乃去,于行政界现状颇多讥弹,闻之确令人意冷。夜九时五十分就睡。

6月22日(五月廿五日 乙酉 巳正一刻三分夏至)**星期三**

阴雨,入夜雷雨,达旦。上午七五,下午七七。

予昨日感受风寒,今晨脑胀不舒,遂未入馆。晚七时有道始大西洋菜社之约,乃属士敭电话辞谢之。

寇军一面放送和议空气,一面尽力溯江西犯。南岸已占荻港,北岸正由潜山图太湖,且津浦线南调之寇均集中北岸,但我军亦迅速增援,正反攻激战中。湖北省府改组,今日已见明令,教厅长为陈剑翛,非陶希圣。

雪村已痊,仍在家休息。午前看《清会典》。午后看《西清散记》,毕之。士敭归报,被扣之第二货船已拔还,船主索酬五百金。但可搬之件已搬取一空,馀件笨重,俱美华物;虽未彻查,而开明之稿件、纸张、档卷可预决其无存也。德馨来信,仍望来店,然目下正在紧急关头,实无法措置之也。甚窘。

夜与雪村谈,不复入书巢。九时五十分即睡。盈儿日来又感冒，今夜睡至十一时许，哭醒，气急肩耸，予与珏人为之大惊。幸后渐归平复，然一夕数起矣。

6 月 23 日（五月廿六日　丙戌）**星期四**

阴，午后雷雨时作，奇湿。上午七九，下午八二。

寇军已在南澳登陆，广州、汕头又遭狂炸，是华南将有剧变也。又，马当附近亦发生战事，南浔铁路正着手拆毁中，是武、汉、南昌大受迫胁也。甚虑。而欧局转见稳定，英意协定即将实施，西班牙内战或可结束耳。

依时入馆，与雪村偕。往返均未遭雨，甚幸。写信复刚主、致觉、翼之、聿修。仍注《左传》。

晚报载汉口防务大定，留守各院部已奉令缓迁，是武、汉决不轻弃之证。

教部已汇《元曲》书价九千元来，即电告振铎，散馆时便来取去。功德林之约定明晚六时实行，当告知振铎。归时嘱阳生明日往功德林定一房间。盈儿略好，仍嬉戏，心为大放已。

《导报》著论攻击《文汇报》，盖《文汇》近日确稍稍变调，似转向为寇张目也。昨日各报俱载蒋委员长抗战到底之谈话，《文汇》独削而不登；今日报端之大字标题，极状华南之危，尤可征此论之非虚发矣。文人无行，中乏所主，固亦可怜，深愿受人尽言，翻然速返则晚盖犹可及耳。

前晚拖出之船，属于开明者只残书六册，且受潮疲软，不复成样矣。据拖出此船之徐阿品言，馀物之堆存岸上者，亦可设法载来，惟索酬甚昂，且露处半年之久，难保不致朽坏云。

夜饭后，入书巢记日记，并为诸儿批字课。以湿热难忍，濯身而后人。

6月24日(五月廿七日　丁亥)**星期五**

阴雨,晚晴。上午七八,下午八一。

寇占南澳已证实,海南岛北之海口所亦麇集寇船,企图上陆。如海南有动作,英、法或难坐视也。长江北岸太湖以上有泛溢,寇锋受挫,已退潜山。

依时到馆,通知望道、予同、振铎、道始,功德林之约今晚六时必践。仍注《左传》。午后三时许,绍虞来,甫自天津乘轮抵埠,携箧来过,将下榻于八仙桥青年会。少谈便去。有顷,电话来告,已开定六三六号房间矣。四时三刻,乃乾来,予以绍虞行踪告之,约明日来四马路午饭。六时,偕丏尊、雪村、雪山、索非、调孚到功德林,良久,望道、予同俱来电话回谢,只到道始、振铎二人。议将分头向各熟识之中学进说采用教本。九时散,与雪村、道始及振铎同乘抵铎家,盖道始歆《元曲》抄本之名,亟欲一观赏之也。十时三刻始辞归,仍同乘,送予等二人抵里口而别。到家已十一时矣。知文权家租客已于昨日搬出矣,小小风波,至此而平。

6月25日(五月廿八日　戊子)**星期六**

晴昙杂作。上午七八,下午八〇。

依时入馆,注《左传》。十二时,乃乾、剑三、振铎来,而绍虞不至。两番电话往催,据青年会人说,已出未归。只得先往同宝泰小饮以待之。但一时三刻饭罢返馆,仍不见至,想已赴他人约矣。四时,接绍虞电话,知甫归寓舍,因转述乃乾之约,属在彼守候,予将往过,同赴乃乾家。有顷,予归接珏人,拟同往,则大姊与家英甥女适来省,珏人不果行。予即出,过八仙桥青年会晤绍虞,同赴天潼路慎馀里乃乾所。乃乾是夕宴客,约白蕉、瘦鹃及一名票友郭君并女客四人,予与绍虞不期而逢其盛,然不甚习,颇以为窘。且上食甚迟,及散席,已将十时。食后听唱,不便于行。直待十一时始得与绍虞出,乘车径归。

太湖江水续涨,寇队之在潜山者退桐城,在桐城者退舒城,是江北岸无法西犯矣。故仍致死力于南岸,冀在马当附近登陆。但我守军防御甚固,且辅以空军,想无碍也。粮食业领袖顾馨一加入伪市民协会,甘心附逆,自陆伯鸿被刺殒命后,即连续有人向渠警告,曾不一悟,最近尤菊孙被击,始稍存戒心,出入挟保镖者自卫。昨晨八时许在永安街被四人刺杀,中二枪,十一时许即死。日来锄奸行动甚猛,不识若辈亦自扪头颅,一问良心否耳。

6 月 26 日(五月廿九日　己丑)**星期**

晴。上午七七,下午八二。

寇在东流、秋浦以上乌石矶、香口一带强行登陆,竟占香口。香口距马当不远,势甚危急。幸我生力军反攻,将寇击退,歼三四千众;且下游已经我军堵截,溃众反向西逃,想能一鼓成禽耳。海南岛寇集舰欲攻海口,英、法舰队列阵监视,有引满待发势,寇或不顾一切,蛮辞肇事也。

大椿来谈,知近曾返甫里一行,寇队无力镇压,状至可笑,只要我军作有力之进攻,必将曳甲而走云。有顷,勖初来访,谈乡里事甚悉,十一时去。饭后,坐书巢闲看。五时出,往八仙桥青年会访绍虞,未几,诚之、廉逊、振铎先后至,谈至七时,诚之去,振铎约绍虞登九楼聚餐,予与廉逊各归。承绍虞送予烟台虾干等四事,遂挟之返。夜饭后，与大姊、文权、濬儿等谈，至九时许，文权、濬儿等去。有顷，大姊等亦就寝。十时后予始入卧。

6 月 27 日(五月三十日　庚寅)**星期一**

晴，晨阴翳。上午七八，下午八〇。

依时到馆，打电话问绍虞，已于清晨乘汽车赴苏矣。接洗人信，尚未离渝，下午写信复之，兼及圣陶。仍注《左传》。昨日接硕民信，知苏州四乡已通邮矣。前日同宝泰账已收去，计三元八角二分。散馆归，购庄源大绿豆烧一瓶，计五角，入夜小酌一杯。晚饭后，大姊、珏人等打牌，予入书巢看《词话》。

报载马当附近正激战中，寇机袭南昌，为我空军击落五架，且在江中炸沉寇舰四艘，安庆寇机场亦为我机轰坏，并毁其在场之机多架云。粤分店来电，告本日复业。盖炸后停业廿馀天矣。

6 月 28 日(六月小建己未初一日　辛卯)**星期二**

晴。上午七八，下午八一。

香山、香口俱克复，寇舰寇机续有损坏，马当附近已大松矣。

依时到馆，仍注《左传》。为与文化生活社合作事，雪山又与索非说僵。如此胡撞，前途只有漆黑耳。予在旁看此，殊难受也。散馆时，勖初来，因与雪村约渠同饮于永兴昌。遇厚斋。八时乃散归。洗人来电，已到贵阳。大姊及家英甥女今日归去。

6 月 29 日(六月初二日　壬辰)**星期三**

昙，夜半雨。上午七八，下午八〇。

皖、赣之交战局无变动。寇机袭击南昌、吉安。寇海军在潮汕附近之饶平登陆，牵制我北上部队。

依时到馆，曙光来，与雪村、索非同过永兴昌小饮。饮后复入，料理杂事。散馆前，予同来，遂与丏尊、雪村、予同、曙光再饮于永兴昌，并先约厚斋来会。席间，丏尊大评叔琴，曙光与语，予拱默听之而已。八时散归。寄信复硕民。接致觉信。

6月30日(六月初三日　癸巳)星期四

雨。上午七八，下午同。

马当附近仍鏖战，寇一时难逞，又分扰两岸。南岸香山虽屡失屡复，而北岸太湖方面寇又取攻势矣。饶平登岸之说则西报多歧，是否确实，已成哑谜耳。此间昨日又有奸人伏诛，其人陈姓，名德铭，本系陈家浜一带之地棍，与常玉清等党比，近为伪督办署船舶登记处主任。当场击毙，下手者远扬。又讯，寇巢大水，东京区已冲毁住屋十万所，其他铁路交通有多处受阻云。天降鞠凶，犹不知悛，岂必待火山迸发，海啸洊至，全岛陆沉而复始肯敛迹耶。

依时入馆，处杂事，并注《左传》。接颉刚临泽来信，知予四月间航信至五月底始由兰州转到也。五月底所发复信，今亦递到，似来信较去信快也。据云不日即将返兰州入川，过重庆晤圣陶后入滇，即在彼教书。其夫人亦将偕宾四夫人前往昆明矣。散馆后冒雨归，饮绿豆烧御凉气。晚饭后为诸儿批字课，并翻看《也是园书目》。

得洗人离渝时重庆所发信，于滌生在长沙，甫琴荐之入黔事有所述及。予终觉人地不宜，非妥着也。美华书馆夹七不可理喻，将来请求保险赔偿时必不会客气而散，索非一手办理本无波折，而雪山偏喜横加干涉，且处处为美华说话，殊不可解。芷芬行时，举振甫自代,调孚屡以为言,昨日已得丏尊同意。但不审何日能来耳。

7月1日(六月初四日　甲午)星期五

晨雨,午后转晴。上午七五,下午七七。

战事仍在马当附近之娘娘庙,颇紧急。英大使寇尔忽由港飞汉,外间调停之说遂浓。据夜报载,蒋委员长已发表严重声明,除非回复"九一八"以前状态,绝无调停之馀地。然则中枢抗战之心未少馁,主苟和者亦徒见心劳日拙耳。

依时到馆,办理杂事外仍注《左传》。接云彬信,知愈之已就任视事,下车时即有一鸣惊人之表见也。支取活存利息十九元七角三分,交十元与珏人,作复儿十岁生日所需。还清儿借款五元。昨日所支薪水七十一元七角,除还去前欠十元外,交家用六十元。散馆归,饮绿豆烧一杯。晚饭后,坐书巢随翻,回想前日丏评叔琴之语,深中予病,为之愓然,盖泛而不专,徒耗日力云云也。然予本以寄兴,非为学问,虽愓,无以自改耳。

寇土水灾未澹,漂没续有所闻,彼军阀不省愆之所肇,仍派机袭击广州及洛阳,一若迁怒泄忿然,岂非天相中国,并天而嫉之耶。

九时半就卧。盈儿尚未睡,至十时许乃得安眠。

7月2日(六月初五日　乙未)星期六

晴,时阴。上午七六,下午七八。

马当似已被突破,我援军正开入湖口区,重布新栅。北岸则我反攻部队已复舒城,逼潜山。九江、汉口已渐吃紧,加以寇尔之飞往,苟安忘仇之徒遂幸和局之速见。吁,可慨已。午前蔚南来,据告汉口政象。并云媾和条件早传出,有东三省租借与日廿五年,第三国损害归中国赔偿,中、日双方损失各不相偿等款。究由何方透出,抑是否更酷,均无从知晓。如英国不加强预,中国决不接受议款也。虽云然,我为此惧矣。

在馆写信与云彬,仍注《左传》。四时许,良才、敦易、振铎先后来。五时,良才、敦易去。予与雪村、振铎偕行,过旧书商店,为公司购得光绪壬寅石印本《马氏文通》六本,计五角。

六时归,仍饮绿豆烧一杯。文权、濬儿、顯孙俱在,晚饭归去,复儿随去小住,盖校中已放暑假矣。校中成绩报告书已送到,同、复两儿总成绩俱列超等,且各得品学兼优奖状一纸,亦近日积霖中一可喜事也。夜坐书巢为诸儿批字课,并看朱古微《宋词三百首》。

7月3日(六月初六日 丙申)星期

晨雨,旋晴。上午七七,下午七九。

时局无大变动。《大美报》载故乡情形大堪叹,如祝心渊、蔡云笙俱昔日之师,今亦垂暮失愁,虽在雅故,亦不得不与屏弃之人齿,曷胜痛心。

竟日未出。上午予同、叔琴见过,谈移时去,予同借《世界历史大系》之《史前史》、《东洋考古学史》及《东洋古代史》共四册。

西邻燕人某,新搬来,在三楼屋内架阁,呼匠凿壁置桁,竟将书巢之墙穿通,架书为之凌乱,修饰破碎,堕尘满室,恨甚。亟呼匠痛斥,始来涂泽,破残之迹固无法补完,而事后洒扫整治又足费半日之力,食邻之惠亦甚矣。夜仍饮绿豆烧一杯,以体倦早睡。

7月4日(六月初七日 丁酉)星期一

晴阴不常。上午七八,下午同。

彭泽已失，正退湖口，颇可虑。我空军虽时往安庆一带江中轰炸寇舰，无如来势太凶，一时恐难抵御耳。所幸士气尚壮，民情安堵，主中枢者尤具最大决心，终当挽回颓势，化险为夷耳。

依时入馆，办理杂事外，仍注《左传》。散馆前，曙先、予同、叔琴来，乃与丏尊、雪村偕出，六人共饮于永兴昌。臧否人物，谈笑风云，殊酣畅也。八时许散，已见细雨，急行归。接允言来书，知予前托翼之携交之信，近甫收到。满纸凄音，不忍卒读，寇之加祸，亦可见矣。

7月5日(六月初八日　戊戌)**星期二**

晨雨，旋晴。上午七八，下午八二。

我军正大举反攻彭泽，北岸亦有进展，馀无大变化。昨日傍晚又有奸人周柳五在大东茶室伏诛，执行者当场脱去。其人系伪组织下黄道会副会长，平素在军界混事，专与地棍流氓勾结，实一死有馀辜之人也。

依时到馆，仍注《左传》。散馆时，廉逊来，因与雪村偕之小饮于永兴昌，酒菜小账合计二元。昨日在旧书商店为雪村购得同文本《通鉴辑览》十六本，计二元二角。今日又为购得聚珍小本《水经注》十六本，漱六本《四库提要》二十四本，影印苏写《陶诗》两本，合计五元。又为廉逊购得石印《朔方备乘》八本，计八角。居然自己一本未买，分文未用，亦难得之事也。夜归已八时许，濯体后即寝。

7月6日(六月初九日　己亥)**星期三**

晴热，夜半雷雨。上午八二，下午九〇。

依时到馆，通函诸业务设计委员，订八日下午三时开第七次常会。仍注《左传》。散馆归，叫酒五斤，备与锦珊及仲弟诸人饮，盖今日为复儿十岁生日也。到家时，大姊及弟妇、涵、淑两侄女俱在，仲弟及锦珊已去，迄晚未来，乃邀树伯、雪村、士敭、士敢、业熊共饮。八时许罢。修妹、弟妇等先后去，独大姊留。骤热竟夕浴汗，苦甚。

战事各路俱寂。参政会议则今日在汉口开幕也。

接晓先航函，复予前信，属在开明支七十元送三马路四行储蓄会沈嘉希托转苏州姜仲椒，专送与其外姑卫太太。明日当为一办之。

7月7日(六月初十日　庚子)**星期四**

晴热。上午八五，下午八九。

今日为卢沟桥抗战一周年，政府明令定为“抗战建国纪念日”，各地均茹素以思痛。蒋委员长发表《告友邦宣言》、《告日本民众宣言》及《告国民宣言》，义正词严，读之感奋。上海市民均悬旗。公共租界发生手榴弹案十数起，在东京路击毙一日人，寇兵开枪亦打死民众二人。足证义愤难平，虽蹈履危险亦所不惜也。然租界当局竟大事戒严，入晚寇宪兵且任意搜查行人焉。

散馆后，应振铎之约，往小有天公请巴金、靳以，以为时早，先与丏、村在同宝泰小饮。六时三刻赴之，遇予同、曙先、健吾、剑三、文权等，九时半乃散。大姊今日归去，锦珊来同归。晓先款送沈嘉希，不收。继知芝九已来，将返苏，因电话约谈，托其带去。据云日内来取。同儿往濬儿所小住。

7 月 8 日(六月十一日　辛丑　寅初三刻二分小暑)**星期五**

晴热。上午八五,下午九二。

时局沉寂无变化,战事仍在湖口附近。

依时到馆,办杂事。下午应付设计会。到道始、望道、予同、振铎,于推销事已有眉目,下星期即可进行。惟事情将大忙。士敫不适,已两日不到馆。夜归饭。饭后入书巢,补记三日来日记。热极,挥汗不迭,八时许即下楼,濯身小坐而后卧。

7 月 9 日(六月十二日　壬寅)**星期六**

晴热,夜半雨。上午八五,下午九三。

参政会议进行顺利,七日武、汉国民献金极踊跃。湖口、彭泽、马当三地附近重要据点已夺获,刻正反攻激战,以期收复此三地。惟是处寇兵作战者达二万人,虽已歼除数千,一时似难肃清耳。昨日我空军五次出动,将安庆、芜湖寇机根据地加以轰炸,并在江中击沉寇舰五艘云。

依时入馆,挥汗难亲纸笔,苦极。芝九来访,谈久之,去。晓先款托其带交卫太太,以行路不便,暂存予处,俟其归苏时划付。下午予即如状写复晓先。接洗人贵筑航函,知已晤及晓先、心如矣。晚归,饮绿豆烧一杯,夜饭后小坐扇风,八时三刻便睡。

7 月 10 日(六月十三日　癸卯)**星期**

阴雨,午后放晴。上午八四,下午八七。

昨日为国民革命军北伐誓师纪念,蒋委员长在汉口招待新闻记者席上发表谈话,谓抗战胜利有绝对把握,且为期已不远云。其馀战讯沉静，无变动。

曙先托予物色《段注说文》，予知来青阁仅有经韵楼原刻本，索价须三十金，遂未为购下。今晨检旧藏扫叶山房影印本附赠刊四种者属雪村转畀之，如尚合用便以持赠也。预孙今日百朝吃面，汉、漱、滋三儿及士文、业熊、静甥往与焉。午后二时，往访湖帆。盖先期少荪来约，昨日复接其片招也。至则其画友数人方与剧谈，予往，皆敛词听予叙旧矣。未几，伟士来。仲川来。烟桥来。抵暮，君畴来。又有顷，吉如来。草桥旧雨，至此七人聚首焉。其间看画谈艺，惟意所欲，而乡老张云抟适来，谈婉却陈逆则民劝任伪司法部长事，至堪发噱。仲川于苏人附逆尤致激词，至欲随军入城，手刃奸贼云。足见人心自有公道。外传云云，初难置信也。入夜，七人共出，小叙于华龙路口之兴沪俄菜社。湖帆作东，至八时三刻始散。予遂与仲川、君畴踏月而归。数年来无此乐，归后犹有馀快矣。汉、漱等晚饭后归，同儿仍留姊所，将于星期三随文权同来。

7 月 11 日(六月十四日　甲辰)**星期一**

晴热。上午八四，下午八七。

湖口附近战事甚烈，九江已臻危境。惟我忠勇将士反攻不懈，或不难抵御待援耳。

依时入馆，仍注《左传》，办杂事。接洗人信，内附晓先信，殷殷以寄存物有无霉蛀为问，盖其夫人想念至切也。绍虞昨自苏来，仍住八仙桥青年会，今日午后来访，因约晚间小叙。少坐，绍虞去。予遂电话约振铎、乃乾、廉逊来会。五时，绍虞、廉逊俱来，至六时，予约丏尊、雪村同出，小饮于三马路新开之镇江馆华阳楼。有顷，振铎来会,乃开饮。良久,乃乾始至。菜肴甚佳,谈亦痛快,至八时许始散。计永兴昌叫酒五斤,记账上。(端节后合计已十三斤矣。)华阳楼则连小账九元七角也。归途过树仁书店,购得支伟成辑《张吴王载记》五册,计九角,乃挟以归。在车中遇厚斋,渠亦自言茂源酒散归去也。振甫今日来馆复职。

7 月 12 日(六月十五日　乙巳)星期二

晴热,时昙。上午八七,下午九四。

依时到馆,办理杂事,写信复翼之、晓先,并致书湖帆,赠《黄衲集》与之。下午,决定派人赴港、粤视察,遂由雪山、谢来往,已购船票,定十四日启行。以是,又寄书昆明告冼人,并及芷芬。夜归饭,热甚,饭后竟不能入书巢,遂携笔砚就卧室电扇下记日记。

战事消息无变化,九江恐已失陷矣,西望豫东,不禁怦然。但求明日早报有转佳消息刊出耳。

7 月 13 日(六月十六日　丙午)星期三

晴热。上午八六,下午九四。

报载江北岸我军转胜,寿县、凤阳已无寇踪,合肥亦留股不多,均向东撤。南岸开到生力军驻九江,反攻部队已收复香山、黄山,马当、东流间又为空军轰沉寇舰数艘。寇机昨又大肆暴,广州黄沙车站,受害奇烈,为抗战以来所仅见。武昌市空为寇机六十八架所袭,乱投炸弹,所有文化、慈善机关无一幸免。省医院全毁,死伤不少。阅之切齿不已,暴残至此,我犹以常礼待之,无乃太过矣乎!参政会通过拥护抗战纲领通电,共产党、国家青年党等均一致参加,团结前途于此可征益固矣。

依时到馆，办理杂务。并为保兵险事写信与李孤帆及项远村，承丏尊意，予谓未必有效也。廉逊电话来，谓今晚六时诚之在功德林请绍虞，属予作陪。予以今夜需为雪山、谢来饯行，谢之。四时许，绍虞来。长谈至五时，彼独往功德林。知十六日乘顺天轮北行，受属为打一电话报告其夫人。六时许，偕雪村、雪山、调孚、孑如、谢来、士珍往华阳楼，适巡捕房派队搜查附近旅馆，行人裹足，有顷，乃得登楼。且饮且谈至八时，乃散，与雪山、谢来珍重而别，盖明日黎明伊等便须上船也。

过树仁书店，为公司购得《十国春秋》廿四本，《马氏文通》两本，陶奎《文汇要例启蒙》两本，计四元三角。为雪村购得林翻胡刻《文选》二十本，计二元。旋过来青阁，予见同文印《鸿雪因缘图记》三本，询价一元八角，取之归。濯身就卧，已十时许矣。

7月14日（六月十七日　丁未）**星期四**

晴热。上午八八，下午九三。

依时入馆，办推广事，兼涉人事调动。午间以华阳楼馀肴下酒，夜归饮烧酒一杯。

战事停滞湖口、九江间，寇确无深入可能。仍狂炸广州、汕头及袭武、汉，颇多残损。我空军亦出动长江时加寇舰以巨创云。

雪山行后，营业处主任由索非兼代；出纳部主任由朱孑如兼代。

7月15日（六月十八日　戊申）**星期五**

晴热。上午八七，下午九四。

依时到馆，办杂事。下午仍注《左传》。志行今日起出发分访本市各校推销教本。人事科函召郭沈澄返店复工,将调顾惠民至门市服务。允言来,勖初来。勖初告陈海澄已来沪,在慕尔堂东星附中。少坐便行。允言谈较久,历述客秋逃难流离之苦,为之扼腕。此次到沪,乃送其儿媳及孙男女五人赴桂就其子铁生,俟其上船,即返苏也。约明日下午再叙。绍虞明日一早乘顺天轮赴津,不及走送,电话与谈,彼有馀款六十元仍存予处,属往取,因饬金才携函取来代存。散馆后,偕良才共赴永兴昌二元会。昨已属其主人办菜肴,纯乎家庭风味,至佳。到雪村、廉逊、叔琴、曙先、良才及予六人,曙先、叔琴之友林本侨则作客。六分摊派,仅一元七角一股耳。九时散出,再过华龙路龙井茶室饮冰,十时三刻始返,雪村大醉,缘丏尊与内山完造接谈,将允其委托,拉友代作翻译工作也。到家后大发作,予无法抽身,慰劝至十二时许,乃登楼就卧,草草濯身而睡。

时事无进展,长江沿岸成相持之局,晋南又发动战事,寇机分向广州、南昌袭炸外,我东部游击队大活动而已。惟英国张伯伦政府殊可恶,已正式向议院提案,决定不借款与我,免招寇方反响云。此则大可注意,且当力求自拔者耳。

7月16日(六月十九日　己酉)星期六

晴热。上午八六,下午九二。

战事稳定,寇股无法深入。参政会昨已休会,发布宣言,重申决心,拥护统一,拥护全国国民共戴之政府。决议要案,为改善地方下级政治机构,省县均设临时参政会。苏联与寇方又起新纠纷,传苏兵已越入伪满边境云。

依时入馆,办杂事,仍注《左传》。下午五时,允言来,乃同登同宝泰酒楼小饮。谈家常至悉,并托为其次女龙小姐相攸云。八时散,予送之返西摩路新闸路其兄宅,然后步归。抵家,曙先、叔琴正在雪村所长谈,予加入闲话,至九时许乃散。夜三时许,抽水马桶之水柜适坏,溢水下流,几成水荒,急起唤士敭来视,勉塞水管而后睡。

7月17日(六月二十日　庚戌　初伏)星期

晴热,午后雷阵未果雨转闷。上午八八,下午九三。

湖口附近,战事激烈,寇有图窥南昌、长沙意,昨日寇机猛袭汉口,寇舰力闯鄱阳湖,俱为此故。然我防御尚固,空军又轰沉其舰五艘云。苏军入伪满边境事,寇已向提抗议,要求立即撤退。想纠纷既起,未必便能即解耳。一旦横挑战端,我不知寇将何以应付也。

竟日未出,傍晚志行来谈,临行送之始一下楼云。雪村家则来客甚多,有曙先、幼雄、克斋、本侨、叔琴等,一桌马将,一桌王和,入夜未休也。水管直至下午三时始来修好,三次往管理处呼唤,仍迟迟其行,殊可恶。各里弄之管理人大都如此,上海真混账世界也。下午五时,文权来,为清、汉、漱等补习英文,晚饭后去,为复儿带衣物书纸,仍须再住几日焉。

7月18日(六月廿一日　辛亥)星期一

晴热。上午八八,下午九四。

晨起看报,知昨日我空军曾四次出动,在湖口以下安庆以上江面,先后轰沉寇舰十二艘,九江日见稳定。寇机仍狂袭南昌、广州以示泄忿,然我早矢玉碎,此等暴行无能摇我分毫抗战之心也。苏联与伪满风云益紧,寇抗议不理,已提二次抗议,态度极坏。德国则在法、德边境动员二十万筑防御工事,并盛传将与意国订结军事同盟云。英大使寇尔在汉连见蒋委员长并宴第八路诸将领,外间颇有拉拢和局说。而路透社乃奉命否认,并无斡旋之意,甚奇。

依时到馆,办杂事,热甚,竟难亲笔札也。上午书约海澄,订下午六时在南京路冠生园叙晤,饭后得其电话允来,乃别书与勖初约,同赴之。四时三刻,允言来话别,明晨将乘汽车返苏矣。予与雪村以将赴海澄约,遂与同出,行抵河南路南京路口而别。行次,告我大儒巷吴家此次寇乱损失,有祖传巾箱本传奇数十种最为可惜云。予浅闻,未见传奇之刻巾箱本者,果尔,则天壤间之秘奥真无法尽抉矣,振铎闻之,将作何想乎。六时左右,勖初、海澄先后来冠生园,小酌话旧,颇酣畅。海澄此次避乱,居黟县久,言其风土甚详,最近始由温州返沪,住白克路同春坊五号。长谈历两小时馀,八时半始散。予与雪村乘十四路公共汽车归,抵家已九时馀矣。

竟夕浴汗,痱痒欲死,困甚,予过夏如过难,每岁皆然,而不耐弥烈,岂体衰益不能支乎。

接广州电,雪山、谢来已到。

7月19日(六月廿二日　壬子)星期二

晴热。上午八六,下午九二。

寇机猛袭南昌,被我击落四架。寇舰集结马当,其一部屡图冲入鄱阳湖未逞。苏联与寇交关渐急,大有剑及履及之概。前闻人言,法公董局法人某,曾有预言,谓七月二十六日苏联与寇开战,十一月底寇必退出我国境云。前云某日我胜,某日寇败,俱无爽,尤以台儿庄之捷为奇中。以此例推,征以近事,二十六日之事殆将实现乎。

依时入馆，处理杂事，并注《左传》。炎暑如蒸，惮于动作，散馆后即归。夜饮烧酒一杯，坐窗下纳凉，九时许便睡。

7月20日（六月廿三日 癸丑）**星期三**

晴热。上午八七，下午九二。

昨寇机仍袭武汉三镇，大肆狂炸，无辜民众死伤逾千人。彭泽附近我反攻部队有进展，已乘胜攻马当。寇与苏联交关益见迫切，就地解决之谈判已决裂，其无知愚民之为军阀作爪牙者且狂叫跳号高唱"膺惩"之调，一度闯入苏联驻在寇京之大使馆示威云。骄妄至于如此，覆亡之期殆不远乎。

依时入馆，仍处分杂事，兼以其隙注《左传》。散馆即归，饮烧酒一杯而后饭。夜坐窗下招凉，而诸儿往文权所补英文，待之归，已将十时，遂就卧。钱玄同十五日在平作古，今见报。

7月21日（六月廿四日 甲寅）**星期四**

晴热有风。上午八六，下午九〇。

据报，我空军在湖口炸寇舰，鄱阳湖防务巩固，寇图在西岸登陆未逞。北岸我军收复桐城，合肥、安庆间寇交通线已被切断。长江战局，益见稳定矣。寇机袭岳州，死平民五十馀人。又袭南澳图登陆，仍被击退。晋南垣曲曾被寇复占，近已好转，寇已全部后撤。英王、英后访问巴黎，英、法合作已有具体计划，将公表云。寇对苏联态度忽软，其驻莫斯科大使重光葵再向苏联政府提抗议时，表示愿共同商决边事，而交涉条件竟不提撤兵也。奇极！岂自摸脖子只有一颗头颅乎！

依时到馆，仍注《左传》。冼人电告芷芬已到，办事处已定设于华岳东路三十九号。当函告广州雪山知之。旋接冼人十二日航函，于昆明印刷情形约略言之，恐无多大办法耳。散馆径归，饮烧酒一杯。晚饭后偃卧纳凉，十时入睡。纯嘉为予购得《美术生活》二十期，计三元。共出四十一期，缺七至十四、十八、二十至廿四、廿六、卅一、卅二、卅四至卅七，共二十一期。

7 月 22 日(六月廿五日　乙卯)**星期五**

晴热。晨八五，午后九一。

寇在九江以东受重创，虽三次飞机袭浔，仍未逞。北岸则我又收复望江。故寇方日来拼命将陆海空军集中西上，希图为孤注之一掷。预料鄱阳湖一带将有壮烈之大战。苏联已拒绝寇方之抗议，张高峰事件或将缘为开火之导线也。江、浙、冀、察、晋游击部队均大活跃，上海、天津、大同等附近地方尤为核心，且有“八一三”收复上海之说。汉奸范耆生昨在寓被两访客枪击，立死。此人为山西介休人，向在上海充法官及律师。与伪督办苏锡文有连，坐地分赃。已一度移祸范刚，致受误击云。(有人云，范任伪肃检处处长。)

依时入馆，发出各董监各委员通函，定于廿六日下午三时召开董事会兼开业务设计委员会第八次常会。发冼人沪滇第二号航信，告此间发货办法。仍注《左传》。散馆后径归，晚饭毕，听书自娱，十时就寝。

晚报载，汉奸郑月波亦于今晨在途伏诛。

7 月 23 日(六月廿六日　丙辰　亥初初刻十分大暑)**星期六**

上午阵雨，午后放晴。上午八七，下午八八。

晨五时即起，已觉大热，洗脸后记昨日日记。偶阅前晚夜报，知有星相家某君亦有预言，颇可补前闻者，姑录之，资异日参验焉："七月廿六日，苏联与寇开战，八月五日，苏空军大举轰炸寇境。十月间，寇中大革命。年底，我完全战胜，惟政治上必有大变革云。"报载苏联对张高峰事件严切表示决不撤兵。寇方反见静默，仅忙于开会商量，显见外强中干矣。豫、皖寇股大部撤退，湖口、马当间各要地均克复，长江战局益见好转。寇陆空部队纷向湖口增援。寇机昨又袭炸长沙及汉口。长沙浏阳门及北门外均蒙损害，汉口循礼门一带平汉路线受炸较烈云。英王及后已返伦敦。法总统定明春报聘。闻英、法、德三国有缔立空军协定说，或有互相箝束之意乎。

精神不佳又兼暴雨，遂未入馆，在家休息。看所购《美术生活》，亦足遣日。傍晚听书。士敭归，询知益中公证行与美华已闹别扭，兵险议赔恐未必能平稳进行耳。美华当局多鄙夫，当初与之合作，自视不免太低矣。入夜，孑如携来雪山九龙信，香港李孤帆信。知雪山第一信早发，惟未见到，或将后来，或已浮沉乎。孤帆复书，允函中央信托局速办。九时，雪村晚饮归，复携示雪舟、联棠信，汉口货已疏散，武昌支店即将收并；桂林状况尚好，谓将有款二千元汇来也。又告，长沙一千元已汇到。

十时就寝，以晨雨故，较往日为凉也。大椿来访，谈移时去。

7月24日(六月廿七日　丁巳)星期

晨昙，旋雨。午后晴。上午八六，下午九〇。

长江战事无大变动，北岸寇军已无活动大力，南岸则在姑塘附近登陆，企图侧击狮子山炮台，直犯九江，但已为我鄱阳湖西诸军包围,不难歼灭之也。张鼓峰事态仍相持,有伪满境日兵六名越入苏境被扣云。昨日下午一时左右,此间东南方忽有巨响六声,连续迸发,传说纷纭,谓游击队已侵入南市,并有人亲见烟火直冒,兼听得清晰之枪声也。今日报道,此巨响为寇方炸药库爆炸。此库在董家渡南浦东义泰兴南栈内,本系华商所有,为寇强占作库。昨日之炸,突如其来。有云我游击队潜入所为,有云系寇方反战者自行纵火所致云。计焚毁硝磺一千馀筒,全部损失数十万金,亦可谓天降鞠凶矣。叶挺所部新四路军已布满江浙沦陷区域,连日有惊人表见,上海近郊日渐紧张,"八一三"收复上海说殆将实现乎。成都通信,本月九日警备司令部破坏庞大阴谋机关,要犯闵诚、余海门、彭浩等十一人俱落网,案情复杂,将兴大狱,川局诚不易安定哉!

竟日未出。上午维文来访,询《洴澼新方》及《纪效新书》买处,伯樵托渠转问者。下午振甫来访,盖昨闻余不适,特致候问也。文权、濬儿、复儿、昌顯、昌预两外孙上午十一时来,晚饭后去。复儿遂留未遣。盈儿夜自梯坠,磕破下唇皮,血流狂哭,为之大骇,幸请天然施以洗涤止血,移时即平,然扰扰久矣。十时就寝。

7月25日(六月廿八日　戊午)星期一

晴热。上午八六,下午九三。

姑塘登陆之寇颇蠢动,我军抵御虽力,九江后路已吃紧矣。张鼓峰事件反沉寂,盖寇已软化不复提撤兵条件也。大地之上容此无耻之民族,天亦为之蒙羞,不识横行究至何时耳。

依时入馆,续接雪山、洗人信,昆明印刷实无办法,西徙印造恐不可能也。仍注《左传》。红蕉已到上海,住南京饭店七〇二号,此次由汉赴赣转浙，至金华折回，仍自汉飞港，途次丧子，在香港耽搁为此，故今日始抵此间也。电话略谈后，即将圣陶前托代转之函送去，约明日往访之。夜归甚热，仍饮烧酒一杯。通宵浴汗，平明始稍凉。

7月26日(六月廿九日　己未)**星期二**

晴热，午后雷阵，大滴雨少下即止，仍日出，转闷。上午八七，下午九三。

苏、寇之间交涉停顿，而寇内阁又有改组说，将增设总务省，接管企划厅等，综揽事务，俾其他阁员得以专心对付战局云。姑塘登陆之寇已趋唐山，九江恐已不守矣，恚甚。

依时到馆，处理杂务。下午董事会及设计常会只到望道一人，未果行。剑三来。散馆后约饮茅长顺，而予与丏尊、雪村先过南京饭店访红蕉。红蕉已出，晤其夫人，留片约来酒楼而出。到茅长顺，三人先酌。有顷，剑三至。又良久，红蕉乃来。相与劳苦，谈别后事，不觉延时，直至九时乃散。其所遭历，亦可谓艰辛备尝矣。十时到家，濯身少坐，即就卧。

中央信托局保兵险事已由索非会同公证行到美华点验过，不久当可结束。此事本由索非经办，进行亦尚顺利，乃雪山从中干涉，事事为美华着力，遂致僵搁，今有此果，仍在雪山脱手中，其故可思矣。

圣陶信来，告山居幽闲状。

7月27日(七月小建庚申初一日　庚申　中伏)**星期三**

昙。上午八七，下午九〇。

九江已陷落，长江局势大紧，陈诚已出发督师，不识能转危为安否。张鼓峰事态又转严重，寇方宣称苏军队已深入伪满境内，双方冲突，各有死伤。岂预言已获中乎。

依时到馆，处理杂务，写信复圣陶，详告红蕉所遭。散馆归，仍饮烧酒一杯。八时便睡，以日来苦热。今略得凉，醺然自易入睡耳。金才告予，今日虹口又放黄色汽球，宣传寇占九江。骄盈至于如此，能久保胜局乎？

7 月 28 日（七月初二日　辛酉）**星期四**

昙，午前后阵雨。上午八六，下午八八。

九江陷后，德安已严密设防，寇如深入，将见台儿庄第二之捷音耳。张鼓峰事件，寇大软化，恐无再烈之勇气矣。

依时入馆，处理杂事，并注《左传》。仲川来信，为慰萱告赙。盖客死重庆，母妻等俱在异地也。散馆归，锦珊及大姊在，因与共酌。夜饭后，锦珊归去，大姊为珏人所留，将小住也。九时就卧，十一时后乃入睡，岂天热所致，抑且旧疾发动耶。

7 月 29 日（七月初三日　壬戌）**星期五**

昙，薄暮雨。上午八五，下午九一。

九江对岸小池口我军大捷，歼寇二千馀。姑塘附近，寇联络线切断。我空军又奋威出动，炸毁寇舰七艘。苏边军队颇有开入伪满境内者，而苏机亦时入伪满上空；寇反令防守队后撤，避免冲突。畏强无耻，尚复何言。法籍天主教饶神甫自美返华，道出寇境，竟告失踪，以沪战时饶曾努力收容难民，且向外宣布寇方暴行也。今竟出此下策，寇种究列大地何等民族乎？

依时到馆，写信与海澄、乃乾，托教本事。又书与仲川，致慰萱赙仪四元，托代转。仍注《左传》。散馆时，已雨，丏尊约吃酒，乃与雪村同到会宾楼，呼高长兴竹叶青四斤，三人共饮之。账由丏付，予仅出添酒一斤三角二分耳。七时许散归，雨甚，虽携雨具，到家竟湿透鞋袜也。锦珊、家英来迎大姊，以雨留，锦珊独去，其母女仍留住焉。

7月30日（七月初四日　癸亥）星期六

昙晴兼施。上午八四，下午九二。

长江南岸战事，我军并不因退出九江市街而蒙影响，湖口附近寇舰又被击毁十馀艘。彭泽以东，连克要隘，寇阵地已粉碎。南京伪院署迭受炸弹，伪绥靖部长任援道受重伤，其他无耻伪官均逃上海虹口，托庇寇翼云。张鼓峰事并未了结，日来仍有冲突。

依时入馆，注《左传》外，处理杂务。南京留在职员张克明与学生陈瀛洲互讦，已去函分别喻解。吕元章之弟辅勉逃难来此，在栈房帮同工作，只供膳食，今定自下月起，暂给另用三元，俟人手较多时再议办法。今日支本月薪，以星期加支三分之一，计得九十五元三角。交珏人家用七十元，馀留付各项另用。《美术生活》由纯嘉续配到十一期，尚馀十期，或亦可以配全也。其中两期每一角六分，馀均每期一角五分云。

散馆归，大姊及家英尚在，旋归去。宏官亦来，知玉官已痊，惟转眼疾耳。夜饭后亦归去。夜听蒋似庭、周玉泉、徐云志、蒋月泉会书，十一时寝。

7 月 31 日(七月初五日　甲子)星期

日出而雨。上午八五,下午八九。

长江战事,北岸转剧,寇图犯宿松未逞。南岸则仍在庐山之麓莲花洞相持中,星子附近寇图登陆未逞。饶神父据闻在友人藤川家小住,或系寇方扣留,故作此语以惑观听耳。张鼓峰事件仍紧张,已转慢性,舍寇软服外,无解决之途径也。捷克日耳曼民族问题仍有大波澜,汉伦受希脱拉鼓动,欧洲风云正未易拨开也。法、苏之无暇东顾,此为症结所在。

竟日未出,坐书巢写字,闲看《美术生活》而已。大雨时作,不废日出,既有类于梅雨,复仿佛乎秋霖,伏中得此,奇矣。今日章家吃面,当晚叫览林素筵作家宴,盖雪村伉俪双寿,乘星期提先举行也。文权全家与焉。夜九时后各散去。盈儿感冒,今晚发热。以是,颇哜嘈。

8 月 1 日(七月初六日　乙丑)星期一

晴,仍有时雨。上午八五,下午八七。

寇已暴露挑战于苏联,昨日午前十一时三十分夺占张鼓峰及沙朝坪。是两方俱已踏入作战状态矣。多行不义,广树怨敌,天诱其衷,殆上死灭之路耶。长江战事重心在北岸太湖、宿松一带,南岸仍无大变动。

依时入馆,处杂务外,仍注《左传》。四时许,良才来。先一时,姜亮夫来。五时许,允言之女华来。良才告我,颉刚夫人曾侍其舅返苏,今已归沪,正打听赴滇之路径云。夜归饭。饭后少坐便睡。盈儿热仍未退,且有痎疮。以鹧鸪菜报之。

8月2日(七月初七日　丙寅)**星期二**

晴热。上午八三,下午八八。

张鼓峰已为寇侵入,苏联空军大队飞朝鲜炸交通线,引弓持满,至是乃不得不发矣。乃寇方张皇失态,犹自饰忍耐对付云。无耻反覆,至于如此,大地之上,有此民族,虽上帝亦蒙羞矣。长江战事,仍在太湖一带,寇受大创,毙四千人。南岸仍踯躅于罂子口中耳。

依时到馆,仍注《左传》。馀时处理庶事。接洗人、雪山、雪舟、甫琴诸信,汉口转为稳定,长沙乃大慌,昆明决难造货,粤店则荒唐逾常,非改组实无以善其后也。

散馆归,饮高粱一杯。盈儿热已退,咳嗽亦稍稀矣。买药梨等五角五分,付电器改装等二元六角,绍兴烧酒六角四分。夜十时就寝。清儿右足为炽炭所灼伤,汉儿感冒发热,值生日卧床。甚恚。

8月3日(七月初八日　丁卯)**星期三**

晴热。上午八五,下午八九。

苏机再度轰炸朝鲜北境及张鼓峰,已将寇侵地夺回。外交解决之梦已无法久圆,不戢自焚,复又何辞。长江西侵之寇及阑入罂子口之寇虽大股增援,竟毫无进展,不识又将出何狡计也。

依时到馆,处杂事,仍以其间注《左传》。粤雪山又有快信来,告已提出解决粤店办法两项与子良谈判,仁寿、昌赉二人舞弊,状亦显获矣。大氐洗人到粤后必有办法决定也。四时,曙先来,为《大美报》吴观周一文涉及振铎骂伊事,大怒。适振铎香港来信,遂复劝向王任叔诘责以解,免伤友感。写信与良才;告后方大学在沪招生概托在沪国立大学代办,西南方面并不派人来此也。俾转达颉刚夫人。散馆后,丏、琛、曙及予过饮于永兴昌。七时后复往马浪路京城茶室啜茗食点。九时后归。清、汉、湜三儿俱见好,惟湜仍有咳嗽耳。

8月4日(七月初九日　戊辰)**星期四**

晴,阴兼作。上午八五,下午同。

苏、寇之间继续交绥,寇方惧空袭,已实施灯火管制,军部彻夜聚谋,显见严重。寇机五十馀架昨大袭武、汉,我空军在武昌南郊截战,击落寇机十二架。我亦有六架未回。呜呼!烈矣!德将乘机侵捷克以压苏联,意又派兵扰西班牙叛军,与寇互应,冀一扫民治,复返帝制。三恶同济固未可轻视,而公理终申,行见暴悍之国必崩耳。

依时入馆,处分粤、京两店琐事。仍注《左传》。复书绍虞,告颉刚夫人行踪。散馆归,饮烧酒一杯。《美术生活》陆续配到,仅缺九期矣。或可获得全璧也。

连日寇飞机绕空不停,两租界检查及防备加严,为恐"八一三"周年有所举动,今日四马路一带且发见寇宪兵持械巡逻焉。其实租界当局苟偷无耻,媚强欺懦,在在表露弱点,不能戢野火之燎原,而徒束灌救者之两手,岂谓薪尽火自止耶,蠢矣哉!

夜十时就寝。

8月5日(七月初十日　己巳)**星期五**

晴,傍晚欲雨未果。上午八三,下午八七。

张鼓峰昨竟日炮战,双方各调大军增援。苏联政府已公告战事无法避免,业将精锐部队纷向最前线开拔。寇方却故意规避,显见别有肺腑。九江寇军昨三路进犯沙河,冀由南岸进展,威胁武、汉,盖北岸堤决,黄梅以上已一片汪洋,不得不改图也。然经我精锐部队之截击,已大溃,死伤千馀,恐亦无由盲撞矣。新疆盛世才部队东移,我大部游击队向热河境挺进中。南昌昨日两次遭寇空袭,在城外投弹百馀枚,损失尚不大。我空军亦飞安庆炸沉寇舰一艘,并将其迎战之机击落两架云。香港电,寇方将向我提出和平条件五项,仍属满口胡柴,显见因苏联事急又播诡谋耳。微论条件如何,即可商亦万难于此时理之,中其奸计也。况其条件等于屁话耶。(所传条件:一,寇自华境撤退,但华军不得填防,至多另组保安队维持治安。二,华方承认满洲国。三,划上海闸北、虹口、江湾等处为寇租界,租期九十九年。四,华方须参加防共协定。五,双方组共同委员会,调查双方因战事之损失。)然而浅见之夫必将乐见和平矣,是则不无隐忧耳。

依时入馆,处理庶事外,仍注《左传》。散馆归,饮烧酒一杯,听蒋、朱《双金定》。夜十时睡。同儿昨往省濬儿,即留住伊处,今日命复儿、静甥往,夜饭后同归。

8月6日(七月十一日　庚午　三伏)**星期六**

晴热。上午八四,下午八九。

图们江畔有炮战,张鼓峰阵地仍在日寇手,苏正反攻中。重光葵与东京俱软化,寇方且统制新闻,不许登载激动苏联感情之言论。以此默察,一场风云,殆将渐化乌有乎。大江北岸堤决,武穴以上已成泽国,水头东来,已达黄梅、宿松、太湖之境,寇势将东撤。南岸九江之寇则正大集援股,冀猛扑南昌,动摇浙赣路,我军已将萧山至金华段拆毁,钱塘江两岸恐有激战也。寇图速决,固不惜为困兽之斗，作孤注之掷，而我保卫武、汉、南昌之计若稍疏虞，则前途诚难设想，正不可不自警惕也。

依时到馆，办杂事外，仍注《左传》。致书沛霖，约十六日起来所复职。今日午刻，以中元祀先，由诸儿代拜。夜归饮福，七时乃罢。听蒋、朱《双金定》，二陆《白蛇传》，蒋月泉《玉蜻蜓》，十时就卧。雪村约幼雄、克斋、曙先游王和，十时犹不止。近日法捕房新章，凡夜十时后开无线电收音，或打牌者，当科罚。人有以此规之者，辄云预备罚料，还以尽兴自适也。豪情胜概，不可不佩，而耽欲纵情至于如此，恐亦不足为训也。

8 月 7 日(七月十二日　辛未)**星期**

晴热。上午八五，下午八九。

长江战事无变化，寇机五十馀架又狂炸汉口，当地机场有损失。苏联飞机昨又轰炸朝鲜北境寇输送线，图们江畔及张鼓峰一带战事仍剧，所谓和平解决者殆延挨各便增兵耳。

上午十时，良才偕颉刚夫人来，颉刚现在渝或在武、汉俱未之知，将俟有信至始议赴滇也。履安与珏人不见已十年，瘦削逾昔，垂垂老矣。留之饭，午后二时乃辞去。十一时，予与良才往位育访世璟，以允言女周华馆事托之。近午，与良才同返午饭。饭后客去，抽架上《鹂砭轩质言》阅之，及暮，终卷。书为清同、光时南通州戴莲芬作，所记咸、同见闻较夥，于科场报应及科第虚荣再再言之，盖时为之也。然消闲固亦自佳矣。夜听蒋、朱、二陆开篇。予同过访，告代考内地大学情形，并为颉刚夫人打听有无赴滇熟人作伴，谓胡叔侯将去港转昆明云。谈至九时许，辞去。十时后予亦就寝。

8月8日(七月十三日　壬申　未初一刻十一分立秋)**星期一**

晴热。上午八五,下午八八。

我军反攻宿松,寇死伤四千馀人。寇舰之在九江迤西徐家湾江面者被我空军炸沉三艘,其在安庆附近江面者亦炸沉四艘云。张鼓峰寇阵地及朝鲜境军屯处所之附近图们江者均被苏机痛击。寇方声言即将报复云云,是战局已入纠结状态矣。

依时入馆,处理庶事外,仍注《左传》。乃乾来。勖初来。散馆归饭。饭已,梦岩来,谈近况,其住屋问题及周浦情形,具饭饷之,谈至九时乃去。据云心境欠佳,其夫人时时发病也。

8月9日(七月十四日　癸酉)**星期二**

飙雨竟日。上午八五,下午同。

我军两日以来,反攻黄梅及潜山,寇阵亡六千人以上,已收复据点多处,并截断寇后方交通。我空军及炮队亦轰击寇舰,损其七艘。南岸之寇有退出九江模样,或待援再图南犯豫章耳。广州、汉口及信阳均遭寇机袭炸,多有损失。苏联与寇交战,范围已逐渐扩大,绥芬河畔又起新冲突,侵入苏境之寇被击退。莫斯科证实张鼓峰已夺回。

八时许,与雪村冒雨出,乘电车到老北门,拟越过爱多亚路赴馆。乃河南路忽张布铁丝网,禁止通行。转而西,凡里弄之北通公共租界者俱已阻塞。山东路、福建路、湖北路等更无论矣。直至浙江路东新桥口仅通单车,行人车辆之挤,不问可知,而寇籍巡捕督同印、华诸捕正大检索,探囊揭器,无所不至。见之令人愤火欲燃,因偕雪村折回乘廿二路公共汽车归。过丏尊、叔琴告之,稍坐便返寓。

饭后小睡。旋起听书，听得李树德所播蒋如庭《三笑》，东陆所播庄海泉、庄宝之苏滩《春香闹学》。久不聆苏滩，今骤得之，颇餍念也。夜饭后复听蒋、朱《双金定》，二陆《白蛇传》，月泉《玉蜻蜓》，风雨撼窗户，砰訇之声相应和也。十时许乃就寝。（士敫、业熊归言，同孚路、马霍路、虞洽卿路、浙江路、江西路可通，馀塞。）

8月10日（七月十五日　甲戌）星期三

晨有飓风，午后放晴，夜月圆好。上午八六，下午八七。

寇机昨日又三度袭粤市，西关几成瓦砾场，并声言须连炸十日云。狠贼至于如此，何世之以保持和平者犹瞢焉视之，不加制裁，将坐令寇贼毒焰煽遍全球耶！苏联生力军开到边境，其远东红军司令加伦到前线亲自指挥，昨攻入张鼓峰北十五公里之水流峰，将采更猛烈攻势。九江北岸各地寇军节节败退，潜山、宿松、黄梅均已迫近，且其交通线已被切断。南岸战况无大变化，在沙河西南相持中。蒋委员长已下令撤退在汉平民，定有办法输送，且旅费、给养等问题俱已筹及，显见汉口将决心固守，不惜任何外胁之来袭均置之不理也。

飓风尚未全息，又不愿出看公共租界无聊之腔势，仍未到馆。看屠笏岩（绅）《琐蛣日记》，神仙鬼怪，纵横交错，固蒲留仙之流亚，而摛藻使事，清言络绎，令人爱不忍释，虽《齐谐》、《诺皋》而贤于近人犷悍之品多矣。笏岩别有章回小说《蟫史》已版行，予未之见；此则常熟黄慕韩之抄本录副与国学扶轮社王均卿（文濡）以印行者，广益书局翻印之，署曰《六合内外琐言》，盖夷为一折书矣。仍听如庭《三笑》，海泉《闹学》，蒋、朱《双金定》，二陆《白蛇传》。

夜饮烧酒一杯。九时四十分睡。

公共租界汽车掷传单多批，抗日意味者反占少数，馀多寇方指嗾伪组织奸民为之，大事反宣传，可恨之至。士敭归言，西新桥一带里弄正被搜查。大约寇方与捕房共为之，真不堪一哂也。

8月11日(七月十六日　乙亥)**星期四**

晴热。上午八四，下午八九。

时事无大变动。夜报载，寇已软化于苏联，重光葵与李维诺夫已成协定，即就现状停战，双方组勘界委员会，苏占委员二席，寇与伪满各占一席云。一场风云，即此消散耶！我知寇已馁矣。

今日到馆，由江西路入公共租界，先过坚吾所探询，知已于七日赋归矣，刻下则出门访友焉。留衣料一端送予。因入馆。仍注《左传》，并清理积件。十时许，梦岩电话来，谓坚吾夫妇在其家，今午将留与共饭，约予夫妇共会。十一时半，于径往平乔里，晤梦岩、海林昆仲及坚吾等。少顷，珏人挈汉儿至，遂入席。饭后，予属珏人等径返，予则仍到店，五时乃偕雪村仍由江西路出，乘电车归。后日为“八一三”周年纪念，布告休业一天，藉志悲愤。并以一年来阵亡将士与被难同胞之悼念，同人应素食一天云。明日予拟请假在家。夜九时许即卧，以天气烦热，不能入睡，至十二时后始合眼。

8月12日(七月十七日　丙子)**星期五**

晴热。上午八五，下午九〇。

苏、寇间停战协定已实现，双方军队正互相监视中。我当局对此，殊不谓异，以我固自求多福，初不望外援而始奋也。寇股滞在江溢，无法进展，而水中泊舰，时为空军所轰击，破沉是虞。无以求逞，乃袭其残忍之故技，飞机狂炸武、汉三镇及广州，汉阳竟受巨创焉。又以江岸阻水，悉锐北移，拟由霍山窥鄂，包抄后路，以是，霍山一带，形势突转紧张矣。然此路我本依山设防，想可无虞也。欧陆纠纷日甚，捷克、波兰、保加利亚以逮土耳其，俱已婴网难谢，而英、法与德、意间亦复钩心斗角，竭力弥缝，纵欲求免，而弯弓之形已著，抽矢着弦，奈何保必不致脱手射远耶！

今日乞假在寓，藉避喧嚣，诚不愿睹租界见鬼之恶状也。夜雪村归言，今日下午法租界之北边亦施阻格，缺口处均行检查云。看张元长《梅花草堂笔谈》，清言霏屑，妙绪环生，明人随笔中之杰出者也。旋翻百一居士《壶天录》。其人生咸、同、光之际，盖曾更太平之难者，所记多苏、沪琐闻，虽劝惩之意甚浓，固不免恒蹊之蹈循，而当时社会之情状与习俗之大概每络绎于行间，亦有一节之可取者矣。《文汇报》明日停刊，他报未之审，或者明日将无报看乎。

秋燠不习，夜眠难安，中夜一时后尚未合眼也。迨交三时始曚眬入睡云。天未明，寇机又轧轧破吾梦矣。

8月13日（七月十八日　丁丑）星期六

晴昙兼施。上午八五，下午九一。

今日为我光荣抗战之一周年，虽孤岛也，国旗遍树矣。足征人心之未死，民族前途，庶有豸乎。因树旗事，陡忆一事，即前日“四行壮士”被工部局白俄团队所殴击是。八百壮士自奉令退出四行仓库后，即被收容于公共租界。既不遣送至我后方已食言自肥矣，乃严加拘管，无殊囚徒，我国人士一再交涉，迄无丝毫效果，实属可恶万分。日前壮士等以纪念将届，植竿备悬国旗，讵料横遭干涉，遂起冲突，当时重伤者达九十馀人，有二人竟死非命焉。事后工部局又多方掩饰，委过推咎，一若壮士被挫为应得之果，呜呼！是诚不可忍矣！总之，帝国主义之为害一也，不能以一时之情感遽许白人以仗义，遂忘非我族类之狼子野心耳。《大美报》仍出，知苏、寇间关于暂停战事协定已签字。寇机七十架轰炸汉口，而南浔践沙河附近之寇则北撤也。蒋委员长发布《八一三周年告沦陷区民众书》，大旨谓胜利确在目前，狂寇终必歼灭，勖后方与沦陷区民众一致与政府协力奋斗云。

竟日未出，看王紫诠《淞滨琐话》及《遁窟谰言》，兼翻赵寄园《寄园寄所寄》。珍闻络绎，逸趣横生，洵开卷有益矣。夜九时即睡。昨闻公共租界有炸弹案五起，有伤人者，不识今日如何也。

8月14日(七月十九日　戊寅)星期

晴热。上午八五，下午八九。

今日各报照常出版。昨日本市无暴动，惟有两事须大书深刻者，即工部局强将八百孤军之长官谢晋元等移送商团白俄队部，猾魁凭藉特权，将我爱国将领交付旅食忘本之白俄，实为奇耻大辱。又踞寇在沪西英、美军防区内强迫居户卸下国旗，备施恫吓，致与英、美防军冲突，今日英、美防军司令均向工部局及寇方提抗议，军人乃有义愤，猾魁竟无心肝，是可异矣。长江战事，重心已移沙河之西，寇将进攻瑞昌，西袭鄂南。而昨日寇机奋袭各处之结果，在汉口炸毙小鸡廿头，在南昌炸塌厕房一所，在广州则并未下弹云。库页岛寇警官越入苏境，传为苏方所杀，又起纠纷。是张鼓峰事件虽解决，隐忧正未艾也。德国大动员秋操，捷克将受危迫，英、法亦将牵入漩涡，恐世界大战未必遽能抑住耳。别报，我军之在浙西者,已收复富阳,围攻馀杭,果尔,杭州震动矣,踞寇将奈何。

竟日未出,看宣子九《粉铎图咏》。上午,吉如、慰元来谈。下午子敦、东华来谈。接洗人、芷芬、圣陶信,知洗于八日离滇,想此刻已在粤垣矣。夜饮酒一杯,九时便寝。

8 月 15 日(七月二十日　己卯)星期一

飓将至,时见阵雨,不掩青天。上午八七,下午八八。

依时入馆,写信复洗人、圣陶、芷芬。接雪山信,知遭空袭警报,颇狼狈,在外总比安坐不动危险也。散馆后,集饮于王三和,到雪村、廉逊、良才、世璟、叔琴及予六人。摊费人一元四角半。九时散归,濯身就卧。

长江寇军无进展,虽有舰队,无资前卫也。富阳、馀杭之战,我军胜利已证实,杭州附近留下发生战事,故沪杭通邮之说又中止矣。此间公共租界仍严防,惟形势已略松。

8 月 16 日(七月廿一日　庚辰　末伏)星期二

风日晴霾倏变。上午八四,下午八八。

我军夺回马鞍山,瑞昌战事已趋稳定,与望夫诸山寇军对峙中。北岸黄梅城北有激战,我应付尚足。皖东我军分五路进攻驻寇,声势甚盛,已将湾沚、芜湖间铁路截断,杭州寇股昨两路增援反攻我军,但仍被我击退,馀杭仍在包围中。德国耀武,昨已开始。苏联边军与寇仍时有冲突。

依时到馆。前托心庵买《录鬼簿新校注》昨已寄到,单行本已售缺,故连购《北平图书馆馆刊》五期邮来,计费二元二角半,即交还会计部转账。今日分拆归并,属老陈改装之,居然得副册四本也。处理庶事外，仍注《左传》。珏人、清儿偕天然往巨福路看绍铭，濬儿亦踵往，省问转徙之劳。四时许，红蕉电话约吃酒，因订散馆后在永兴昌候之。五时后偕丏尊、雪村往。六时，红蕉来，饮且谈，至八时半乃散归。

8月17日(七月廿二日　辛巳)**星期三**

晴热，尚有风尾。上午八四，下午八九。

报载"八一三"之日我石友三部确攻入济南，肉搏达四小时，始退出云。浙江我军克富阳后正返馀杭及杭州近郊留下，且由转塘济师。寇忽遽赴援，甚偬促也。长江方面寇不逞，改道由六安、霍山企图援鄂东北，并大批寇机狂炸汉口。德开始秋操后，捷克已召开最高国防会，欧洲风云正卷舒作态也。

依时到馆，处分杂事外，仍注《左传》。船保兵险事，今日已有眉目，由索非约邢志香、何毓蔚商谈，俾着手议赔。夜归小饮，饮后少坐便寝。晚间绝风，窗户又闭，竟夕被汗矣。

8月18日(七月廿三日　壬午)**星期四**

晴，傍晚阵雨。上午八六，下午八九。

长江战事已呈胶着状态，无变化，只见寇机三十架狂袭长沙而已。晋南又转紧，蒲阪等处沿河渡津均为寇窥伺之的，盖复出多方误我之故技矣。欧洲局势依然，德、捷间颇见剑拔弩张之概焉。此间踞寇与工部局大龃龉，缘"八一三"前后防备之严，结果惟拘获挟藏军火之浪寇及所谓黄道会常玉清诸贼之动乱而已。寇方谓工部局及各国驻军之出防非为防我国游击队之暴动，实为对付踞寇之越轨。于是大肆攻击。工部局及各驻军当局亦向寇领事提严重抗议，苏格兰队且将长驻外白渡桥南堍搜检寇党之挟械入河南者；捕房亦通缉常玉清以示决不宽纵。今日下午三时，捕房督察长陆连奎竟以被刺殒命闻，其中蛛丝马迹大可玩索也。

依时到馆，处分杂事外，仍注《左传》。午后坚吾来，洽代售开明书。散馆归，知柏丞、东华见过，留言在东华所候谈，因与雪村往会，畅谈别后经过，并治酒相饷。有顷，丏尊亦被邀至，于是五人合坐，且饮且谈。听唐生智退出南京之荒谬举动，及刘建绪在浙之胡为偾事，不禁发指。抗战军人有此，戮身不足蔽辜矣，何竟逭唐之诛而仍寄刘以专阃乎。最高统帅岂不闻知，抑别有妙算耶。十时半辞归，十二时乃得睡。

8 月 19 日（七月廿四日　癸未）**星期五**

晴。上午八五，下午八八。

寇机炸广州，其他各路仍胶着，无变化。陆连奎之死，在上海公共租界为巨变，顾今日新闻，隐约其词，若不便直记者，必无踞寇嗾使“黄道会”诸汉奸所为。不审诸帝国主义者究作何感也。

依时到馆，仍注《左传》。兵险赔款事已具眉目，惟美华方面昧于事理，犹多麻烦，或尚有波折耳。买《墨子间诂》、《金石书录目》、《宋诗百一钞》、《阳春白雪》、《新学伪经考驳谊》等五书于商务，计一元六角四分。支活存三十元，交清儿为付同、复学费二十三元。夜归小饮，饮后偃卧自适，听书且看《阳春白雪》。雪村以报载无聊文字见告，谓剑三发表圣陶《书巢诗》之一部后，《大美报》即于附刊攻击不前进云云，后乃反驳，致生纠纷也。予向不看此等欠通之件，并无所动，只益若辈之不自量耳。

8月20日(七月廿五日　甲申)**星期六**

晴。上午八四,下午八五。

我军已攻至九江近郊,为寇放毒气所逼退。鄱阳湖岸及朱庄附近阵地无变化,而寇司令部则有由九江迁安庆或芜湖说。捷克形势亦稍缓,足见德之恫吓亦未必遂能逞志也。

依时到馆,兵险赔偿事已办妥,由中央信托局保险部赔二万一千元,开明得一万,美华得一万一千,救出机件仍归美华云。仍注《左传》。散馆前维文来访,告已就事中华教育基金会。上午芝九来访,甫于昨日来沪,出卫氏所付收条三十元交予,予因以款三十元还之,即于下午写信与晓先告经过,并问馀款处置。剑三来,约于散馆后共饮。因与丏尊、雪村同赴高长兴,与剑三同饮。八时半乃散归。

8月21日(七月廿六日　乙酉)**星期**

晴热。上午八四,下午八六。

寇踞大树下村者受我重创,开始撤退,同时在星子对岸都昌强行登陆,正激战中。都昌在罂子口东岸,与德安遥对,于赣东似有关系,于南昌实已远离,可见寇举棋不定,四出乱撞而已。大江北岸,战局仍在我军控制中,寇无能为也。上海刺陆案,已由枪弹研得线索,显系寇方特务组所为。捕房中已有多人被研讯云。美总统罗斯福发表演说,谓"法西斯"如侵入美洲加拿大,美国必不坐视容其进行。德、意均有反响,报以恶声。世界大战一朝展开,美国必在局中无疑也。

十时半,偕珏人往吕班路大陆坊严宅访良才及颉刚夫人,因在彼午饭。饭后长谈至二时三刻乃归。得《柏坚六十寿诗徵和集》及遗著《题画诗稿》各一册,廿年老友,数载未逢,墓木拱矣,承见贻,取以归,展卷不禁黯然。夜浴,十时就卧。同、复两儿明日开学,同入五年级,复入三年级。

8月22日(七月廿七日　丙戌)**星期一**

晴,有风。上午八四,下午八七。

报载寇在星子登陆,正激战中,山西寇军亦南逼,志在渡河截陇海线。夜报登蒋委员长宣言,长江方面将有大决战,我有绝对胜利把握。寇如大量增兵,亦多自送耳。武昌南郊又大遭寇机炸击,无非声东击西之计,盖显其长斗无法而已。

依时到馆,仍注《左传》。接硕民信,托代取商务股息二十七元,因即取到。询之邮局,苏城可汇,四乡尚不能直寄,且每人每日只限二十元。乃作书问硕民,究取何法寄去。寓所保火险事已托良才办妥,五时来访,即以保单见交,保额三千元,保费只五元四角,可谓甚廉。例佣一元一角不取,只四元三角耳。散馆后,与良才、丏尊、雪村小饮于永兴昌,八时半乃散归,酒资三元。童书业来访,探询颉刚行踪。

8月23日(七月廿八日　丁亥)**星期二**

晴。上午八四,下午八六。

寇在星子登陆后无进展,晋南亦鲜有布开之象,土肥原贤二又出动于上海、青岛、台湾等地,谋分化离间,故意放送和平之论,希图淆惑视听。其实此等伎俩,早为世人所洞烛,试问,复有何用耶?

依时入馆,办理杂事外,仍注《左传》。丏尊绍介袁仲濂书“书巢”额，因撰短跋一首，署丐名付之，昨日当饬人送往也。夜归吃面，盖雪村今日正值五十初度也。文权、濬华及顯、预两孙俱来，晚饭后去。昨夜盈儿从床坠地，今日不甚高兴，颇忧之，不识有无妨害耳。买圆铜规一具，竹纸一刀，毛笔六枝，计一元三角三分。盈儿竟日安，入夜乃发热思睡，中夜数哭醒，殊无计自遣也。

8月24日(七月廿九日　戊子　寅初三刻三分处暑)**星期三**

晴热。上午八五，下午九二。

盈儿热未退，同儿亦患腹泻发热矣，甚窘。夜投盈以鹧鸪菜，服同以天然所配退热药，天明，二儿均退热。想仅风寒食积，即此已足疗之，当无大碍也。

依时到馆，兵险赔款二万一千元取到，开明实保万金居然足偿，亦不幸中之大幸矣。仍注《左传》。振铎已自香港归，今日四时来馆，电话告知乃乾，寻亦踵至。散馆后同出，共饮于河南路美乐食品社，雪村与焉。六时许便散归。

战事无大变化，六安、霍山转紧耳。前日上海又有两汉奸被刺，一为伪盐务署长刘安谦，一为该伪署科长刘宏福，俱闽人，同车受击，惜均未死，然破岑寂矣。

8月25日(闰七月大，初一日　己丑)**星期四**

晴，闷热。上午八五，下午九二。

战事逼近瑞昌，星子以上亦紧。北岸六安一带亦告警。昨日港渝班机桂林号在广东中山境海上为寇机五架围击，堕海沉没，死乘客十四人，浙江兴业银行总经理徐新六、中南银行总经理胡笔江均殉是役。其他要人尚多，惟尚未查明。据云立法院长孙科本定乘此机赴渝，临时变道，直飞汉口，奸谍通风，致此巨变，孙科幸无恙，而我经济界之损失乃大食其果矣。奸谍之肉不足食，寇贼宣暴至此，犹得以人类目之乎？遭难之机为中、美合营之产，亦不见美国有何举动，足征帝国主义只有趁火打劫，偶见所谓义愤之表露，亦徒示彼此利害冲突而已，何可恃哉。

依时到馆，处杂事外仍注《左传》。美华应得之兵险赔款一万一千元今日由邢志香、何毓蔚具据领去。去年迁厂纠纷，至是了结矣。当经过进行时，口舌重重，满谓此事必致隙末终凶；今得如此干净明快，不可谓非近日公司中一可记之大事也。陈少荪电话来，为湖帆等所办杂志拉广告。

散馆后归，小饮。盈儿仍有寒热，且咳嗽。夜眠遂大成问题，又兼闷蒸，较伏夜尤难受也。

8月26日（闰七月初二日　庚寅）星期五

昙，闷蒸，午后雷阵，入夜止，无减炎灼也。上午八八，下午九〇。

九江西战事剧烈，寇竟大施毒气，瑞昌有已陷落说。徐新六、胡笔江死事已征实，同行罹难者尚有妇孺多人云，惨酷之至。

依时到馆，注《左传》。接港电，知洗人、雪山乘今日开意邮船康梯罗梭号来沪，预计廿八日之夕必可抵埠矣。经年未晤，亦大盼一把谈也。

散馆后，冒雨归，濬儿、文权、顯孙俱在，携到道始一缄，谓《鲁迅全集》中《准风月谈》有一则滥摭浮词，诬及道始为伤兵怒斥云云，颇致不快。其实太认真矣，此等笔墨，本不值一唾，狂夫浅人固尊之若帝天，在我视之，与风花雪月之谈何异，过重之，反助其气焰也。函中附来手拓张船山自制印盒铭文一纸，亦可玩。夜小饮，饮后浴身。盈儿热仍未退，视昨日且加甚，殊虑之。

明日孔子诞辰，照例休假，已布告周知休业。

8月27日（闰七月初三日　辛卯）**星期六**

晴热，午后雷雨。上午八五，下午九〇。

瑞昌放弃后，我已增援反攻，且将寇用毒气致我两营士兵全殉之事电告国联。星子方面玉筯山高地已撤后，改扼铜鼓岭。六安寇逼殊急，虽中途遭我流动部队之袭击略有损失，然尽锐西向，恐六安终难死守耳。桂林号遭难事，寇方竟悍然宣称，不论何国飞机在中国领空飞行时，为寇空军巡逻队所见，均将击落之云云。美国已专为桂林号事件向寇提出严重交涉，英国则表示寇方无权发此狂悖宣言也。

盈儿热不退，咳嗽加剧，而两眼又水盈盈带浮肿，恐系痧子，遂不敢开窗。予休假在家，而天复奇热，乃终日遁坐书巢，无能在卧内少留也。题《北平图书馆馆刊杂摭》，并为编目书之卷端。

近日坊间所卖之笔，劣薄不经用，日前购自胡开文者，今日已败不能用矣。较为持久而刻尚为我所掺者，犹是数年前在杭州邵芝岩所买之羊毫小楷也。邻儿有为兄虐逐者，号于户，挞于室，殊刺耳。雨下，犹拒不纳入。珏人出劝之，始许进门，声亦稍戢。

夜奇热，盈儿出痧子又不可以风，窘甚。且为看护计，一宵几乎未曾合眼也。

8月28日（闰七月初四日　壬辰）**星期**

阴雨，转凉。上午八五，下午同。

长江北岸寇军大坏，我已将克潜山，寇向安庆溃退。南岸瑞昌附近，我军反攻转优势，沙河以东之寇亦纷向星子撤退中。德安、广州等处仍遭空袭，但寇终难逞也。蒋委员长发表谈话，寇方和平谣言绝不可能，我决抗战到底，意国调停说，尤堪喷饭云。德国已照会各国，决将援助苏台德党，干涉捷克，是欧洲火药库之爆发为日必不远，英、法虽竭力避免，其可终默已乎？

盈儿痧子已出齐，虽热度未降，心上巨石已移去一半矣。钞赵清常《脉望馆藏曲目》，用调孚校《也是园目》对勘之。雪村以需写一文，今日仍入馆，且候洗人之归。约洗人、雪山如到，即以电话相招。迨夜八时，迄无信息，予亦遂卧。

8月29日(闰七月初五日　癸巳)星期一

晨阴，旋晴。上午八二，下午八七。

大江北岸战局大好转，已克宿松、太湖、潜山，进逼安庆矣。南岸星子附近仍激战，瑞昌之寇亦无寸进云。

洗人、雪山昨日六时到埠，以予为盈儿出痧子故，未来电话也。今日依时到馆，晤之。一年以来，此老风尘仆仆，丰采犹昔，惟长髯中已颇见白色斑驳耳。处杂事外，仍注《左传》。致觉来访，谓昨甫自苏偕其两女及宾若夫人狼狈到沪，暂住东方旅社，形色憔悴，令人心伤。大同大学教课仍延之续授，故挈同家人避地移沪矣。因介霞飞坊六十五号屋嘱看之，不识果否也。四时，电约廉逊、良才来店，散馆后与洗人、丏尊、雪村、雪山同饮于河南路状元楼，酒则自永兴昌叫之。菜肴六元二角，酒记账。

八时许归，知勖初夫妇来访，乃竟未与致觉谋面，致觉到沪犹从此间转告之也。盈儿痧子已开始见回，经过尚好，甚慰。接绍虞信。为文杰买《词综》,属金才送文权。

8月30日(闰七月初六日　甲午)星期二

晴。上午八四,下午八八。

战局好转,大江两岸俱有攻克,寇崩之期不远矣。

红蕉夫妇来,谈移时,十时始入馆。仍注《左传》,办杂事。下午有严女士自黄埭来,出硕民手书,属将商务股息二十七元交伊带去。因询知为现在硕民之房东,严钰祥其弟也。并云苏郊游击队活跃甚,踞寇竟莫可如何也。有顷去,予即以硕款托之。致觉租屋未成,又不知赁居何所也,为之慨叹。

散馆后,与洗、丏、琛往永兴昌小饮,遇良才,因合坐。八时各归。盈儿已渐痊,精神亦渐旺矣。

8月31日(闰七月初七日　乙未)星期三

晴。上午八四,下午八七。

依时到馆,办杂务外,仍注《左传》。致觉上下午均来,居然租到古拔路二五五弄五号客堂前后共两间,每月租金五十五元,予为代倩敖生作保。大约明日便可迁入,总算解决一问题,可慰也。聿修来,谓校内可住,当无如何变化矣。季康来,谈世界沪东厂货被窃事,极感痛愤,盖踞寇与浪人串通为之,租界捕房虽能破案而莫能办也。黄道会首领奸贼常玉清已由此间法院明令通缉,而南市伪政治委长本业律师帮办之陈云昨亦被人狙击,重伤殆难生还。可见孤岛之上犹有血性男儿奋为除奸之行焉。

散馆后,偕丏、洗、村、山及世界杭州经理郑蔚文小饮于老半斋。席间,丏、村又涉争论,几于重演投掷之剧,乏味甚矣。八时散归，十时就寝。盈儿痧子将回齐，经过尚好，惟感疲乏耳。大约好好调养，宜可速复健康也。

时局之可记者，六安已失守，我正扼守霍山。晋南风陵渡已陷，潼关大受迫胁。英国对德已有表示，捷克问题或有变动也。又夜报载，寇机袭武汉，被击折回，其攻袭粤汉路者，在南雄击落八架云。

9月1日（闰七月初八日　丙申）**星期四**

晴。上午八三，下午八六。

六安失陷征实，黄梅寇军已溃窜，我反攻瑞昌之军亦得手。总之，长江两岸，寇已无法进展，不得不出迂回包抄之计，故力攻六安耳。风陵渡之猛扑，亦正欲与攻六安之寇遥为呼应也。

依时到馆，处理杂事外，仍注《左传》。午间，冼人、边竹书、吴朗西及索非与予同饮于二马路同华楼，二时三刻乃返馆。散馆后叔琴、曙先来，因同雪村及予小饮于永兴昌，九时始散归。盈儿渐就康复，居然随声欢笑矣，甚慰。

9月2日（闰七月初九日　丁酉）**星期五**

昙，闷热逾恒，入夜遂雨。上午八六，下午九〇。

我军反攻瑞昌大胜，歼寇四千馀，直逼城郊。六安、霍山之寇，已过淠河，被截击，未得前进。沁阳克复，河防转安。寇机虽狂炸广东，而我粤汉路仍修复，九龙、汉口间客货照常通车。港、汉间航邮班机亦照常开驶。昨日为倭土最大地震十五周年纪念日，突有三十二年来未有之飓风刮过东京、横滨及沿太平洋岸各地，使寇巢东郊顿呈毁灭景象，交通全断，加以山崩，活埋者甚多，且南海另一飓风亦有袭倭之势云。天降鞠凶,示警已笃,犹不知悛,岂待恶贯满盈,自即夷灭之境乎?欧局仍如累卵,英、法正努力调解中,恐无以善后也。

依时入馆,办理杂事外仍注《左传》。道遇君畴,因同过馆中坐谈,知旅沪同乡会近状,至为可叹。渠正有所建议,促当事者注意改进也。

散馆后,与丏、琛、洗同饮永兴昌,八时许返,已雨,因乘祥生汽车归。酒账一元八角四分,车资一元四角,俱付讫。盈儿益见好,能坐起自玩矣。文权电话来,知昌预亦发热,且热至摄氏四十度也。深为悬念。

9月3日(闰七月初十日 戊戌)**星期六**

昙,时有细雨。上午八五,下午八六。

依时到馆,仍注《左传》。夜间叔琴等公宴雪村夫妇,为之称觞,本约予同往。以洗人无俚,并良才适来,因谢未参列,偕洗、才饮永兴昌。八时许散归。定五日下午六时在广西路聚丰园举行二元会,为洗人洗尘,并共享洗藏旧酿。被邀参加者凡三十六人,已预备三席。其住所无电话者,由予发通知,计已发出九封。其原在公司者,口头要约之。

寇军在南浔线正面受挫。黄梅寇军退路已断。黄河北太行山一带,我已攻克沁阳、济源,包围孟县。徐州亦正激战,我流动部队曾攻入城厢击毙踞寇不少云。东京飓风结果,寇方万三千人无家可归,房屋损坏达十万所。捷克问题正在希脱拉及汉伦秘会中决定,如英、法态度转硬,德亦未必遂敢甘为戎首也。美国为欧局紧张,已将舰队集中大西洋,于德当亦视为要事者。天津英、法租界与寇不协,寇已下令两界侨商一律退出,以为进一步恫吓之计,兼以遥示上海。但两界当局不为所动,绝不妥协。上海法租界且明布办法,如境内各报关行敢向伪组织税署登记者,即行逐出租界云。汉奸陈云已伤重毙命。另有一小奸被人砍伤。足征肃奸工作正在进行。而法院亦已将“八一三”所获“黄道会”扰乱之人分别处以死刑或徒刑焉。

9月4日(闰七月十一日　己亥)**星期**

初昙,旋晴。上午八三,下午八五。

各路战事俱沉寂,南浔线正面转剧,马迴岭北或将大决斗也。梧州大遭轰炸,文化机关类多损失。捷克问题似已微转和缓,岂英、法有积极表示所致乎?国联又将届开会,我郭大使已备提案促即实行援助中国之决议。

抄《曲目》。十一时,洗人、雪山来,将同过丏尊饭。柏寒、良才适至,因托雪村谢丏尊,予与柏、良同出,小饮于高长兴,饭后二时,归。午后复抄《曲目》。傍晚过丏所,约洗、山到寓便饭,饮绍兴糟烧,吃泡饭。近九时,去。组青来。晚饭后十时去。

9月5日(闰七月十二日　庚子)**星期一**

晴。上午八四,下午八七。

马迴岭北及瑞昌近郊俱大激战。六安、霍山亦有接触。寇机狂炸信阳。抄《曲目》竣。

依时入馆,处杂事外,仍注《左传》。晚六时,在广西路聚丰园会饮,为洗人洗尘。洗人有旧藏陈酿开取共享,故被约者多到,计有谭廉逊、金子敦、范洗人、章雪村、刘叔琴、严良才、沈世璟、方曙先、唐坚吾、刘季康、孙道始、邱晴帆、吴朗西、朱文叔、江红蕉、陆高谊、骆绍先、朱慰元、赵厚斋、林钧甫、薛庆三、孙君毅、黄涵秋、裘梦痕、章克标、林本侨、郑振铎、傅东华、王剑三、陈望道、陈俊生、周予同及予凡三十三人。分列三席,予与洗人、文叔、红蕉、良才、慰元、廉逊、俊生、绍先、振铎、庆三同坐。尽饮极酣,五十斤大坛终席罄之矣。晴帆当场醉,洗人亦由庆三同车扶之归。想醉者当不止此也。予尚可支持,十时许返家,十一时许乃睡。数年无此乐,乃于洗人之归得之,是不可以不记。

9月6日(闰七月十三日　辛丑)**星期二**

晴。上午八三,下午八五。

依时到馆。知洗人甚醉,中夜起溲,左额竟擦去浮皮也。仍注《左传》。

战事正相持中,马迴岭恐已不守矣。但寇力无论何猛扑,沿江西上之梦竟无由图之也。欧亚机又被寇袭,幸机师敏捷得避免出险,安全降落耳。天津英、法租界竟有封锁之恫吓,而寇方领事方装腔作势,谓未下撤出侨商之令也。鬼蜮伎俩一再播弄,亦不知自羞甚矣!

散馆时待道始不至,与雪村、良才、庆三到永兴昌小饮,昨日馀沥搀而啜之,犹有剩馥也。八时散归,曾约坚吾同享,以有约别往,未果来。

9月7日(闰七月十四日　壬寅)**星期三**

晴。上午八三,下午八五。

马迴岭已失守,南浔路正面战事正急。西瞻豫章,为之愤痛。

北岸黄梅之寇则大坏,武汉保卫仍有十分把握也。

九时出,与雪村偕过道始。为市上发见林语堂编《开明英文读本》有翻印本,特委托登报通告各贩卖书商,注意拒绝销售,并征求举发翻印之人。九时半辞出。乘九路公共汽车径到馆。午前,乃乾电话来约吃饭,予停餐待之,十一时半来,因往对门同宝泰小饮,拉洗人少坐焉。一时许返馆。计用一元六角。散馆后径归,到家小饮。饮后入书巢,作《曲目》跋语。

午前十时,吴绾章偕其甥赵公绂来访,托打听教育厅养老金事。绾章为故乡邻里,公绂则甫里旧生也。不通问者垂二十年,见面几不相识矣。谈移时去。至感人生奄忽,容易老去也。

9月8日(闰七月十五日　癸卯　申初三刻十一分白露)**星期四**

晴。上午八四,下午八六。

马迴岭虽失,德安仍安,我军之别部且冲入星子巷战,断寇水陆交通。豫东固始,已不守,游寇竟西扑平汉线,距路轨仅二百馀里矣。如北路动摇信阳,南路陷落南昌,则中路攻广济之寇必乘锐急攻武汉也。然我军抗战甚烈,寇方能否如此亦正未易言也。欧亚公司民航机又有第七号被寇围击事,落汉口附近簰洲稻田中,机损,人无恙。凶焰高扇,寰球为之不安,奈何英、美诸国仍熟视无睹如此乎。

依时到馆,处理杂务外,仍注《左传》。致觉来访,谓已晤及振铎,暨大有英文三小时,每周可以兼任云。谈移时去。散馆时,道始来,约洗人、丏尊、雪村、雪山及予饮华阳楼。酒则叫自永兴昌,计四斤,付予账。八时散归,以其乘车送返,予犒洪有一元。

盈儿痧子已葬皮,然仍有微热,且遍身发痒,似尚有馀毒未清也。甚觉奄牵。

9月9日(闰七月十六日 甲辰)**星期五**

晴,午后风作,傍晚雨,入夜止。上午八三,午八八,傍晚八三。

寇机狂炸金华、桐庐,均有损害。各路战事均烈,但寇无所逞。国联将开会,我提请实行盟约事十七条,否则矢不与失去活气者为伍,即脱退也。德希脱拉仍作势威胁欧洲,英、法竟无如之何,恐任此獠坐大,举世将被荼毒耳。

依时入馆,处杂事外,仍注《左传》。勖初来访,谓从仲川夫人处得消息,颂皋有信与君畴,云战事年内可了。颂皋任高职于外交部,语似可信,岂苟和运动暗中仍在进行乎?果尔,则大可哀已。索非告予,有常熟同行毕姓来言,此邑自沦陷以来,初无异状,有一事堪述,则踞寇嗾汉奸举行伪市民大会之笑柄也。初,寇欲拉人而无由,知有李某者,本地痞,遂招之使行,属召集市民大会。李亦忸怩,不敢公然出头。寇再三支持之,乃择期行,各校学生固驱之如群羊,所不足者伪公民代表耳,遂广招无赖充数,到场者人给辅币三角。然亦寥寥二三十人而已。及莅场,例有不堪入耳演辞外,令全场呼口号,初叫"大日本万岁",场中寂然无应,踞寇大窘,汉奸亦汗渗于背矣。继念高呼寇号,容有未习,则易呼"中华民国万岁"以试之,甫脱口,全场轰应如雷。至是,乃不得无结果而散矣。共化用二千四百元云。据闻得三角之伪代表事后各打一顿云。人心不死如此,奈何犹作痴梦耶。心劳日拙,狂寇之谓矣。

散馆值雨,雪村呼酒,洗人买菜,予属制生煎馒头三十枚,共饮于楼廊以待雨。八时雨止,九时行,地白矣,月色微茫,初凉袭衣,遂与雪村走老北门,乘七路电车以归。文权电话来告,昌预已好,昌顯正在出风痧,继之诊之,谓热虽高,无妨也。其楼上租户蒋氏将有广东之行,询有人欲续租否。盈儿风疹块尚未退,食欲亢进,而不敢多与之,则时时啼,亦堪怜念也。

9 月 10 日(闰七月十七日　乙巳)星期六

晴爽。上午八〇,下午八四。

长江北岸我军收复广济,歼寇二千,夺获野战炮四十馀门,乘胜推进,围攻黄梅。南浔线两翼正激战,阵地无变化,张发奎已到德安,正严阵待于隘口,寇如冒然进犯,是窜入囊中也。晋南风陵渡已再克,寇向虞县、解县溃退。现惟固始一路吃紧较甚耳。国联行政会昨开幕,顾大使维钧将发表申明,要求援用盟约,制裁狂寇。捷克政府与苏台德党间愈见冲突,英、法颇有压迫捷克迁就苏党之倾向,助长希脱拉之凶焰,促进民治国之总崩,此举实有焉。呜呼,英、法。

依时入馆,办杂务外,仍注《左传》。接乃乾书,索《十通》款,因支活存六十元,备还讫五十五元。电话约之来取。四时后来,面归之,坚却五元,收五十元去。夜雪村、丏尊、洗人、叔琴等为本侨饯行,予不与稔,独行归。夜饭后写《曲目跋》,毕之,于是全目告成,待钉缀即成一帙矣,颇喜。

昨晚十一时,四川路桥邮政总局地下室包裹间失火,延烧许久,损失甚重。商运货包之被害者故不在少,而游子寒衣之遭劫尤觉悯恻也。不识火种何来,或亦"黄道会"鼠辈所为乎。

9 月 11 日(闰七月十八日　丙午)星期

晴,旋阴翳。上午七九,下午八三。

寇在固始东南大败，我一部已抄围淮阳，断寇援路。南浔线仍在马迴岭东相持。中路广济附近仍有激战。晋南我军确保优势，将肃清中条山寇股。是各方战信均足振起我人之兴奋也。国联议题，最重要者即为我国申请制裁暴寇案，但预料结果必不能令人餍望耳。天津英、法租界受寇威胁事，已稍和缓，刻又紧张，有日内封锁英租界说。大约此事与欧局有连，德、捷紧，彼亦紧，德、捷缓，彼亦缓，纯为投机观风，初无真实力量加诸当地也。

午前十时，叔琴来，告予昨晚酒后到大东酒楼吃茶，侍者坚欲再迫进馔，几致大僵，幸账房明理，未肇事。大东拘执向例（晚间不专卖茶）固无谓，然不有酒力以鼓之，彼等亦决不会大闹也。有顷去，假《世界历史大系》之《东洋近世史》两册携之行。午后二时许，振铎来，予以《曲目》示之，彼亦首肯，惟云清常以后每转一手或再加多若干耳，未必清常原辑也。予谓信然。三时，彼以往国泰看电影，即去。

盈儿热度不退净，且每有加高之象，虽大小便均适而咳嗽亦止，终不甚放心，因于午后由珏人、士敫、清儿陪往成都路杜克明医师处求诊。据检查结果，实无他病，配药水投之，嘱勿过饱及严守避风两事而已。往还汽车，两元八角。药水费七角，杜医诊金、号金尚倚开明之牌头，未出分文也。甚歉亦复甚窘矣。

傍晚，红蕉、芝九先后来，红蕉为其夫人患痁，来延天然往诊，芝九则前约来借书也。红蕉先去。芝九复少坐，予因以文权馀屋介之，伊即不能便就，亦当转介立斋也。入暮，携《插图本中国文学史》四册、《词学通论》一册、《词调溯源》一册、《高等国文法》一册、《修辞学发凡》一册、《文字学 ABC》一册、《广韵研究》一册、《花间集评注》一册去。夜就家小饮，饮后闲翻，至十时乃就卧。

静甥归省修妹，因属以青田石两方携交其邻翁钱石仙刻之，一白文“容翁”，一朱文“书巢”，约一星期后取件，不识满意否耳。

9 月 12 日（闰七月十九日　丁未）星期一

晴。上午七九，下午八四。

各路战况均不恶，武汉卫戍总司令已任罗卓英，目前决战当在长江北岸大别山附近也。欧局日紧，法国莱茵区已无平民，全配军队及战壕矣。苏联则照会捷克，万勿迁就，致碍行动。是德国四战之形已成，欧战再演，实臻欲罢不能之境矣。顾大使已向国联表示，如不能援用制裁侵略条文，即退盟。各国代表正讨论此问题云。

依时入馆，处杂事外，仍注《左传》。接翼之横泾信，谓仍开补习馆，幽若缠闹不休，竟与其妇扭殴，不得已，勉筹川资已遣之来沪。并托代购书物寄乡云。幽若不谅至此，癖性又执，将来如留予家，亦正无法应之。奈何！

夜归小饮。饮后入书巢看邵潭秋（祖平）《中国观人论》。此书开明出版已六年，从未寓目，今得披读，至有妙理，竟莫能释也。盈儿服药水后浮热仍未退，珏人甚急，予观其精神甚好，饮食亦尚有节，以为无妨也。

9 月 13 日（闰七月二十日　戊申）星期二

晴，入夜微雨。上午八一，下午八二。

汉川、商城战甚烈，大别山下，寇委尸五千具，足见之矣。其他各路无变动。希脱拉演说狂悖，谓将以武力合并捷克之苏台德区。英、法已准备应付，恐一场厮杀，并不能免耳。况比、荷、瑞士俱已动员警备乎。

依时到馆，仍注《左传》。下午三时，雪舟来，谈浙江省政情形，且于抗战前途有所论及。为翼之买书，已寄出。其姊仍未来，不识果到沪否。

散馆后，与丏、洗、村共饮于华阳楼，途遇良才，因拉与俱。七时散，以雨故，乘人力车归，其实一过西藏路，竟未见滴雨也。盈儿热略退，仍未净，想无大害矣。八时坐书巢，读看《中国观人论》。十时就卧。

9月14日（闰七月廿一日　己酉）**星期三**

阴晴间作。上午七九，下午八〇。

战事虽紧，我阵地尚固守，寇机狂炸郑州与信阳，平汉线依然无恙也。捷克苏台德党已向捷政府提最后通牒，要求撤销苏台德区八城市之戒严，并撤走捷警。欧洲战局一触即发矣。意国谓德收苏区为合理，寇亦谓始终执持防共协定，可见盗贼自有群，奈何英、美犹坐视之耶。

依时入馆，仍注《左传》。王以中见访，谓甫自泰和转香港来，接眷后即赴桂，浙大已迁设宜山矣。宜山为旧庆远府治，在柳州以西，诚所谓入山惟恐不深也。谈移时，辞去。

散馆后，与丏、洗、村同过永兴昌小饮。良才、翊新均先在，别有侪偶，因各便。八时散，计酒饭资二元二角四分八厘，可谓甚廉。盈儿虚热已退净，日即康复，快甚。

9月15日（闰七月廿二日　庚戌）**星期四**

先阴后晴。上午七九，下午八一。

西孤岭大战,积尸如丘,我仍坚持中。瑞昌西马头镇已陷失。广济西南山中仍恶战。豫东淮阳寇股已不支,我克太康云。苏台德党攻击官兵,捷克已发生战事。该党有请求希脱拉派兵援助说,是叛迹已著,战门已开也。同时罗马尼亚许苏联假道援捷,已划出五英里宽之通路为其走廊。英首相张伯伦忽飞德晤希脱拉,诚极波谲云诡之观矣。

依时到馆,处杂事外,仍注《左传》。散馆后,在三马路华阳楼举行二元会,到廉逊、子敦、世璟、良才、丏尊、雪村、洗人、曙先及予九人。八时散,各摊一元四角。归后少坐,听东方播音,仙霓社唱昆曲。知本月廿一日起,每晚五时半至七时半在东方第一书场公演,票价三角、二角。此后或能多看几回乎。

下午允言来,知女师已迁沪,渠仍任教,住校中。

9月16日(闰七月廿三日　辛亥)星期五

晴。上午七九,下午八一。

广济方面破战,成相持胶着状态,犯豫东之寇已被我军截住,不得进展。南浔线之寇集合马迴岭,图突破通星子公路,俾鄱阳湖寇得相联络,但无望。是狂寇仍谋速战速决也,然而武汉巩固,其迷梦难圆耳。我国向国联所提实施盟约第十七条,英、法代表已同意,惟因捷克问题紧张,将延期讨论云,纸老虎终究经不起风雨也。张伯伦已与希脱拉会晤,预料结果,仍牺牲捷克耳,不然,何来公民投票之说乎。公民投票云者,变相之割弃苏台德区也。张伯伦老狯,自谓得计,其实自误且误天下矣。

依时到馆,处分杂事外,仍注《左传》。下午四时,允言来。散馆后,与之同饮于永兴昌,洗人、丏尊与焉。仍遇良才。七时半,散。目送允言登车，然后归。顺道过王仁和，且为诸儿市饵。雪村则已先归矣。

9月17日(闰七月廿四日　壬子)**星期六**

晴，入夜雨。上午七九，下午八〇。

寇三路攻汉川受挫，豫东形势好转，我决固守许昌、商城。豫北星子以西，争夺战甚烈。顾大使在国联演说，要求立即实施盟约，国联应禁运军火往侵略国，在财政上、物资上援助中国，采有效措置，阻止使用毒气。张伯伦飞回伦敦，召集阁议，大氏与希脱拉会见之结果未有所成也。捷克政府下令解散苏台德党并通缉其党魁汉伦。

依时入馆，仍注《左传》。午刻，边竹书来访洗人，因与雪村及予共饮于四马路西段新开之宁波馆状元楼。二时三刻乃返馆。傍晚五时，坚吾来访，又约丏、洗、村及予同饮于马上侯。遇慰元、翊新。马上侯已久不往，殆半年以上未有交易矣。八时许散，已雨。

乘车归，得读硕民来书，知渠夫人已于十二日下午逝世，父女孤零，为之奈何。珏人感染伤风，大呛，右胁为之作痛，甚可虑。盈儿则日见复元矣。

9月18日(闰七月廿五日　癸丑)**星期**

阴雨闷塞。上午七九，下午八一。

今日为东北沦陷第七周年纪念日，全市下半旗，茹素以识痛念。政府及党部均有告民众书在各报发表。商城、汉川方面，我与寇正酣战中。我机械化部队开信阳增援。长江北岸广济之寇正调整残破阵线，以冀掩护。南岸瑞昌以西，我军亦颇有进展，克复高地两处。寇图控制南海东京湾，突派舰占涠洲岛，轰炸当地法国教堂并缴去其枪械，法舰多艘已驶西沙群岛警戒。连云港外寇舰派兵强登平山岛，我军正严抗中，东海、灌云、新浦被炸。同时浙海寇舰亦在普陀强行登陆，我军警迎击，在彬山附近激战中。适之代王儒堂为驻美全权大使，已见政府十七日明令发表。适之刻在日内瓦，闻命即将渡美莅新云。适之以学人而转为政客，愿有以克保令名也。国联讨论实施盟约，丹麦、芬兰、比利时等国竟主张取消制裁强制性，各会员国实施否听便云。国联已臻绝境，至此益信。张伯伦召开阁议后，法总理达拉第及外长庞莱定今晨飞伦敦与张伯伦商讨德捷问题。据闻英、法将对德妥协，已拟有让步条件，许苏区公民投票，牺牲捷克。但捷政府态度甚刚正，决摧毁苏党运动，如德国进逼，将不顾英、法态度如何，准备单独与德作战。此间租界当局以今日为“九一八”之故，加紧戒备，内地水陆航班停滞，沪西、南市交通封锁。公共租界尤甚，又将通连法租界之要道加以铁丝网阻格，仅放数口出入，仍严加搜检，腔调仍无减于“八一三”云。“兴亚会”及“黄道会”份子杨家驹、秦锡康等已判决，杨无期徒刑，秦有期徒刑四年。此辈甘心作伥，狗彘不食之人虽脔之亦不足蔽辜，法院所判，可谓宽大之至。

看邵潭秋《中国观人论》毕，言皆有征而不涉诬罔，有用之书也。顾人多以其近相术而忽之，诚矣皮相之谈之易周于浅俗也。珏人虽强饭，咳嗽仍剧也。夜七时，幽若来，云昨自苏抵此，住其友许家，今乃到此。据闻翼之夫妇待伊亦颇有过分处，两面各有理由，予等亦从剖析之也。以无所住，即暂留予家。志行、洗人来，谓在夏家吃饭打牌，即将返店，顺道过我也。

9 月 19 日(闰七月廿六日　甲寅)**星期一**

阴雨。上午七七,下午七八。

商城郊外大战,我援军已开到前线。南浔线我大转好,马迴岭附近据点多处收复。淮阳已克复,豫东将见松。法总理达拉第已到伦敦,正备晤商德、捷问题。捷苏党仍炽,捷总统贝耐斯严行镇压戒备中。晚报载英、法已成立妥协方案,以苏区并德,而保证捷克之安全云。强大之邦但求自身之免祸,一以弱小为牺牲,纵虎贻患亦不之思,所谓政治家岂均短视者耶。

依时入馆,接晓先信,绍虞信,翼之信。晓先托向立斋索款,有急时寄其岳家。绍虞仍申前议,属用馆外编辑名义,约编《中国文学史表》,月薪七十元,备过桥接济其兄际唐。翼之告所寄书籍及信均到,并言幽若或滞城候通行证。予一一处分,先复晓先,并函知芝九、立斋。继作书与圣陶,告近况,并转硕嫂之耗。继转硕信于允言,兼复硕民啨之。继转信于振铎,属将绍虞书事即办。最后与雪村商约同意,备公函照绍虞旨复之。并作书复翼之,告幽若已来。仍注《左传》。

散馆后,与丏、洗、村诣永兴昌,坐满去之,过饮于王仁和南首之老源元。七时三刻归。知幽若已往其六弟悦之所矣。

9 月 20 日(闰七月二十七日　乙卯)**星期二**

阴雨。上午七六,下午七五。

晨起入书巢,为漱儿批改文卷。看报,知南浔线我军已收复马迴岭。北岸武穴甚吃紧,恐已失陷矣。豫东南一带战局愈紧张,商城陷落,汉川之寇屡被创。太康、淮阳均收复。英、法对德妥协,牺牲捷克,已明显。捷克表示坚强,决不接受,而苏党竟公然宣称复仇,已组便衣队袭击军宪云。

依时到馆,仍注《左传》。夜在雪村所聚饮,贺其五十生日也。洗人、丏尊、调孚、均正、索非、庆三、孑如、阳生、履善、志行及予十一人作东,叫聚丰园菜两席来,凡雪村家人及丏、调、均、索之夫人及珏人均被邀参加。八时半罢,雪村、志行、孑如、庆三打牌,雪村夫人、索非夫人、丏尊夫人、均正夫人亦打牌,终夜有声,予则十时即睡。

珏人咳未见愈,惟已松动矣。允言见过,商如何唁硕民,予拟俟圣陶来信再说,渠亦谓然。移时去。为绍虞划款二百元与童希贤,转付嘉定。

9月21日(闰七月廿八日　丙辰)星期三

阴雨。上午七四,下午同。

武穴失守,田家镇正准备决战中,我精锐所萃,又兼天险,想寇必难逞也。汉川我军仍扼守南城抗战。北平、南京两伪组织正谋合并,将于下月揭晓,陈中孚正图出头也。国联已接受我提议,将实施盟约第十七条,准备对寇使用经济制裁,即禁止飞机油类供给寇方云。致寇电文已发出,但寇决拒绝,恐空言无补耳。苏台德党公然犯顺,屡扰捷克边境,匈牙利亦提出日耳曼人在捷权利要求,而波兰节外生枝,竟要求捷克返还波兰旧疆,是不啻瓜分捷克也。捷克已召集紧急阁议,似已准备接受英、法调停案。呜呼!弱者行径果无法自奋耶?

依时到馆,办杂事外,仍注《左传》。散馆归,知同儿在校为同学所侮,竹签误入肛门,曾送红十字会医院急诊,现卧家中,予闻之极愤,神为之荡。未几,雪村坚拉予饮,七时罢。校长王定诚及级任张运地来慰问,并道歉忱。予言事出不幸固无如何,但监护之责,校中当难辞卸。明日拟由清儿伴往红十字会医院复诊,如有房间可住,决住院。有顷,送之去。但愿热度不高,今宵经过平稳,则大幸也。

9 月 22 日(闰七月廿九日　丁巳)**星期四**

阴霾。上午七四,下午七五。

田家镇血战六昼夜,寇众惨亡,伤亡三千。侵入豫东南之股亦遭遇坚强,颇多后撤。长江南岸瑞昌附近则仍胶着耳。国联电知寇方履行盟约义务之文已由寇阁决定拒绝,照例即可实施制裁,但国联自身力量有限,能不为希脱拉所笑(希谓国联系一根稻草,中国人想抓此稻草过河实可笑),则殊不敢必也。捷克虽戒备紧密,然已臻无可奈何之境,不得不含痛接受英、法强抑之方案矣。经子渊昨日下午三时逝世,闻系肾囊结核症。想洗人诸公必当往吊也。惟丏尊与之有恶,未必临奠耳。

依时到馆,办出广店改组为驻粤办事处案,仍注《左传》。同儿经过尚好,午后由清儿伴往红十字会医院复诊,据云寒热不高当无碍,仍只能吃流质食物,可间日再看云。清儿偕之归,未住院。王校长及张主任均在院探视,甚感之。散馆后与洗、丏、村同饮永兴昌,八时乃各归。丏尊居然与洗人往吊子渊,诚不可度已。

9 月 23 日(闰七月三十日　戊午)**星期五**

晴。上午七六,下午七八。

报载豫东血战,汉川附近据点仍在我军手,歼寇将及四万,大快也。寇机初次侵入黔境，未放弹，但在广西南宁、梧州则大施轰炸，依旧肆暴，明告西南同胞"以寇实非人"耳。闻商务梧馆全毁，损失达三十万云。捷克内阁改组，已撤苏区捷兵重复开入，恐欧局决难如张伯伦之愿以迁就稳定也。第二次张、希会晤不知又将作何语耳。

依时入馆，处分杂事外，仍注《左传》。散馆后，与洗、村、丏往天主堂街一酒家谋饮，以向有名而附近有牛肉馆可吃也。至则景象已非，且逼近栅门，一望便见凄凉，乃转向法大马路，在吉祥街西章东明小饮。饮后略谈店务，觉雪山措置殊乖，雪村格于友于，确为大累。

八时许归，同儿经过尚好，惟每日不能进餐，精神乃大委顿耳。盈儿又伤风，微咳。

9 月 24 日(八月小建辛酉初一日　己未　子正二刻九分秋分)**星期六**

晴。上午七五，下午七八。

广济之寇几全歼。南浔线之寇亦改攻为守，踞马迴岭。豫东、晋南之寇均无进展。寇舰犯镇海，我要塞遭击，旋退去。但放机大炸，又死平民三百馀。捷新阁已成，声言依英、法建议，但最后消息，张、希已决裂，张伯伦顷已飞返伦敦云。究竟如何，一时尚难剖明也。

依时到馆，仍注《左传》。饭后与洗、村过中美，伊等各换眼镜架一副，予则以前配之镜已脱胶起泡，属改修。约后天可取。允言有电话来，为配文选事有所声说，即为办妥，并告明日不能行访。立斋昨过我，还晓先之三十元已交我，将并前存之四十元觅便汇苏，交讫于卫母。今晚七时，振铎本有小有天之约，为黎烈文洗尘，予与烈文虽系商务同事,但无交情,谢未往。散馆时,良才来,乃与同过永兴昌,雪村、调孚以赴小有天尚早,亦憩坐于此,至则曙先、梦痕、叔琴、厚斋先在焉。初分坐,既而梦痕先去,雪村、调孚亦行,乃合席。饮至八时乃散。

珏人咳嗽未痊,但已较好。同儿今日午后仍由清儿陪往红十字会医院复诊,创口已大好,惟缝线尚不能取去,食物可稍稍如常矣。盈儿微咳未止,但精神甚佳。因稍慰。十时,雪村自小有天归,告我烈文所传福建消息,至堪发噱,而心南与伯韩间尤属可笑云。

9月25日(八月初二日　庚申)**星期**

晴。上午七五,下午七九。

广济、南浔、罗山三路之寇俱无寸展,直下武汉之迷梦恐非近月所可几也。捷克已动员二百万备战。英、德谈判决裂,张伯伦扫兴而还,声言与法一致应变,且下令帝国舰队准备。法已明言助捷,如捷受侵即致援,亦已局部动员,充实边防。苏联申言与法一致援捷,并亦集中军队矣。意国尚存观望,美国则已与法大使交换欧洲大局之意见。如此,世界第二次大战之势已成,只待剪彩揭幕耳。寇方心劳日拙,近又演出两幕喜剧。一在北平强迫人民开"讨蒋大会",一在大连成立"共同委员会",谋合揉北平、南京两大伪组织,以供其特务机关之工具。其实讨蒋拥蒋在今日已无挂齿之理由,嘘数年前之死灰,其谁信之。至于工具之合用否更须看其人之才望,而今日汉奸有一足副此二字否?徒见气派之小,丝毫无动于我也。鲁、冀我军收复济宁、大名,大名踞寇退安阳,石家庄伪皇协军反正。晋南永济之寇亦大被包围,将次就歼。是大河南北寇亦无得而安枕也。

钱石仙为刻图章，令静甥携来，尚好，并赠篆“书巢”小额一幅。予以法币两元酬之。涵、淑两侄，修妹俱来，宏官表内阮亦来。夜饭后，各散去。洗人在丏尊所打牌，晚饭后过我，问同儿疾。谈有顷，去。予竟日未出，写《韩诗外传》一纸。

9月26日（八月初三日　辛酉）**星期一**

晴。上午七三，下午七八。

豫南战局，我克罗山，寇已击退。长江南岸、北岸田家镇阵线我仍维原状，寇屡攻未逞。南岸阳新方面，富地口有剧战。寇机三次袭鄂境，冀牵制。晋南战事，连日均甚烈云。黄河新堤工竣，我当局已验收。本市银行界及各公团追悼徐新六及胡笔江。法总揆达拉第及外长庞莱飞伦敦与张伯伦晤商捷克对德所提备忘录，即张伯伦带回者。中有割让要塞地带及不予保障捷克行政主权独立各项，恐难接受。

依时入馆，处理杂事外，仍注《左传》。允言来馆访问，致慰同儿受创，甚感。即去。

散馆后，与丏、洗、村同饮永兴昌，遇良才，因合席。八时散归，酒账二元七角馀，即付之。同儿已复诊，缝线拆去，配润肠药属服，且嘱无须再往矣。予询诸同儿，亦云无所苦，为之大慰。盈儿中夜忽剧呛，为之不寐。

9月27日（八月初四日　壬戌）**星期二**

昙闷。上午七七，下午八二。

予之双光眼镜虽服用未久，竟不能离，前日送修，连日不便甚矣。昨日午后取到,居然复旧,快甚。我军克罗山境内之小罗山。长江南岸瑞昌、武宁间公路之战大捷,我空军曾大轰犯寇云。归德已由我在豫军队收复。山东平原、齐河亦复,津浦北段时毁,寇军已不能行使自由矣。寇机昨又狂炸汉口、信阳及粤、桂各地,适见其滥施耳。据海关报告,上月分我全国出超三百馀万元,战前后所未觏也。英、法首揆会谈,已决定意见一致。张伯伦函希脱拉,促接受英、法方案。美总统罗斯福亦电德、捷,呼吁和平。德国即解释备忘录非即最后通牒,可见已软,然一方广播演说,对捷克仍主须将苏台德区并入德国也。英国上下人士已感觉张伯伦之可鄙,准备改组内阁,前首揆鲍尔温、保守党极右派丘吉尔及前外相艾登,均将出而参加云。

依时入馆,处庶事外,仍注《左传》。昨日芝九来,谓已函仲椒,可代卫母作主,故今日写信与仲椒,即将晓先馀存之款四十元及立斋还来之款三十元,合七十元,扫数交邮汇去。从此脱一干系,亦却烦之一道也。童希贤又有电话来,谓绍虞有信与之,属明日上午将再来取一百元云。

散馆后,与丏、村、洗仍饮永兴昌,洗付账。八时许散归。振铎约往东方书场看仙霓社,无从买票,废然而止。盖仙霓社复演,一般无聊者夸示知音,已将前排对号入座之票连定十日,竟难插坐矣。国难严重至此,而豪兴夺人犹如彼,奇哉怪哉,不几人人为陈叔宝耶!

9月28日(八月初五日　癸亥)星期三

阴,入夜雨,奇燠。上午七八,下午八〇。

豫南战事,我空军轰炸寇阵地,投弹二百馀,我军已攻入罗山北门。田家镇东北激战,我克复香山。沿江炮兵击伤寇舰。阳新河上及武宁各路方面上楼下等处,战事均烈。冀省我军克复定兴、沧县。皖主席李宗仁调任军事要职,遗缺由行政院任廖磊承乏。台州、宁波间航行已得地方当局许可,即将恢复。国联行政院赞成对寇制裁,适用盟约第十六条。欧局仍紧张,英揆张伯伦曾再函希脱拉劝告,希脱拉广播演词语气已较缓,原定十月二日进占苏区之说,已表示可展后十五天。英外部正式宣告,与法、苏一致行动。德、捷、英等对美总统希求和平电均答复。德国悉以责任转嫁捷克。捷克对德提备忘录之苛求,仍表示拒绝。大战正在酝酿,因此此间两租界之安全顿成问题,神经过敏者已呈惶惑不安之象矣。

依时到馆,办理杂事外,仍注《左传》。童希贤划款壹佰元今日取去。允言来,诉苦况,兼查予处是否有《天演论》,核定一字。伊仍切实从事,尚有前辈典型,可佩。接硕民信,告唁信已收到,伊乃在一家家塾任教。景况凄其,不问可知。

散馆后与洗、丐、村饮章东明,八时许归,细雨如雾,被体如浆,难受极矣。今夕初为盈儿别设一有栏之小床,试令独睡。以虫咬故,下半夜仍抱在身侧同卧也。

9月29日(八月初六日　甲子)**星期四**

阴雨郁蒸。上午八〇,下午七九。

鄂东、豫南战局我均好转,炮兵击伤寇舰六艘。寇机初袭昆明,在西门外炸毁学校区。并猛轰粤、桂、湘、赣等处,企图扰乱。浙东航行已复,想雪山得到家矣。国府明令褒扬经亨颐,给治丧费五千元,生平事迹存备宣付史馆,亦可谓隆报矣。意揆墨索里尼已赴德,英、法二揆张伯伦、达拉第将于今日飞往慕尼黑城会见希脱拉、墨索里尼举行四强会议。德昨晚九时应下之动员令允展缓二十四小时。我国代表要求国联实施盟约,照会已送达。寇舰集西沙群岛,法舰队亟开东京湾,防护安南。美总统再电德国,主张召集国际会议,并邀寇参加。

依时到馆,处分杂事外,仍注《左传》,有一部分已发排矣。甫里旧生杨清标来访,知在德化为级任,故同儿受害事告我甚详。散馆后径与雪村归饭,丏、洗有友水渭臣访之,想当别出谋饮也。

同儿已大好,拆线后大便亦无问题矣。盈儿为虫扰故,仍抱卧在侧。须天寒始克安睡耳。

9月30日(八月初七日　乙丑)**星期五**

阴雨气闷。上午八〇,下午八一。

我军昨在麒麟峰大捷。田家镇方面我克复八峰山,惟寇对此镇轰击甚烈,恐难终守也。豫北我军克沁阳、孟县。寇机昨窥伺中山、虎门。寇方因国联通过对寇制裁,适用盟约第十六条,竟宣称将采报复手段,凡外人在华利益及租界特权等均将予以重新考虑或自由行动云。泼皮恫吓,在吾人已司空见惯,不识英、法诸国不为所动否?昨日寇阁突然发生风波,外相宇垣竟为陆相板垣所殴,宇垣已愤而辞职,其职或将由近卫暂兼。法纪荡然至此,犹狂向外展,我知蹶日近矣。英揆张伯伦昨在下院报告斡旋和平经过,即飞慕尼黑,参加四强会议。德提捷克应立践诺言。闻英、法曾提新建议,或将编成国际军队先驻守苏台德区,以俟德从容占领云。慷他人之慨如此,焉有理可说,我知捷终牺牲,德终得意耳。唐绍仪被刺,额中利斧二,延至下午四时五十分死广慈医院中。八十老翁,复有何求,乃随温逆宗尧、梁逆鸿志之后,听其播弄,以不得其死,冤哉。

依时入馆，仍注《左传》。散馆后与丏、洗、村斋饮永兴昌，八时半归，闷甚，取汤濯身，然后就卧。本月薪取得后扣去所得税及公宴雪村夫妇双份四元叁角八分外，止剩六十七元三角二分。交珏人充家用五十元，馀对付过中秋节犹虞不给也。

季康来访，出香港王云五、陆费伯鸿来电，谓四川教厅长杨廉谋统制教科书，设厂自印，招商务、中华、世界、开明、正中、大东六家投资，请合力对付打销之云。杨廉无行，顾善于做官，既出锋头，又得实利，曩在安徽任内已屡为之矣。以官为生，固滔滔皆是，若杨廉者更为无耻之尤，将来恐亦难得令终也。予之为此言，绝非为书业而发，良以此人行径久已暴著罪行，而予见及其名辄作恶之故耳。因此，思及时人之语：子良不良，陈行不行，徐堪不堪，杨廉不廉为不可易也。此等人偏锡以嘉名，父兄师友亦感天公之恶作剧矣。

10 月 1 日[①](戊寅岁八月初八日　丙寅)星期六

昙闷难堪，夜半大雨。上午八〇，下午八三。

我军在大别山北大胜。麒麟峰、何家山我军亦胜利。田家镇及安徽东流则已失陷矣。河北我军攻克定兴。皖南我军攻克宣城。总之，战局如置棋，我虽小有挫失，寇终无所获也。立法院通过《遗产税暂行条例》，想不日即可公布。自此，一般安享遗产之人至少不能如前之适意矣，确为我国史乘之光，亦社会进步之一好征也。《条例》内容如何尚未悉，总较无法为良耳。香港息，英国

①底本为：“容堂日记第三卷”。

揣测寇将对华宣战,以便实行封锁广州,进攻华南云。慕尼黑四强会议,已成立协定,割让捷克之苏台德区与德国。德兵将于今晨开入该区,捷兵已开始撤退。张伯伦、希脱拉共同宣言,双方永不战争。达拉第晤德戈林,亦称德、法并无仇恨,自当相互尊敬,相互谅解云。骤视之,蔼然仁者之言,其实苟安之局暂立,不得不有此做作耳。试看往史盟誓,曾有几何不宾且背者乎。

依时到馆,仍注《左传》。永兴昌酒账记雪村名下者,共八元,今日交雪村付讫。来青阁旧欠廿八元五角,新欠一元八角,今日账来,即令金才送三十元去,销账。下午四时,得汉儿电话,谓予表襟兄蔡震渊来候,因属留住,予即归晤之。谈悉去秋逃难狼狈之状,现在沪卖画教馆,尚可支持。甚慰。其夫人、子女亦同来。怀之夫人及宏官宾伴之来。夜饭后,少坐俱去。惟宏官独留。

今日天气奇燠,为本年所仅有,终宵未掩被,汗犹不收也。难过之至。

10 月 2 日(八月初九日　丁卯)**星期**

时晴时昙。上午八〇,下午八三。

豫南我军大胜,乘胜逐寇,在许家冲连克山头七座。豫北我军克武陟,寇退新乡。瑞昌、武宁线我军克复马塞山,寇冲咸宁之念为之大沮。田家镇虽陷,然自此上溯汉口尚有防线三道,我正力阻寇之西侵。国联行政院通过调查寇军使用毒气事件。德军昨已开入苏台德区。波兰乘机要索捷克德申区及其他各区城市,捷政府已接受要求,即将德申区割让于波兰,其他城市之许割者,约期分别移交。畏首畏尾,身其馀几,捷克之谓矣。

予竟日未出。文权、昌顯上午来。饭后,洗人来,因与文权、雪村夫人及业熊打牌,夜十时始散去。傍晚濬华来,晚饭后与昌顯先归。宏官亦早归。同儿今日忽感疲乏,饮食大减,且有寒热,大约昨宵受凉所致耳。日来天时之不正极矣,背风则热燥难当,临风则毛发洒析,真酿病之候也。

10 月 3 日(八月初十日　戊辰)星期一

昙闷。上午八〇,下午七九。

我军在瑞、武线继续获胜,克朱家塘。蒋委员长传令嘉奖商震战胜之功。田家镇方面,寇暂无动静。浙、苏我军收复海盐、沈荡。又收复溧阳,正向宜兴进攻。山西垣曲有激烈战事。寇军集中四万人在冀、鲁诸省,备御我游击队。国府统制钨砂,集中输出。寇方扬言,其外交政策将转变,取消亲英态度,加强德、意轴心。波兰军队已开入捷克德申。德军开入捷境者已达第二段,希脱拉颁布《治理苏台德区条例》,即任苏党首领汉伦为该区专员。从前欧战时之捷克大将,向英、法退还奖章,以示此次英、法之示弱,实背《凡尔赛和约》之初旨。

同儿寒热稍凉,仍欲入校,予强令居息,然后到馆。馆中南轩新修已竣,今日开始腾移。予仍注《左传》。上午十一时,接清儿电话,谓同儿觉喉痛,经天然诊察,似为白喉,拟即伴往杜克明医师处求疗。予骤闻至惊,属即行往诊。十二时,托调孚电询杜,谓确系白喉,已开方属购血清针药,令归托天然注射矣。饭后一时,清儿又来电话,所告与杜同,谓已注射,经过良好,可无碍云。为之稍慰。散馆后匆匆径归,知盈儿已由漱儿伴住濬儿家。同儿则移住三楼亭子间,由清儿照料。静甥、汉儿移住予室中。复儿则寄居楼下雪村所。因属清儿购嘴套,且买华达丸令家人遍食之。扰攘至昏后乃定。询同儿无所苦,然后就卧。珏人则中夜数起矣。迩来否运狎至,不幸甚矣。然不幸中犹有大幸存焉。

10月4日(八月十一日 己巳)**星期二**

时昙时晴。上午七九,下午八〇。

豫南战事已移至罗山以西,我精锐空军一大队飞罗山狂炸寇军,予以重创。豫东我军收复民权县。长江两岸均有激战,田家镇水栅尚未冲破,寇舰扫除水雷工作为我半壁山炮兵所阻,一时无能获逞。北岸之寇图犯蕲春,战于梁湖。其由南岸木石港西进者,战于排市塘。均甚吃紧。瑞武线何家山则我军又获再度大捷。希脱拉抵苏台德区捷勃,德军已进占第三段。此间复旦、大同两大学继暨南之后,为法租界当局迫令停课。无棒受狗欺,此之谓矣。其奈一般人犹不以国家为念何!暗杀唐绍仪案,已捕获男女嫌疑犯十五人,不知审讯结果云何也。邝富灼逝世。张叔良亦长往。忆曩在商务同事时,每见二人联手状,邝行张随,几于跬步不离,今竟同时见讣,亦奇矣。

同儿热度仅超平时三分,似已渐就平复,慰甚。依时到馆,仍注《左传》,搬房则犹未及三分之一也。散馆后与丏、洗、村同饮于同华楼,坚吾电约同饮,至六时三刻复来电谢,谓已别就马上侯饮矣。八时半散,即归。

10月5日(八月十二日 庚午)**星期三**

晴。上午七八,下午八一。

我军在长江南岸作战甚烈,盖重心又移至阳新附近矣。我空军在富水轰炸寇阵地,绕道克复木石港。南浔线又得大捷。隘口则被寇甚急也。寇从东北四省及朝鲜调来援股二万人,昨已到青岛,将转各线增援。寇机昨袭重庆,投弹四十馀,川东空战,我击落寇机三架。南昌、永修亦遭寇轰炸。河北我军克复冀、鲁交界观城、南乐、内黄、广平、肥乡、临清、平乡各县。行政院决任张砺生代察哈尔省主席。孔院长请褒恤唐绍仪。浙当局允准接济沪市食盐,仍由苏五属网商全权办理。寇外省宣称,如各国实施制裁,必采报复行动。盖效尤德、意,以为必可吓住英、法也。其看法亦不可谓不准矣。今日之英、法,几失人味,宜乎被人无视耳。斯洛伐克族领袖向捷克政府要求移交行政权,此诚捷克本身之穿心烂,吾意,消灭之日近矣。英国颇有重职之官以愤于张伯伦之屈辱而辞职者,议院亦大事攻击,至斥为无耻。然张伯伦之答辩颇厚颜,以为此真和平之大功,实不见所谓耻辱也。以此,英阁动摇之谣殊甚。

依时到馆,仍注《左传》。昨接圣陶两书,俱由红蕉转来,知渠郎至善曾患伤寒至剧,幸已脱险。并属送五十元与硕民,俾供硕嫂调理之用,凶耗尚未接到也。予今日书复,并告硕民近况,款当觅妥寄去。四时许,道始来,五时与之同到广西路江西路转角骏大华行访其友訾雨亭,丏、村与偕。饱看附近古董市场各掮客送来之书画。道始以四十金购得黄山寿画侍女炕屏四幅,极佳。四女俱半身,无背景,衣褶白描,渲以浅绛,姿态容貌,并皆佳妙。一持团扇,似为班婕妤;一吹洞箫,似为弄玉;一持折枝红梅,似为梅妃;一对镜簪花,其殆张忆娘乎。六时三刻,共载以至大世界东,共舞台隔壁之羊城酒家,预期洗人在候,果先至矣。肴甚佳而取价廉,道始热客之故也。九时许乃散归。

同儿浮热已退,病势已去,惟须着意调养耳。闻道始及濬儿言，侮同之顽皮学生已为校中开除矣。

10月6日（八月十三日　辛亥）**星期四**

晴。上午八一，下午同。

我骑兵克光山，空军大炸广济及田家镇，踞寇均被大创。隘口则以不胜寇压，已退出矣。寇机袭武汉，我空军迎战，终将寇机击退。河北我军克定兴后，续克涿州。其别部下霸县。国府公布《遗产税暂行条例》，并令褒唐绍仪。浙东许定海、石浦、平阳复航。法国众议院通过总理达拉第外交宣言，决与德、意合作，我恐法、苏同盟或将解体，捷克终不免遭瓜分之惨耳。捷克总统贝奈斯已辞职，波兰与德均有新要求，危机殆在目前也。

依时入馆，帮同整理图书馆书，且将第四批《丛书集成》四百册取到。今日饭作为过中秋，特添菜两事，适廉逊来，因留之共饮。予与洗人同饮，雪村、丏尊则约望道、蛰存饭于同华楼，未与焉。散馆后即归，在家小饮。饮后入书巢闲翻，十时乃就卧。

同儿较昨又有起色，漱儿亦有函报告盈儿甚惯，至以为慰。知颉刚夫人将偕蛰存同行入滇，极妥。

10月7日（八月十四日　壬申）**星期五**

晴，月色好。上午八〇，下午同。

空军大轰罗山寇炮兵阵地。大江北岸西犯之寇被阻于蕲春。美报载德记者消息，英、法、德、意将约美向我国及寇方提议停战。是解决捷克之后又来干涉远东，将以我为牺牲矣。国联制裁之谓何，乃竟硬抑被侵略之国俯首就范乎。捷克总统辞职后，由总理薛罗维暂代，在十五天内选总统。据闻该总理已倾向德国矣。无耻苟存，无古今中外，一辙也，可胜叹哉！英国警告波兰，勿再向捷苛求。英下院竟通过信任政府案，张伯伦当然忝颜安坐任人笑骂矣。美国派员来沪，设法恢复贸易地位。

依时到馆，仍注《左传》。十一时，振铎、道始约会于锦江茶室，予以事冗，电话回绝之。下午四时三刻，鞠侯、聿修、廉逊来，适店中欲请昆明世界书局之经理金君，乃同到华阳楼。雪村过永兴昌吃酒，见良才，因邀之同饮。此外有世界之刘季康。计金君父子、廉逊、季康、鞠侯、聿修、良才、洗人、雪村及予主宾凡十人。八时许散归。仲弟来，予未及晤，少坐即行。怀之来，知高桥花行事或不致动摇云。同儿已大好，惟体弱耳。珏人连日为同儿劳倦，今日颇感不舒，入夜有微热。

10 月 8 日(八月十五日　癸酉　中秋)**星期六**

阴霾，夜月微茫。上午七七，下午七九。

豫南战事重心西移，信阳东青山店有激战，寇骑兵已至柳林店。信阳恐不保矣。信阳有失，平汉路断，大势当大转变也。思之可悸。寇偷渡富水，围攻阳新，我调援兵前往堵截。寇机炸箬溪，附近有激战。我军克李阳河。山西我军开始反攻，晋南连日有剧战。寇方北海道夕张煤矿爆炸。英外次在下院表示接受援助中国决议案。国际委员会核准德军占领捷克第五区。捷克斯洛伐克族决设自治政府。

依时入馆，上午注《左传》，下午为图书馆整理书籍。散馆归，在雪村所共饮，与庆三、孑如、志行同席。七时半罢，入书巢闲翻。

漱儿将盈儿归，谓有寒热，濬儿不放心，故属今归来也。予念之多日，见之甚欢。但有浮热一度馀，心中至为不爽也。

10月9日(八月十六日　甲戌　辰初初刻四分寒露)**星期**

晴朗奇热。上午八四,下午八七。

战事甚紧,江南寇舰正轰黄颡口,蕲春以上动摇矣。豫、鄂之交亦大急,信阳以南之柳林店已为寇陷,九里关亦发见寇踪,官报虽有柳林逐退,反攻九里关,平汉线仍通车等记载,吾恐信阳早不守耳。然则武、汉日见危迫,终不免一退也。思之惧然。捷克总统选举延期,于国名国体均有更变之拟议,是实际已供四强之牺牲矣。意大利为欲亟求英之承认其并阿比西尼亚为意帝国,已允撤退在西班牙助佛朗哥叛国之志愿兵之一部。群盗分赃,于此益信,尚何国际信义之可言哉!

晨兴,为漱儿批改文卷,其凭吊阵亡将士之热忱,予自愧弗如也。十一时,全家到四马路致美楼,为静甥与业熊订婚,请雪村夫妇及文权、濬华执柯。到仲弟、淑侄、修妹、查玉卫太太、查小姐、徐公子及其夫人、谢公子并予全家及雪村全家与业熊、静鹤,凡二十四人,列两席。同儿以疾不得与,甚怜之。一时三刻席罢,各归。予与仲弟、淑侄偕过大世界联友话剧社后台,晤尹梦石、朱炎、张四维等,谈至四时许,以热不可当辞出,循跑马场一周缓步取凉。至五时,到东方书场看仙霓社昆剧。坐场之挤,已无位可排,强在北窗壁下列椅斜坐而已。票价四角,手巾三把,三分。调孚本云在场,以人稠未之见也。剧目为郑传鉴、汪传钤双演《别母》、《乱箭》,周传瑛、赵传珺双演《撞钟》、《分宫》,张传芳、沈传锟之《刺虎》,于是《铁冠图》全本之精英萃此矣。所惜奇燠袭人,几难终坐,勉持至费宫人掣剑入帐时即飘然引归。在八仙桥乘七路电车以行。到家未及八时也,即夜餐。濯身挥扇,然后就卧。业熊不能饮,今日勉饮十小杯,竟醉莫能兴。

10月10日(八月十七日　乙亥　双十国庆节)**星期一**

午前晴朗,午后转阴。上午八二,午九三。午后九一,夜八八。

今日《申报》复刊。蒋委员长发表告民众书。信阳南战事甚烈。寇机又狂炸粤、湘、赣、鄂诸省,粤被祸尤烈。黔主席关鼎昌将专任建设西南经济事宜。张治中调主黔,白崇禧接主湘,以巩固西南后方。德军已开入捷克第五区。波兰助匈要求,务期将捷地割出,俾波、匈接壤云。

良才九时来,告履安十二日准乘船赴港转滇,明日夜间或须上船,今晚伊夫妇为之祖饯,廉逊之约,托予代辞。未几即行。予亦托其达意履安,以同儿白喉故,予家不能恭送江干,兼辞来别。十时许,虚舟、道始及宗鲁、宗瀛来。谈有顷,同车至威海卫路中社对门君毅之事务所,坐甫定,道始以家有留客,先归去。予与虚舟坐至十一时半,亦各归。慕尔鸣路今日封锁,予等西摩路口出入,想迤东各路封闭必多,白日见鬼,真公共租界之谓矣。虽然,寇方浪人亦不得不敛迹焉。午后三时,洗人来,与业熊等打牌,至五时三刻罢,遂偕同雪村(时亦王和初罢)、绍先过丏尊,同乘廿四路无轨电车往马浪路,赴廉逊之约。到洗、丏、村、绍及予外,有子敦,有予同,有道始,道始最后至,将阑矣。宾主极欢,谈至十时乃各归。

乃乾夫人来访珏人。予赴约后乃乾亦至,夜饭而后去,未及晤。假《四当斋集》四册。

10月11日(八月十八日　丙子)**星期二**

阴霾。上午八三,下午八二。

国庆传来捷音，南浔线德安西我薛岳部队围克要隘两处，寇二万馀人歼焉。该股甚悍，自九江登岸以来，屡战屡前，至是乃得肃清之，实较台儿庄之役有过之也。津浦线我游击部队克泰安、兖州，路轨破坏甚多。寇机炸我衡阳。捷、匈已成立妥协，匈已获地于捷克。

依时入馆，雪村不爽，未行。在馆整理图书，已到各件已就绪矣。据汉信，尚有五十一包正待寄粤转沪也。散馆后，与冼人饮高长兴楼下，各尽四碗，醺然而归。

10月12日(八月十九日　丁丑)**星期三**

晴。上午七九，下午八〇。

我德安胜军乘势收复马迴岭，寇北退。豫南、鄂东之局均转稳定，平汉交通仍照常。广东大鹏湾集中寇舰甚多，想即日前由青岛、上海驶往者，形势颇急。而寇报传其急进军人力主攻我南海一带，度粤疆必有事故矣。午间得报，寇已在大鹏湾登陆，详情未悉。夜报证实，谓有三万馀人，且尚图续登。大约谋在樟木头截断广九线，或且进犯广州也。欧洲则希脱拉演说仍肆毒锋，英、法重申警备，惟《法苏协约》已因慕尼黑四强会议之结果而宣告废止矣。

依时入馆，搬定坐位，新葺之南轩亦焕然改观焉。仍注《左传》。曹孝萱、戴伸甫自渝、汉来，为言此次流亡经过，于南京陷落时寇军虐杀之惨及目前武汉保卫之坚，俱有详细之陈述。一则拊膺发指，恨不能生嚼狂寇以湔此耻。一则但望寇之触网，俾速自送也。

散馆后，与丏、冼、村饮永兴昌，八时归。

10月13日(八月二十日　戊寅)星期四

晴阴变幻。上午七八,下午八〇。

寇大举袭广东,已在大鹏湾登陆,我军力拒,正激战中。寇机百馀架遂狂炸汕头等处。香港颁紧急条例,英军已开往九龙边界警备。英、法为寇侵华南将妨害其利益,决取一致行动,曾向寇廷提出警告。平汉线已克柳林站,信阳正三面激战。晋南我军克垣曲。此间附近北蔡镇曾为游击队所屯,寇大肆杀戮,纵火焚毁全镇。人民遭浩劫,游击队固仍奋勇抗战也。各国赞成在沪美侨组会保障权益,与踞寇多少冲突,将不免引出一场风波耳。欧局依然在黑雾中,匈牙利兵已开入捷克境,捷、匈谈判停顿,捷遂乞援于德。美国又声明不放弃中欧及巴尔干权利。外兵却开始退出西班牙,是诚反覆纠纷,极波谲云诡之奇观矣。

依时到馆,仍注《左传》。均正遭母丧,予与丏、洗、村、山、调各送赙仪四元。散馆前,秩丞来访,大谈近日为人批命,深鸣得意。颇难接讲,委蛇至五时一刻,辞去。六时在同华楼小饮,丏、洗、村、孑与偕,七时半即散归。

10月14日(八月廿一日　己卯)星期五

晴。上午七八,下午七七。

寇在粤分五路犯惠阳及广九路,余汉谋发表《告粤人书》,誓死抵抗。坪山、南山间战事激烈,已成包围形势。我已准备封锁珠江。美国兵舰一队自菲列宾驶抵香港。平汉线仍激战,信阳仍握我军手。晋南我军克垣曲后乘胜东进。北平城外发生游击战。鲁、豫我军突袭徐州,津浦线被威胁。长江之寇在汉源口登陆,而其运舰输弹药溯江西上者在贵池附近被我炮兵击中,全舰炸毁。上海开出华南航班照常行驶。寇阁近卫竟照会各国,在作战期间,各国不得在汕头、北海之间调动军队及飞机军舰,免致误会。如须调动,应于十日前通知寇方。不识英、法、美三国究作何感耳。沪青公路我游击队与寇激战,盖北蔡之馀波,中队长蔡尚志殉国。此间工部局与寇方又重提收回虹口警权问题,据闻有接近可能。西班牙外兵撤退后,叛军佛朗哥仍拒绝调停。捷、匈谈判迄无成就,匈要求小俄罗斯省罗族出而反对。捷外长抵柏林,进行重要谈话。

依时到馆,仍注《左传》。昨日店中送邮局发寄昆明邮包四百五十九件,突为寇方检查者扣留。今日往询挂号间,已寄出三百七十五包,其八十四包则仍扣押中,大约无收回之望矣。此中只《国文百八课》,亦遭嫉视,可见寇之毒害固无孔不入焉,奈何犹有人作宽恕之语耶！接圣陶信,告决移家乐山,二十左右成行。属再支四元,连前五十元转递硕民(四元系代沈瑞芝者)。因即写信分寄硕民及彦龙,告以乡间不通邮汇之故,径汇彦龙托转。计汇出六十四元,内圣陶五十元,予致赙六元,天然、瑞芝各四元。复翼之。告近状并及其兄姊。信甫发,续接来书,询字义数事。只得稍候再复矣。写信与红蕉,以圣陶来信视之。接佩弦昆明来书,谓又自蒙自迁回昆明矣。

夜在馆小饮,仍与丏、洗、村、孑俱,乃乾适来,加席焉。属华坤煮老鸭一,甚酣畅,惜微咸耳。八时归。珏人及汉儿今日往看昆剧,亦甫归抵家也。

10月15日(八月廿二日　庚辰)**星期六**

阴霾,转凉。上午七四,下午七三。

惠阳南淡水陷落，寇分兵西迫广九路之平湖，同时又在珠江口宝安登陆。广州、惠州均吃紧。潮汕受轰炸，寇在南港企图登陆，未逞。我空军连日出动助战，白崇禧亦已南下指挥军事。并传何应钦或张发奎将任华南方面统帅云。余汉谋着手疏散广州妇孺，省府及市府有将迁翁源说。英、美、法领事建议设立广州安全区。南浔线德安以西万家岭之寇已完全肃清。平汉线信阳附近寇军两股，越过路线，窜入豫西。收复柳林店之我军正北向前进中。黄石港下游我炮兵击寇舰，沉其一，伤其一。八路军在察哈尔东逞威，克赤城，尽歼寇军。捷、匈谈判决裂，匈拟请四强会议解决。意为匈张目，德主温和从事，吾恐欧局终难稳定，而德、意或竟先露锋端也。浦东形势仍紧，寇方封锁渡口，上南路全线停顿。此间伪市府督办公署改组为伪上海特别市政府，寇立傅逆筱庵为市长，苏锡文降任秘书长。傅逆虽迭受警告，而垂死暮年犹图奋逆，今日竟粉墨登场矣。

依时入馆，仍注《左传》。散馆后，在二马路同华楼举行酒会，到廉逊、子敦、良才、洗人、丏尊、雪村、坚吾及予八人。共饮酒九斤，摊费一元二角。八时归。

复翼之，详告所询三字。红蕉送回圣陶之信，附来四元致赙硕嫂。以昨已彙汇，只得暂阁。

10月16日(八月廿三日　辛巳)**星期**

风霾，晴光乍露。

惠阳形势奇急，冷水泷附近有激战。宝安有一部寇兵登陆。我空军轰炸大鹏湾寇舰。中央调桂军二十万保卫广州，已任李济深为第四区司令长官。瑞武路上，我军克复梧桐尖。南浔线正面无战事。蕲春陷落,营长谭灿华全营殉国。寇股即在上游分向南北岸登陆。北岸战于茅山湖附近,南岸战于潭山、兔子山一带。平汉、粤汉两线,昨日寇机到处窥伺。广水车站已成焦土。岳阳则击落寇机一架。信阳恐已不守,柳林店确收复。晋北连日激战,收复圣家镇,晋南我军逼近皋落,垣曲之寇向北退,解县之寇亦退。捷、匈重开谈判。捷外交方针确改变,明白亲德,废止《苏捷条约》。且闻即将退出国联云。

梦岩来,谈移时去。予竟日未出,坐书巢看《三希堂帖》。吕氏大姊来,留住焉。闻为儿媳淘气,致夫妇争吵云。家庭问题之难解决,于此益信。夜九时就卧,珏人与盈儿交咳,至为不安。

10月17日(八月廿四日　壬午)**星期一**

晴。上午六九,下午七一。

惠阳在混战中,我军已移至城外附郭一带高地,度城已失守矣。广州昨已宣布戒严,想见形势之急。平汉线我军正反攻信阳。长江南岸大冶东北,战事猛烈。我炮兵击沉寇舰。津浦线泰安、兖州间,寇已肃清。寇机昨竟日袭击湘、鄂各地。粤被寇后,西南货物改道输入。沪、粤邮件仍照常收寄。德、意当局商定捷、匈应再开直接谈判。美国重整军备,计划首先扩充空军。其远东政策,仍主与英合作。

依时到馆,仍注《左传》。又接翼之信,即将来沪,设法营生。予昨前复信想未到也。世界书局陆高谊请徐启堂,约雪村、洗人、索非及予往陪,订六时在华格臬路成都饭店小酌。届时同往,除宾主外,尚有季康及世界同事刘廷枚与黄君。九时散归。

吕氏大姊已由家英甥女接归,晚饭后同去。复儿与士敢嬉于里中，以手推儿童车系脚踏车后，令复坐其中，士敢在前挽之，车覆被拖，伤两股，并致右嘴角豁分许。幸赖天然急救，包紧令卧。予甫入门，便闻此讯，气愤极矣。何近数月来不利至于如此耶！所喜未发寒热，或仅硬伤而已。然中宵转侧，为之不寐矣。

10月18日(八月廿五日　癸未)**星期二**

晴。上午七一，下午七〇。

粤战严重，惠州、博罗均失。我置重兵于博罗、增城间。寇机百架大炸增城，夜报增城亦陷矣。平汉线我反攻信阳，克复顾店等重要据点，寇南犯未逞。长江南岸我已收复石灰窑。浙省收复嘉兴、平湖间之新丰镇，皖省收复霍山，晋省收复灵寿。寇机昨有百五十架袭湘，株洲被炸六次。伪参事余大雄昨在北四川路新亚酒店被人用斧砍毙。在寇翼之下，犹得使奸人从容伏法，执行者亦神矣哉。伪总税局长邵式军昨亦在南京路遇刺，以汽车装置周密，幸逃法网，然伪市长傅宗耀之流必且褫魄矣。亦大快人心之事也。法空军力图与德竞争。德经济部长芬克自南欧返国，在巴尔干诸邦及土耳其一带之经济侵略网已布就，故甚鸣得意也。丹麦民族向希脱拉要求，在德境内应有民族自决之权。欧洲民族纠纷，恐无妥适解决之方矣。

依时入馆，仍注《左传》。接晓先九月三十日详函，知前寄诸信已到矣。其夫人甚不习当地生活，屡思回沪，致时有吵闹云。允言来访，假《文法与作文》一册去。晚六时，开明请徐启堂及烟台同行郭君，仍邀昨夕原班，共饮于小花园新开之镇江馆万华楼。广告之不足恃，今夕得之矣，终席未见满意之肴，而侍者尤劣不中程也。八时半散归。

盈儿服蜜炙枇杷花汤,咳稍宁。复儿口角已结拢,然胖不可复认,不识能免缺嘴否也。

10 月 19 日(八月廿六日　甲申)**星期三**

阴。上午六九,下午七一。

寇机大队袭粤,我空军夜战,击落其三十馀架。而石龙被炸已烈,受弹二百馀,伤亡达二千人。我军现集增城,战事有利,开始反攻。寇正蟠踞惠阳、博罗之间。南浔线正面安静。长江南岸阳新方面正有激战。行政院决议任王景岐使波兰,谢维麟使瑞典、挪威。上海难民救济协会昨成立。英、法、意对地中海问题将开外交谈判。

依时入馆,仍注《左传》。复晓先,慰其夫人并告此间近状。硕民书复寄款已到。托于十日内在沪谋事,俾偕圣南同来。予即复告一时实无办法。永兴昌老板送蟹十二只,酒十斤来店,属分饷老主顾。当晚在店啖之,并邀店外良才、叔琴、煦先共饮。八时许散,谈至九时乃各归。

10 月 20 日(八月廿七日　乙酉)**星期四**

晴。上午六九,下午七一。

博罗以西战事甚烈,寇之图犯龙门者在杨村被击退;其犯虎门炮台者亦未逞。广州英、法、美领事又提议设立安全区。阳新方面我军退却,寇进犯黄石港。我空军在瑞武路助战。汉口民众积极撤退。寇机昨炸长沙、平江、南阳、洛阳等处,死伤均多。皖北我军克霍山后向六安进迫。晋东我军克昔阳、平定。晋南之寇窥茅津渡。江海关布告,珠江已封锁。英大使寇尔由沪赴香港。浦东游击队领袖潘葆忠被刺殉难。波兰邀请罗马尼亚加入波、匈阵线,希图瓜分捷克之小俄罗斯省。捷克阁员三人访德希脱拉。巴勒斯坦形势严重,英兵正镇压中。

依时入馆,仍注《左传》。接翼之信,知即将来沪,以其友托支存款之单据先挂号寄存予处。散馆后与洗、丏、村饮永兴昌,遇良才。八时散归。复儿已渐痊,创瘢已合。

10月21日(八月廿八日　丙戌)星期五

阴晴兼作。上午六九,下午七三。

寇已抵增城,石龙之北展开血战。寇舰炮轰福建嵋山等处。长江方面,寇舰溯流进犯北岸,图在兰溪登陆,被炮兵击沉二艘。南岸黄石港亦受攻甚烈。皖省江防炮兵击沉寇运舰一艘,伤十一艘。南浔线德安方面发生激战。平汉线战事在柳林之南相持,沙窝方面亦起激战。寇机又炸株洲、洛阳等地。冀南我军克望都。豫北我军克临漳。杨云竹任外交部亚洲司长。英大使已抵港,闻即将赴汉。波、罗外交谈判失败。耶路撒冷英军取攻势,将更加压迫。

依时入馆,仍注《左传》。散馆后与洗、丏、村往永兴昌吃蟹,又遇良才,因共啖之。结果,良才会钞。八时许归,见翼之已在,盖今日十一时抵沪,询悉苏地状况,惟有慨叹而已。谈至十时许,各归卧。

接中国营业公司通知书,霞飞路房屋租约将届满,应于本年十二月底前交还云。每年常例固不足异,而刻下屋荒,恐经租者从中出花样耳。当妥谋应付之。

10月22日(八月廿九日　丁亥)**星期六**

晴。上午六九,下午七三。

昨日下午寇抵广州,增城、龙门尚在抗战中。豫南沙窝克复,鸡公山仍在我军手。长江北岸之寇猛攻浠水。南岸黄石港亦正激战,恐不守矣。南浔线德安仍坚守中。寇机昨两度狂炸岳阳。英大使将离沪赴滇,转飞渝。汪兆铭忽向外国记者发布谈话,谓中国可以接受和议。因此,香港谣传甚炽,谓蒋委员长已赴长沙,蒋夫人已赴重庆,一若武汉之局已瓦解然。可恨之至。太平洋飓风袭东京、横滨,死伤约千人。捷、匈将重开谈判。

依时入馆,仍注《左传》。下午四时半,翼之自寓来店,约于散馆后小饮。正谈浓之际,浦东方面爆炸声忽起,断续有如高射炮,清脆有如小钢炮,不知所以。凭窗东望,见黑色物如长瓶,一一升起,在空中发亮炸开,不类有目的之射击。而路上秩序依然,有人谓广州失陷已证实,寇伪方面或藉此示威或庆祝耳。予等姑置此,仍偕出,丏尊先有他约去,予与洗、村、翼同饮于同华楼,爆声仍时断时续,而客来亦先后络绎,因约从容毕饮而归。酒钱在外,菜及小账二元五角四分。八时散归。到家亦闻家人惊讶之言,谓我空军来袭,故寇放高射炮云。

上午托沛霖写一英文信复中国营业公司,仍续租,属即将租约送来签字。此信去后,不识下文何如也。夜睡至三时,为蚊扰醒,遂不寐。至天明六时始稍合眼,颇感苦。复儿今日上学,下午随濬儿去,住其家,将以明日偕来。同儿下星期一亦当令其照常入学矣。

10月23日(九月大建壬戌初一日　戊子)星期

阴翳。上午七一,下午七四。

晨起,阅报,知昨日浦东爆声实为伪市府献媚寇方之焰火,盖广州失守,于昨日下午四时征实也。更知一事足堪捧腹者,即此无聊焰火之火星偶落浦面美舰之上,致焚毁小型飞机一具,寇方乃向之道歉云。广州失守系银弹所致,余汉谋已变节,蒋夫妇离汉云云,俱为香港所放谣言,寇方与汉奸刻正力图动摇我信心,以便乘隙分化耳。现在广州虽失,吴铁城已发布告民众书,谓已奉令将省府、市府移设内地,坚决抗战,并勖民众力持广东精神,保卫家乡也。前闻省府将迁翁源,是北江一带仍将展开大战矣。汉口形势日紧,黄石港已失,寇舰已越黄冈而西。平汉线沙窝复失,寇正分三路南犯,武胜、平靖二关大见压迫。

翼之晨出访友。午刻归,与之同饭于雪村所,吃蟹。洗人、绍先、曙先、克斋与俱。饭后,彼等仍打牌。勖初上午十时许见访,谈移时去,欲假《国语》、《国策》及《文选》,予允假之,约明后日来店中取去。幼雄言,昨日美联社有一电讯到申报馆,谓蒋夫妇、汪兆铭、王宠惠四人确已飞抵香港,在宋子文宅会议云云,似与日来议和消息不无关系。以其关系重大,未予刊出。果尔,则抗战前途必大受打击矣。为之郁伊。饭后,文权与复儿、昌顯来,今晨曾往万华楼进早点也。同儿、静甥属往仲弟所省候。夜仍与洗、村、翼同饮。彼等于饮后仍继续打牌,予则早睡矣。

10月24日(九月初二日　己丑　巳初三刻十三分霜降)星期一

晴。上午七〇,下午七三。

寇入广州，东堤昨起大火。鄂城方面激战甚烈，黄冈之寇被阻。但武汉已实施非常戒严，饶神甫正计划设立难民区，恐武、汉之放弃在旦夕间矣。痛愤之至。长江上游，寇机在城陵矶附近炸江新轮，遭难者千馀人。下游则猛攻贵池守军，已发生巷战。汉口、宜昌均遭剧烈之空袭。晋南战事暂止，垣曲附近之寇已肃清。宁波防守司令奉令禁止沪轮直放甬。浦东张江栅游击队痛剿伪组织之自卫团。捷、匈划界问题正在讨论争执中。巴勒斯坦英军一队中伏。英报传法、德将订互不侵犯公约。上海金融界因昨日议和谣言，大呈倒把之象，一般唯利主义者竟眉飞色舞，一若得庆更生然，可耻甚矣。

依时到馆，仍注《左传》。傍晚，翼之来店，因与丏、洗、村同饮于华阳楼。霞飞坊收租人丁姓来询房屋续租问题，关照将加租金。是日前来信催屋，为加租地耳。在世界书局购《国语》、《国策》新印本一册，计六角八分。备假人。

10月25日（九月初三日　庚寅）**星期二**

大雾，近午开霁。上午七一，下午七三。

鄂城失守，寇西犯葛店，汉口已闻炮声。长江上游宣布封锁。广州大火已熄，惟全市繁华之区已成焦土。一部寇股图往三水，在罗村附近与我军发生激战。别股在横门附近登陆，截断澳门、广州交通。寇机昨竟日袭长沙等处，易家湾受害最重。长沙附近一英舰亦被损。我难民船襄阳轮被炸，死七千人。重庆梁山空战，击落寇机一架。英大使寇尔昨自港赴滇。美大来公司柯立芝轮昨开离沪，因装有大通银行白银，寇嗾海关阻止，未果成行。德、波互不侵犯约，延长二十年。捷、匈谈判接近。法谋与德、意妥协。

依时到馆,仍注《左传》。接予同函,属为其友向道始求售藏书。即转函道始,属于明日董会时听取回音。翼之于下午二时来店,候晤鉴平。三时许偕去。散馆后与丏、洗、村同饮于三马路马上侯。账由洗付。丏购华阳楼肴蹄来下酒。

《大美晚报》传寇嗾德出头,强调战事,已提出条件三:一,各省省政府悉听北平伪临时政府指挥。二,蒋夫妇须立即离国。三,蒋应于改组中央政府妥贴之前,将所有中、苏间条约废止。空穴来风,不无可疑,然寇心如蜮,仍不出其侜张为幻之故技耳。我不信中华民族能受此奇辱也。

10月26日(九月初四日　辛卯)星期三

雨。上午七一,下午七三。

我自动宣布退出汉口,蒋夫妇离汉。寇前锋已抵汉郊,武昌大火。寇机两度袭长沙。广东我军已在西江、北江筑成坚强防线。国府公布《地质调查所组织条例》。行政院通过改进外交行政案。柯立芝轮所载白银被迫卸下,仍归入大通银行库中。船即驶出。匈向捷提最后要求,谈判似已决裂。寇新任驻英大使重光葵抵伦敦。英外相阐明外交政策。美国破坏德人军事间谍案,已开审,其中颇牵涉寇方。可见同恶相济,其处心积虑在在流露也。夜仍与洗、丏、村同饮三马路马上侯,翼之未到。各啖湖蟹两枚,甚酣畅。仍由洗付账。讲定购五十斤坛一事,送店中,计十元另六角,将由四人公派之。

依时到馆,仍注《左传》。下午三时开董事会,到达君、守宪及丏、洗、村,道始迄未来。据会计部报告,本年度收付情形尚好,似久忍痛苦苦在留职员应稍稍恢复其从前之待遇矣,然而未之及也。

来青阁伙友送《文选大成》二十四册来，计一元二角，买之。勖初久不来，而书已齐备，未知何故。夜归，翼之正在打牌，予以倦，即睡。

10月27日（九月初五日　壬辰）**星期四**

阴霾。上午七三，下午同。

我当局表示断然继续抗战，无人希冀议和。积日阴翳，为之一扫，谣诼无根，金融投机者亦无所施其技矣。大快。武、汉放弃时，实行焦土政策，大火通宵，焚毁甚多。昨已渐熄。南浔线德安北发生激战，盖寇欲乘武、汉、广州之陷，南窥南昌也。犯粤之寇在佛山登陆，派机轰炸粤北及梧州。寇舰炮击厦门附近沿海各地，希图动摇闽省，兼为潮、汕策应。河南马牧集一带，我军游击甚得手。国民参政会在重庆开谈话会，上海各团体电会表示拥护领袖，坚决抗战。美国近亦扩充军备，拟造战斗机七千架。巴勒斯坦局势平静，英将召开圆桌会议。德外长访罗马，商解决捷、匈、波各问题。捷已接受匈一部要求。

依时入馆，办理昨日董会事务，仍以其间注《左传》。散馆时，洗人有约他往，而翼之来。予约丏、村偕往永兴昌小饮，甚省俭，只一元六角耳。在酒家遇良才，知以耽懈故，天天在永兴昌也。

夜报载，汉口中、中、交、农四行已迁往重庆，馀各行在汉租界照常营业。美国对沪关迫卸白银事已向税务司提抗议。八时归，少坐即寝。

10月28日（九月初六日　癸巳）**星期五**

阴雨。上午七三，下午七四。

蒋委员长仍在前线督战,将发重要宣言。参政会第二次大会今日在渝开幕。国府公布《查禁日货》及《禁运资敌物品条例》。寇已陆续开抵武、汉。德安战事甚烈。大冶以西之寇被阻。美总统罗斯福演说,痛斥黩武主义。因在华权益被损,致牒寇廷,提出三项要求。大来公司为柯立芝轮被阻事,要求赔偿损失。德外长昨抵罗马。匈因捷复文不满所欲,再提强硬照会。上海通成公报关行二次被人掷弹,均因资敌涉嫌。一再警告犹不悛,恐将酿大祸,不识若辈究何乐而甘心为此也。

依时入馆,仍注《左传》。接圣陶十八日重庆航函,知将于二十日动身赴乐山,全家西移,日益穹远矣,不禁黯然。此书到日,殆已安抵乐山乎。附来分致天然、红蕉书各一通,为一一转讫。散馆时,曙先来店。翼之未来。入夜即与丏、洗、村、曙饮店中,购肴蹄一,唤民乐园火锅虾蟹蝴蝶面以下之。甚酣乐。饮后长谈,雪村与曙先及丏尊辨论文法语为多。至九时许乃归。

10月29日(九月初七日　甲午)**星期六**

晨阴,午后晴。上午七五,下午七六。

参政会昨开会,蒋有勖电到会,坚主抗战。会中亦发出慰劳蒋及前敌将士电各一通。国府公布《临时考试条例》及《过分利得税条例》。立法院修正《战地守土奖励条例》。寇分三路急攻德安,并在江岸急攻贵池。桐柏美教堂被炸,死美幼女一人。寇机之无聊如此,是殆与汽油有仇而故意耗损之乎。寇因我由安南输入军火,向法政府提出抗议。我出口货受广州陷落影响,由香港转上海,沪海关贸易好转。助益伪组织者匪细,吾为此惧。上海英、美外侨商讨对付踞寇垄断政策。法国与德、意弃嫌言好,其谈话将不限欧洲,闻将涉及远东问题云。法政府盖已与共产党决裂,原有人民阵线已解体矣。国联秘书处以修改盟约问题发生裂痕。

依时入馆,仍注《左传》。向会计部支存款三十元。翼之、勖初于五时左右先后来店,因约共饮。仍邀丏、洗、村与偕。购熏鱼、花生等五角,火锅蝴蝶面一元,居然宾主醉饱矣。寇以占领武、汉今晚仍在浦东放焰火庆祝。予等视之,不啻在吊客筵上饮酒,欣其早入坟墓者然。八时许散归,勖初借《国语》、《国策》去。《文选》则约过日再来取。

顯孙昨日随珏人来,住尚好。今晚则略不安,颇有呓语,明日将送之归。

10 月 30 日(九月初八日　乙未)**星期**

阴霾,午后时见雨。上午七四,下午同。

翼之今日返苏,晨七时许即行,予亦以一星期来未获安坐,乃乘休沐之暇赶将日记补记。午饭后始竣事,足见积阁多矣。振铎十时来,少坐即去。洗人继至,未几即转往丏尊所。珏人挈复、盈两儿、显孙及静甥、业熊于上午十时往濬儿所。午饭时只予及清、汉、同三儿。漱儿赴同学会迟归,独饭焉。晨见清儿日记,见解颇不误,惟一味好前进,不满现状等等,终不免青年通病耳。当善导之也。

阅报,知时事要项如下:寇连日猛攻德安,我军力守五日,卒将犯寇击退。寇图截断粤汉路,贺腾桥东战事甚烈。我军若干师留大别山脉一带,正施行新游击计划。豫东我军克复固始。叶挺所部新四路军已迫近南京。广东绥靖主任余汉谋通电海外侨胞,正整理师旅,即日反攻。汉口特区难民被寇逐往指定地点,南京惨剧复见。前英租界已移交寇宪兵管理。法租界亦允寇队自由通过。武、汉已沦为魔窟矣。上海美侨发电响应其政府对寇所提三项要求。法国马赛大火，损失甚重。德、意谈判结束，捷、匈问题即将由德、意仲裁。寇阁残破已久，今发表以前任驻华大使有田八郎为外相，以满铁副总裁八田嘉明为拓相。侵汉寇酋畑俊六大发狂言，谓陷汉后军事并不结束，必要时不但不以衡阳为止境，或将深入重庆与昆明云。虚声犯顺，行见自入茔中，骄妄至此，不至丧元不已也。

夜饭后珏人等始归。

10 月 31 日（九月初九日　丙申）**星期一**

晴爽。上午六八，下午七二。

时局转寂，但见粤汉线北段之咸宁吃紧及南浔线之德安失守而已。我意，南昌、长沙势必危殆，真不知能否转机耳。思之愤然。

依时入馆，仍注《左传》。散馆后在店作重九之会，苦中作乐。由良才托人买到蟹一篓，借到菊花六盆，陈诸轩中，入暮同饮其侧。来会者廉逊、子敦、曙先、坚吾、良才及洗、丏、村与予。八时半归。

洗、村、调为汉儿作伐，说与芷芬联姻，珏人嫌年龄相去十岁，颇不欲，未识究有缘分否。管弄巡警送续租合同来，予不在家，由清儿签与之。

11 月 1 日（九月初十日　丁酉）**星期二**

晴爽。上午七〇，下午七二。

蒋委员长发表《告全国国民书》，勖国人益励前操以应付新局势，宁为玉碎，毋为瓦全。寇调关东军入晋、绥，企图侵犯西安、兰州，截西北交通，断中、苏联络。咸宁已陷，寇正南犯汀泗桥。德安失守，南昌被炸甚烈，死伤颇众。贵池陷落，寇南突，冀动摇南昌右翼。三水我舰猛攻踞寇，颇得手。温州瓯江口今日起实行封锁。参政会中，交通部长张嘉璈、教育部长陈立夫分别报告抗战以来之交通、教育设施。行政院长兼财政部长孔祥熙已于前会报告财政状况矣。此间法租界破获大规模私印纸币机关。寇方宣传充实反共协定，缔造军事同盟。德国否认。捷、匈已接受德、意仲裁。

依时到馆，仍注《左传》。允言来，假《荀子》一部去。议论激越，不愧书生本色，视忝颜窃誉者奚止高出十丈耶。接硕民信，托打听江苏银行对沦陷区之零存整取户如何办法。接翼之信，已安抵苏州，顺告无耻汉奸竟提灯庆祝广州陷落及武、汉沦弃，以媚踞寇。西望故乡，欲哭无泪矣。夜在店与丏、洗、村食昨日馀蟹，仍小饮。雪山由绍返店，据云途中出来尚速，三日即达，归去竟历十二日也。宁、绍一带，市面反见繁荣，惟征发壮丁不无惊惶耳。八时许归。知珏人亦甫自东方看昆剧归来也。

11月2日（九月十一日　戊戌）**星期三**

阴晴间作，入夜大雨滂沱。上午六八，下午七〇。

汉阳之寇西陷蔡甸。汀泗桥我军亦转移阵地。孝感亦发生激战。鄂东南我军克龙港，迫星潭铺。赣省德安城西有激战。南昌被寇机狂炸，死一百四十馀人，伤数百人，损失綦重。川省军政长官电请蒋委员长移节入川。粤省战事，蒋亲临韶州乐昌布置，粤北防务已完固。三水踞寇已为我舰肃清。晋省我军逼闻喜。参政会议决拥护蒋抗战领导。浙省温州瓯江封锁。宁波禁甬轮直放上海。北平伪组织首领王逆克敏飞南京，传将谋组联邦政府，以北平为首都，承认满洲伪国，废止《九国公约》云。我在英购军火遇骗，英法庭已判定科骗者以徒刑。德路军参谋长易人,传系反对武力侵捷之故。捷、匈划界争执,今日开始仲裁。

上午未入馆,在书巢补记前四日日记。饭后到馆,知午前十时,世界书局发生炸弹爆发案,伤店伙二,其一重伤,恐有性命之忧。雪村、洗人往慰问。据陆高谊云寇方屡来勾搭,不之睬,或因此遭毒手也。然外间以其前经理沈知方之行径暧昧,颇不谅,甚或谓系出自爱国分子所为者。仍注《左传》。四时许,振铎、蔚南来。未几,福崇来。蔚南旋去,乃乾来。散班后即就店中唤酒菜共饮啖。振铎为东,福崇、乃乾、洗人、雪村及予为客。乃乾言,南洋中学王培孙之图书将别谋公开借阅,托振铎分约有力者共组董事会以管理之云。食竟,乃乾先去,予等以避雨故,兼为振铎、福崇释嫌,直至九时许始乘云飞汽车冲雨归。福崇甚粘,难得冰释也。

是日予始蓄发。

11月3日(九月十二日　己亥)星期四

阴晴兼施,时雨,入夜止。上午七〇,下午同。

寇沿粤汉路南犯,围攻通山,未逞,我军与战于白沙桥、南林桥一带,在小岭获胜。传寇在闽省登陆,占据福清,并在福州附近澳头登岸,福州人民已自动疏散。财部颁布《黄金买卖新条例》,统制黄金。宁波防守司令特准外轮驶台湾甬。广州寇领事对外人宣称,寇将独霸华南贸易,不容外船通行珠江。同时寇廷文麿发表宣言,与昨传王逆使命如出一辙。总之,恫吓讹诈,泄其狂呓而已。捷、波两国换文,解决界务问题。

依时入馆,应付杂事外,仍注《左传》。复翼之信、硕民信。夜饮店中,与洗、丏、雪俱,八时许归。

11月4日(九月十三日　庚子)星期五

晴。上午七〇,下午七二。

寇绕道攻蒲圻,被我守军击退。又两路扑我应城,图窥沙市。蒋电勉川中将领同心协力,加倍努力于人力物力之开发。豫南我军乘胜规复商城。寇机狂炸翁源,大氐探知粤省府所在。同时我军反攻三水之寇甚得手。闽东登陆之寇割取农产物后已离去。福州航行照常。国府修正《守土奖励条例》。德、意仲裁方案宣布,并发表联合宣言,声明捷、匈争执解决。捷再割地,波、匈接壤打消。英下院通过《英意协定》实施案。

依时到馆,处理杂事外,仍注《左传》。海关钟楼忽悬五色旗,事态严重,岂伪组织遂直入外籍税务司所握之机关,竟蔑视公法至此乎。五时,廉逊来,洗、丏、村及予遂约同往饮于四马路味雅原地新开之泰丰楼。泰丰楼介于同兴楼、会宾楼之间,同为平津菜馆。今坐其小吃部中,确甚廉而物鲜。以后宜可再往也。七时三刻归。

11月5日(九月十四日　辛丑)星期六

晴。上午七二,下午七四。

蒲圻附近激战甚烈。白崇禧率十一师由桂援粤,罗卓英、李汉魂亦均抵粤北布防,预料西江、北江均将展开大战。刻正急攻三水。晋南风陵渡炮战甚剧,寇正企图渡河。寇机昨窥宜昌,并有一部入川侦察。参政会议决团结边民意志。寇廷发表宣言后,我官方予以痛驳,无论如何,决不动摇抗战之心云。前晚三马路惠中旅舍门前发见枪击汽车案,今已查明,乃伪实业部伪渔牧司长张柱尊被刺事。仅面部受伤,未死,当时且不敢逗留,反开足汽力遁走也。

张字君一,曾任集美水产科教员,江阴人,予尝与共事半年,后遂不知去向。年前于道始所知其在上海市渔市场为科长,大概即凭此渊源与伪组织勾结耳。见利忘害如此,宜其罹凶矣。可叹!

依时入馆,仍注《左传》。丐尊以最近取得版税五百馀元,出十元属王阳生转令包饭作添菜享同人,事同蛇足,迹近市惠,予深不直之,初拟不赴午饭。继思彼实可笑,于我何涉,乃强忍而入。接绍虞信,知童君取去之三百元,彼已接到童君之信矣。

散馆后,予约调孚往东方看昆剧,洗人、丐尊同往。至则坐已垂满,仅后三位,一位则排坐于甬道矣。见柏丞、柏寒亦在,以人杂坐远,未之招呼也。剧目:一为姚传湄、周传瑛、华传萍之《招商串戏》,出《幽闺记》。二为郑传鉴、赵传珺之《弹词》,出《长生殿》。三为张传芳、沈传锟之《刺虎》,出《铁冠图》。四为王传淞、朱传茗之《活捉》,出《水浒记》。俱唱演谨严,甚惬也。七时五十分散出,同饮于大世界附近之羊城酒家,吃腊味饭,甚佳。九时许归。

前日清儿代签之租约已送来应执之一份,月租业已改为六十五元矣。海关伪帜未悬,想为税务司华职员之抗议所致。

11月6日(九月十五日　壬寅)**星期**

晴,时见云翳,午后霾,且有雨。

蒲圻东北展开血战,我军逼近阳新近郊。寇舰上驶犯我者被我炮兵击止之。鄂中应城已失守,襄河以东吃紧。白部前锋已复三水及鳌头墟,刻正规复广州。参政会决议提高民族意识,尊重固有文化,推广难民教育,征存战区文献。此间海关伪帜已撤去,据云被人潜入偷悬,否认迫挂。所以如此者,因前日王逆在南京与梁逆会议合组伪府,聊示点缀耳。广州粤海关及汉口江汉关职员一致宣言拥护关权，誓死不认伪组织。寇地关东一带地震甚烈，东京附近亦不轻。一再降凶，犹不自悛，必致沦亡净尽而后已乎。

大椿来访，少坐便去。濬儿、文权、顯孙、预孙来。晚饭后去。饭后，为同、复争持生气，颇动怒，竟至不能宁坐。乃信步于阿尔培路、西摩路、静安寺路、慕尔鸣路、迈尔西爱路而归，藉空旷以舒之。四时后，写行书一张，小楷一张。夜饭后少坐即睡。

11月7日（九月十六日　癸卯）**星期一**

晴。上午七三，下午七七。

依时入馆，仍注《左传》。夜与洗、丏、雪三人饮永兴昌，各啖蟹一枚。生涯之盛，近所罕见，几无容坐之地矣。八时许即散归。

报载要项列下：参政会议昨闭幕，张仲老代表全体参政致辞，颇隽永。粤战局转变，寇汽艇被击沉甚多，并俘获九艘，缴得枪千馀，寇西犯企图遂未逞。鄂战局，我放弃蒲圻、嘉鱼、通山，移转阵地。陆军大学校长蒋方震在广西宜山途次突患心脏病逝世。江海关昨又被悬伪旗，今已除去。市商会之国货商场突被伪市府接收。此事屡起风波，卒归平静，今竟攘之而去，恐继此而来者犹多也。侨沪英商抨击张伯伦三日对反对党所致演说辞，谓其鼓励寇焰，实为最可讥诮，全不公正，甚谓大惑不解，愚不可及云云。希脱拉演说，谓须有精神上之军缩，始可谈及和平，意即实际仍须黩武也。法社会党魁勃鲁姆演说，反对排斥共产党，坚持保有人民阵线。保加利亚藉口四强协定，要求归还失地。

11月8日（九月十七日　甲辰　巳初二刻十分立冬）**星期二**

雾开，畅晴。上午七〇，下午七二。

寇由鄂南分三路窥湘,羊楼司以北正激战中。衡阳大受寇机轰炸。平汉路西面,我军反攻马坪镇。河北我军克复阜平等地。南浔路方面,我仍拒寇于修河,在相持中。三水我军东下,迫近佛山。寇亦增援,图反攻三水。中常会决定下月十五日召开五全会议。英大使寇尔谒蒋委员长。江海关外籍税务司罗福德宣言并未承认易帜。美参众两院议员今日改选。英空军轰炸机三架造成长距离世界纪录。昨日,苏联十月革命廿一周年纪念,其人民委员莫洛托夫演说,侵略者如攻击苏联,苏联决予以加倍或三倍之还击。如怀疑此力,不妨一试。日受德嗾,曾攻张鼓峰,当已得教训云。而前日德、意、日《反共协定》一周年纪念,希脱拉演说,拳拳于德、意关系之密切,却无一语道及日本。吾不识寇酋及其爪牙究自居何等也。

依时到馆,仍注《左传》。复圣陶乐山信,详告近状并及其折上存款数目。又复绍虞北平信,告上月廿七、廿九两函均悉,暨大仍开,铎、同二兄不就湘西,已径复潘光旦云。散馆后,廉逊约饮同华楼,予与洗、丏、村赴之,予啖蟹二枚。八时许即归。

11 月 9 日(九月十八日　乙巳)星期三

晴。上午七一,下午七四。

我军克佛山、博罗,广州附近发生激战。寇机昨袭成都,我空军迎战,击落寇机一架。鄂、湘交界羊楼峒现正剧战。江海关表示一切遵守中央命令。苏省府已派李明扬指挥浦东游击队。寇外部有田通知各国,将扩大在华战区。英王定明年赴美游历,并在国会演说,英国准备随时襄助调停中、日战事。

依时入馆,仍注《左传》。洗人已得房舱票,定今日下午四时赴甬转上虞。午间,予与雪村邀饮于永兴昌。廉逊来谈,散馆同出,各归。两月来径归晚饭,此尚为第一遭也。以先购有太雕一方瓶,仍得从容小酌也。夜看《古史辨》第六册。九时三刻就卧。

11 月 10 日(九月十九日　丙午)**星期四**

大雾,旋开霁。上午六九,下午七二。

粤北我军由良口反攻从化,分三路向广州推进。鄂南之寇现正在崇阳南进犯,我与激战中。寇机百馀架袭湘、赣,湘西曾发生剧烈空战,击落其两架。晋北我军在高洪口击败犯五台之寇,歼夷甚众。我国决定停止参加世界博览会。财部令各地设立白银缉私处。苏省正规军由金山嘴开入浦东。美国会改选,民主党仍占优势。美总统决大扩军备,计需六十万万美金。希脱拉在国社党会场演说,要求收复殖民地。

依时入馆,办杂务外,仍注《左传》。午前十一时,曙先来店,午刻雪村及予与之同饮于永兴昌。散馆后,复与丏、曙、村小饮四美泰,啖蟹一只半。酒尚好,价更廉于永兴昌,以后或可多过几回饮也。八时半散归。

11 月 11 日(九月二十日　丁未)**星期五**

阴雾浓蔽,近午有暴风雨,午后放晴,转冷。入夜,御两棉犹怯寒也。上午六九,下午六七。

粤省我军克顺德、石佛山等要地,寇退却,广州四郊正在激战。寇在鄂北三路西犯,均未逞,我炮兵击伤寇舰一艘。鄂南通城、羊楼岗均陷,寇入湘南侵。浙省平湖附近发生游击战,寇忙于应付。沪、闽间航班全复,闽海已无寇舰。寇机狂炸浏阳,死伤千馀。英政府对远东主张维持《九国公约》,声明与美采取同一立场。土耳其总统凯末尔逝世。德国虐待犹太人,遂有驻法德大使馆秘书被犹太青年行刺事。昨知该秘书已殒命,因之德国反犹行动乃变本加厉,烧犹太教堂,毁犹太商店,并大捕犹太人,竟达万名之多云。时至今日,世间尚有此等事,我不知所谓文明与野蛮何别也。

依时入馆,仍注《左传》。看王了一(力)《中国文法学初探》,大体中肯,且有甚惬处。因思近人为学,大反朴学之风,其稗贩寇籍,浪窃虚声者无论已,即略翻故籍之流,亦竞求速化,随手摭拾,苟偷以出之,自谓有所发表,实亦甚可怜也。以视王了一,正宜有以自愧耳。甚有固执浅妄之见,磨吻嚼齿,斤斤回护前短者,更足鄙矣。呜呼!世有目不窥历代典章政制之要,而可以著书立说,推论中国社会之演进者;亦有不知山川都邑之分布,方位道里之远近,而妄谈兵要,为域内战局作杞忧者;更有绝未审文字训诂之源流,篇籍章句之体要,而侈言文章技巧,强立文法体系者:我知殆矣,宜其见陵于人而犹觍颜以承之焉。予久蕴此感,聊于读了一此文后一发之。

散馆后陡冷,径归沾衣,始与雪村共赴曙先吃蟹之约。曙先位马斯南路息庆五号,地尚修洁,而货直奇昂,仅楼下一间与三楼一间,月纳百有五金,不禁咋舌矣。予啖蟹两枚,饮酒斤馀,谈甚畅适。饮后又登楼作长谈,至十时半乃赋归。今日盈儿生日,周三岁矣。

11月12日(九月廿一日　戊申)星期六

晴冷。上午六二,下午六六。

今日为孙中山诞辰,公司循例休假,遂未如馆。报载我粤军在东江大捷。收复惠州。乘胜向前猛攻,已逼广州四郊。鄂南之寇分三路侵岳州,通城一带正激战中。九日延安开中共扩大会议,致电蒋委员长及国党中央委员,表示绝对拥护领袖,切实合作,并拥护三民主义。致电八路军及新四路军,慰勉艰苦奋斗。又致电东北民众,吊问疾苦,并勉努力反寇行动。明日为我军退出上海一周年纪念,各界本拟有所举动。现悉已奉中央命令,停止任何行动,只发表言论,即原定下半旗之举,亦止弗行矣。究为何故,予实不解,岂畏多事耶。美国自向寇廷提出抗议,重申中国门户开放以来,寇方延未答复,现知已派崛内赴美,备充驻美大使,企图美政府允其废止《九国公约》,代以《中日满三国协约》;承认寇在华特权。我意,美政府未必遂受其游说也。德国各地,反犹行动加烈,犹太商店多遭洗劫。

珏人挈复儿于十一时往视濬儿,晚饭后乃归。予竟日未出,翻刘锦藻《清续通考·兵考》,见御史王乃徵《劾袁世凯筹饷练兵疏》,何其言之痛且切也。乃世凯请开去练兵差使,反谕留勿辞,甚有任劳任怨语,清社之屋机早见于此矣。是殆虏运将终,天诱厥衷以畜宠臣,遂以自贼也耶。修妹来,夜饭后去。夜小饮。饮后雪村、叔琴、曙先来谈,近九时始去,予亦就睡。

11月13日(九月廿二日　己酉)**星期**

晴冷。上午五九,下午六二。

粤北我军收复从化,克惠阳、淡水,四面包围广州。寇舰抵城陵矶,岳阳发生激战。湘省各地,寇机不断轰炸。我空军昨飞汉口,炸寇机场。沿海渔业,受寇侵略,损失甚巨。长江复航问题,美、英、法对寇取一致态度,强硬交涉。土耳其国民大会一致拥戴内阁总理伊斯美为总统。新阁亦已组织成立。

竟日未出。上午十时，予同、谷城来谈，十一时许去。午后写字两张。四时半，志行夫妇来，其夫人盖于昨日始由扬州来沪也。暂住旅邸，尚未得屋。垂暮去。夜小饮。饮后随坐，未久即睡。

11 月 14 日（九月廿三日　庚戌）星期一

晴。上午五九，下午六五。

豫南我军克长台关，进迫信阳城郊。鄂北民军克随县东南之淅河镇。粤省我军克广九路石龙。湘省岳阳失陷，退守麻塘。长沙人民及各机关与外侨等均已撤退。城内大火，已成一片火原，延及城外。寇机狂炸金华、桐庐。耆民王震久避香港，前日因病重返沪，昨日即坐化于觉园。此老与寇渊源甚深，而此次毅然引避，垂终始归，岂平日奉佛至虔，冥冥中菩萨默相之耶。南洋荷属印度及暹罗均限止华侨入境。显受寇方暗示所致，丑夷亦甚狡矣哉。法国务会议通过复兴财政经济之三年计划。德颁布禁止犹太人营业法令。美国与墨西哥间悬案解决，是殆美洲自卫之先声乎。

依时入馆，办杂事外，仍注《左传》。散馆归，阻车迟行，抵家已六时许。正小饮间，乃乾之俪阿九来，谈甚久，至十时，乃唤汽车送之归。

11 月 15 日（九月廿四日　辛亥）星期二

晴。上午五八，下午六〇。

岳州撤退后，麻塘附近发生激战。我在湘阴、平江布新阵地。新墙、桃林均有激战。长沙火势仍炽，我军民均撤退。寇机炸太平等处。我军克广州外围各据点。晋省我军克张店、段家岭。马陆镇游击队与寇鏖战。寇方儿玉谦次来沪与踞寇会商强迫流通侵寇所发军用票。寇对美、法、英牒文已送出复文,仍拒绝恢复长江航运。德国犹太人续受压迫,英德谈话展缓进行。罗马尼亚王往英国聘问。

依时到馆,仍注《左传》。家中以下元节祀先。夜二元会,集饮于画锦里四美泰,到廉逊、子敦、季康、坚吾、良材、世璟、雪村、丏尊及予九人,吃蟹各三只。酒保甚灵活可爱,而丏尊偏与之寻事,大发脾气,举坐为之不欢。子敦竟为此醉不能兴,予与雪村、良材唤汽车送之归,然后各返。

11 月 16 日(九月廿五日　壬子)**星期三**

晴。上午六一,下午六六。

蒋委员长面告英大使寇尔,中国决心抗战到底。鄂省我军克咸宁。鲁省我军克台儿庄。赣省我军孤守牯岭,迄未少懈,我空军往送粮饷。寇机窥伺西北,在西安、兰州、宁夏等处掷弹。又有十七架袭成都,我空军迎战。行政院长孔祥熙请国府明令褒扬王震。英、意协定今日生效。德又向捷要求割让陀玛才斯。美国对德国虐待犹太人事,邦交恶化。

到馆前,以吕氏向美成索债事,雪村拉予同过道始。因获观丹徒丁叔衡(立钧)所集《南园诗友诗册》。其中以文道希、王半塘、王可庄诸札最为可观。在馆仍注《左传》。夜归小饮,濬儿、顯孙、预孙俱在。德镛表内阮亦在。晚饭后先后去。九时许,予就卧。

11 月 17 日(九月廿六日　癸丑)**星期四**

晴。上午六〇,下午六五。

粤省我军克小坪，广州四郊发生激战，寇已退出城外。我空军炸三水寇阵地。鄂省我军袭寇后方，在蒲圻一带获胜。寇机昨扰柳州、龙州、南宁、成都、西安等处。均蒙损害。沪西毒品公卖，今日实现。沪美商会会长携联合呈文回国，请求政府对寇强硬交涉，保护商务。英国致牒意国，上款署意大利国王兼阿比西尼亚皇帝爱麦虞三世，是已承认意大利帝国，抹煞抗战失败之阿比西尼亚国矣。英之无耻反覆如此，岂将没落之朕兆乎。美总统发表谈话，痛斥德国虐待犹太人，谓非二十世纪所应现。同时美、英、荷、法、比、丹、瑞诸国讨论犹太问题，有设所收容之议。此辈无告之民族诚不知流浪至于何极也。

依时到馆，仍注《左传》。散馆归，小饮。饮后入书巢补记四日来日记，笔退，不如意极矣。九时许就卧。

11月18日(九月廿七日　甲寅)星期五

晴。上午六三，下午六五。

蒋委员长亲临各阵地重新规划战区。鄂南蒲圻、汀泗桥一带我战况好转。南浔线仍隔修河相持。粤省我军突破寇阵线，近逼广州。晋南我军大捷，常平村、张村相继克复。冀南我军克复大名，斩寇五百馀。寇机炸宜昌、芷江。浙海象山附近发见寇舰。上海孤军营昨有学生往慰问，被守门之白俄商团殴伤两人。白俄之稔恶，在上海已数见不鲜，寇焰日炽，彼辈亦因以日张，真不堪容忍之事状也。江海关报告，九月份进出口货，此间实占全国第一位。盛传北平吴佩孚等甘作傀儡，有袁克定等劝驾，或者非虚语也。《英美商约》及《美加商约》均于昨日在白宫签字。英、法两国表示不割让殖民地。英下院议员质问英在华利益如何保护。其政府正图掩饰也。

依时入馆,仍注《左传》。夜归小饮。饮后为诸儿授毕《通鉴·赤壁之战》。十时就寝。今晨四时醒来不寐,偶感某公品藻之可笑,枕上口占一绝。予向不为诗,独此绝尚称连贯,因录之。"只眼衡才别有肠,不须学问与文章。贪泉跖货无庸管,谁赋多金谁最强。"自谓并不稍刻也。

11月19日(九月廿八日 乙卯)**星期六**

晴。上午六四,下午六五。

我军已迫近广州,炮兵正轰击黄沙车站。寇突将犯粤司令古庄调动,据云体弱不胜,调参谋本部任事,别委第五师团长安藤代之。是寇况不佳之反映也。湘北侵入之寇,正在汨罗江畔作战,我军御之甚力,一时寇未必遂得逞也。北平、南京两伪组织正藉寇牵帅之力,急图合组联邦政府,以资欺骗。闻吴佩孚、靳云鹏将出任伪正副总统,伪满之外交部长张燕卿将任伪国务总理云。国府开征过分利得税。寇方银行搜罗我国法币,用积存外汇为饵,一班心死之投机者竟趋之若鹜,是不知具何心肝也。中、美经济谈判可告结束。寇善后美国牒文发表,诿称并非歧视第三国利益,实缘军事之故。传美派员来华,调查商业损失。《英美商约》内容发表,意义重大。意大利以《英意协定》实施,自动加入伦敦《海军同盟》。因此,有人说,英、美、法将联合制裁日寇,即意国亦加入同一阵线云。美国前因德虐遇犹太人,表示愤慨,已召回驻德大使。今德亦施以报复,召回驻美大使。是两国邦交将濒于决裂矣。

依时入馆,仍注《左传》。接平伯信,下午即复之。夜归小饮。道出河南路,在曹素功尧千氏墨庄购得兼毫笔二枝,即此刻所写之具,颇觉不餍所望。饮后入书巢记日记,且闲翻架书。十时就寝。

11 月 20 日（九月廿九日　丙辰）星期

晴阴间作，欲雨未果。上午六四，下午六五。

文权、濬儿约今日八时在华格臬路新开之扬州富春楼吃早点，予偕珏人挈同儿赴之。至则遇于门首，巧极，因同入。蒸点、汤面、干丝均好，价尚不甚昂。食已，将十时矣，并携顯孙归。文权等别有去处，先行。

归后看报，知：粤省我军总攻得手，已克白云山，寇退守市区。重庆盛传已全复广州。湘北战事，我克崇阳。鄂北大别山中我军时出截击踞寇，罗田一带时有战事。晋南我军克风口村。寇机两日来狂炸西安，投弹甚多，死伤不鲜。行政院通过王震公葬，先拨治丧费三千元，另订永久纪念办法。英大使寇尔表示，中、英亲善并无变动。波兰军五师，集中捷克边境。匈牙利军队传已犯捷，但被击退云。欧洲风云，一时正未易推过也。

饭后，挈同儿散步于亨利路、格罗希路、善钟路、赵主教路、古神父路、白赛仲路、霞飞路以归。历一小时，藉舒筋骨。但久安偃坐，已倍觉疲乏矣。抵家，知振铎曾来看我，已去夏家长谈，予亦遂休。夜小饮，适文权、濬儿来，因共杯酌，珏人亦破例勉尽一盏，甚快。九时许，伊等归去，顯孙随行，予少坐亦遂就卧。

11 月 21 日（九月三十日　丁巳）星期一

晴。上午六〇，下午六二。

中央查办长沙大火，最高当局亲至湘垣开军法会审，结果，湘主席张治中革职留任。长沙警备司令酆悌、警备第二团长徐昆、省会公安局长文重孚处死刑，已枪决。湘保安处长徐权亦将撤办。一面赶筑防御，保卫长沙。此次长沙大火，死二千馀人，为官方纵火延烧所致。当时共党代表周恩来几罹于难，从大窟逃出，备极狼狈云。予深疑此役有政治背景，或为党派摩擦而来。否则寇方抵汉，何致即行纵火为无聊之焦土耶。今日闻志行言，谓实由兵变图掠。此讯当确，观于此番处置，便可恍然矣。可叹哉！岳阳正面之寇北退，我军已渡河进击。寇机又迭炸宜昌及粤、桂各地。粤省我军已驰抵广州近郊，距城二英里许正激战中。沪汉、沪湘间汇划、汇兑仍通。此间公共租界开始冬防，夜间严查汽车。美国海军部长发表造舰计划。德、捷签订《交通运输协定》。

依时入馆，仍注《左传》。散馆归，饮新开陈酿，年前仲盐贻予者，甚佳。夜读《孝经》，看姚孟埙注。虽不免头巾气，终觉入情入理，合我数千年以来之国情耳。较之听斤斤文法之争，时局利害之论，实胜多多也。九时，听仙霓社播音，顾传玠、朱传茗、华传芊唱《琴挑》，赵传珺唱《赐盒》，先后为张治光宣传所掩，殊损色可恨。十时许乃就卧。

11月22日（十月大建癸亥初一日　戊午）**星期二**

晴。上午五九，下午六一。

我军炮轰广州，弹落如雨，踞寇负隅，准备巷战。寇机袭桂林、四会等处，在桂击落一架。湘省府会商大火善后问题。湘北平江、麻塘均经收复，我军已迫近湖北蒲圻。财政当局加强统制货物运销。各地游击队均大活跃。德、捷签定第三协定，捷又割地若干。法国因反对政府压迫工人加工，又掀起工潮。英当局声明，已知对华贸易情形严重。寇外相向美大使解释长江不能开放之谬由。

依时入馆，办杂事外仍注《左传》。夜归小饮。饮后入书巢写字一张。九时归寝。

11月23日(十月初二日　己未　辰初初刻五分小雪)**星期三**

晴。上午六二,下午六〇

广州四郊仍激战,南路已克石龙。湘省我军总攻岳州。鄂省我军克复皂市,东逼应城。潼关隔河炮战,寇急图入陕。军委长蒋中正电述处理湘灾经过。副总裁汪兆铭发表一文,阐明焦土抗战真谛,颇责怪湘事之卤莽。特准驶行之外轮已恢复沪、甬直航。我驻德新大使陈介呈递国书,希脱拉一再延期,迄未接见。寇贼一气,难怪装腔,独不知我国府何不即予召回以示不屑与之为伍也。英首揆、外相同赴巴黎有所商谈,希脱拉竟表示遗憾。此獠不除,世宇不宁,岂必待祸盈恶积始伏天诛耶。英下院讨论远东事件,质问在华利益所蒙之损失如何挽救。寇轮塘山丸在杨树浦江面失火,损折甚重。

依时入馆,仍注《左传》。坚吾约饮,以今日仲弟生日,须过饮,乃却之。散馆出,缓步往仲弟所,汉、湜两儿先在矣,晤弟妇及涵侄、淑侄。有顷,仲弟归,因共酌。谈涵侄近为明星公司摄制《红花瓶》影片,初出茅庐,居然演主角,亦可欣也。此儿本有艺术天才,若得因势利导以充量发展之,前程固难量已。九时,挈汉、湜归。珏人与怀之夫人同过蔡氏表姨,夜饭后归。予归时亦甫到家也。

11月24日(十月初三日　庚申)**星期四**

晴。上午五九,下午六〇。

蒋委长亲临前线督师,规划收复广州。寇以六万人增援三水。鄂、豫之交,我收复武胜关及九里山。寇机狂炸西安,死伤四百馀人。又衡阳、郁林等处亦遭寇机轰炸。国府明令褒扬王震，有避地明志语。法众院通过经济新计划，工潮因以扩大。美当局对寇复牒不满，将有更进一步之抗议。美人捐美金七十七万元，救济我国难民。大批犹太难民由德、匈等地逃来上海。苏联肃清共产主义青年团。此间盛传便衣队攻入济南，直捣伪省府，伪主席马良受惊病重。寇参谋中岛饮弹受伤。又传常逆玉清在虹口新亚酒店被寇方扣去。

依时入馆，处理琐事外，仍注《左传》。予同来店长谈，散馆后与丏、村、山、曙及予饮泰丰楼。予并约坚吾同往。酒酣后，惟闻雪村、丏尊、曙先之热辨，他皆无语已。坚吾告予，梦岩颇有为其子求婚汉儿意，托伊作伐，予以同姓故，属婉却之。九时许散，各归。大姊来，告将返苏。

11 月 25 日（十月初四日　辛酉）**星期五**

晴。上午五七，下午五九。

粤四郊仍激战，我军收复鳌头墟后续向南进，深圳附近战事剧烈。白螺矶江面寇舰已撤退，洞庭湖全境安谧。豫省我军克复开封及商城。湘主席张治中通电筹款千万元建设长沙。粤绥靖主任余汉谋自请处分，政府令戴罪图功。英、法谈话昨已会议两次。英大使寇尔昨抵沪。此间新任第二特区地方法院院长杨琦昨到任，前院长王思默不肯交代，竟撕毁杨到任之布告，亦极孤岛诡异之致矣。大堪注意之。

依时入馆，仍注《左传》。接圣陶四日乐山航信，三日路南维则村颉刚平信，知已分别安抵嘉定、昆明，甚慰。今日同儿生日，本欲归饮，丏尊忽思市饮，乃与雪村偕之赴永兴昌，各吃蟹一枚并肴蹄面及酒等，共用二元八角五分。八时即归，路过郑家木桥，见多人围立，知甫有一人在此被人枪杀也。归后,仍坐书巢看书,至十时乃就卧。

11 月 26 日(十月初五日　壬戌)星期六

晴。上午五七,下午六三。

粤南之寇,向深圳力攻,图打通广九线。豫晋之寇,窥陕甚急,昨在潼关、朝邑、三河口等处猛炸。同时晋省我军在霍县获胜,寇甚创。豫省我军亦进迫信阳。立法院通过《工矿业奖励暂行条例》。上海伪市长傅逆宗耀昨在伪市府门内被伪警枪击,当场仆地,未中弹,寇宪兵一名立死。傅之保镳还击放枪之人,亦立死于丛弹。傅逆虽一时幸逃于死,然足以褫其魄矣。前日甫闻丏尊言,谓傅近购一汽车,值三万元,有严密防弹装置,且曾向此汽车丛注弹丸以试其坚,宜可放胆逆施矣。乃人心未死,法理自存,谁复料五步之内即有人欲得而甘心耶。吾知其必不能久稽显戮也。此间英、美、法、荷、比、丹、葡、瑞、挪各国商会及侨民协会发表共同宣言,胪列愿望九款,电话各该国政府严厉制裁暴寇。德、意两国除外,阵容益显,吾谓外交应付以后反将趋于简易也。长江封锁问题,英、美、法将再向寇廷交涉。英、法在巴黎谈话结束,商定军事外交合作办法,张伯伦等已返伦敦。

依时入馆,仍注《左传》。下午予同、振铎来,谈至散馆,同往永兴昌小饮。丏尊、雪村外,路遇陆高谊,亦拉之同往焉。八时许散,各归。铭堂姊丈及家英甥女来辞,明日即将搬回苏州矣。有箱子等寄存。

11 月 27 日(十月初六日　癸亥)星期

晴。上午五九,下午六三。

深圳附近战事激烈，九龙边境亦受威胁。我军收复鄂东之罗田。寇谋陕益亟，潼关炮战甚烈。太原兵工厂火药库焚毁。寇机炸衡阳、宜春等处。南洋华侨捐款救国达四千万。美国大风雪成灾。

竟日未出，且未下楼。文权、濬儿、顯、预两孙来，晚饭后去。同儿饭后往朝仲弟，晚饭后归。闲翻《窦存》及《蝶阶外史》、《孪史》等，《孪史》为吾邑王希廉所撰，希廉有《评红楼梦》别行。《窦存》为上海胡式钰所撰。《蝶阶外史》不著姓氏，予往复于题辞中求之，考知为长洲陶梁所撰。夜九时半就寝。

11月28日（十月初七日　甲子）**星期一**

晴。上午六四，下午七一。

粤省我军克从化，精锐部队自英德南开，进迫广州。广九路附近仍在激战中。香港、宝安间交通中断。湘北战事又起，寇犯新墙不逞。鄂中克应城，寇退孝感、汉口。冀省我军收复南宫，鲁省我军收复临清、枣庄，豫省我军收复延津、商城、汉川。华北寇总司令寺内寿一调回，以前陆相杉山元接充。苏联、波兰重修旧好，延长《互不侵犯条约》。法驻华大使那齐亚奉调驻苏，今日离沪返国。

依时入馆，处分杂务外，仍注《左传》。接绍虞信，谓童希贤又将支五十元。其实前天童已来电话通知，今日上午已如数拨付之矣。夜归小饮。饮后为诸儿批字课，积久自厚，移时乃毕。不见进步，殊恚。八时后看《明季北略》，于当时混沌局面，闷损甚矣。

11月29日（十月初八日　乙丑）**星期二**

晴。上午六一，下午六七。

屯留中部之粤军南调,准备反攻广州。长江两岸决设为总司令部,保卫西北及西南,人选未公表。意者,北岸交与八路军乎。豫南克商城、汉川。寇由铜山南犯苏北,在睢宁、宿迁附近洋河一带激战。三水之寇向西南撤退。寇机狂炸常德。上海伪市府布告,浦东居户,限于十二月一日以前迁离上南、上川两路沿线一带,以寇机即旋轰炸为恫吓,盖游击队之威胁日烈,妄图断绝根株也。寇方已拟具计划,排除各国在华权益,以亚细亚主义为藉口,居然代华希求取消不平等条约云云。中山狼之心,谁其信之乎。美报传德、意与寇已在商订军事盟约。其陆军当局主张充实巴拿马防务。法政府与总工会已到短兵相接之境,总罢工事殆不能免。昨日此间两租界逮捕六十馀人,案情重大,秘不宣布,或谓与傅逆案有关,或谓与陆连奎被杀案有关,皆推测之辞,究不知何由也。

依时入馆,办理杂务外,仍注《左传》。夜六时,世界书局与开明书店公宴商务书馆新由蓉、渝公干返沪之蔡公椿,商务方面两陪客,一为推广科主任黄仲明,一为门市部主任曹冰岩,世界方面到陆高谊、刘季康、黄仲康,开明方面到雪村、索非及予,宾主凡九人。至八时三刻散,乘高谊汽车归。

11月30日(十月初九日　丙寅)星期三

晴。上午六三,下午六四。

湘北战事我顺利,已向岳州推进。我空军轰炸汉口寇占之机场。西江战事,在神冈以南及从化一带,寇退守三水。寇机再袭常德,并轰炸韶关。我军克复英山、光山、郑家口。留平之吴佩孚电重庆,决不受寇诱惑,参加伪组织。伪财部公债司长钱应清在沪西寓所被人斧砍殒命,其妻亦受伤甚重。此等小丑,何足膏斧,惟罪既不容于诛，自然神人共愤，终不能苟免耳。浙军当局电复此间宁波同乡会，不准沪甬直航。寇在太平洋代管岛筑海军根据地，英属新加坡及美属斐列宾均大感威胁。中、美经济谈判告一段落，信用借款已无望，白银协定仍维持。闻陈光甫已返国。求助于人，终不可靠，何物国驵，乃尔骄人耶！法国总罢工今日实行。

依时到馆，处分杂事外，仍注《左传》。复颉刚信，于其游兴及阔大精神深致赞美。夜归小饮。怀之父子来。九时后乃去。珏人往濬儿所磨米粉，近九时乃归。

12月1日（十月初十日　丁卯）**星期四**

阴霾，入夜微雨即止。上午六二，下午同。

粤南战事，我军放弃沙头角，寇亦自深圳退出。寇机轰炸长沙、宜昌等地。晋北之寇放弃五台山区，其在宁朔之股转往大同，谋西犯。五中全会将延期。法国昨大罢工，经过尚平静。英、法、美之侨民，谋联络保障权益。

今日未到馆，上午为文权撰述我国固有道德之真谛。于现在标櫫之忠、孝、仁、爱、信、义、和、平大加阐发。十一时，交汉儿送去，盖即将预备译成英文，与人辩论也。饭后为诸儿批字课。与珏人、清儿闲谈。夜小饮。饮后看周栎园《尺牍新编》。十时归寝。

12月2日（十月十一日　戊辰）**星期五**

晴。上午六二，下午同。

湘鄂我军各路均有进展。寇机昨狂炸桂林，死伤百馀。阳湖路亦波及，恐我店驻桂办事处遂及于难也。为之系念不置。广九线之寇已退出深圳。三水西南之寇亦向东撤退。我游击队自江北渡江，由浏河登陆。昨晚沪市闻炮声，或者其已接触乎。鲁南我军克复曹县、临清。浙、闽各口严查私货，寇欲混销甚难。重庆息，政府正编练学生军一百五十万，蒋委长自兼总司令，教育部长及中宣部长任副司令，各大学校长任分队队长云。美国汇巨款救济广州难民。英下院讨论远东事件。法总罢工风潮已结束，政府胜利，连工人甚众，镇压一如君主。现世去社会主义之境界实远甚也。意外长发表演说，阐明外交目标，力扬法西斯主义。

依时到馆，办讫昨日积务外，仍注《左传》。复绍虞，告童希贤已支去五十元，并寄明八大家《论文要诀》钞本与之。

夜归小饮。以珏人今日生辰，吃面。晚饭后为诸儿批字课。并查唐张若虚生平，卒于《乐府诗集》及《唐诗别裁》得之。明日当告振甫。

12 月 3 日（十月十二日 己巳）星期六

晴。上午六一，下午六九。

广九线我军活跃，寇正增援。从化以南战亟，太平场寇阵地动摇。湘、鄂之交战，事沉寂，寇取守势。鄂东长江北岸我军捷闻狎至，已克浠水。我派重兵入晋，防遏寇犯西北。寇机昨又袭桂林，人民死伤不少。李宗仁、白崇禧发布《告广西民众书》，勉慰有加。浙海普陀山，寇图袭登，已被我守军击走。国府奖励国货，将免征出口税。此间国米转口事移归租界当局办理。银钱两业会议结束领券事。又有小汉奸王永奎在赫德路被锄，乃贼智甚机警，当场仆地诈死，竟无恙，锄奸之人反被巡捕击伤遭擒。意外长演词中公然要求法属北非洲属地，法对此已提出抗议，表示坚强。比总理表示，不能交还《凡尔赛和约》所定之代管地。法工潮仍严重，政府镇压,反动激增。意加入《伦敦海军协定》。英、德贸易竞争尖锐化,德政府津贴对外贸易,英已提抗议。

依时入馆,治杂事外,仍注《左传》。五时,坚吾约饮,梦岩先在,乃同往永兴昌吃蟹。七时半乃散,承坚吾赠我新制案头日历一具。归家濯足,十时乃卧。

12月4日(十月十三日 庚午)**星期**

晴。上午六四,下午六六。

湘北战况沉寂。我军反攻广州,近郊又起激战。寇机昨又炸吉安、宁乡等处。归来自寇机肆虐后,繁盛市区悉成瓦砾。普陀洋面寇舰去而复来。西康省政府定明年元旦成立。上海工业因寇患侵扰,损失达八亿元。意外长演词肆志,法国已向意提强硬抗议。英亦向意交涉。

十一时,步往潜儿所吃蟹,珏人、复儿先已乘车往矣。凡吃蟹五枚,饱甚。三时,与复儿步归。夜六时,挈清儿、复儿往视仲弟,同儿已先在。饮酒,食烙饼,谈近事。至八时半,乃挈清、同、复步以归。数月以来,每值星期,必在寓小休,竟有不下楼梯一步者。今日乃昼夜仆仆,亦云小异矣。九时半就卧。

12月5日(十月十四日 辛未)**星期一**

晴。上午六二,下午六三。

寇舰炮击琼州海口。粤北江我军挺进,三水方面战事激烈。游击队袭广州。宝安县长电告收复失地。湘北战事仍沉寂如前。平汉线我军迫近信阳。苏北我军猛烈反攻,宿迁将复。寇在杨林口筑防御工事。吴佩孚表示决不受人利用,已移居东交民巷某使馆。宁波防守司令王皞南因玩令结婚，滥用权力扣轮，为虞和德等所举发，经蒋委长严令撤职查办，拘往金华受审，昨传已枪决。此间愚园路诸安浜棚户大火，毁屋四百馀间，死十馀人。朱葆三路舞场外兵酗酒冲突，枪伤多人。意水兵寻衅，英、法水兵与对垒，几酿大事。匈牙利、保加利亚、阿尔巴尼亚向南斯拉夫提出领土要求。意觊觎法土，英亦提抗议。法海员酝酿总罢工。德禁犹太人驾汽车入公共场所。

依时入馆，除处分庶事外，仍注《左传》。散馆后，应国光唐吉麟、曹仲安之约，饮于泰丰楼，丏、村、山、索、调及予六人为客，坚吾作陪。九时始散归，已醺矣。

12 月 6 日(十月十五日　壬申)星期二

晴。上午五九，下午六五。

寇舰炮击中山县。我游击队冲入广州市，寇已宣布戒严。皖南五步沟有激战。湾沚方面我克红锡镇。寇机轰炸平江、肇庆、柳州。英舰队司令诺贝尔抵沪。冯副军委长飞抵成都。英国各界节食捐款救济我战区难民。传德、意、日订新协定，互相援助对外发展。德、意分向欧、非发展，日向亚洲大陆发展。此次意对法肆其野心，即此协定之结果云。意外长答复英、法，对民间反法事，政府不负责任。英、美均将大扩海军。

依时入馆，仍注《左传》。饭后，君畴见过，约晚间七时在一家春聚餐，以笙亚、禹琳、国任俱在此，故叙晤云。予于笙亚、禹琳确致思念，独于国任之行径不能惬然，遂婉辞谢之。梦岩、坚吾今日亦本有约，适以各有事而罢。散馆后遂归，就家小饮。饮后为诸儿批字课。看《词谑》。

12 月 7 日(十月十六日　癸酉)**星期三**

晴。上午六二,下午六三。

粤三水附近及从化南均有激战。钟落潭之寇不绝增援,自进和反攻,被我军击退。寇志在窥伺高要,西江一带将有大战耳。湘、鄂间战局仍无变化。赣修河两岸有炮战。晋境之寇集中汾河北岸,谋渡河西犯。行政院决议呈国府明令褒扬孟森。又通过《四川省禁烟纲要》。徐逆鸿发引寇入攻南汇我军游击队。在御家桥、潘家宅一带昨晨大激战。本市银钱业准备国历年终结账。别有商号四十馀家为房东拒收汇划票事发表意见。驻美大使胡适在纽约律师公会演讲失辞,此间《导报》著论大为攻击。德外长抵巴黎,《法德和平宣言》签字。澳洲宣布充实国防计划。

依时到馆,办理杂事外,仍注《左传》。接予同书,询太平天国时清廷所任上海道吴煦生平大略。具答之。薄暮,与厚斋、雪村、丏尊饮永兴昌,厚斋将介丏、村向立达商划房屋一路,备设摊售文具、书籍、糖果等谋生。立达主事者陶载良、周为群二人俱势利之徒,恐未必有成也。八时许散归。写信与君畴,为昨日未能赴一家春道歉忱。

12 月 8 日(十月十七日　甲戌　丑初三刻十四分大雪)**星期四**

阴霾重雾。上午六五,下午六九。

西江战事甚烈,我军扼守江门,正激战中。寇一股又在阳江登陆。寇机袭桂平等处,又炸平江。皖南湾沚方面,我军逐步进展。苏北我军反攻宿迁。浙省海门限制外轮进口。经济部拟定《建设四川三年计划》。英国会讨论远东时局,认为必须援助中国。法、德外长均发表谈话，阐述《和平宣言》之意义。美总统左右主张强硬对付德、日。

依时入馆，处分庶事外，仍注《左传》。午刻曙先、厚斋来，因与雪村同与之饮永兴昌。付酒资三元六角。夜赴坚吾约，与梦岩、海林饮马上侯。谈甚久，至九时乃散归。

12 月 9 日(十月十八日 乙亥)星期五

阴转晴，北风大作。上午六二，下午六六。

我军分五路大举攻广州，传蒋委长亲任指挥。寇向三水增援，江门有激战。古劳收复。惠州在包围中。湘北之寇时以轻兵尝我。晋南我军连日猛攻寇踞之地，牵制其犯陕企图。闽省各口岸限制航轮驶入，每日以艘为度。上海海关收入，上月分竟达九百万元左右。寇外相有田接见英、美两大使，解释行将发布之新政策。其驻华大使川越已照准辞职。德前皇威廉第二抨击国社党，痛斥希脱拉为疯狂暴夫。德外长遄返柏林，意国有托德转圜法、意冲突近事意。第八届泛美会议今日在秘鲁开幕。

依时入馆，仍注《左传》。接君畴信，告明日夜七时笙亚在一家春宴旧雨，属予必往。振铎约饮于同宝泰，乃乾、调孚俱与焉。有在海关任事之邵增祺，甫自北平来沪之吴晓铃，均振铎之友。长谈至九时三刻乃散。比归，已逾十时矣。

12 月 10 日(十月十九日 丙子)星期六

阴霾。上午五九，下午六二。

广州西南，我军胜利，克复九江、古劳。甘竹自卫团在九江海口重创寇股。湖北我军克复鄂城。寇外长昨向英、美大使发布之政策，竟明白宣言我国当与合作，《九国公约》已不适用。华北寇司令寺内已调回，新任杉山已到。美、法留汉两舰，昨沿江抵沪。泛美会议讨论廿一国合作。驻华美大使詹森请假准归国一行，美国朝野均重视此事，以为美对华将有切实办法。

依时到馆，仍注《左传》。接晓先信，托代送章介棠娶媳喜礼。今日本有梦岩之约、笙亚之约，予以连日在外晚饮，疲倦难任，分别作书与坚吾及笙亚、君畴，辞谢之。于坚吾书中并属向梦岩说明同姓不婚之意，辞姻。（梦岩欲为其长君与汉儿联姻，屡托坚吾来言，予面辞之，似仍不喻，故作书明拒之。）四时半，将归，忽道始电话约即来，并与继之俱，不得不留待之。至则仍为拉饮于马上侯。丏、村均往。八时许散归。

12 月 11 日（十月二十日　丁丑）**星期**

阴。上午六一，下午六三。

西江大战将开始，寇众分股南出。湘、鄂我军收复新开塘、皂市、淅河。我空军轰炸安庆。中英庚款委员会拟组织远西考察团。北平吉祥戏院有人开枪打包厢中之伪青岛海关监督秦中行夫妇，秦本身逃脱，其妇及前天津红十字会关仲华均中枪重伤。同坐之伪新民会长缪斌亦乘人乱中逸去。猾贼漏网，固未足称快，而肘腋之地有此神击，群奸亦当褫魄矣。美总统表示在华权益必须保全。墨西哥与德国订立协定，意在牵制美国。林康侯谈，沪市金融安定。

同、复两儿晨随静甥同过濬儿，属陪同游四大公司，看儿童玩具布置。盖西俗圣诞期近，例有此举，予家无力购买亦不欲购买此等耗费物品，然不可剥夺儿童之兴趣也，故年例率领一观之。晚归,知因需门票,竟未入也。饭后看《词谑》。四时许,独出散步,由迈尔西爱路、辣斐德路、亚尔培路、霞飞路而归。五时小饮。饮后复入书巢闲翻,九时乃就卧。

12 月 12 日(十月廿一日　戊寅)**星期一**

雨。上午六二,下午六四。

粤中我军克惠州,前锋迫近博罗。湘北我又克龙湾桥,九岭方面亦迫近通城。豫北我复武陟。财部颁布《限制私运黄金办法》。又令发行 A 字新镍币。此间工部局成立米粮联合管理委员会。外交部长王宠惠声明《九国公约》非任何一国所能废止。立陶宛国米美尔区日耳曼人受希脱拉煽动,非常不稳,立国已允许该区自治议会改选。意大利停止反法宣传,然要求科西嘉及突尼斯之心迄未少戢。

依时入馆,处分杂事外,仍注《左传》。为晓先支存款五元,代送章介棠家喜礼。为清、汉、漱各购广益本《纲鉴易知录》一部并连李伯通编《清鉴易知录》。夜归小饮后,即为诸儿授毕《三皇纪》。以后将逐日讲授,冀伊等于国史获一轮廓之认识。闻老太太来,还云斋前借尾款二十元。知云斋在船生涯尚好,为之一慰。其兄岳斋则闲居久赋矣。

12 月 13 日(十月廿二日　己卯)**星期二**

阴雨。上午六四,下午六一。

博罗已收复,我军已直逼增城。湘鄂公路北段我克马鞍山。寇攻皖东天长、六合。皖南铜陵境亮石山一带发生激战。宁波城防司令通知,昨日起暂禁船只驶入镇海。此间英国领事照会寇方,拟共管京沪杭两路。寇国内增税,应付战局。中美借款传已有成议,英国借款亦有眉目,公债遂涨。德拟于明春合并米美尔,问题紧张。

依时到馆,仍注《左传》。复晓先信,告所托事办讫,并及苏州卫氏索款状。午后二时四十分以形寒早归。晚仍小饮。饮后为诸儿批字课。旋以清等赴文权所补习英文,予乃为同儿授《鉴略》。十时就卧。

12 月 14 日(十月廿三日　庚辰)**星期三**

晴,时有云翳。上午五九,下午同。

蒋委长在中央党部演说,表示抗战前途绝对乐观,已由第一阶段进入第二阶段,寇已无法展布,且不经败矣。行政院通过西康省委人选,并以刘文辉任主席。寇在粤东江不利,又图转攻西江。湘北战事,复转沉寂。铜陵近日激战,大成山、亮石山均失陷,寇似图攻繁昌。中美货物贷款成功,总数五千万美金。英、美、法接洽经济制裁日本。泛美大会将联合宣言,美洲国家如遭受攻击,各国当立取共同行动抵御之。英前外相艾登访美总统。前伪上海市政督办、今伪市府秘书长苏逆锡文稔恶已甚,加以傅逆宗耀之排挤,早当剪除,徒以媚事踞寇,苟延迄今。昨日因吞没鸦片案事发,被寇拘捕入狱。奸逆终凶,偏又假手于其所托附者而报之,亦巧矣哉。宁波禁船入口,沪、甬交通断绝。洗人出来必感困难矣。但闻不日即将批准沪船径航甬江也。

依时入馆,处分杂事外,仍注《左传》。夜归小饮。饮后为清、汉、漱授《易知录》,为同授《鉴略》。十时就卧。

12月15日(十月廿四日　辛巳)星期四

晴。上午六〇,下午六三。

我军自东江续进,围攻广州。石龙寇阵地为我空军轰炸,将不支。寇机轰炸陕北延安。最高军事当局赴西北视察防务。成立西南、西北两大本营。浦东周浦一带昨晨有激战,浦东西轮渡全停。江、浙交界我游击队克复严墓、新塍。驶津轮只今日起增收冰河费。美大使詹森离渝抵筑,将转滇返美。神户寇警滥捕我侨民五十馀人。张伯伦重申外交方针不变,《九国公约》不能修改。又声明《英意协定》得适用于北非法属地。

依时到馆,仍注《左传》。夜五时半在马上侯集二元会,到坚吾、子敦、雪村、丏尊、曙先、良才、廉逊、福崇、鞠侯及予凡十人。谈次,偶及各人生肖,在坐者适有一龙(坚吾)二牛(雪村、子敦)三狗(丏尊、曙先、良才)四虎(廉逊、鞠侯、福崇及予),因轮流举觞,不觉多饮。散时已不早,复为曙先、雪村所拉,走马浪路一茶室啜茗。彼二人所谈,无非丏尊鄙吝失常等状,予雅不愿容喙。十一时许乃散出,仍步以归。临别,二人又立谈良久,几犯夜矣,予促之,始各返。到家就床已十二时一刻矣。甚困倦。

12月16日(十月廿五日　壬午)星期五

大雾,转雨。上午六三,下午六二。

昨夜多饮,今晨起迟,且惮行于路,因未到馆,就寓小休。饭后为诸儿批字课。三时为清、汉、漱授《易知录》。夜小饮。饮后为同授《鉴略》。

是日报载要事:湘北我军收复黄龙庙、乌汀桥。粤省我军克东莞,围增城。晋北五台山以东,寇众尽歼。皖南我军放弃繁昌。浙省军事当局准谋福轮赴甬装茧。英航业界视察长江,认无封锁之必要。中、美借款二千五百万美金,即成立。上海汇划贴现率陡自百分之七跌至百分之三.五。英、美密切合作,保全在华利益。苏俄与寇为渔业谈判僵持。法外长在国会发表演说,对意觊觎法国属地事严切警告。

12 月 17 日(十月廿六日　癸未)**星期六**

阴。上午六三,下午六二。

粤省战事仅有小接触。广州四郊游击队活跃,切断寇联络。湘北新墙河北岸战事沉寂,渐向岳州近郊推进。寇机昨炸南阳、商城。黄水夺颍入淮,苏北六县洪水为患。奉贤境内,昨有游击队与寇激战。英、美借成功,计美二千五百万美金,英一千万镑。目下法币比价,每一美金抵六元馀,每一镑抵廿五元,数目实可骇人。因此,上海金融大为稳定。英、法、荷谈判在法修凿运河。美代表向泛美会议提和平法规。

依时入馆,仍理杂事,并以其间注《左传》。复圣陶信,询前书到未。散馆归,小饮。幽若在,因与闲谈。晚饭毕,曙先夫人来召,谓前夕曙先约今晚饮其家,伊坐待已久,奈何不至,故来一询。盖酒后所谈,竟忘怀矣。至是恍然惭甚,因即与雪村偕往。至则子敦、福崇已先在,又饮两大杯。谈至九时许,辞归。子敦约下星期六之夜饮其寓中。天然有产家于中夜一时三十分来叩门唤请,予为搅醒。遂不寐,数更至晓乃合眼片晌,困甚。

12 月 18 日(十月廿七日　甲申)**星期**

阴,转雨,入夜加甚。上午六三,下午六一。

中央决扩编粤军五师。西江西犯之寇受阻，已从三水撤退。我别部已克淡水、平山。西北形势严重，我已准备大战，蒋委长自兼第八战区总司令。中枢发动大规模游击战。保定城内发生激战。吴佩孚电重庆，决不受人引诱。小吕宋华侨致电吴氏示敬。英舰队司令诺贝尔返香港。沪、甬直航严禁。法当局表示，对意不能割让寸土。泛美会议通过互惠贸易计划。

晨为诸儿批字课。十一时许，与雪村赴守宪约，至拉都路拉都坊十一号寓所午饮。至则丏尊、雪山已在。十二时半入席，肴馔自治，甚丰腆可口。二时许辞归，已雨，衣履微湿矣。文权、濬儿、顥、预两孙来，晚饭后归去。仲川、君畴、吉如、伟士、幼六、烟桥具柬约今日下午六时在晋隆饭店酌叙，屡见招邀，俱以事未往，是约未可再愆，因于六时冒雨以赴之。至则草桥同学之在沪者到约四十人，吴粹伦、董伯豪二师亦在坐，笙亚、禹琳、国任诸稔友而十年未见者咸晤之。间有久违忘名，经互介而后辨识者。公立中学之第一班仅有予一人，尤有不能自已之感。予与君畴、国任、笙亚、禹琳比肩坐，谈甚畅，国任所告中枢调度状，令人心折当局不谖也。九时许散，请由烟桥集钞今日签到诸同学之住址，印发各人，俾便通问。冒雨归，到家已十时矣。

12 月 19 日（十月廿八日　乙酉）星期一

雨。上午六一，下午五九。

粤东江我连克福田等重要据点。湘北反攻，我前锋已迫近岳州。当地踞寇准备撤退。皖南青阳，我军大获胜利。绥远固阳西北发生激战。西南建设委员会定明年元旦在渝成立。中、中、交、农四行承贷川省公路借款七十万元。华侨今年汇款回国已达六万万元。英对我第一步放款四十五万镑即可动用。法揆达拉第定期赴北非突尼斯宣慰。盖法、意间裂痕深矣。

依时入馆,处理庶事外,校《左传》排样十六页,又注两页。晚归小饮。饮后为同授《鉴略》,为清、汉、漱授《易知录》。八时后坐书巢记日记,兼翻架书。十时许就卧。

12 月 20 日(十月廿九日　丙戌)**星期二**

阴雨。上午五七,下午五六。

湘北我军反攻,岳州之寇退却。粤东江方面我军开始总攻。寇机炸绥远东胜县,死平民数百。第十集团军颁布浙东通航补充办法。胡文虎筹款五千万元,开发云南。上海市商会电请中央另订战时商业会计处理法。寇方召回侵华各高级军官,传将变更战略。寇外相有田发表谈话,反对英、美借款于我,谓延长战事将基于此举,且施恫吓,以报复为言。欧局情况,自英使用压力后,意对法稍软化。

依时入馆,处理庶事外,仍注《左传》。向商务印书馆取到第四期《丛书集成》三百另一种,凡四百册。暂放店中,俟便携归。接翼之信,知清儿为其少子结成之绒线大衣已递到。接徐育才父向之讣,知殡葬有缺。饭后,允善见过,云徐讣即托代发。予致赙四元,即托其转去。曙先来,晚间本与丏、琛、调有八仙桥青年会之约,以散馆时距餐时尚早,坚拉予同过永兴昌先饮。六时半,琛、调、曙去,予与丏则留,至七时三刻,饭而后归。酒食资三元二角,予付之。

12 月 21 日(十月三十日　丁亥)**星期三**

阴雨。上午五七,下午五八。

行政院决改组粤省府,以李汉魂为主席,旧省委全易,仅留许崇清一人,仍长教育厅。粤军配备完毕,即将总反攻。湘北我军反攻岳州,寇向蒲圻退却。苏北我军渡江而南,准备反攻南京。浦东战事已停,游击队避实攻虚故也。外交部公表驳斥寇有田谈话荒谬,我与英、美交涉,寇方绝无过问馀地。军委会通令改正沦陷区名称应为游击区,并颁布沿海港口限制航运办法。美财长宣布《中美货币协定》决予延长。英下院讨论外交政策,涉及远东问题,大事辩论。张伯伦否认以殖民地割让与意大利。大批犹太被虐难民抵沪。

依时到馆,仍注《左传》。夜早归,祀先。盖今日为冬至夜,年例如此,难中且不废,欣幸自倍常也。送神后举家饮福,至七时许乃罢。

12月22日(十一月小建甲子初一日　戊子　戌正初刻九分冬至)**星期四**

阴晴兼作,夜深有雨。上午五六,下午五五。

蒋委员长与中央各要员商定抗战大计。湘北我军克麻塘,迫岳州。寇在粤继续增援,西江将有大战。皖南青阳四郊鏖战甚烈。寇集汉口,图西逞,但鄂西近因大雪,战事甚沉寂。陕北为寇机侵袭投弹。沪至定海线暂停航。海关发表,一月至十一月,合计入超四千另廿八万元。美对寇方有田谈话,表示不满,以此等事寇实无权可以问讯也。英、美借款成立后,外汇市况创新纪录。泛美大会和平委员会通过不承认侵略所得案。缅甸独立运动发生。英国酝酿政潮。

依时到馆,仍注《左传》。接绍虞信,知所寄钞本已到。即复。并复翼之。令金才将《丛书集成》四百册送回寓所。连叔琴、雪村之书俱带归，车费五角，即由成记折上开支。

12 月 23 日（十一月初二日　己丑）**星期五**

晴转阴。上午五五，下午五二。

我军出兵六十万攻广州，已迫近增城。桂省军民已作战时准备，防寇西犯。湘北连日小接触，我已进向岳州。我空军在安庆江边击沉寇舰。同、蒲路形势紧张，想系企图西犯。中央征收遗产税，决分期实施。寇揆近卫发表所谓新东亚政策，显与有田一气。窘态露矣，不啻试提求和条件也。英下院议员主张对寇即施报复。英旧相说明防空计划。美禁运军火往日。盛传汪兆铭将出国，张学良有起用说。汪近来言论奇僻，颇有主和倾向，或者为人攻击过剧，不得不藉口一走乎？虽然，抗战有利矣。

依时入馆，处理杂务外，仍注《左传》。令汉、潄两儿点收《丛书集成》，查明册次，分别插入书橱中。夜归小饮。饮后入书巢复检《集成》，注入目录，竟多一册，为王西庄《十七史商榷》之二，俟明后日送还商务。三日未记日记，拟补作，讵为贪检架书，不及握管已十时矣，遂罢。

12 月 24 日（十一月初三日　庚寅）**星期六**

晴寒。上午五五，下午五六。

寇舰百艘集中北海，图由钦、廉直犯广西。我当局已宣布戒严。湘北岳阳，郊外激战。寇图西侵，昼夜炮轰潼关。汪兆铭离渝赴滇，即抵河内。或者由此去国乎。近卫谰言，英、美均认为滑稽。苏联与寇因渔约问题十分紧张，寇军开五师团赴北海。英下院讨论寇在华推行毒化政策，颇致非难。意大利宣布废止《法意协定》。美内长伊克斯本美籍犹太人,昨发表演说,抨击德国排犹之失当。德国驻美代办公使即奉命向美政府提严重抗议,并要求道歉。美峻辞拒绝,两国关系遂大紧张,或有绝交可能。战后各外商银行所发钞票再行收回。上海天花盛行,被认为有疫口岸。

依时到馆,校《左传》续样一批。接圣陶信,知沪蜀第一号信已到,告我安住彼中情形,并托代支四元交天然,属送红蕉夫人作产儿礼物。接晓先信,知予上月五日之书已到,续函尚未达。作书与硕民,告圣陶近况,并询其乡居情形。夜饮子敦所,到廉逊、丏尊、雪村、曙先、福崇、东华,宾主凡八人。某公不读书而强欲立说驳人,至可哂。前半生浪窃浮名,今已矣,哓哓何为。十一时散归。

12 月 25 日(十一月初四日　辛卯)**星期**

阴霾。上午五一,下午五三。

我军抵岳阳城外,寇向蒲圻退。皖省我克复木镇、丁桥。四路军及粤新编各师合并。西安昨被寇机侵袭,投弹五六十枚。寇积极侵桂,传北海方面已有登陆者。汪兆铭抵河内后有出国养病说。寇、苏间渔业谈判仍无结果,形势紧张。今日为民族复兴节,此间各团体昨有重要表示。四川路企业大楼昨晨有人闯入开枪,想又系锄奸行动。百老汇大厦售与寇方。《泛美公约》定今日签字。

竟日未出。午前勖初来,饭而后去,纵谈久之。文权全家来,晚饭后去。夜小饮,饮后略坐便寝。

12 月 26 日(十一月初五日　壬辰)**星期一**

晴。上午五〇,下午五五。

湘北我军下令总攻岳阳。粤省我军进迫增城,郊外发生激战,援寇在大亚湾登陆后猛犯龙冈,图窥惠阳。鄂南通城之寇向崇阳退却。寇机又在五原附近轰炸,显见窥伺西北益亟。我空军至芜湖轰炸寇阵地,归途遇寇机激战,击伤其一。汪兆铭将至香港,陈公博、周佛海等已先到。恐有非常事件发生。各地举行云南起义纪念。寇、苏渔业谈判濒于决裂。泛美大会在秘鲁京城里玛通过《里玛宣言》,揭橥和平,同拒外来侵略。美国务卿赫尔在场发表演说,努力和平。美总统罗斯福亦本和平之旨,发表《告国人书》。同时美决定即将建立大西洋舰队。

依时到馆,处分庶事外,仍注《左传》。接姜仲椒信,告晓先之外姑卫母已于廿二日午后逝世,询问有无款项可以汇苏。先亦接卫母之子景安信,知病危,尚未及此耗。因即作书告晓先,并分复仲椒、景安,说明晓先别无款项可以指划也。夜归小饮。饮后为诸儿授《易知录》。十时后就寝。

12 月 27 日(十一月初六日　癸巳)**星期二**

晴。上午五〇,下午五六。

传汪已到港。蒋委员长声明汪赴河内纯系私人行动,毫无政治关系;抗战建国,始终不变。我军攻入增城巷战。武汉郊外,游击战甚烈。海参崴寇舰图窥隙,苏守兵发炮击之,旋遁去。邮政储金汇业局厘订国内汇款办法。宁波禁止沪、甬直航,甬、曹段路基,已奉令彻底破坏。法国社会党举行全国代表大会。

依时入馆,仍注《左传》。又接晓先信,颇露东归意。夜,邵增祺约饮同宝泰,振铎又约严景耀及丏尊、雪村、调孚同往,八时许乃散归。是夕为盈儿时醒故,失眠。

12月28日(十一月初七日　甲午)星期三

晴。上午五〇,下午五四。

我军在湘北一度攻入岳州,在粤南一度攻入增城。阜市西郊激战。晋南之寇败退,我克风陵渡附近各村。寇机图袭重庆,我机升空迎战。国府通令各省市,注意后方治安。英、美对寇再提交涉。法社会党通过党魁提案,增强民治阵线,反抗法西斯。法对意废约事,提出复文,予以驳斥。比社会党魁樊迪文病逝。上海各民众团体告工商界,恪守战时保护劳工方案。英、美积极进行造舰计划。美总统提议增飞机万架。

依时到馆,仍注《左传》。夜归小饮。饮后为诸儿授《易知录》。九时许即睡,倦不支矣。

12月29日(十一月初八日　乙未)星期四

晴。上午五〇,下午五三。

蒋发表日前谈话全文,分析寇方企图整个吞灭中国阴谋。汪仍滞河内。广州全市情状紧张,我北江前锋已抵白云山。东江我再克增城。寇犯西江,均被击退。岳州郊外激战。晋各路战事均烈。苏北海门县又为寇陷。我战时金融健全。军委会政治部整理民众团体,规定登记、考核、调整三步骤。缅甸政府声明无干涉军火输华义务,当系对寇而发。法、意均在北非属地增兵。意有自阿比西尼亚图攻法属索谋利兰状。美国北部大风雪。

依时入馆,校《左传》续样一批。散馆后,与楼适夷、丏尊、雪村饮永兴昌。适夷甫自香港来,颇有新闻可听。八时许散归。

12月30日(十一月初九日 丙申)星期五

晴。上午五〇,下午五三。

蒋演词续布完。粤省我军收复从化,向南进击。寇机轰炸常德、桂林、汉寿等地。晋省连日有激战。山东我军再克郯城。此间工部局发表总裁费信惇明年六月辞职。外洋航班恢复,内河航路断绝。寇及伪满联牒致苏,要求从速移交中东路。法对意无理要求,表示决不让步。已派舰队增强索谋利兰防务。

依时入馆,仍注《左传》。洗人清晨到,盖自甬转抵此间历十二日,途中极感麻烦,据述军政人员殊不称职,王皞南一人实不足抵过云。散馆后,与洗人、丏尊、雪村、适夷、振铎饮永兴昌,八时许散归。

12月31日(十一月初十日 丁酉)星期六

晴,透润。夜深有雨。上午五二,下午五五。

东江克增城,石龙之寇撤退。湘北战亟,已抵岳州南门。我空军飞包头,炸寇机场。昨桂林又被寇机侵袭,投弹甚多,全城大火。我店驻桂办事处无电告,甚念之。中央规定,法币折合外币契约应照中央银行汇率。沪、甬货物联运,昨起实行。法对意纠纷,主张直接谈判。西班牙战事剧烈,意义勇军又大参加。

依时入馆,仍注《左传》。下午,商定新年放假及调整薪给等事,出布告四通。自明年一月起,薪水可以提高两折,而膳食则须自理。放假:门市、货房放三天,馀下半天移用于春节;其他部份只放一天,馀下三天全移春节云。夜,公司备酒两席,总部人员团聚吃年夜饭。本为元旦聚餐,特移前行之耳。抗战后此典久缺,今得复行，诚不胜今昔之感。然仍能团饮者殊非小幸矣。

汪兆铭已秘密到港，尚在河内之说系掩盖。今日汪竟甘冒不韪，发表长电一通（廿九日所发），向中央建议，与寇方谈判和平。电文直类狂呓，曲体近卫意旨，竟称抗战目的已达云云。如此自绝于国人，自绝于同志，真不知是何心肝也。汉奸不绝，实有人支持之，我初不甚信，至此，揭露无馀矣。分壤既显，无容曲饰，凡炎黄裔胄只有一致声讨，与众共弃之耳。

八时半归，九时许就卧。接硕民复信。剑三来店约饮，以适遇吃年夜饭而罢，展约下星期六再叙。

1939年(民国二十八年)

1月1日[①](戊寅岁十一月小建甲子十一日　戊戌)**星期**

阴霾,晨有小雨。上午五五,下午五四。

五时未明,即为盈儿搅醒,遂拥被待旦。甫明便起,盥漱后即入书巢补记前数日日记,盖连日牵事所积,今日不得不乘暇为补苴之计耳。八时后进年糕。九时后复入书巢为诸儿批字课。午刻,调孚来,因与共饭。饭后,洗人、丐尊来,一坐定,丐尊即谓此来为约同调孚、雪村、洗人与汉儿作伐,欲予许配于芷芬。此事年前已谈起,惟年龄相距十岁,珏人颇有难色,因循未进行。今承重提,遂允考虑之。少坐,丐尊、调孚俱去,洗人乃与雪村夫人及珏人等打牌。予复入书巢看书,垂暮,出,牌局亦歇,遂共小饮。饮后复谈,至九时,洗人辞去,予亦就睡。怀之来。晚饭后去。

汪兆铭艳电发露后,人民团体仍拥护抗战,拒绝汪和平主张。党员何香凝等主即开除汪党籍,非党员张一麐等主即解除汪现任一切职务。足见众志成城,非佥壬所得动摇也。增城尚在巷战。张店镇寇股溃退。西康省政府今日成立,并发宣言。财部令,应结外汇之土货,免征出口税。美国拟召集国际会议,解决远东问题,并再牒寇廷,重申中国门户开放。法总理定今日出巡北非各属地。

---

①底本为:“容堂日记第四卷”。原注:“戊寅腊八后二日自署。”

德要求潜艇吨位与英国平等。

1月2日(十一月十二日　己亥)**星期一**

晴阴兼作。上午五三,下午六〇。

蒋委长除夕训词,勉僚属国民振作精神,增强国力。昨国府举行中华民国成立纪念,林主席广播致训,勖国人自强不息,完成建国伟大使命。中央党部宣布永远开除汪兆铭党籍。国府明令严惩汉奸。部令银钱业领券合约准延长一年。我军在通城麻铺获胜。叙利亚要求独立。英、德海军谈判结束。美国明白反对寇方在华行为。

依时到馆,处分庶事外,仍注《左传》。今日起,膳食又须自理,午刻与洗人、雪村、调孚、索非、均正共往永兴昌午饭。叔琴及密先适来店,因同与焉。余与洗、村、琴且小饮三杯也。账由雪村付。散馆后归饮,饮罢晚饭已,为诸儿授《易知录》。九时半就卧。

1月3日(十一月十三日　庚子)**星期二**

阴雨。上午五六,下午五八。

中宣部对汪叛国举措发表对外声明,并指示各级党部及训政人员。南浔路我军三路均获胜利,连克要隘。豫东北连日发生激战。白崇禧谈,西南战局已严密戒备。上海各团体电请中央清除破坏统一之主和分子。美国会今日复会,讨论外交国防问题。寇与苏联又起龃龉。寇在天津等关擅改税率,美国提出抗议。

依时到馆,办杂事外,仍注《左传》。午间与雪村、调孚、均正同在老民乐园吃白菜肉丝蝴蝶面,甚饱,惜久待而价昂,人摊四角馀。散馆后归,入夜小饮。饮后为诸儿授《易知录》。九时许即睡。

1月4日(十一月十四日　辛丑)星期三

阴霾。上午五六,下午五五。

寇邦发生阁潮,近卫文麿决辞职,原因为经济紊乱,恐无法收拾,故引去也。我游击队活动,武昌又闻炮声。中宣部长周佛海偕汪出亡,即由叶楚伧继其任。军事当局通令严禁私运漏税。海外侨胞及在港各团体纷电中央拥护抗战政策。寇军司令畑俊六回国,由山田乙三继之,闻已来华。美赈麦运沪。英、美将联合一致对寇施经济报复。法总理昨抵突尼斯。

依时入馆,仍注《左传》及办理庶事。午饭于四如春,与雪村、调孚、索非偕,各啖加一肉面一碗,摊费一角三分耳。三时许,乃乾来,携有钞本《连环计》曲子十七折,谓系明季清初人手笔,电邀振铎来看。四时半,振铎至,谓系清升平署所储《鼎峙春秋》中所抽钞,前途本索价五百金,经此一言,立贬损。五时左右,乾、铎偕去。而廉逊适来,因约洗人、雪村同饮于永兴昌。至七时半散归。酒菜钱共三元,予为付讫。

1月5日(十一月十五日　壬寅)星期四

阴晴并施,转寒。上午五三,下午五〇。

粤反攻得手,太平场寇股伤亡惨重。皖南我克繁昌。晋西之寇向黄河线进犯,企图窥陕。蒋召集西南三省领袖会议,谋开发经济及加强军事设备。定海团警与游击队冲突,昨传海盗袭登,今已证明,秩序亦复。中赈会续拨十万济沪难民。英国牛津大学各院长教授联电蒋夫妇致敬,于拒寇抗战一端,寄以深切伟大之同情。

寇邦近卫内阁倒,由平沼骐一郎续组阁。平沼为极右政客,俨以法西斯领袖自居,继起秉政,将益狰狞。然亦政治上之孤注耳,设再无法维系,其将更易何人。美总统咨请国会修正中立法,将不售军火于侵略国。其海军部亦向国会备文,立建军事根据地十三处。

依时到馆,仍办常事。午饭于同华楼,洗人、雪村、调孚、索非及予五人同往,戏用撇兰法,予仅出费二角。复晓先,告以东归非计。甫写竟,续书又至,属在开明存折上支七十元交芝九汇苏,托姜仲椒转致其岳家。予为立办,并加笺复告之。惟信由筑处附转,当日未必能寄出耳。散馆归,小饮。饮后为诸儿授《易知录》,并为同儿授《鉴略》。十时睡。

1月6日(十一月十六日　癸卯　未初一刻十三分小寒)**星期五**

阴霾,夜雪。上午五〇,下午同。

晋西黄河线激战甚剧。粤西江将领召开军事会议,增强防务。财部公布《监督银楼业收兑金类办法》。宁、绍戒严司令部奉令撤销。华北增税,英总领提抗议。寇新阁已成,近卫仍任无任所大臣,内务、陆军、海军、文部四省大臣仍旧。并发夸张宣言。美总统在国会演说,力斥独裁政策。英、美对日,将采取强硬态度。昨日寇机在沪租界上空散布无赖传单,五色纷披,极尽诱骗孩提之能事。其中有两事较可注意:一即汪主和电文,惟删去要求日本即时撤兵一项。一为驻在英、美、法三大使郭泰祺、胡适、顾维钧通电和汪。其实心劳日拙,明眼人固已目笑存之矣。惟一般脆弱之徒,不无眩惑而已。

依时入馆,仍注《左传》。午饭于永兴昌,小饮食面,摊费二角八分。夜,店中宴宁波同行鲍、张、顾、徐四人于华阳楼,洗、村、山、索及予俱往，饮馔甚酣，价亦不贵。八时许散归。十时就卧。

1 月 7 日（十一月十七日　甲辰）星期六

晴寒。上午四八，下午五六。

粤籍中委主张严处汪兆铭。驻英、美、法三大使电，否认寇方宣传，断不附和荒谬主张。蒋召集各方当局，商讨未来军政计划。粤东北两路取包围广州形势，四郊枪声不绝。晋西黄河线，寇分五路猛扑，隔河炮战甚烈。国府准卫利韩公司轮船航行沪、温、甬线。财部通令奖励金类兑换法币。寇平沼发表声明，集中全国资源，完成对华目的。美决定重编大西洋舰队。英正计划会同美国在经济上制裁日本。

依时入馆，编发总公司每周通信录第一号。整理档卷。午饭于永兴昌，小饮食面，摊费三角六分。四时许剑三、曙先后先至，五时散馆，乃同往永兴昌，洗、村与偕。八时散归。组青适来省姊，相与谈至十时乃辞去。予少坐亦就寝矣。立斋、幼雄来为《申报》拉社论，予与雪村允自下星期起，每周撰贡一篇。无所见而妄言之，将徒自痛苦也。

1 月 8 日（十一月十八日　乙巳）星期

晴朗。上午五一，下午五五。

清晨即入书巢补记日记，盖又积一星期矣。十时许，丏尊过谈，少顷便去。至午后二时始补毕。文权挈顯孙来，询开明存款付汇划事，颇致怪。予为曲譬之。此事，开明实欠理，予诤诤无效，亦惟有默叹而已。竟日未出，夜小饮。文权与顯孙于夜饭后再打牌四圈然后去。看全谢山《鲒埼亭集》之传状，明末忠义之士视今，何高远若是哉。岂真气运已臻末劫耶，汪、周诸人似不至堕落至此极也。十时就寝。

陈诚、薛岳等诸将领电中央请坚持抗战国策，并制裁汪兆铭。寇机图袭重庆，我机升空戒备，又兼天气恶劣，寇机因折回。侵南海之寇续在涠洲岛登陆，北海形势紧张。晋省离石附近剧战，我军连日大捷。我军渡钱塘江规复杭州，与寇激战。财部电令严禁提高铜元兑价。捷克、匈牙利边境曾于日前大起冲突，捷向匈开炮轰击。今组混合委员会彻查真相。闻意国袒匈，德则暂守缄默云。

1月9日(十一月十九日　丙午)**星期一**

晴。上午五四，下午同。

高级将领将在桂林集议，增强南方防战布置。东莞、石龙皆在我军围攻中。汪兆铭又在港发布前致中常会函，仍主媾和。寇机轰炸宜昌、衡阳及浙江袁花等处。海州连云港遭寇猛攻。五中全会定二十日在渝开幕。中央成立游击总局，抵御各游击区。上海贴现率大跌，金融稳固。沪郊游击队活跃，寇派队进攻受挫。英以平准基金维持英镑。寇阁通过本年特别预算。匈、捷边境，局势依然紧张。

依时到馆，处分杂事外，仍注《左传》。午饭于永兴昌，三人合用一元。散馆归，在家小饮。饮后为诸儿授《易知录》。濬儿开明活存为取到上年利息及现存额十分之一。清儿利息四元，汉儿支本十元，均为垫付讫。

1月10日(十一月二十日　丁未)**星期二**

晴。上午五四，下午五九。

蒋晤邓锡侯等诸将领,商增强防御计划。李宗仁、白崇禧、张发奎、余汉谋等电请中央严惩汪兆铭。反攻广州军事,重新布置。晋西南连日混战,平汉、正太两路大见增援之寇。豫东寇复动,杞县、鹿邑、陈留均陷。政府为增筹抗战经费,推行专卖制度。又拨款五千万元为协助土货生产基金。苏、寇渔业谈判仍无进展。捷、匈成立谅解。英、美审慎研究助华制寇之办法。浦东上、南交界形势又紧。沪西伪警局为英防军封闭。

依时入馆,仍注《左传》。午饭于永兴昌,仍三人用一元。夜归小饮,饮后稍坐便寝,未及为诸儿课。

1月11日(十一月廿一日　戊申)星期三

晴。上午五四,下午五六。

昨接硕民信,告近状,并询允言事。又谓圣陶家看屋之人索款,托问红蕉有无办法。因即分函允言、红蕉。依时入馆,仍注《左传》。仍饭于永兴昌。下午接世璟电话,已为允言之女华觅得补习馆地一,因再函允言告之,属明日径往接洽。厚斋来,欲托坚吾拉拢文具生意,因约坚吾晚饮。坚吾无暇,订明日十时晤谈。散馆后遂与洗人、雪村、厚斋复饮永兴昌。八时散归。

今日报载要事:东江我军攻东莞、石龙,节节顺利。传汪已潜离河内。我空军炸武昌。晋西我军大胜,收复吉、蒲、大宁、乡宁四县。寇机十九架昨袭重庆,在郊外投弹。行政院决任石友三为察哈尔省政府主席。上海领事团防杜欧洲难民来沪。英、美防军组巡逻队,维持沪西治安。美国大批赈品到沪。英相张伯伦赴罗马。

1月12日(十一月廿二日　己酉)**星期四**

晴。上午五四,下午五六。

蒋制定方案,分期整编国防军队。沙市昨首次被炸。桂林、梧州等处,又遭狂炸。南中战讯沉寂。湘、鄂边境仅有小接触,彭泽以南有激战。浦东洋泾昨有遭遇战。沪海关开始办理赴美护照。孙科谈,苏联未能单独援华。美驻英、法大使密报,本年春季世界大战难免。

依时入馆,仍注《左传》,仍饭永兴昌。散馆归,小饮。饮后与树伯、天然闲谈,九时后就卧。夜为盈儿所扰,失寐至四时乃合眼。中间数起,以腹部受寒,竟致呕吐。厚斋、坚吾接洽事,上午十时为之介绍矣。

1月13日(十一月廿三日　庚戌)**星期五**

晴。上午五三,下午五四。

我军克石龙,前锋已抵东莞郊外。晋西寇退,我进攻临汾。寇机炸湘、赣各地,衡阳受祸最烈。烟台郊外有游击战。珠江寇舰被击沉两艘。杭州有激战,寇方已承认。我向美国订购飞机二百架。传英、意谈及法、意问题,张伯伦主张直接谈判。寇方拒绝开放长江,寇商已独霸下游航业。

竟日未出,为《申报》撰一文,题目《战局之前瞻》。下午四时写毕,即送幼雄寓所。夜仍小饮,饮后与雪村谈。九时许即寝。

1月14日(十一月廿四日　辛亥)**星期六**

晴。上午五二,下午五六。

我军收复石龙，乘夜冲入东莞。分路进薄广州。晋西我军乘胜追击。廊房等处发生游击战，平津路轨切断。淮阳我军克柳林集。亳州东北，我军大胜。朱家骅等电美，促修正中立法。中、中、交、农四行贴放，上年底止，共一千六百万元。江苏印花税局通电拒贴伪印花。芜湖采米出口，资敌可虑。英、意谈判结束，张伯伦失败，详情未发表。德驻荷使馆被攻击。美总统咨国会，提出大规模国防计划。

依时入馆，编每周通讯录第二号分发各办事处。午饭前，曙先来，因同饭于永兴昌。散馆后，在老民乐园举行二元会，到廉逊、俊生、曙先、叔琴、洗人、雪村、福崇、红蕉及予九人。菜寡而值昂，宜乎徽馆之一蹶不振也。八时三刻散，摊费一元六角。良才以神经衰弱之故不能饮，电话告假，并告颉刚之尊人子虬先生已于日前在苏宅中逝世，昨已大殓云。红蕉云，圣陶看宅人之费用，当于旧历年底托便人酌送前往。十时就寝，以清儿等在浦东同乡会看难民赈会表演，未得入睡。至十一时，俟伊等归，乃安眠。

1 月 15 日(十一月廿五日　壬子)星期

晴。上午五六，下午六六。

晋西寇势大蹶，伤亡甚多。湘北形势复紧，将有大战。寇机狂炸万县，死伤百馀人。并袭重庆，在城北江岸投弹。粤省我军夜袭三水。空军并在虎门轰炸寇舰，有两艘中弹。江海关对寇商让步，竟填发日文提单，并允设海关分卡。英致牒寇外部，要求解释近卫之狂悖宣言。张伯伦昨离罗马返伦敦。传意在东非集中军队。

竟日未出，坐书巢记前数日日记，并看《清会典》。振铎午后来，闲谈至三时去。文权挈顯孙来，夜饭后去。夜仍小饮。《申报》社评，幼雄本云星期六登出，乃昨今两日俱未见刊载，亦未见来辞有所说明，甚诧。

1月16日(十一月廿六日　癸丑)**星期一**

阴雨。上午六〇，下午六一。

晋西我复中阳、稷山、离石诸县。广九路我军复仙村，进攻新塘。豫东我军复鹿邑。寇机袭渝，死伤平民三百馀，被我击落一架。闽南泉州港封锁，沪、泉航班已停。寇方对霸占我关税事仍闪烁其词。我财部通告，凡关税担保之债务，概不准通融透支。我要求国联再通过一议案，以补前议制裁侵略之不足。英致牒寇廷，揭发其侵略之野心，不承认任何武力改变之局势。

依时到馆，处理庶事，并注《左传》。慰元告我，建初来沪，住源源旅馆，约夜六时饮四马路万利菜馆。散馆后，往源源晤建初，并及千里、慰元，同到万利。适有喜事宴集，甚挤，仅得在穿堂路侧设屏敷席。君畴、家积俱来，至八时三刻始散。颇于建初谈次获故乡诸稔友近状，剑秋夫人甚安，为之大慰。接圣陶信，即并前书复之，并复硕民。

1月17日(十一月廿七日　甲寅)**星期二**

雨。上午六二，下午六一。

国府林主席在纪念周报告，勖勉全国人民坚定信心。晋西我军继进，汾阳、临汾发生激战。汉、宜路上发生战事，寇正企图进犯。我克风陵渡。徐源泉、沈克等撤职。统一公债到期本息由重庆中央银行付款。上海则分六期办理。公债行市乃暴跌五六元。

上海寇侨倡议缓付工部局土地税。英、美、法联合一致拥护《九国公约》。国联行政院昨开会讨论西班牙问题。英、意谈话情形通知法当局。

依时入馆，仍注《左传》。电话建初饭，据答有人约去，遂罢。午饭于永兴昌，与洗、村偕。边竹书来，同饭后去。夜归小饮，饮后为诸儿讲授《纲鉴易知录》。

1 月 18 日（十一月廿八日　乙卯）**星期三**

阴雨，午后转风。上午五八，下午五六。

粤东、西、北江连日我军反攻，三面均有激战。绥省我军克萨拉齐县。庐山孤军与寇血战。寇机袭翁源。东战场我军规复杭州。传汪兆铭赴欧，但未征实。其党林柏生在港被人椎击，受重伤。行政院决议任薛岳为湘主席，省府改组。陕西省政府亦将局部更动。财部重订出口货售结外汇表。国联行政院讨论中国所提声请。英伦、北爱同日发生爆炸案。英证券市华债券暴跌五镑，后渐回升，仍跌镑半。

依时到馆，仍注《左传》。午间与调孚往五福斋吃客饭。需费三角三分。《申报》社评仍未登出，甚恚。下午作书让幼雄，并索还原稿。夜归小饮，饮后少坐便卧。

1 月 19 日（十一月廿九日　丙辰）**星期四**

晴，稍冷。上午五三，下午五六。

晋军迭获胜利，西犯之计粉碎矣。包头虽有猛烈战事，不过声东击西之长技耳。寇在广东增兵四师团，将有大战开始。教部在川设立仪器制造厂。浙东当局核准外轮航线十七路，沪甬直航仍严禁。法国致牒寇廷，抗议侵略中国。顾维钧在国联演说，提出各项重要要求。美大使詹森返抵华府，称扬中国抗战，谓必获最后胜利。

依时到馆，办杂事外，仍注《左传》。午饭于五福斋，与洗、村、调等偕，需费三角五分。夜归小饮。饮后兴不属，少坐即睡。

金才昨日送幼雄信未遇，今晨属再送其寓所。仍未达，而得其电话，于稿事仍支吾其词，谓仍需登载。予答最好将稿检还，未得要领。噫，不图垂老犹受人侮弄如此也。昨信既未达，而电话已来，似再送无谓，因饬金才收回。

1月20日（十二月大建乙丑初一日　丁巳）**星期五**

晴。上午五三，下午五九。

蒋通电全国士绅，推行兵役，开发产业。从化、花县有激战，寇亟图犯桂。湖北京山附近激战，我克三阳店。寇机连日轰炸西安，损失甚巨。但寇机亦被击落数架。国府召开重要会议，交换五全大会提案。并颁严厉清查户口办法。英、法、美对寇采共同步骤，法牒昨已提交寇外部。美将在太平洋关岛设防，寇颇不安。国联对中国提案，开秘密会议讨论。美非国联会员，故顾维钧特作广播演说，向美诉求同情。

依时到馆，雪村告我，昨晚幼雄来访，以予已睡，未上楼，据云馆中内部有倾轧，稿登否，权非彼操，殊痛苦，但予稿必登也。予深自叹诧，何为陷入他人暗斗之漩涡而为此百无一是之文字，事已至此，只得听其演变矣。仍注《左传》。午饭于五福斋，与洗、调偕，需费三角四分。散馆前廉逊来，因与村、洗偕之同饮永兴昌。八时乃归。清晨，文权来，出一单托为文杰配活页文选，十二时前须送去。予因特央智炎、均一赶办之,如期送往。结算须六十馀元,因暂悬,电话告权再结付。

1月21日(十二月初二日 戊午 辰初初刻九分大寒)**星期六**

晴。上午五四,下午六三。

中常会决议,推蒋继任国民参政会议长。白崇禧等奉召赴渝。寇图北海甚急,法舰集东京湾注视之。临汾、河津一带之寇已被我军包围,歼灭之日不远矣。鄂西京山、天门均发生激战。寇机袭陕西同州,炸毁意国教堂。上海重要各团体联电拥护五中全会。国联行政院通过决议,主张各国个别援助中国。即闭幕。美国中立法修正案搁浅。德意志银行总裁易人。

依时入馆,办杂事外,编发每周通讯录第三号。午饭于五福斋,与洗、村、调偕,需费二角四分。四时许,幼雄来,出文稿属将战事过去者稍节去之,并将现时战地之已有变动者予以修正,谓明日必登出云。予为涂抹数语并添改若干字与之,坚嘱如为难可即还,勿再扭捏致彼此不快也。

散馆后,与调、村偕归,即过丏尊同赴东华、振铎之约。盖振铎具酒,东华具肴,即在东华寓所宴集也。客为柏丞、丏尊、雪村、予同、福崇、曙先、调孚、剑三及予。酒后牌九为戏,予被拉下注,输一元。即与予同、雪村先行。到家已十时许矣。同、复二儿放年假后曾往濬儿所小住,今日送还。半夜失眠,为盈儿时醒掀被故。兼为天气将变之征,或者又将雨雪乎。

1月22日(十二月初三日 己未)**星期**

晨承夜雨,及午始停,终日阴。晚晴。上午五八,下午五七。

《战局之前瞻》一文今日已登入《申报》社评，幼雄之责差完，而予亦深自艾悔，以后决不轻徇他人之请矣。晨入书巢记前数日日记，至午后三时始毕。洗人来，谈有顷，辞往雪村所。夜小饮。饮后略坐看画，九时许便寝。

是日报载要事：粤南之寇北犯被阻，又图西进。鄂西我军反攻京山。唐山方面连日激战，我在山孤军无恙。寇机炸陕北洛川、肤施等处。我游击队在沪西北新泾奏捷。贸易委员会维护输出贸易。欧亚航空公司增加陕、渝航班。英继续对华贷款，谈判成功。国联行政院昨闭幕。国际反侵略会吁请各国助华。寇相平沼在国会演说，承认对华已陷难境。

1月23日(十二月初四日　庚申)**星期一**

晴。上午五四，下午五五。

侵粤之寇猛犯西江金利未逞。我生力军已分路推进。涠洲岛寇舰甚多，形势紧张。鄂西战于七里桥，寇沿京钟路东退。游击队攻武昌，战于东郊。东战场我军渡钱塘进攻杭州，别路围攻长兴。寇伤兵源源到沪。晋南我军围攻侯马、曲沃、翼城。福建疫势猖獗。浙、赣、湘、桂四省铁路实行客货联运。法国切实否认封锁安南对华交通线。英飞艇沉没于大西洋，船员与乘客均获救。寇机炸渭南。西班牙叛军进展，政府军坚守最后一道防线。

依时入馆，理杂事外，仍注《左传》。午饭于同华楼，雪村、洗人、调孚参加，摊费三角五分。接绍虞信，知渠兄需五百元，日内将来取。午后鉴平来，告新寰中学近状，属函翼之。夜归小饮，饮后小坐便睡。

1 月 24 日(十二月初五日　辛酉)星期二

晴。上午五三,下午六二。

粤北海我军准备充实,决尽力守土抗战。京山附近仍激战未息。株岭现有剧战。晋省我军围攻河津。江浙边区游击队一度克复平湖。我空军炸扬州寇军需。又在黄陂毁寇储军火。江阴寇军哗变。冀省我军克复雄县。国府拨款调整对外贸易。上海海关、邮局拒收伪钞。中央捕房副探长黄福森被刺重伤。英国大风雨成灾。美舆论赞成禁止军火接济寇方。

依时到馆,仍注《左传》。片告翼之,以昨日鉴平所云。雪村父病甚殆,今日知将搭轮返绍。午间,予与洗人、调孚及雪村同出,洗与予请村在永兴昌午饭。各出一元五角半。饭后到店,知须明日登舟也。夜归,小饮。饮后为诸儿授《易知录》。十时就寝。

1 月 25 日(十二月初六日　壬戌)星期三

阴,午后转晴。上午五九,下午五七。

我空军由桂飞北海,炸毁寇舰三。广州四郊,枪声甚密。我军攻岳州,已控制四郊,炮声不断。晋南我军克中条山。丰镇战烈,平绥路不通。浙省我军围平湖。浦东游击队袭川沙。蒋经国在江西训练新军万人。军委会通令禁止示威游行。沪各团体电美史汀生致敬,以其方任勿助长侵略会会长也。寇议会质问战热烈。英相张伯伦向全国广播备战计划。

依时入馆,办杂事,馀暇仍注《左传》。午饭于同华楼,饭后,雪村即与絜如登恩德轮驶温转甬。大约须五日后始得返绍兴也。际唐来,云现只须取二百元,即检付之。翼之书来,托转宏官,告一时不能离乡状。夜归小饮。饮后闲翻，十时就卧。童书业、杨宽来访，传颉刚言，托向《申报》接洽编《通俗讲座》事。予允函询之。

1月26日（十二月初七日　癸亥）**星期四**

晴。上午五六，下午五七。

蒋在五中全会致开会词，坚决抗战。张发奎指挥粤省西南军务。石友三部开抵察省边境。苏北我军克窑湾。寇机狂炸洛阳、潼关。中、英签订直接空运协定。开波轮由沪驶温，转台、甬时在温州口外沉没。"一二八"纪念将届，市党部发布告民众书。西班牙叛军攻巴塞隆那甚急，西政府各部已迁避。

依时入馆，仍办杂事，兼注《左传》。午饭于聚昌馆，与洗、调偕，合用一元。维文来，洽北平图书馆书款事。傍晚鹰若、乘六来，商《制言》复刊仍拟由开明代售事。作书与幼雄，告童、杨二君事，属即复。想明日或有回音也。夜归小饮。饮后入书巢记日记，九时许即归寝。怀之来，知东沟收棉事已分手。

1月27日（十二月初八日　甲子）**星期五**

阴霾。上午五六，下午五七。

五中全会决设最高国防会议委员会，由蒋兼委员长。白崇禧将赴粤策划战事。鄂省我军克京山、仙桃镇，武昌四郊游击队活跃。北平寇宪兵大捕大学生，有八十人被拘。开波轮船员无恙。浦东北蔡西南有遭遇战。西班牙巴塞隆那陷落，叛军首领弗朗哥终藉外军之力入城。南美智利大地震，罹难者万人。

依时入馆，办杂事。复孙鹰若，告《制言》代售无问题，代派同行则有困难。午间偕洗、调饭五福斋，予啖肉面及馄饨各一碗，价一角九分。乃乾电话约予与珏人夜饭其家。予四时半即归,属珏人偕清儿同往,予以精神欠佳,未赴。在家小饮。饮后入书巢记日记。十时许,珏人归,知乃乾家有寿事,毓英二十九岁生日也。据云颇热闹,其姊妹行到者十馀人。伊等饭罢便归,苏滩正上场时耳。乃乾会寻乐如此,值兹危难实未易有此也。

1月28日(十二月初九日　乙丑)星期六

晴。上午五六,下午五九。

今日为"一二八"、淞沪御倭七周年纪念,全市下半旗志痛,各业多有举行义卖献金者。开明定就本日门市售款中提一成为纪念献金。各娱乐场所大多停业,独跳舞场仍登广告,通宵营业。醉生梦死之徒固不足责,奈何不畏为寇敌所笑乎。我空军轰炸虎门。总反攻即将展开。晋省中条山仍有激战。顾祝同部围崇德,苏、杭郊外均有游击战。军委会查禁以制钱铜料资敌。罗杰士返英,接洽对华放款问题。法当局宣布外交政策。美总统积极考虑保障欧洲和平。

依时到馆,寄发每周通讯录第四号。写信分寄芷芬、颉刚、圣陶、绍虞、济群、翼之。幼雄复到,《通俗讲座》一时不致复立,当于明后日分复童丕绳及杨宽正。午饭于同华楼,与洗、调及洗甥陈君偕,摊费三角六分。夜归小饮。饮后为诸儿讲授《易知录》。盈儿重感冒,入晚发热早睡,终宵不安,予为之数起,竟不成寐。

1月29日(十二月初十日　丙寅)星期

晨雨,近午止,午后又雨,竟彻宵。上午五八,下午五九。

五中全会今日闭幕。传汪兆铭在河内遇刺。晋省剧战,阵地无变化。浙省我军克桐乡。寇方通知各国,禁止在我陷落区内空航。西班牙政府军已别布新防线。

晨入书巢,钞李童山《弄谱》。饭后赓为之,并为诸儿批字课。入夜,洗人自丏尊所来,因与共酌。谈至九时乃辞去。汉、漱两儿随天然往东方书场看昆剧《湘真阁》,即瞿安曩编之《暖香楼》杂剧也。仙霓社即将辍演,故迩日珏人等时一往顾之。今日则珏人未与耳。盈儿竟日未起床,热亦未尽退,精神委顿,望之可怜。投以鹧鸪菜,并用栀子吊之,夜睡尚安。

1月30日(十二月十一日　丁卯)**星期一**

阴霾,细雨时行。上午五八,下午五九。

寇舰集中广州湾,企图犯桂益急。晋西南之寇屡犯不逞。刻正调兵增援。赣省我军渡修河袭击踞寇。寇机袭陕州,被我击落一架。"一二八"之夜,沪郊游击队逞威,焚毁沪闵路寇司令部,并夺获大炮。马育航新受伪命,秘密到沪,昨在新新旅馆被人击毙,在尸身抄出伪维新政府参议通行证及名片,足征正气犹存,奸宄终难逋诛也。财部拨款三千万,充贸易委员会经费。张伯伦演说,力求国际谅解。

依时到馆,办杂事,仍以其间注《左传》。是日起,午餐就馆包饭,言明每月三元五角,星期照扣。晨得筑处附来芷芬函,知押运到筑,途次遗一簏书,乃为后车拾得,仍归还,甚欣慰(此信廿四日所寄出者)。午后一时许,接谢来廿八日夜七时来电:"卢押货来筑返,车翻,伤额臂,入院。速派员赴滇,嘱缓告家属。"至深骇念。洗人与予商定,先电滇任昌赉知照,暂代主持。一面电谢来问芷芬伤势,仍令电复。然现在电报阻滞,此电之来历两日,则去电得复亦正难速，殊令人焦念也。丏尊自本月起，不日常来店，今日偶来，因于散馆后偕洗人及予同饮于永兴昌。八时许归。

1月31日（十二月十二日　戊辰）**星期二**

阴晴兼施。上午五九，下午同。

五中全会昨闭幕，决议要案十六件。发表宣言，确立第二期抗战方略。并分电全体将士及海外侨胞，加以慰劳与嘉勉。寇舰环集北海，亟图登陆。牯岭方面仍激战中。我军克合溪桥。晋省攻中条山之寇未得逞，被我击落飞机四架。寇机袭郑州，英商打包厂被炸。三外轮被寇挟驶青岛，上海、阜宁间航线被迫停驶。苏联宣布第二“五年计划”完成。寇廷驻欧各使会议，讨论扩大《防共公约》。寇京思想大检束，东京帝大教授多人被免职，因而自动辞职者亦不少。

依时到馆，仍处庶事及注《左传》。曙先、叔琴来，约饮永兴昌，予辞之。丕绳、宽正来谈，出《古史辨》第七册目录示我，谓正寄书颉刚求正，即可着手编印也。夜归小饮。饮后为诸儿讲授《易知录》。盈儿热退，嬉戏如故，惟稍软耳。

2月1日（十二月十三日　己巳）**星期三**

阴，午后风雨，连宵不止。上午五九，下午五七。

蒋兼最高国防委员会会长，并在成都、宁远分设行营，重庆行营即结束。中条山仍在激战中。固阳我军获胜，信阳城郊发生游击战。寇机轰炸南宁。英帝国航空公司飞机在涠洲岛被寇舰射击，幸免。叶楚伧任中宣部长。军委会通令，严禁部队拉夫扰民。华商造船厂产业，全部被寇侵占。希脱拉在众院演说，要求返还殖民地。美国芝加哥暴风雪。南美智利续有地震。

依时到馆，处分杂事外，仍注《左传》。傍晚得贵阳昨日电：“额无碍，左臂骨断，可接，需二月愈。”盖芷芬传状复到矣。为之稍慰。但愿吉人天相，速臻康复为祝耳。是夜祀先，吃年夜饭，以立春在即，特提早赶春先也。修妹、文权、濬儿、顯孙俱来集，业熊、静甥本住我家，并雪村家人为两席，甚热闹。盈儿欢跃如恒，尤可喜。九时许，修妹等俱去。十时三刻乃就卧。

2月2日(十二月十四日　庚午)**星期四**

阴雨。上午五七，下午同。

寇循汉宜路西犯，岳家口发生激战。晋南我复马家岭。空军炸广州寇舰。三水我军收复下勒岗、灶岗。全国军队开始整编。东北四省主席人选已决定：辽，王树常；吉，李杜；黑，马占山；热，万福麟。黄炎培任党政委员会秘书长。经济部令饬保护国人自制国货。伪市府侦缉分队长耿寿宝昨在沪西被人乱枪击毙。

起略晏，未入馆。午前补记日记。午后续钞《弄谱》。夜小饮。饮后上楼，与起中语，起中前日自苏来，住天然所，颇携来故乡消息也。九时许就卧。

2月3日(十二月十五日　辛未)**星期五**

晴。上午五五，下午五七。

寇图在北海登陆，被我守军击退。鄂中天门之寇退皂河。赣北之寇仍在修河隔岸发炮。晋南之寇窥陕计划已受挫。我流动部队向京沪路集中。寇机在嘉定县境降落，机身被游击队焚毁。常熟县境有激战，我中队长于世堂殉国。寇方非法查扣外轮，英领将提抗议。华北民众团体通电痛斥寇方假借名义,捏造请和电报。英相张伯伦昨演说,响应希脱拉,自谓绥靖政策收效。美总统罗斯福半透消息,决采各种步骤,援助欧洲民治诸国,明言将以军火接济英、法。已引起重大影响。苏联与伪满边境又起冲突,苏向寇方抗议。德国商得寇方同意,在太平洋建立海军根据地。

依时入馆,办清昨日积件外,仍注《左传》。鉴平来询翼之,盖上月卅日曾来传新寰之意,属写信速其来,今特问之。翼之适有信来,欲以新寰事务之职让怀之,尚未接头。致书慰问芷芬,汉儿亦附书慰之。散馆归,小饮。饮后入书巢钞《弄谱》。十时许就寝。

2月4日(十二月十六日 壬申)**星期六**

晴煦,春意盎然矣。上午五四,下午六一。

最高国防会议主席由蒋兼,并已指定常委十一人,除蒋及五院院长外,毛泽东、朱德、周恩来均与选,馀为冯玉祥、李宗仁二人。此机关介立中央党部与国民政府之间,对五院行文亦用令云。军政部之兵役司已扩大为兵役署。寇股一部过风陵渡,潼关连日炮战甚烈。晋南我克芮城。空军飞冯村,轰击密集之寇。在粤之寇西犯者退三水,从化之寇南犯,被我击退。赣北修河炮战,我击败寇炮。寇方限期迫牯岭外侨他离。蒋电勉沪市党部及各团体。虞和德等电部,请准浙棉运沪。中、英谈判二次放款。苏联因匈牙利被胁加入防共协定,已失去独立资格,宣布与匈绝交。

依时入馆,编发每周通讯录第五号,并校周谷城《中国通史》排样三十四页。鉴平复访我,谓翼之有信与新伯,介绍怀之,已弄僵,不识翼之究能来否。予谓且等明后日续信再说。大约新寰方面恐有变卦矣。聿修来谈,谓甫自苏返,形形色色颇可噱,而民众麻木殊可虑云。在店聚饮之公记账应摊六元三角六分已还讫,交洗人。散馆后与洗人饮永兴昌,将前在雪村账上所挂之酒账及今日所需并还讫,共十六元一角。旧历年关之账,至此已了却矣,为之一快。七时许归,怀之父子适在,因长谈至九时乃去。未及十时,予亦就卧矣。

2月5日(十二月十七日　癸酉　丑初初刻十四分立春)**星期**

晴煦。上午五六,下午五五。

晨起进团圆汤,春朝例食也。食已,大椿来,告近状,并云冰黎以受人之逼,已返居甫里矣。谈有顷,辞去。为诸儿批字课。并钞《弄谱》四纸,以纸罄而止。期洗人来饮,傍晚不至,乃独酌。饮后为诸儿授《易知录》。八时,树伯、起中过我谈,移时乃辞去。十时,予就寝。

报载要闻:寇企图三路渡河,黄河沿线连日激战。我军克复辽县。容奇空战,我击落寇机两架。浙省我军克复海宁。寇机狂炸万县、贵阳,损失甚巨。(至念芷芬在医院。)京沪路我流动部队活跃,寇已在四面楚歌中。甬防守司令订货物进出口办法。中、美将成立新借款。英政府谋增进对俄关系。美总统昨召报界,重申外交政策不变。

2月6日(十二月十八日　甲戌)**星期一**

晴,突转冷。上午五五,下午五七。

风陵渡附近韩阳之寇于黄河曲处渡河,我正炮击中。大批寇机袭粤连县、桂宜山各地,赣、湘、浙境亦遭轰炸。政府竭力调剂粮食,平准市价。川省改编保安队计划拟定。烟台海关出口限制展缓半月实施。意国最高法西斯会议,决向法国提出四项要求。伦敦发生炸弹案多起。西班牙总统入法境,赴巴黎。叛军大得势,意志愿兵已逼法边。寇陆海军补充预算达六十万万元,海陆两方以支配不匀,发生摩擦。

依时入馆,处分杂事外,仍注《左传》。鉴平来催询翼之,而翼之迄无信来,不识究竟,殊令人为难也。接万县办事处电,附近中弹,人店均安,损失轻。大约幸免寇炸矣。惟贵阳迄无消息,至为系念。下午连接上月廿九日晓先两信,告芷芬伤状甚悉,惟设备简陋,养伤甚不适耳。因推论西南现状,痛评村、洗、丐、山之失,言虽过切而殊中肯綮,惜受尽言之难耳。为之奈何。散馆归,小饮,邀树伯及起中父子共酌。饮后听起中擫笛,天然等度曲,至近十时乃归卧。

2 月 7 日(十二月十九日　乙亥)**星期二**

晴寒。上午五〇,下午五二。

我机飞晋南运城寇机场轰炸,寇机四十馀架全部焚毁。又别队轰炸同浦路寇军。我军三万渡钱塘江,将会攻杭州。冀游击队冲入巨鹿城。鄂省我军再克京山。苏北我军将围攻沿海踞寇。湘北我军袭岳州。天津市民致函英大使,表示华北民意完全与中央一致。英国牛津大学聘陈寅恪任汉文教授。汪兆铭将赴欧。浙温、台、甬三江严格限制船只出入。西班牙局势激变,叛军已进抵法边,英、法谋进行调解。寇潜艇自撞沉没,死八十一人。《晶报》经理钱华昨被人击毙,实踵余大雄之辙。

依时入馆,仍注《左传》。致电鉴平,告翼之未来,可由新伯决定进止。夜归小饮,饮后为诸儿讲授《易知录》。十时就卧。珏人偕濬儿具仪往乃乾所,补祝毓英寿,七时归。

2月8日(十二月二十日　丙子)**星期三**

晴寒。上午五一,下午五六。

蒋劝党员从军卫国。晋南连日激战,我猛攻猗氏。虞乡寇股偷渡,我击毙其旅团长中佘,乘胜袭夏县。张发奎召集军官,商讨战略。寇舰炮击定海。行政院决任方策代豫主席。美舰司令再提交涉,要求寇方开放长江。上川路游击队逞威,寇军覆没。此间公共租界昨又发生锄奸行动两次,均致果。一为新闻路,被诛者为伪盐务稽核所咨议、江浙皖箔税局局长周纪堂。一为南京路冠生园,被诛者为正在活动之汉奸顾崇熙。英法准备调停西战,意国竭力阻止。巴勒斯坦会议开幕。苏联发起缔结《黑海公约》,藉阻德东侵之锋。

上午未入馆,钞毕《弄谱》。下午入馆,复晓先,与其中肯而谏其切直。有"快刀斫麻,既有形格势禁之感;锄莠扶直,亦惧披根伤本之痛"语。不审彼见省否耳。将散,振铎来,欲饮,予以家有宿酿,邀之返,未允,遂各归。到家,怀之适在,遂与共饭。饭后入书巢,记日记,且为《弄谱》编目。十时许毕,即寝。

2月9日(十二月廿一日　丁丑)**星期四**

阴,尝雨。上午五二,下午同。

寇力图侵桂,北海形势渐紧。风陵渡炮战甚烈,南犯之寇已击退。寇机轰炸当阳、潼关、钦州等处。我八路军克和顺。游击队破坏平、津交通。旅沪定海同乡会接电,寇舰离定,地方安谧。伦敦对我照付外债致欣慰。俄、意成立经济协定。法外长在参院宣称,决不放弃领土。当追随英、美之后,实行坚定政策。

依时入馆,仍注《左传》。支得两期应支之存款,为勉遵公司新办法,吃亏三元。曙先十一时来,因与洗人偕之同饮永兴昌。永兴昌昨又送大坛酒来,予嫌其新,故往询之,并将还讫此钱。据志尧云,酒确好,外络之篾系新制,如开饮欠佳,可退换。至该价须其老板自定,且缓之可也。遂未付。一时许返馆。四时许,丏尊、廉逊先后来,坚吾亦电约小饮,乃与洗人共饮于马上侯,五人只吃五斤,兼用热菜二事,共需四元五角,予付之,确较永兴昌为贵。八时许归。

2月10日(十二月廿二日　戊寅)**星期五**

阴雨。上午五五,下午同。

南战场整理就绪,西江我军迫近三水。潼关方面续有炮战。冀省我军克任丘。政府向港银行借港币六千万元。寇机轰炸甘肃平凉、固原及江西南昌等处。我军包围无锡,平湖亦在围攻中。游击队袭丹阳。汉口寇军反战,被捕百人。寇中旱灾,损失极重。此间踞寇强占振泰纱厂。中外报人接得无聊恐吓函件。(当系寇嗾奸徒所为。)意国续向北非增兵。渝路透电又布类似汪兆铭论调,有和平不能直接谈判,须国际斡旋语。(国人宜注意严防。)

依时到馆,仍注《左传》。谷城来访,商《通史》校印事。夜归小饮。饮后为诸儿讲授《纲鉴易知录》。十时就寝。

2月11日(十二月廿三日　己卯)**星期六**

阴霾,午前后放晴。上午五七,下午五八。

寇海陆军侵入海南岛,在琼山西北登陆,形势紧急。(从此太平洋局势将变,英、法在远东地位岌岌矣。)我军破坏同蒲路,切断黄河寇军之后路。蒙古骑兵向伪满边境进攻。冀省河间以西血战三昼夜。我空军飞澳门附近之三灶岛轰炸寇机场及寇舰。经济部公布禁运资敌物品之区域,上海市当然包括在内,其他沦陷区皆然。浦东祝家桥寇股中伏,受创。沪西伪警局被人捣毁。英代表进行调解西班牙内战。英、意又起龃龉。罗马教皇庇护斯十一世逝世。英下院通过增加数种寇货进口税。

依时入馆,编发每周通讯录第六号。仍注《左传》。予同来访,谈近日政情甚悉。移时乃去。夜归小饮。饮后听书,一无惬意者,九时便寝。

2月12日(十二月廿四日　庚辰)**星期**

阴雨。上午五七,下午五六。

蒋谈,倭寇在海南登陆实系南进窥迫南洋之发端。英、法同向寇廷交涉,要求说明占领海南用意。法舰且已驶赴海口所。粤东江之寇进犯派潭。冀省我军克文安、新镇。江海关拒增雇寇籍关员。寇总领事访问租界当局,要求遏制恐怖分子。(其实沪西之烟赌械斗皆寇所纵使。)浦东新场之寇受创撤退。西班牙叛军已提保证,英、法即将予以承认。但共和政府仍决继续抗战。

竟日未出,坐书巢闲翻,期洗人来饮,未果。夜独酌,饮后为诸儿授《易知录》。九时半就卧。

2月13日(十二月廿五日　辛巳)**星期一**

阴雨。上午五七,下午五六。

琼山陷落,我军移转阵地,寇分两路进犯。石友三部复南宫。

寇机袭甘。国府通令全国,厉行筹粮运动。美两舰队集中完毕,作大规模演习。西班牙局势已由军事变为政治。寇总领事请取缔恐怖行动,工部局已答复,阐明立场。

依时到馆,处理杂务外,仍注《左传》。接硕民信,询常中下落并告缵庭又催询圣陶家看屋人打发未,因即分致允言、红蕉。并以久不得翼之书,顺笔写一片寄之。

夜归小饮。饮后仍为诸儿授《易知录》。近十时乃寝。

2月14日(十二月廿六日 壬午)星期二

阴霾,偶露阳光。上午五五,下午五六。

寇外长答复法大使,谓占琼岛并无领土野心。一面由澄迈南犯,与我血战。我空军飞虎门炸寇舰,沉二,伤四。我军收复湘、鄂边界之羊楼司。晋南激战,黄河防务严紧。成都行营开始办公。牯岭外侨撤退,寇允展延十天。沪西壮士又袭击伪警所。西政府迁回马德里,叛机遂飞往猛炸。

依时入馆,仍处杂事,并注《左传》。午饭于聚丰园,以江西同行雷铁僧来,故洗人、索非及予三人往享之。下午红蕉有电话来,谓有便人往苏,可带钱与圣陶之看屋人。询其数,曰至多二十元。予因为圣陶支二十元,即饬金才送去。

夜归小饮,饮后为诸儿授《易知录》。归时过吕宋路新建之邑庙市场,颇恶俗,而已有人持烛帛前往烧香者,足征吾民之无识,至可叹惋也。

2月15日(十二月廿七日 癸未)星期三

晴。上午五四,下午五六。

英对寇侵海南提抗议。法在越南建筑金兰湾海港。寇总预算案通过众院。英商怡和洋行收买招商局海元、海亨、海利、海贞四海轮。意向英提保证，决撤退在西志愿兵。豫南我军开始反攻，已收复光山、固始、罗山、经扶、汉川、商城六县。我空军再创运城寇机场，毁其机十九架。军会政部召开政训会议。经济部电复上海市商会，浙土产五种通融运沪。

雪村晨到沪，华坤随来，予适入馆，未之晤。午后，雪村来馆，谈别后事甚悉，绍兴被寇机炸十馀处，死数百人，而此间绝无闻知，似此封锁新闻亦甚无谓矣。又谈内地办兵役事至为弊薮，贪吏土豪遂得上下其手以鱼肉乡民，甚可愤叹。承送我点石斋石印之《策学备纂续集》十二册，此书已极少见，予架亦终未有，今得此，乃与正集相配，至为欣慰。治杂事，仍注《左传》。

散馆后，洗人、丏尊、雪村及予同过永兴昌，年例已不卖热酒，而其主人甚见接待，酒炙俱未肯收钱，颇难为情。予新取之酒一坛，顺便还讫酒价，计十元柒角，八时归。在酒店遇慰元、翊新，知职教社将有新说书专修班之设也，慰元主之。

2 月 16 日(十二月廿八日　甲申)星期四

晴阴间作。上午五四，下午五五。

西南行营召开军事会议，白崇禧将赴前线视察。桂军增防南路。我游击军直抵武昌郊外。晋南绛县寇军东犯。兰州空战，击落寇机十八架。东京湾法、寇舰互相监视，形势紧张。新加坡总督赴安南，会商应付寇占海南办法。西叛军政府承认问题，英、法尚在犹豫中。匈牙利内阁总辞职。英商同和轮又被寇舰扣留。意增兵北非，英再提质问。我国所购坦克车二百辆，已运抵仰光。撤退牯岭外人，英、美与寇在上海成立协定。

依时入馆，校《中国通史》排样一批。夜归小饮。饮后小坐便寝。接圣陶信，知近状甚闲适。当为分送诸友传观。

2 月 17 日（十二月廿九日　乙酉）星期五

阴，偶雨，晚晴。上午五四，下午五七。

琼州岛各地战烈，蒋下令坚抗。法军开指定地点，英、法协商远东防御计划。我军九日轰炸芜湖寇舰，一机受伤，遂直冲寇舰，同归于尽。湖口克复。沪寇领通告各国领事，谓寇海、空军将于今日在台州海门有军事行动（此与浙东防务大有关系，不识当局将何以处之）。蔡希仁受任淞沪警备司令。此间法租界昨日连发生两案，伪法院长屠俊（即律师屠振鹄）及伪警局职员高鸿藻均被枪杀。美众院通过国防预算。英内阁发表国防白皮书，并布国防新预算。

依时入馆，治庶事并注《左传》。夜归，与仲弟共饭。盖特饬汉儿往邀者。饭后七时乃挈淑侄去。

2 月 18 日（十二月三十日　丙戌）星期六

晴，午后阴。上午五七，下午同。

寇又有一股在粤赤湾登陆，占据南头。海南沿岸正在激战。美对寇占海南亦提抗议。兰州郊外发生空战。我游击军迫近岳州城郊。石友三部在门头沟大败寇军。国府严令整肃官常，厉行廉洁。参政会开幕，蒋议长出席致词。英国竭力调停西战。欧局好转，伦敦乐观。苏、寇僵局又转紧。

馆中饭钱一元四角五分付讫。编发每周通讯录第七号。夜归,合家吃年夜饭。然烛一斤为守岁资。自濬之生,迄未行此,今日为群儿所求,聊复应之。然予坐至九时,已呵欠欲睡,遂就卧。有顷,濬儿、文权来,予以入睡,未之觉,据云至十一时半乃归去也。

2月19日(己卯岁正月大建丙寅初一日　丁亥　亥初初刻九分雨水)**星期日**

阴,下午雨,遂彻宵。上午六一,下午六〇。

《申》、《新》诸大报俱依年例停刊,惟《文汇》、《导报》等仍出,而新闻亦甚稀,只知海门尚无恙而已。

竟日未出。红蕉全家来,濬儿全家来,丏尊伉俪来。午饭于天然所,陪红蕉。夜饮。饮后又与文权辈谈,至九时许乃唤车冲雨去。同、盈争,盈哭几绝,予为大愤。

2月20日(正月初二日　戊子)**星期一**

阴,微雨。午后转冷,霁。上午五八,下午五六。

午前看雪村所假《越言释》。此书二卷,为会稽茹三樵(敦和)撰,前有道光己酉杜煦序,其人盖与李莼客同时,所言颇中肯綮,虽爱护乡邦仍未免争墩之习,而语之有物,绝少向壁凿空之谈,弥可珍赏。予一气读之,及午而毕。(书为葛氏啸园所刻。)履善来。漱石、宏官来。俱饭。饭后,幽若来。履善饭后即去,馀人傍晚去。午后往丏尊所,洗人、雪村正在打牌,坐谈移时,径归。夜六时,邀丏、洗、村饮予所。据洗人谈,伪外交部长陈箓前晚在沪西寓所被人击毙,率兽食人,宜享此戮,诚矣,奸邪之不容于天地也。馀无要闻,大报停刊之故。八时许罢饮,洗、丏、村及叔琴在雪村所打牌,予亦与诸儿接龙为戏,至十一时,乃睡。

2月21日(正月初三日　己丑)星期二

晴。上午五四,下午五九。

大报仍停,未知有何要事也。

珏人挈诸儿往濬儿家,独留盈在。午饭已,予挈盈过仲弟令拜年。三时,挈归。怀之晨来,及午去。四时,汉、漱两儿先自濬所返,谓其母须晚饭后归,适同、复校课毕,因命偕士文同往,俾夜与珏人等同还。入暮,予独酌。七时毕,即出候珏人等,至兰心戏院侧,遇清、静、同,知珏人已与复、文同乘回矣。因折归,果已先在。珏人前晚睡时着凉,颈背作痛,牵掣全身,今日竟日酬语,且亦打牌,夜卧后益剧。予往年常罹此苦,今则稍好,回思前痛,益轸珏人之难受矣。夜看《广群芳谱·岁时谱》。十时就寝。

2月22日(正月初四日　庚寅)星期三

晴煦。上午五七,下午六〇。

今日诸大报俱出,要事有如下述:参政会议昨闭幕,宣言一致拥护抗战国策。粤省我军反攻,克宝安及南头。寇机炸九龙边界,英防垒落一弹,死印兵一,港督正提抗议。冀省游击战甚烈,我克安新。浙东海门炮战,寇机窥伺台州。长沙击落寇机八架,兰州击落寇机九架。美众院通过太平洋设防案。西叛军首领法朗哥坚主政府军须无条件降服。伪外长陈箓于旧元旦在沪西寓所被击殒命。昨日李国杰(搜出伪交通部部长衔片)又在新闸路被人拦击四枪,立殒。近日锄奸工作如此紧张,殆回春有象矣。(寇丧爪牙,不快自固其所,故政党之质问与外海两酋之答复俱以上海两租界及天津两租界纵容抗日分子为言,谋有以取缔之。或有意外举动耳。)

大椿来,谈移时去。留之饭,不肯。十一时,道始来,本约在我家午饭。旋以同往丐尊所,为丐所留,并雪村同饭焉。觉农适在沪,亦邀与俱。半酣,丐又使酒骂座,草草食已,觉农、雪村等打牌,予为分散计,主步往秀州书社看书。道始遂归,予与丐二人行,以旧历新正,尚未开市,乃由福煦路、古拔路、亨利路、亚尔培路缓步归。遂未出。怀之、濬儿俱在,怀先去,濬则于夜饭后乃归去。珏患项强背痛,益剧,夜睡尤感酸楚。

2月23日(正月初五日　辛卯)**星期四**

阴霾。上午五七,下午同。

海南登陆之寇被我击败,而美停、澄迈附近,战事正在进展。寇机袭炸襄阳、荆门。开封附近发生激战。寇方为炸九龙事,由其领事向港当局道歉。刘峙任重庆卫戍司令。上海寇领事向工部局提严重抗议,即以陈、李授首等恐怖事件为口实。英下院通过国防预算案。美声明仍在非政治方面与国联合作。

依时入馆,处理庶事。散馆归,在家小饮。夜听蒋、朱《落金扇》。十时就寝。

2月24日(正月初六日　壬辰)**星期五**

阴,午前后晴,傍晚雨。上午五七,下午六三。

寇舰袭冠头岭,北海形势复紧。寇舰昨又袭甘肃,我空军在兰州击落寇机六架。四行拨款千万,备渝市疏散人口之用。晋省之寇分路犯禹门口及龙门口。上海寇领要求已透露,藉端欲扩警权,希图在租界增寇籍警员。英揆张伯伦发表重要演说,以武装保持和平。美众院讨论关岛设防问题。

依时到馆,仍处理庶事。接谢来三日、五日、九日三函,详告筑中被炸惨状,商务、中华全毁,世界左右着弹,正中对门着弹,俱未肇祸,开明及晓先家幸免于难,芷芬接骨后经过尚好(芷芬有九日手函寄振甫),且未受惊。予为大慰。然筑地死人二千馀,毁屋一千四百馀幢矣。暴寇之肉其足食乎。写信慰问晓先。须明日号信中附寄。

散馆归,幽若适来,因留晚饭。八时去。知将就布厂职工。近十时就卧,睡前仍听蒋、朱《落金扇》。珏酸楚稍好。

2 月 25 日(正月初七日　癸巳)**星期六**

阴雨,起风。上午六〇,下午五七。

海南寇股占清澜港,我军继续抵抗。鄂中寇占天门,分三路西犯。鄂东我克武穴。汉口寇军封锁租界,英、美领事提抗议。陈诚否认有第三国调停说。豫北我军复武陟。甬防部规定省外轮船禁止兼湾定海。中、英航空试飞,由渝飞抵仰光,将接飞伦敦。上海公共租界工部局对寇方牒文将即予答复。寇舰在吴淞口外扣检德轮,擅捕旅客四人。英外相在上院说明英、法联带关系。美众院通过太平洋设防,惟将关岛添设飞行场一款删除(惧太逼寇也)。苏联红军成立廿一周年纪念,全体将士宣誓效忠。

依时入馆,仍办理杂事。并编发每周通讯录第八号。写信慰芷芬,复圣陶。坚吾续借《廿五史》,予为芝九索得所著书两册,因于午后送与芝九。散馆归,中和里南口,工部局派工钉桩施铁丝网,惟河南路里东口可出入。询悉凡里之通两路者俱阻塞,南京路上南北可通之里弄俱已实施矣,行见遍及公共租界中区也。大抵工部局徇寇方之请将严防恐怖或竟妄肆搜查耳。可愤亦复可虑也。

散馆到家,仍小饮。饮后入书巢补记三日来日记。珏人患苦又见好,甚慰。八时半听书,至十时乃睡。

2月26日(正月初八日　甲午)**星期**

阴雨,午后间以大雪,傍晚止。上午五七,下午五五。

豫东我军与寇战,歼寇千馀。占海南之寇仍向内地急进。别股并在雷州半岛登陆。寇舰炮轰海门,图扰浙江内地。蒋令渝、蓉、筑市民疏散。此间租界当局增强界内防范,即于今日答复寇领牒文。黄金飞涨,最高价曾达二千一百四十五元,饰金每两达二百十八元。意外长抵华沙,波兰与德忽生恶感,波各地作反德示威。

竟日未出,坐书巢闲翻。午后三时,致觉雨中见过,谈两小时,辞去。诸儿往仲弟所贺岁,饭而后归。夜小饮,饮后听蒋、朱播音,欲听苏滩,未能得。珏人项痛已痊,移至肩背作酸,周身牵掣仍然,颇望日内即愈也。

2月27日(正月初九日　乙未)**星期一**

晨阴,午后晴。上午五七,下午五八。

鄂中反攻局势渐形稳定。蒋嘉奖中条山御战将士。海南附近泊寇舰四十馀艘。广州四郊我游击队活动。豫东我军克杞县。沪杭线我军即将反攻嘉兴。中英航机试飞仰光,刻已飞回昆明。工部局对寇复牒内容闻甚强硬,但迄未宣布。电力公司又由工部局批准加价(半年前曾加过,今再加)。市民会正请求取消。寇方谈话,去年一年中共损失寇机一千有一十架。西班牙政府接受和议。

德国否认派兵赴非洲。英将在南洋群岛增防。

依时到馆,处分杂事。午后丏尊附笺致圣陶者送到,遂将前日写好之信发出。四时许,廉逊来。散馆后乃与冼、丏、廉、村过饮永兴昌。

予素无齿患,自旧腊以来,左下床臼齿与左上床尽根臼齿轮番作痛,颇不便于咀嚼,今日更甚,酥软之品亦只能囫囵吞下,殊以为苦。七时三刻散归。

2月28日(正月初十日　丙申)**星期二**

朝暾甚好,旋霾。上午五七,下午六〇。

鄂中寇西犯,正与我军激战中。苏北宿迁之寇分路东犯,各路发生血战。寇犯禹门渡,被我击退。河北我军收复冀东十九县。冀、晋、鲁各路交通,为我游击队破坏。寇犯昨约与工部局樊克令会谈,重提二次牒文,临时展缓,谓东京寇阁海、陆、外三省正会议有新训令致寇领事,须接到再提也。(葫芦谜任人猜而已。)英、法昨俱正式承认西叛军政府为国民军政府。共和政府总统已辞职。

予牙痛兼致腹泻,今日未入馆,在家休息。饭后,濬儿挈顯孙来,告道始于廿四之晚忽中风,口呙面肿,刻正疗治中。予甚念之,明日当往问候病况也。前抄《弄谱》,今为手钉成一小册。偶一把玩,亦殊发趣。珏人痛苦已减,而复儿又卧床体热,大氐伤食兼乏力耳。夜仍小饮,饮后少坐便寝。

3月1日(正月十一日　丁酉)**星期三**

晴煦。上午五九,下午六二。

鄂中之寇西窥荆门。我军反攻瓦庙集及三阳均得手。而随县、钟祥皆遭寇机袭炸。寇急攻苏北沭阳、淮阴、东海、赣榆。寇舰在浙江镇海发炮。政府令官眷于十日内离渝。行政院决议，王公玙任苏民厅长，于学忠任鲁省委，川教厅长杨廉撤职查办。（杨之被议已嫌迟）。寇方对上海公共租界工部局复文已于昨日下午提出。各国领事要求制止寇舰盘查外轮。寇在北站一带筑炮垒。英政府发表海军新预算。西总统已宣言下野。

依时入馆，校《左传》排样一批，并处理庶事。接芷芬廿日发铅笔手书，知伤已大痊，一星期后可出院，甚慰。四时出，过访道始疾，已就痊，口亦不斜，惟左颊略肿，舌稍强耳。坐移时，得观其新收册页多种，就中汪由敦、钱陈群、刘统勋诗册为最，薄暮乃归。夜小饮，饮后听播音弹词。九时许就卧。

3月2日（正月十二日　戊戌）**星期四**

晴，旋阴，入夜大雨达旦。上午五八，下午六一。

我空军在晋南两度飞炸运城、解县。鄂中我军向前进展。湘北我克堰市。刻正在汉水以东激战。苏北仍在战中，我机梭巡浙东。渝、昆长途电话正式通话。第三次全国教育会议开幕。寇军警人员昨与工部局当局会谈，形势已缓。但当晚南京路、静安寺路、虞洽卿路接连发生爆炸案四起。（显系寇方有意故纵。）大阪近郊寇军火库爆炸。寇舰队集中日本海北部，准备自由捕鱼，似对苏联示威。英工党弹劾政府承认西叛军之国民政府案遭否决。（足见张伯伦布置之密。）

依时入馆，续校《左传》排样。昨夜偶阅翟灏《通俗编》（《丛书集成》函海本），见其十九、二十两卷即《剧话》，廿一、廿二两卷即《弄谱》，予大讶，岂坊贾震雨村之名，故从所刻《函海》中割取四卷,特仿《函海》版式,窜名印行以射利耶?(《函海》不收此二种,正有可疑。)然《童山文集》中固明明收刻《剧话》、《弄谱》二序,而予据钞之本亦正各冠此序也。因疑雨村或先篡稿刻行,窜己作之名,其后刻《通俗编》入《函海》,遂寝此不行,故《函海·雨村四话》外无此二种;集中两序,刊除未尽,致露马脚耳。深叹读书考订之难如此,而世每有以一知半解自命通材者,可以悟矣。暇时或与乃乾、振铎一论之。

夜六时,店中假聚丰园中宴请巴金、林憾庵、陶亢德,兼邀傅东华、王剑三作陪,雪村、丏尊、洗人、索非、调孚及予俱往。东华未到。八时散,大雨滂沱。呼车不得,待四十分,始由聚丰园侍者觅得一汽车,踉跄而行。先送亢德至打浦桥,归至环龙路霞飞坊口,以修路阻不通,乃徒步冲雨入寓,衣履尽湿矣。

是日在国货公司购得呢帽一顶,价一元七角半,盖旧除夕予在郑家木桥电车中又被偷儿摘去帽子,不得不再买,实已第四顶矣(前三顶俱在车中被摘去)。理发修面,下颏之胡亦留不剃矣。

3月3日(正月十三日　己亥)星期五

阴,昼显晴,夜十时又雨,达旦。上午五九,下午六〇。

张自忠在鄂中前方督战。潮汕形势紧张,寇舰大集,有登陆内侵意。保安队在琼州东激战。寇犯吕梁山,被我击退。战时物产调整处严禁商店抬高物价。亚洲美以美会派代表来华慰问。英上院议员质问寇方在华行为。寇方华南司令代表田中,为九龙边界被炸事,向香港总督道歉。寇阁核准海陆军补充预算,发行公债五十八亿。中缅试航机飞抵昆明。教廷国务卿巴塞里膺选为新教皇,称庇护斯十二世。

依时到馆,处理杂务。海林午后来约,明晚过饮其家,饮后往富春桥听书。予重违其意,允于明晚与坚吾偕往。丏尊定明日乘新北京返甬转白马湖。散馆后洗人、雪村及予与之饮于永兴昌,遇刘廷枚。七时许散归。

3月4日(正月十四日　庚子)**星期六**

阴雨,入夜转甚。上午六一,下午五九。

鄂中连日血战,已历一周,各路之寇均受挫。我军开抵绥远境,防寇西犯。其机场被我焚攻,毁寇机十架。粤白云山寇机场亦被我机轰炸。汕头妇孺奉命撤退。美巨型机飞剪号首次抵香港。工部局昨向寇方提觉书,已商定妥洽办法。(无非让步,许踞寇滥捕人耳。)寇方禁阻英轮复航阜宁。寇侵华军费又将增四十六万万元。新教皇庇护斯十二世即位,定本月十二日加冕。印度甘地又以绝食抗英不果实施新宪法。

依时到馆,编发每周通讯录第九号。校《中国通史》排样。坚吾电话通知,梦岩、海林约饭,改在正午举行。本约丏尊吃饭,以其先与丏话别,至十一时半,坚吾过我同往平乔里。二时许罢,辞去听书,仍返馆。则丏已行矣。

夜归,云斋之老太太及幽若俱在,予为同坐小饮。晚饭后,闻老太太去,幽若则留宿焉。群儿掷骰为戏,予亦参加数局。十时寝。

在商务印书馆购得《蒙古游牧记》一册、《湖海诗传》四册、《近代诗钞》三册,计四元一角三分。

3月5日(正月十五日　辛丑)**星期**

阴晴间作。

晨入书巢补记四日来日记。濬儿全家来。竟日未出。饭后理椽,偶读《五杂俎》。夜仍小饮。

报载要闻:汉水以东战甚烈。我军力却寇股。广州游击队袭击河南。陇海路东段激战,传海州已沦陷。马占山、傅作义部在绥境与寇血战。满洲里以北发生战事。云南昨地震。全国教育会议,蒋训词发表。胡世泽照会国联,抗议寇机轰炸平民。工部局与寇方妥洽,寇已获得满意之结果。我军突击颛桥,浦东寇股被截断。豆米业公会定明日集议稳定米价。(日来以内地米粮为寇搜括,米价步涨。)法在越南增强军备。美参院讨论国防计划。

3月6日(正月十六日 壬寅 戌初一刻九分惊蛰)**星期一**

阴。上午五九,下午六〇。

依时入馆,校《中国通史》排样并处分杂事。际唐来谈,索前编《国文参考书》,明日当检赠之。散馆后与洗、村饮永兴昌,用一元五角。七时许归,珏人正往仙乐看仙霓社戏,八时许乃返。诸儿温《易知录》,问予数事。

报载要闻:鄂中血战已九日,关口失而复得。钟祥、尹隆河一带战正酣。苏北剧战,正坚守海州。海南展开游击战,寇登陆后死伤已达五千。成都十万市民参加宣传建军运动。重庆妇女献金七十万元。驻华法大使戈斯默昨由滇飞渝。川教厅长杨廉舞弊被捕。财部通告增加奢侈品入口税为百分之六。沪市米价已涨至限价。(限价十四元,暗盘有至十八元半者。)钱业今日起恢复午市。(战后止有早市,今复。)各国收买华轮,全力扩充航权。美国成立一百五十周年纪念,罗斯福演说民治之可贵,力斥独裁之非。甘地仍绝食中,印内阁将总辞职。

3月7日(正月十七日　癸卯)**星期二**

晴,午前阴,午后细雨,旋止。傍晚又细雨。上午五七,下午五九。

依时入馆,注《左传》。为编所办洽稿订约诸事。作函送《参考书》二、三两册与际唐。夜归小饮,饮后看《通鉴》。宏官来。夜饭后去。

报载要闻:鄂中之寇分三路猛犯钟祥,我军浴血死守。北面襄阳、樊城并遭寇机轰炸。绥境之寇分路犯大青山。寇机并扰宁夏。江西吴城以西发生激战。财部召开金融会议。寇方将封锁江北各港口,各外轮公司纷请抗议。英对我又成立借款三百万镑。西班牙马德里组国防会,推翻内阁,将与国民军妥洽。甘地绝食三日,体力渐衰。

3月8日(正月十八日　甲辰)**星期三**

阴,午后雨,即止,旋显晴,又阴。上午五九,下午同。

依时入馆,处理杂事外仍注《左传》。下午四时,坚吾邀饮,散馆后赴之,曾参观其利达工厂。六时,梦岩来,遂同饮。八时许散,九时归寓。珏人曾往仙乐看昆剧,予归时,伊亦到家未久也。

报载要闻:钟祥我军已撤,从侧面击寇。寇窥伺襄樊甚急(我有劲旅屯彼故),寇机屡往袭炸。寇机四十五架昨由陕图袭兰州,在平凉、武威、永昌、西安等处投弹。海南各县壮丁仍对寇抗战。京沪线一带有正规军开入,游击战扩大。行政院通过都市计划法草案。汉口寇军将葡国领事拘去。寇阁揆平沼表示望与中国谈判。其海陆相则说明扩军计划。马德里已由米亚迦组成新政府,与国民军密谋和平。甘地以主张胜利,中止绝食。

3月9日(正月十九日　乙巳)**星期四**

阴,午后雨,薄暮加甚。上午六〇,下午同。

依时入馆,仍注《左传》。散馆归,乘人力车,代价三角五分,而到家后竟将棉鞋遗忘车上,比发觉,追之已杳。夜小饮,饮后记日记。晨,里中突来捕房警探挨户搜检,据云受寇方之迫,结果无所获。惟予居三弄北面之屋迄未侵入。

报载要闻:鄂中我克仙桃镇。寇机四十馀架狂炸宜昌,在沙洋击落其一架。韦云淞负责指挥南路军事。重庆、哈密间试验飞行告成。忠义军袭击新龙华车站。上海工部局董事会议决加捐百分之二,定十月一日实行。英财相宣布供给中国平衡汇兑基金五百万镑。美史汀生主张以海军援助英法,制止战祸。

3月10日(正月二十日　丙午)**星期五**

阴雨。上午六〇,下午六二。

依时入馆,办杂事外,仍注《左传》。饭后际唐见过,谓其如有疾,明晨即须返省,取前存叁百元去。(即写信与绍虞告之。)道始疾少瘳,其夫人电话告予,谓渠甚念我,亟望过谈。因于四时往访,精神较前为佳,且能行动如常,惟左颊仍略感麻木,说话时舌本微彊耳。有顷,晴帆亦至,盖亦约来者。谈笑甚乐,且纵观所藏书画册轴,入夜,饮于其房,继之、君毅昆弟及其尊翁与晴帆俱与焉。饮后,复移坐斋中,长谈至八时半乃辞归。一星期前,盈儿在何氏照相馆摄一全身像,今日取来,极佳。

报载要闻:鄂中我军扼守襄河,由京钟、汉宜两公路反攻。钟祥附近战事甚烈。晋南一带现仍在混战中。海南我军一度攻入定安。寇机昨袭宜昌、西安、常德等处,宜昌市区大部被炸。椒江口寇舰再炮击海门。全国教育会议闭幕,发表宣言。希脱拉拟定计划,图压迫英法,乘机侵入荷兰及瑞士。寇占海南即此计划之一部。法国决定在经济上援助中国。英陆相向国会说明陆军现况,有事可开入欧陆参战。寇外相有田否认与汪精卫勾结,陆相板垣则声称仍继续作战。

3月11日(正月廿一日　丁未)**星期六**

阴霾,晚晴。上午六一,下午六〇。

依时到馆,编发每周通讯录第十号,并注《左传》。午后,坚吾遣人送来绍兴沈永和善酿两瓶,酱鸭一只,即饬金瑞带归。散馆归,小饮。饮后,雪村过谈,并与盈儿盘桓,至九时乃各就寝。

报载要闻:法大使在渝觐见林主席,呈递国书。顾维钧被任庆贺罗马新教皇加冕专使。晋西北我军反攻静乐、中离,寇受挫。鄂中大举反攻,钟祥、关口皆有激战。海南寇股中伏,伤亡七百馀人。马占山率部进向黑龙江,已抵热河境。一千万镑借款成立后,我设资金运用委员会。统一公债等五种公债,昨日抽签还本。寇方抨击英国援助我金融。英提出庞大空军预算。美与巴西订立金融借款协定。西国民军封锁海岸,与英龃龉,马德里共党大失势。

3月12日(正月廿二日　戊申)**星期**

晴。上午六一,下午同。

今日为孙中山逝世纪念,例得放假。以适值星期,故明日补假一天。晨起重整室内所悬照片,以同、复、盈三儿并成一大镜框,颇有趣。为坚吾撰发行笔杆宣言一通，并为作书介于丽水刘虚舟，属照料由瓯转道返沪。文权、濬儿挈顯孙来，晚饭后去。午后二时，往候道始，晴帆已先在。予以所钞《脉望馆杂剧目》及《弄谱》携与一观，晴帆以所辑《瞿文忠年谱》及《崇祯五十宰相传》示我。予为指改编例一二处。薄暮归，七时乃小饮。饮后小坐片晌即睡。

报载要闻：鄂中形势，我军好转。晋北我军仍围攻静乐。我空军昨飞往南京轰寇机场。海南游击队奉令反攻。蒋委长领导国民精神总动员。上海米价超过限价，工部局将取缔操纵。捷克内部又有问题，且形势渐紧。苏联共党全代大会开幕。史太林有重要报告发布。

3 月 13 日（正月廿三日　己酉）星期一

晴，时有云翳。上午五七，下午同。

晨入书巢记日记，并看《小万柳堂扇面集》。饭时微饮。饭后看《明通鉴》，检郑鄤被诬磔死事。三时看《通鉴》，至六时，尽二卷。洗人、雪村同过饮，七时半乃饭。饭罢，谈至八时三刻始散去。九时许，予亦就寝。

报载要闻：蒋通电全国，实行国民精神总动员，其纲领及实施办法已发表。寇机狂炸洛阳，并在陕境郃阳等县村镇投弹。鄂中寇军事已停顿。晋北我反攻静乐，永安、宁化均有激战。广州四郊连日游击战甚烈。苏北之寇强占海州盐场，我军向寇众作弧形包围。浙省收复乍浦。豫北我军在浚县以地雷轰炸寇军列车。昨上海各界举行孙中山逝世纪念，法租界竟干涉悬挂国旗。新教皇庇护斯十二世昨举行放冕礼。斯洛伐克成立新阁，捷克内部变化正酝酿中。

3月14日(正月廿四日　庚戌)**星期二**

晴,午后阴。上午五八,下午五九。

依时入馆,办杂事。午过坚吾,同饭于马上侯。二时乃返馆。四时三刻,杨宽正及蒋大沂过我,为《文汇报·史地周刊》拉稿。予却之,许代介他人。亢德来,散馆后洗、村与予约饮之于永兴昌。八时归,组青、锦翔、组葆之内弟及六姨俱在,盖六姨甫自苏来也。组青等于十时去,六姨则留。

报载要闻:鄂中我反攻,前锋已近钟祥北郊,并收复洋梓镇。苏北我军由房山反攻,海州西南发生激战。豫北我夺回济源。蒋通令整饬游击队风纪。寇方决在海南建筑海军根据地。沪西游击队痛剿伪军。租界情形外弛内紧,寇与工部局间严重性未减。米业七团体议决组米粮评价委员会。国府公布闽、浙省参议员名单。菲岛华侨召集大会。斯洛伐克局势恶化,发生冲突数起。

3月15日(正月廿五日　辛亥)**星期三**

晴,午后阴。上午五九,下午六〇。

依时到馆,处分庶事外续注《左传》。散馆后,在二马路同华楼集饮,到廉逊、子敦、俊生、洗人、雪村、亢德、坚吾、书麟及予九人。摊费一元四角。接芷芬手函,知已于四日出院矣。九时归,珏人、漱儿送六姨往组青所犹未归。有顷始返,盖午后在湖园听书,晚饭后在大新游戏场勃相也。六妹将在沪工作矣。

报载要闻:重庆军事会议,决定各线大举反攻。鲁东我军克复文登,前锋迫近威海卫。鄂中我复长寿店。中越线正式通航飞行。中英签订购车合同。沪法租界干涉悬旗事,市党部有严正表示。

工部局为近日谣诼,今公布与寇方交涉经过。英美为寇在我北方推行伪币提抗议。捷克斯洛伐克、喀尔巴阡两省独立,要求德国保护。匈兵侵入捷境,并向捷提最后通牒。捷总统及外长飞柏林。

3 月 16 日(正月廿六日　壬子)星期四

晴,午后阴,晚晴。上午六〇,下午六二。

依时到馆,办理杂事外仍注《左传》。丕绳、宽正来。晚过坚吾,知明后日即赴甬。晴帆来。道始夫人电话告我,道始甚望看乃乾《共读楼所藏年谱目》,予允即检出,俟其饬人来取。散馆归,作书与道始,谓检出《年谱目》,备明日伊使来取,兼以弘一写《金刚经》赠之。六时小饮,饮后,幽若来。珏人、汉儿适往濬儿所同看仙霓戏,未值。八时半,幽若去。九时廿分珏人始偕汉儿返。

报载要闻:鄂中之寇图渡襄河。赣北都昌方面展开血战,进犯之寇被击退。我空军炸湖口。苏北运河水涨,寇受阻。寇舰又扰镇海,发炮轰击。晋西北我军克利民堡。欧亚失事机在黔西寻获。重庆卫戍司令刘峙就职。地方金融会议昨闭幕,发表宣言。米业合组之米粮评价委员会昨成立。捷总统与希脱拉签约,捷克作为德境之一部。德军已开入捷京,捷克国亡。(英当局此时始提抗议,谓德速反前此协定。)捷克之乌克兰省已由匈军占据,要求最近宣布独立之政府交出政权,德默认之。

3 月 17 日[①](己卯年正月廿七日　癸丑)星期五

晴煦。上午六一,下午同。

---

①底本为:“容堂日记第五卷”。原注:“容翁补题于书巢于北窗,时已卯岁大暑移六日也。”

依时到馆，为编所写信外，仍注《左传》。接颉刚三日昆明信，知暑中或挈眷暂返上海。散馆归，小饮。饮后入书巢看《通鉴》。九时就寝，略翻马骀画而卧。

报载要闻：鄂中炮兵击退强渡襄河之寇。我空军飞炸鄱阳湖，毁寇机七。同时陆队收复大矶山，都昌已稳定。晋西我军克岚县。寇机前日扰陕甘，昨日袭肇庆。昆蓉、昆筑长途电话正式通话。浙定海渔产准专轮运沪销售。沪各公团电请外部抗议租界不友好行为。沪法租界否认加捐。英正式提案稳定中国法币。希脱拉抵捷京，宣布波、摩两区归德保护，并任命大批新官吏以资监督。匈军占领捷克乌克兰省。

3月18日(正月廿八日　甲寅)**星期六**

晴，傍晚微翳。上午六〇，下午六二。

清、汉、漱、润、滋五儿及静甥昨以岁时所得饼饵之资合买花绒床毯一铺献予，祝予寿辰。盖十日后为予五十初度，特预先置备以称庆者。难得有此，堪为一开笑口矣。

依时到馆，编发每周通讯录第十一号。作书复颉刚及芷芬并及晓先。（与颉刚论《古史辨》续编事。复芷芬慰其出院。致晓先谢其照料芷芬。）曙先、肃庵来。及暮，与雪村出饮垆头。五时后，越然过我，六时同赴草桥同学聚餐会于一家春。（昨得请柬，吴湖帆、章君畴、徐伟士、范烟桥主催。）到四十馀人，太半前在晋隆所见者，惟王肃亮及庞京周为久未接晤耳。肃亮违面已三十年，同处上海者垂二十年，亦云疏矣。今日见之，倍觉热烈，比肩坐，谈至洽，知有子名毓忠廿六岁，已在中学教书，孙枝亦茁壮矣。其尊人胜之先生今年八十五，步履如恒，且仍以挥翰娱老云。（现住赵主教路大赉村五号。）九时许席散，与肃亮同行，共乘七路电车以归。翼之自苏来，先过开明，旋归我寓，下榻焉。谈悉横泾近遭湖匪洗劫，十室九空，渠眷亦避入城中矣。

报载要闻：晋西我反攻离石，克复西南方据点多处。鄂北克武胜关。襄河炮战甚烈。寇机轰炸郑州、襄、樊、陕、甘、牯岭、德安等处，樊城击落寇机一架。浙海寇舰又炮击海门。蒋将飞往华南指挥大军反攻。沪市党部组精神总动员协会。米粮评价委员会派员调查各店存米。捷克在沪使馆被德使接收。前军长范石生在滇垣被刺殒命。德军开入斯洛伐克遇抗。乌克兰省对匈军侵入亦抵抗。英、法对欧局将发联合宣言。英已召回驻德大使。美总统罗斯福促国会速决关岛设防案。苏联实行拍卖渔场。

3月19日（正月廿九日　乙卯）星期

晴，傍晚有风。上午六二，下午六四。

清晨入书巢记日记。翼之于八时后出访友。饭后二时，过访道始，见其口仍未复原。未几，晴帆亦至。又有顷，钱吟珂（名家骧，武进人，战前任青浦县长）来，共谈至四时许，同乘以出，阅书于西摩路秀州书社，无所得。五时馀，各归。夜与翼之饮。怀之亦来。饮后，翼等打牌（文权、濬儿适来，故然），予则就卧矣。

报载要闻：赣北激战，我克大矶山。晋西我克静乐，三路进迫离石。传外蒙陆空军动员，向察、绥边境疾进。寇机昨分袭鄂、豫、赣、粤、陕等处。滇垣刺杀范石生案凶手杨维骞自首，云为其父杨蓁复仇。传寇方在沪租界设便衣司令部，滥捕无辜。瑞和轮进口，为寇舰出云之炮身掠伤甲板。豆米业公会公告，取缔私相买卖。德军集中捷、匈边境。英、法正式照会德国，认掠夺捷克为非法。

美亦正式宣言,认德非法侵捷。

3月20日(正月三十日　丙辰)**星期一**

阴霾。上午六一,下午同。

依时入馆,办理杂事,仍以其间注《左传》。买得萧一山辑《太平天国丛书》一函十册,国立编译馆名义出,商务印书馆影印。计二元八角三分。又在中华书局廉价部买得梁任公著作四种五册,计五角。付饭钱一元四角五分。夜归与翼之饮,怀之仍来。翼之经文权之介将任教于坤范女学,约明晨往洽,不知成否耳。九时许即寝。

报载要闻:汉水炮战甚烈,寇屡图偷渡未逞。赣北之寇谋渡修河窥南昌。襄、樊又遭寇机狂炸。粤东江方面又起激战。晋北我军有进展。冀省我军克白堡、塘湖。我空军轰炸杭州笕桥寇机场。寇舰又扰海门,发炮四百馀响。沪市汽车司机拒绝驶往虹口。(因近日屡有失踪被害者。)虹桥寇司令部遭游击队猛袭。英、美、法将更以巨款军需援我,谈判在顺利进行中。罗马尼亚向英、法请援。苏联拒绝承认德吞捷克。美对德货与寇货决加征入口惩罚税。

3月21日(二月大建丁卯初一日　丁巳　春分戌正二刻)**星期二**

雨,入晚稍止。上午六二,下午同。

依时到馆,处分庶事外,仍注《左传》。涓隐来,取仲川所托排印装订估价单去。(仲川有《中国金银镍币图谱》稿欲印行,十七日由涓隐持来托估。)接芷芬、晓先、圣陶信。知芷出院后寓晓所。晓则托汇款与其岳家。圣乃遍复诸友耳。散馆后,与洗、村同受巴金、朗西之招,过饮高长兴。八时许归,知翼之已在坤范上课,正为前任此职者扫清未了事也。右手背饭后忽肿，初无痛苦，入夜乃渐感酸楚，莫名其妙，只索置之。

偶阅李爱伯《越缦堂日记壬集下》正月二十日记（同治二年），有可考见其为学之方者，甚惬之，录如次：

自昨夕至今晨，整比书籍，甚费心力。以案头之书必取其最要者以待相次而读，而书有常资考索者尤宜置于群籍之前；以吾辈性懒，或有所疑而书压在下，不便检阅，辄复置之，遂致此疑终身不决。斋中无书架，仅纵横置两案。又须空其十之四为看书作字地，留其十之二置杯碗灯釭奁合之属。予性又颇喜洁，知惜书，即日阅之物，亦必使整齐不少散乱。又不欲见丛残书。故或簏或阁，或床或几，或近或远，或高或下，皆极费匠心。今以段氏《说文》、孙刻仿宋本《说文》、任氏《小学钩沉》为前列，次以邵氏、郝氏《尔雅》、王氏《小尔雅》、卢刻《经典释文》、翟氏《四书考异》、王氏《经传释词》，皆训诂之法海，读经之首枕也。又次以《汉书·儒林传》、《艺文志》、《隋书·经籍志》、陈氏《书录解题》、晁氏《郡斋读书志》、《四库全书简明目录》，皆读书之纲领也。又次以顾氏《日知录》、钱氏《养新录》、翁注《困学纪闻》、卢氏《钟山札记》、《龙城札记》，考古之禁脔也。又次以王氏《经义述闻》、王氏《读书杂志》、臧氏《经义杂记》、洪氏《读书丛录》、梁氏《瞥记》及《人表考》、陈氏《五经异义疏证》，穷经之宝藏也。又次以《两汉书》，经史之分源也。又次以凌氏《礼经释例》、金氏《仪礼正讹》、金氏《礼笺》、胡氏《仪礼释官》、程氏《通艺录》、焦氏《群经宫室图》，言礼之渊薮也。然后略以经史子集比而继之。羁旅贫况，无力买书，所得区区，万未及一，然中多善本，隘而实精，俭岁玉粟，政足一生咀嚼耳。

报载要闻:鄂沙洋炮兵击中寇火药库。赣修河北岸激战。晋复神池。粤东江仍有激战,我空军轰炸海口。苏克阜宁。浙海寇舰炮击镇海要塞。宋美龄飞香港。蒋核准保卫琼崖及南路计划。浦南封锁渡口,渡轮完全停航。英向苏联表示愿合作,闻苏联将召集爱好和平国家开会。英又与苏联、波兰、罗马尼亚、土耳其、巨哥斯拉夫、保加利亚六国接洽,包围德国。美参院讨论中立法修正案。寇外相有田访西园寺。

3月22日(二月初二日　戊午)**星期三**

晴,上午六二,下午六三。

依时入馆,办杂事。校周谷城《中国通史》一批。谷城于旧经史茫然,所引多割裂误解处。作书与芝九,为晓先送款一百四十元去,托便带交仲椒,转晓岳家。买中华书局廉价书四种,计二角七分。涓隐持锌版两包来,为仲川委印《币谱》。因请调孚属国光任之。幼雄来,谓浙东寇登陆事殆已证实。其女元珍将与陈姓结婚,定廿六日在中社行礼。予与洗、村、调、丏、山、孑、庆、曙、琴合送二十元代仪。

右手背肿胀益剧,持箸执笔,俱觉异感,询之索非,谓绝无妨。因置之。夜睡时用栀子调面敷之,外扎以布,不识有效否。晚饭前仍小饮。翼之晚归,谓校数冗甚而酬报至菲,恐难久任。予劝其准酌情形定去取,勿以文权故而勉强焉。

报载要闻:寇已渡富春江,江东流沙发生激战。同时寇舰数十艘集中镇海口外,浙东形势陡紧张。赣北之寇图渡修河,正恶战中。我空军袭涠洲岛,击落寇机二架。晋西之寇在静乐、离石一带西侵。寇企图渡河,寇机因在郑州狂炸。汪兆铭在河内遇刺未中,曾仲鸣夫妇受重伤。行政院议决,定期召集生产会议。寇伪统制法币,英商提切实抗议。沪租界工部局因车辆肇祸日多,举行安庆运动周,昨开筹备会,推定委员九人。法总统及外长昨日偕抵伦敦。苏联建议,召开英、法、苏、罗、波、土六国会议,应付欧局。英、法恐缓不济急,拟先发联合宣言。

3 月 23 日(二月初三日　己未)星期四

晴朗。上午六三,下午六五。

右手昨用栀子敷治,肿仍未消,惟酸楚少已,恐多用力难好,遂未入馆。晨坐书巢看《通鉴》,饭后仍之,毕两卷。三时,濬儿率顯孙来省手疾。四时,钞《越缦日记》之评述清代儒林者。至晚未毕。夜与翼之饮。翼之盖已辞去坤范矣。(沪上私立学校本以克剥为养命之源,而翼之以官立校长之身,屈处其间,难哉。)晚饭后纵谈,九时许就卧。报载要闻:寇图分犯陕、川,但各线均被阻受挫。湘北发生激战。苏北克沭阳。冀省克定县。寇机轰炸福州。寇渡钱塘江,在萧山闻家堰登陆,图攻临浦。沪、温、甬线照常通航。曾仲鸣伤重殒命。(闻汪兆铭与曾妻方君璧出面为曾发丧,在港报刊登讣告,为人突击,可见贤佞难混,众怒不可干也。)寇方另订交通规则,使伪警侵入租界,工部局提抗议,相持之势甚恶。和明商会年会,痛斥寇方垄断商业。苏联共党全代会开幕。立陶宛接受德要求,将米美尔划归德管。

3 月 24 日(二月初四日　庚申)星期五

晴,近午阴,风霾,中夜霰雪且雨。上午六四,下午六一。

依时到馆,右手背肿仍未退尽,但作字用力已无所苦。处理杂事,并续校《中国通史》。薄晚,朗西来,村、洗、索及予遂约同饮于永兴昌。八时乃散归。珏人过濬儿同出购物,据告翼之前日之辞坤范,颇向学生放野火,致肇风潮,当局颇不快文权之滥引云。(予心讥之,无以匡也。盖其禀性实然,大与晓先相类。)夜失寐,自十二时至四时俱醒,故饱听窗外之风雨。

报载要闻:赣北之寇分路进犯,修水两岸已发生激战。鄂中之寇仍图强渡襄河。同浦路两端连日均有战事。苏北形势好转,淮阴之寇被水困阻。鲁主席沈鸿烈发动全省总攻。青岛定明日开放,许外商轮船进口。浙东我反攻,克东洲。兰、绍、温、甬昨均有电到沪,告安谧。东欧集体安全组织,苏联允加入,波兰则谢绝,英现正与土耳其进行谈判。德、罗两国经济谈判成立。希脱拉到米美尔。

3月25日(二月初五日　辛酉)星期六

晴,风烈如吼。上午六〇,下午五八。

依时入馆,编发每周通讯录第十二号。作书复圣陶、晓先,一为转孺忱、溢如信,一则复告划款已办出也。午后乃乾、丕绳、柏寒先后来。乃乾近日戒烟,少晤,故谈较久。丕绳洽编《古史辨》,略谈便行。柏寒则以久病故,半年未之见,乃长谈抵暮乃去。夜归饮,与怀之、翼之兄弟俱。钞李氏日记未竟,心忆之,格于情势,未遑率行也。九时就卧,尚酣,醒来已三时矣。

报载要闻:赣北连日血战,各路之寇均有伤亡。我军坚守武宁东阵地。湘北我军分路进攻岳州。浙东富春江边战事猛烈。湘军陶广部星夜驰防富春江。经济部在渝召开生产会议。重庆、哈密间空航开始。沪公共租界工部局及总巡捕局均严密戒备,形势甚紧。但声言镇定,勿滋疑讹。沪西伪警反正。(大约为伪警侵入,寇方挟有企图,不得不防耳。)华北寇当局忽又声明尊重第三国利益。英下院通过中国汇兑基金案。斯洛伐克签订协定,归德保护。欧局纷扰告一段落,英、法、美、波四国宣言流产,各方放送和平空气,德仍留伸脚馀地。西班牙内战旦夕即可结束。

3月26日(二月初六日　壬戌)星期

晴。有风,夜半雨。上午五八,下午六一。

晨入书巢,抄毕《越缦日记》之关于论清代儒林者。凡二千馀言,至十一时乃竟。午后二时往访道始,晴帆、乃乾俱至,相与纵谈至暮乃出。六时许,到威海卫路中社贺幼雄嫁女,已陈席,予与调孚、均正、絜如、庆三、雪村、仲持、振铎、伯恳、哲生同坐。珏人偕丏尊夫人、雪村夫人已先在,别在厢中坐。九时散,伊等乘车归,予与雪村、振铎走送仲持归其家,然后各返。牙痛又剧,手肿已臻平复。十时许就寝,时时为牙痛所激醒。

报载要闻:蒋将亲赴前线巡视。浙东布防完竣。广州天河机场被我空军轰炸,寇机尽毁。晋西我克离石。粤省寇股由从化北犯,被众包围痛击。寇舰复在北海海面活动。寇运船凤阳丸被我空军击沉。沪东寇邮船会社大火,码头、仓库悉付一炬。甬防守司令公布修正船舶登记办法。法将贷款于我(据云三千万法郎)。寇中正酝酿阁潮。西班牙内战和议协定成立。苏联红军在西境大操。

3月27日(二月初七日　癸亥)星期一

阴霾,傍晚微雨即止。上午六三,下午六一。

依时到馆,仍续校《中国通史》。接绍虞信,知予前此二函俱收悉,别封邮来《燕京学报》廿四期抽印本《中国语词之弹性作用》,盖其近作也。夜归,与翼之饮。饮后,业熊伴予往何氏照相馆摄影,藉为予祝嘏。牙痛仍未愈。

报载要闻:赣北猛烈反攻,安义、奉新之寇后退。惟星城守军为寇旋放毒气所中,全团殉国,当地已成焦土。湘北我军向寇出动攻击。浙东江防炮队力阻寇军渡钱塘江。苏北战事激趋沉寂。粤北我军反攻。寇机轰炸汕头。其一架袭闽,被迫降落。行政院长孔祥熙发表谈话,竭力维持中国债信。上海苏州河北岸,寇竟视为占领区。欧洲集体安全计划失败,美大感失望。英、俄谈话接近。意相墨索里尼演说,对法提三项要求,惟未涉及领土问题。

3月28日(二月初八日 甲子)**星期二**

晴。上午六二,下午六四。

依时到馆,校毕《中国通史》一批。梦九来,谓自淮上至此已五日,住永安街大同公寓。谈所历艰险状,于百姓颠沛流离及守吏畏葸苟安之情尤言之历历,不禁痛愤交攻。经二时乃别去。芝九来,告晓先托款无便人可寄,拟送还,而晓先适有信至,谓可暂存,俟缓日再汇。因属送来而别。昨夜中国营业公司房产部送一英文函来,谓霞飞坊卅五号现住十九人实违原订约第四条,须于本月三十日前前往接洽,否则将有必要处置云云,直同狗噬。予今晨招文权来,属其前往询问,据云又须加月租五元。无理至此,直欲令人气死,我姑置之不理矣。仲盐自瓯转来,午刻与洗、村及予同饮于永兴昌。饭后仲盐先返,予等仍入馆。

散馆归,洗人、雪村、调孚约均正、索非、廉逊、俊生、振铎、予同、红蕉、守宪、叔琴、曙先、世璟、良才、谷城、福崇、鞠侯、文祺、仲盐及丏夫人置酒于予寓,为予五十初度庆。自念修名不立,行能无似,五十之年,忽焉已至,正深感愧;乃荷知友称贺,益增汗颜矣。震平令其子送贺仪二元来。十一时,客始散,予亦就卧。报载要闻:寇犯南昌,已迫近城郊,我力抗,西郊战甚烈。同时我向安义反攻。我军渡钱塘江,向杭州包围。苏游击队一度收复官渎里。浙东我军坚守原防。鄂东我克浠水。晋省之寇三路犯太原附近之河口,我守军退出。蒋派员赴各线慰问伤兵。我空军在粤散传单,布告人民,将反攻广州。英驻日大使来沪。外商维持浙东各口岸航运。法、意交涉将开谈判。波兰对德戒备。西班牙内战和平谈判决裂,国民军进攻马德里。

3月29日(二月初九日　乙丑)**星期三**

阴,时露霁光。上午六三,下午六六。

今日为予五十初度,适逢黄花岗纪念,又值国难严重关头,自愤报国无方,何心欺饰称庆。濬儿坚欲为予斋星官,而公司中又以纪念放假,遂尔牵动,怀、翼兄弟(送糕糰烛面),组、锦、保三昆仲俱来贺(贺仪四元)。雪村家及天然姊妹、贝吴兄妹俱先后送礼。而仲弟亦率淑侄来。故午刻全家吃面,入晚乃自办酒肴三席,就一门同住之人及诸亲戚共饮焉。仲弟之附行子许云尘亦来,送礼券四元。红蕉午后见过,与圣陶合送袍料一件。面而去,留之晚饮,未果。道始奉其父命合昆季送礼十元来。十一时,文权归去,濬儿及顯、预二孙留宿焉。

报载要闻:南昌郊外隔赣江炮战,我反攻甚烈。浙东克复凌家桥。皖南我军分三路反攻。寇机狂炸陇海线洛阳以西各地。无锡游击队分攻踞寇。晋省汾城、襄陵一带之寇有西犯模样。浙、赣通车暂停。经济部公布物品运沪审核办法。英外长向郭大使表示，对我合作到底。英驻日大使克莱琪将来沪与驻华大使寇尔晤商远东时局各问题。西班牙政府携白旗出降，国民军开入马德里。立陶宛新阁成立。

3月30日(二月初十日　丙寅)**星期四**

晴，午后雷雨甚大，晚止。上午六三，下午六八。

命濬、清至孙家谢，并璧返所送礼。依时入馆，写信璧返震平礼。办理杂事信件外，仍注《左传》。翼之返苏。接吕甥济群沅陵信，知将入筑，其家仍住万县也。散馆归小饮。饮后濬儿挈顯、预二孙归去。予下楼与雪村、仲盐谈，移时乃各就寝。

报载要闻：南昌陷落，莲塘一带继续激战，别路反攻靖安，颇得手。湘鄂我军分路进迫岳阳、武穴。海南收复文昌。粤省踞寇猛攻江门，中山情势吃紧。鲁东再克荣成。豫南克骆驼店、新集。镇海口封锁说，经航业界证明不确。寇方企图攫夺京沪、沪杭两路。意驻华大使马邱赴日。德、波关系紧张。英陆军参谋长赴法。西班牙政府军各地均已投降，内战即结束。

3月31日(二月十一日　丁卯)**星期五**

雾，旋开，午后阴合。中夜雷雨。上午六七，下午六八。

依时到馆，办杂事外，仍注《左传》。接吕氏甥妇王碧霞万县信，复余前托万处所转信，告济群赴沅陵，伊将迁綦江。文理顺而字迹秀，甚嘉之。鉴平过谈，告其长子将于明日赴瓯转道如赣西，就事于萍乡煤矿局，甚慰。聿修电话告予，以明日起放春假十日，将返苏省视。芝九午后来，谓无便人往苏，晓先所托款百四十金仍捧交于予。且俟晓来信再说。道始夫人电话,约星期下午往晤道始,且邀雪村、晓先夜饮其家。振甫为予在中华廉价部购得裘毓麐编《清代轶闻》四册、梁任公《中国之美文及其历史》一册,共费五角。深谢之。夜归小饮。饮后入书巢看《清代轶闻》,并记日记。九时许即卧。

报载要闻:赣北克奉新,武宁方面背水血战,南昌郊外仍在激战中。鄂东克武穴。湘北克旌鼓岭。粤南反攻,收复江门、容奇。空军在苏北阜宁海面炸沉寇舰两艘。沪公共租界法院协定期满,仍继续有效。(伪市长傅宗耀照会租界当局欲接收法院,未果。)中美贷款一千五百万美金成功。英相张伯伦宣布增加国防义勇军员额。法总理达拉第演说,决不割地,有敢侵犯,不辞一战云。英新邮船广东号与法邮船霞飞号在汕头、香港间洋面互撞,均受大伤。

4 月 1 日(二月十二日　戊辰)**星期六**

晨大雨,午后始稍止,傍晚又细雨。入夜益甚。上午六六,下午同。

依时入馆,编发每周通讯录第十三号。附信与晓先,告前托芝九汇款未果,仍送存予处。饭后过中华廉价部,购得郑午昌《中国画学全史》一册,计九角;张公束《寒松阁谈艺琐录》一册,计二角五分。公束此著不见收于《美术丛书》,而中华又将绝版,诚足珍矣。梦九见过,告即将应虚舟召,赴丽水。以先有他约,后日订同饮。散馆归,小饮。饮后看《寒松阁谈艺琐录》。九时后就寝。

报载要闻:赣北寇犯高安,未逞。武宁我军移转阵地。湘北我军继续进展。粤南寇再犯江门,被我击退。豫南我军进攻信阳,克长台关。晋南我军反攻,收复浮山、安泽。在芮城击落寇机一架。我军将在冀、晋、豫一带举行总反攻。孔财长宣布中比借款成立。金长公债十足付款。我有大批军火运抵仰光,将转赴昆明,分配应用。德、波关系紧张,英相张伯伦宣言,决助波抗侵略。法与罗马尼亚签订经济文化协定。

4月2日(二月十三日　己巳)**星期**

风雨甚烈,入夜霁,月色朗。上午六五,下午六〇。

晨起入书巢整理架书。并检查弘一所书各件并庋之。午刻祀先,文权、濬儿、顯孙俱来。饭后渠等打牌,晚饭后去。予于午后三时冒风雨过道始,至则晴帆已先在,谈至傍晚,雪村始来,乃电话招振铎共饮。未几,铎至,君毅亦旋到,惟洗人迄未至耳。八时许罢,又续谈至十时乃散归,迢迢长天,明月悬焉,路白风清,明日当晴矣乎。到家就卧,已十一时矣。

报载要闻:南昌近郊现正在激战中。豫南我军攻入信阳。寇侵入江门,巷战甚烈。琼南定安附近有激战。桂林、新淦、吉安等地昨又遭寇机轰炸。兰州号巨型机飞返重庆。寇梅津中将在束鹿阵亡。沪甬线经核准常川开航。寇在南海占新南群鸟,法国准备抗议。寇方公然表示不遏阻伪组织下之排外运动。英大使寇尔定本月中旬赴渝。德三万五千吨战舰下水。英张伯伦宣言援波后,德否认有军事行动。

4月3日(二月十四日　庚午)**星期一**

快晴,大风如吼。上午六〇,下午五八。

依时到馆,续校出《中国通史》一批。坚吾有电话见告,已由绍折还,未赴金华。宽正来,交到《古史辨》第七册稿件之第一批。五时半,梦九来,同饮于高长兴,付三元八角,八时始散,送之至天主堂街口,然后乘电车归。交廿元与予,托便带硕民。家人正打牌,予鼓兴代珏人,十一时乃就睡。

报载要闻:赣北寇西犯高安,战况激烈。鄂中我军三路渡襄河反攻。鄂东收复浠水。粤江门守军退扎新会。西江方面我克沙坪。晋南又紧,寇正图强渡黄河。寇机昨又狂炸西安。瓯、甬两地设法疏散积货。沪市米粮来源疏通后,市价已稳定。波兰外长赴英,将订立互保公约。希脱拉对张伯伦宣言发表演说,仍旧恫吓,但态度尚见温和云。

4月4日(二月十五日 辛未)**星期二**

晴冷。上午五八,下午六〇。

依时入馆,处理杂事外,仍注《左传》。午饮宁波路、山西路转角之三泰成,仲盐所介,即与俱,兼邀洗人、雪村同往,酒味不减永兴昌,价亦克己。以后似可长往,惜路稍不便耳。(付三元半。)午后童希贤饬人持绍虞信来,取四十元去。今日为儿童节,购玩具一事与盈儿。翼之信来,已返横泾矣。湖帆来柬,约六日晚饮其寓中。散馆后候梦九,至六时,始见其偕二友孙君、拾君来,仍同饮于高长兴。七时三刻散,径归。(账由孙君抢付,甚窘。)

报载要闻:赣高安血战五日,寇死伤甚众。粤省再克江门,北街亦收复。鄂中我分三路出动,向汉口总反攻。晋省之寇犯茅津渡,平陆、南坡等处有激战。鲁省我军围攻肥城。各工厂迁至四川者,月内开工。促进土货输出,西南各关已成中心。古物美术品内移免税。波外长抵伦敦。罗国接受英国保证。英国会讨论新政策。捷前总统贝奈斯努力复国运动。

4月5日(二月十六日　壬申)**星期三**

晴,风吼。上午五九,下午六〇。

依时入馆,处分杂事。复绍虞,告童希贤支去四十元。为继之购得正中版《看护学》,饬人送去。午,朗西来,约洗人、雪村、仲盐、索非及予饮永兴昌。将散馆,丏尊来,盖今午甫由甬到沪,而镇海口即日封锁,深幸脱出也。入晚,遂偕丏、洗、村复饮永兴昌。谈甚畅,丏兴大佳,迥非未归以前之常态,想在乡至适耳。八时许散归。付馆中饭钱半月,计一元四角五分。庆三突辞职他就,洗人召胡瑞卿承其乏。

报载要闻:鄂中反攻,我军冲入钟祥城。豫南围攻信阳车站。粤南江门、新会我移转阵地。杭州湾寇舰集中,浙东突紧。晋南之寇西犯,中条山麓激战。我军计划反攻徐州。寇犯海盐,被我击退。寇机袭长沙、衡阳。沪米业评价会公布存米总数。英驻日大使克莱琪今抵沪。工部局发表本年度西董、日董。英、波会议开始。伊拉克国王撞车逝世。

4月6日(二月十七日　癸酉　子正二刻十四分清明)**星期四**

晴,风急砭骨。上午五九,下午六〇。

依时入馆,处分杂事。写圣陶信,告汗衫已托正中渝经理杨启霖带出,并谢生日衣料之赐,待丏尊写好同发,而竟日未见来,遂置之,待再寄。以感寒不适,书辞湖帆,未能应招。散馆归,文杰适在,年半未见,又兼跋涉,风尘之色盎然矣。因与共饭,谈扬州近事,踞寇之恶与贱奴之丑正与其他沦陷之区同,诚不胜慨叹已。七时许辞去,知住道始所。

报载要闻:赣反攻武宁,迫近城郊。高安驻守之军移营锦江。粤反攻,克沙坪。新会近郊战烈。湘北我军逼近岳阳。平汉路我军逐渐向北进展。寇机昨又炸西安及赣省各处。马相伯今日百岁生日,国府明令褒嘉。渝报发表汪兆铭叛国文件,竟与寇阁平沼私订密约,出卖祖国。(他处不见,而独见于重庆,可疑。)蒋谕令镇海口实施封锁。英、法今晨订立互助条约。法总统莱勃伦连任。英海长史丹林荷伯因失言引咎(谓无论何时,英海军准备随时出动)。内阁将引起改组风潮。

4月7日(二月十八日　甲戌)**星期五**

晴,仍有风。上午五九,下午六〇。

晨起不甚适,遂未入馆。补记日记。翻查明史阁部《答清多尔衮书》出处,凡《御批通鉴纲目三编》、《御批通鉴辑览》、陈鹤《明纪》、夏燮《明通鉴》、徐鼒《小腆纪年》、《小腆纪传》、王灏刻《畿辅丛书》本《史忠正公集》(此书初无传本,自《三编》录出后,递相传刻,上列诸书即依传)皆检得,其中“甚至如玄宗幸蜀,太子即位于灵武,议者疵之,亦未尝不许以行权,幸其光复旧物也”一语,皆作“议者疵之”,无作“庇之”者。丏尊此次返里,适春晖中学教员有党同伐异之争,有某君选此文,抄作“庇之”,遂为对手所摭,喧为口实。某君固丏尊浙一师旧生,因乞援。丏尊出木刻梁绍壬《两般秋雨盦随笔》作证,赫然“庇”字也。乃大矜获,力言于学校当局,“疵”实应“庇”,不但梁本可证,且傅会文调,并上文“未尝云云”连带解释之。遂使对手气结,逡巡却去。前晚永兴昌会饮时津津道之,似甚得意,其实英雄欺人,弥盖一时,而对手震其名,乃敛手不敢抗耳。《梁笔》木刻,手头所阙,而坊间翻印劣本亦俱作"疵",岂亦俗手故示微异而特改从他本耶。因发覆如此。

午后看《说海》本《杂纂》。疑明人窜名之作,唐李义山、宋王君玉、苏轼云者,举不足信也。夜小饮,饮后看《问答录》,亦窜名东坡,然所记至足解颐已。九时就卧。

报载要闻:粤南反攻新会大胜,城内踞寇退走,西江全线总反攻,收复三水、官窑等地。赣北反攻武宁得手。平汉路我军攻满城。寇机狂炸衡阳及柳州等处。西北将领会议,准备各线总反攻。欧、美大批军火抵华。宁、台戒严司令部即将成立。贸易委员会在海口设外汇管理处。赈灾委员会拨十万元救济沪难胞。美史汀生痛诋侵略国,主张立即修改中立法。

4月8日(二月十九日 乙亥)**星期六**

晴,仍有微风,已稍暖。上午六〇,下午六三。

依时入馆,编发每周通讯录第十四号。处分杂事。午与仲盐、洗人、雪村饮永兴昌,丏尊、望道踵至。一时三刻乃散。振甫为予在中华廉价部购得但焘译稻叶君山《清朝全史》四册,价八角。四时半出馆,独过森义兴吃小肉面。旋徐步至八仙桥,乘一路电车归。珏人方与复儿往濬儿所,同看仙霓社于仙乐,盖又将撤锣矣。十时乃归。夜小饮,饮后雪村、仲盐过谈,至九时乃去。

今日为清儿与士敭订婚五年纪念,岁月如驶,犹未成礼,颇为着急,不识雪村胸中究何云也。报载要闻:南战场总反攻,克江门、新会。赣北寇西犯,我反攻武宁、靖安、奉新。寇机狂炸吉安、常德等处。晋南仍在混战中。宁波安谧。寇舰在浙洋滥查外轮。英驻华、驻日两大使今日分道离沪,克莱琪返日任,寇尔赴港转渝。张伯伦在下院发表英、波谈话情形。意军在亚尔巴尼亚登陆,实施侵略,已开战。(亚尔巴尼亚本意国所树立之附庸,今亦挺起,反抗墨索里尼,足见暴力之不足服人也。)

4月9日(二月二十日 丙子)星期

晴阴间作。上午六二,下午六四。

晨入书巢记日记,并看屠纬真《冥寥子游》及钱振之《买愁集》。饭后看《南澝楛语》,而勖初至。谈移时,道始、晴帆偕来。有顷,勖初辞去。与道、晴谈至暮,振铎至,乃共乘以往天潼路访乃乾。乃乾适出,由毓英电话招之回,俟至七时始晤。知即晚动身赴常熟,购书,须五日还云。谈至八时,各返。到家已八时半,仍小饮。晚餐后与家人偶一打牌,四圈毕,适十时,即寝。

报载要闻:粤克东莞、石龙,已成包围广州之势。赣克高安,分向奉新、南昌进展。湘分途会攻岳阳。鄂夜渡襄河,三合场发生激战。东战场我军展开,京沪、沪杭路交通阻断。昆明空战,击落两寇机。豫东收复朱仙镇。晋南之寇迭犯中条山,均败去。寇舰横行,有外轮九艘在吴淞口外遭扣查。寇方通知沪上各国领事,扬言将在浙东有举动。意军开入亚尔巴尼亚京城,亚迁都埃城,亚王索古已出走。德军在波兰边境调动。

4月10日(二月廿一日 丁丑)星期一

晨阴,旋雨,午后晴。上午六三,下午六八。

依时入馆,处分杂事外校《中国通史》。写信告硕民,有梦九款廿元托便交由彦龙转,请往取。履善介,为董声江题墓碑。四时半出馆,先过森义兴吃面,旋乘电车往濬儿所,珏人已在。少憩,同往仙乐看昆戏，坐第六排中间，尚舒适。剧目：赵传珺、郑传鉴《八阳》，王传淞、邵传镛《奸遁》，周传瑛、朱传茗、张传芳、华传萍《姑阻》、《失约》、《催试》、《秋江》。八时散，晚饭于濬所，九时许归，抵家已十时矣。

报载要闻：湘克君山，迫岳阳。粤中进展，克九江，围佛山，迫广州。蒋嘉奖中条山战士。淞口被寇所扣各轮昨仍未释。亚尔巴尼亚国土全部沦陷。英将发表宣言，保障希、土安全。法新任驻华大使戈斯默昨晨抵沪。英、法两京外交军事接洽频繁。美当局谴责意危害和平。新教皇亦呼吁和平。

4月11日(二月廿二日　戊寅)**星期二**

阴晴兼施，入夜雨。上午六七，下午六九。

依时到馆，续校《中国通史》。午与洗人、朗西、雪村及张德斋饮四马路云南路口之言茂源(今日新张)，有顷，洗之兄子明、侄女舜华来。饮至二时，乃散，予与雪村返馆，彼等一行俱往吕宋路邑庙市场矣。四时许，童丕绳来，续交《古史辨》稿件，并长谈。至五时半乃去。夜归小饮，饮后入书巢看《通鉴》，九时许就卧。

报载要闻：赣省我军进攻势锐，逼近奉新、南昌。桂军攻粤江门、新会一带，击落寇机九架，东江北岸派潭、正果、蔴榨等均克复。寇机昨又扰西安、昆明等处。宁波防守司令破坏龙山码头。吴敬恒为文驳斥汪兆铭。(汪罪固不容诛，然吴之佞实不配斥汪也，以汪不服故。)沪市米粮评委会发表存米总数。英地中海舰队行动秘密。意对英保证亚尔巴尼亚独立，意在亚行动有限度。国际局势遂稍见和缓。然意所指使之傀儡政府已成立矣。

4月12日(二月廿三日　己卯)**星期三**

阴雨,午后开霁。上午六九,下午六八。

依时入馆,校毕《中国通史》一批,仍以其间注《左传》。今晚,本有德斋之约,四时四十分,梦九偕其友沈君来访,遂托洗人谢德斋,即与梦九、沈君同登高长兴酒楼。七时散,径归。以多饮故,几大醉矣。

报载要闻:赣、鄂反攻顺利,一面逼近南昌,一面围攻汉口。寇在深圳附近南头登陆。西江现仍激战。晋南克复芮城。统一、海河两公债抽签还本。沪伪警局秘书主任席时泰遭枪杀。吴淞被扣葡轮昨均进口,搭客已释回。英表示保障希、罗、土三国安全。英、法并对意警告不得侵犯土、希二国。匈牙利、秘鲁退出国联。

4月13日(二月廿四日　庚辰)**星期四**

晴,午后阴,入夜雨。上午六七,下午六九。

依时到馆,处分杂事外,仍注《左传》。散馆后与丏、村、洗饮三泰成,吃清炖甲鱼,甚腴美。七时散出,在冠生园门首等公共汽车良久,遂值雨。比至慕尔鸣路下车,地已大湿,冒雨步归,履袜尽透矣。洗足后坐,至九时乃睡。

报载要闻:我军孙桐萱部攻入开封,南关巷战极烈。鄂中反攻得手,钟祥已在巷战。寇强渡锦江被我击退,我正进向南昌,各路发生激战。粤省克复花县。晋南大举反攻,安邑、夏县均有激战。沪市存米增加,米价稳定。美议员建议,拨巨款救济中国难民。德对波、英互助提异议。欧洲各国纷纷调兵,防备万一。美总统罗斯福警告极权国,欧若开战,美不免牵入。

4月14日(二月廿五日　辛巳)**星期五**

阴雨。上午六八,下午六六。

依时入馆,又校《中国通史》一批。散馆后本即归,适以朗西未成行,且偕项远村来,因与洗、村同约之饮高长兴,并邀德斋与俱。八时罢,各归。珏方与诸儿打牌,观斗至十一时乃睡。

报载要闻:豫省我军再度冲入开封,焚毁寇存弹药军需。赣北战局现在对峙中。鄂中进攻顺利。粤猛攻增城。吴奇伟、余汉谋等部会攻广州,西江克复马口。英驻华大使寇尔赴海防,闻将由河内入滇转渝。英又借三百万镑与中国。我空军轰炸馀杭。浙拨款收买土产。国府公布廿八年建设公债条例。寇方请工部局取缔反日报纸。沪公共租界宵禁加严。张伯伦在下院公布英、法共同保障希、罗。

4月15日(二月廿六日　壬午)**星期六**

阴雨。上午六七,下午同。

依时入馆,处分杂事外,编发每周通讯录第十五号。仍以其间注《左传》。夜在二马路聚兴诚对门老正兴馆举行酒会,到道始、晴帆、洗人、雪村、廉逊、叔琴、俊生、鞠侯、仲盐及予十人。摊费一元四角。八时十分散,八时三十分到家。入书巢闲翻,十时许乃就卧。

报载要闻:粤省我军攻破增城,城内发生巷战。豫南再攻信阳。鄂中各路激战甚烈。晋南我军向太原推进。我空军炸坏津浦路桥梁四乘。欧亚航空公司渝越线飞机在滇边被寇截击降落。第一期建设公债三万万元已发行。沪英商会主席抨击寇方压迫外商。德舰驶往大西洋举行春季游弋。美参院讨论修正中立法问题,毕德曼主张对中、日另定新办法。

4月16日(二月廿七日　癸未)**星期**

濛雨,午后霁。上午六七,下午六六。

晨入书巢,看张公束《谈艺琐录》。公束此编,所记多晋接之人,杂状性好,兼采翰札,言之娓娓,把卷不能自已也。午后期梦九不至,徘徊无所事事,垂暮又不见来,乃候之于里口电车站,亦鲜音响,废然遂返,独饮焉。方持杯间,梦九来,相与共饮,谈至九时方止饮就茶。出名纸示予,有傅姓者欲介与圣南说媒,属函询硕民当意否,并知渠已得虚舟续书,明晚即将附谋福轮赴瓯转丽水也。十时辞去,予送之等车乃还。订明午共饭。

报载要闻:豫东克复通许,开封以南尚在激战。于学忠部会攻徐、海。赣北克复万家山。豫南进取信阳。粤敢死队血战三昼夜,克复增城。西江亦收复官窑。苏州败类伪民厅秘书姚绩安被杀。滇省府拨款救济被炸难民。经济部设厂开发四川煤矿。又咨外交部规定外商运货办法。国府公布军需公债条例。美总统电德、意,希望国际问题在会议席上解决。英、法与苏联磋商军事合作。英、苏订立天空协定。

4月17日(二月廿八日　甲申)**星期一**

阴晴间作,夜深雨。上午六五,下午六七。

依时入馆,处分庶事外,仍注《左传》。午刻梦九及其妇兄赖君来,同饮于高长兴,用四元。二时许乃别。今日为调孚四十生辰,前日为红蕉四十二生辰,特于今晚约洗人、雪村、仲盐、道始、晴帆、振铎、乃乾、廉逊、俊生醵饮道始所，为两君祝嘏。肴由四马路大鸿运办来，酒则唤自三泰成，肴美而酒旨，甚惬。饮后纵谈，或观书画，至十时许乃散，归途已值雨，比及门，打窗声喧矣。午，写信与振铎、予同，为南方中学拉演讲。

报载要闻：蒋亲巡前线，向各将领指示反攻方略，并定今晚广播二期抗战意义。粤各路在猛烈推进中。晋各路战激。苏北三路会攻徐州。赣北迫近莲塘。谢持在蓉逝世。国民精神总动员，今日开始总宣传。在华葡轮决全部停业。美对德、意要求停止侵略电，希脱拉、墨索里尼正在洽商答复。美舰队由大西洋调回太平洋。

4月18日（二月廿九日　乙酉）星期二

阴雨。上午六七，下午同。

依时到馆，办杂事外，仍注《左传》。午刻，店中在聚丰园请香港代理人徐少眉，邀高谊、季康、仲康作陪，雪村、洗人、丏尊、仲盐、索非及予往会。陶亢德与徐建堂为不速客，以是坐十二人。一时三刻返馆。散馆前，蒋大沂、杨宽见过，续交《古史辨》稿一批，并谈编俗文学事。客去，予乃过坚吾，旋约梦岩、海林共饮马上侯。八时许始归。

报载要闻：蒋昨对全国精神动员广播训词。粤省我军三面包围广州。开封南郊仍有激战。襄河一带激战甚剧。晋南猛攻夏县、闻喜。东战场我军分向京杭、苏嘉路活动。绥远反攻包头。寇舰向镇海开炮。沪公共租界纳税华人会昨举行代表大会。中、德签订物物交换协定。渝传汪兆铭已秘密到沪。美舰队调太平洋，意在警告日本。希脱拉定廿八日答复罗斯福。法舰十三艘开抵直布罗陀。英、苏谈判扩大范围。

4月19日(二月三十日　丙戌)**星期三**

阴,闷湿甚。上午六七,下午六八。

依时入馆,处理杂务。昨日写信托红蕉购杭纺,今得电话已买就,明日当可往取之。接硕民函,知带款已到。予即复之,并以梦九作伐意告。午应世界约,饮华格臬路富春楼,眼见法、越捕强迫各家卸国旗,纷扰特甚。愤极!我外交部似不应坐视之矣。夜应孙鹰若约,饭一家春,谈《章氏全集》印行事,雪村与偕,现决从速进行矣。八时许归,梦岩在,言其戚王致和藉端敲诈,将与涉讼,愤怒之色不可稍遏。予力劝平心息气,再谋对付,允明日代访道始决之。移时辞去,予亦就睡。以燥热,拭体而后入衾也。

报载要闻:蒋对中外新闻记者表示,决奋斗到底,抗战目的不达不止。我军迫近广州,四郊战事剧烈。武穴江面,我炮兵击沉寇舰四艘。浙省我军续渡钱塘攻平湖。苏北我军向徐州推进。晋南闻喜一带正在激战。我游击队在吉林活跃。港讯,中、苏成立军火借款。沪有自称"爱国团体"者,致函恐吓外商报纸,显系寇伪嗾使。罗外长抵柏林。英、苏谈判进行顺利。德、意对美和平建议拟不提任何答案。

4月20日(三月小建戊辰初一日　丁亥)**星期四**

晴阴间作,夜又雨。上午六八,下午七〇。

依时起,入书巢整理积日事。九时三刻出,过访道始,以出庭故,只晤继之,少坐便行,约午后二时再访之。十时许入馆,办杂事。付饭钱一元三角六分。午后二时复出馆,过道始,晤之,谈梦岩事,渠允即日致函彼方律师,俟回答如何再说。三时半,辞出,即往梦所,以经过告之。垂暮乃归。

右牙龈上颚间大肿痛,想连日饮啖所致,入晚微饮即罢,且早睡。昨晚接圣陶函,今晨雪村始递予,读悉近状安谧,小墨即将结婚。

报载要闻:我军包围广州,阵线达九十里。英大使寇尔昨抵重庆。驻英郭大使晤英外相,商中国参加反侵略。传美总统将致牒寇方,主张召开远东会议。我军三面攻信阳。寇攻牯岭,与我军在半山激战。晋各地战事日烈。平湖附近发生大战。甬戒严司令部奉令恢复。昨沪法租界干涉悬旗,并滥行拘捕,且有殴伤情事,一部分商店罢市。公共租界纳税外侨昨举行年会。欧洲各国,外交纵横,竞争甚烈。英加强远东舰队力量。法巨船巴黎号起火沉没。

4月21日(三月初二日　戊子　辰正初刻九分谷雨)**星期五**

阴,闷郁。上午六九,下午七〇。

依时到馆。办教本送审文六件,都十一种。坚吾电话询梦岩事,亦主息事宁人。午取去秋存馆之酒饮之,色味尚未败,甚奇。开坛殆阅五月矣。牙床、右颊俱肿,痛尚不剧,感胀而已。四时许,允言来,谈次知下学期硕民当可获一讲席,为之大慰。洗人之友翁绥香、洪九畴来,散馆后因与洗人、雪村及翁、洪两君饮高长兴。八时散归,少坐至九时即寝。

报载要闻:我粤军直扑广州,新会已克,增城郊外战仍烈。空军在晋南前线助战,翼城、夏县收复。牯岭仍在激战中。绥西我军进攻包头。桂省府制定廿八年度施政计划总要。英官方否认调停中、日战事。沪市精神总动员协会奉总会电勉。法租界悬旗纠纷解决。驻美胡大使谒美总统谈远东问题。意相墨索里尼演说,拒绝美和平建议。全德庆祝希脱拉五十生日,柏林举行大检阅。

4 月 22 日(三月初三日　己丑)**星期六**

晴。上午七〇,下午七三。

依时入馆,编发每周通信录第十六号。清、汉两儿来馆,访履善、舜华,四时许与士敭先归。聿修来谈,告致觉已迁居。散馆径返小饮。饮后少坐即寝。

报载要闻:粤将复东莞、从化。汕头紧张,已奉令疏散人口。赣北我进袭奉新南郊。晋北收复平陉关。穆藕初发明七七棉纺机。沪法租界商店昨已全部复业。伪市府强销印花,商民坚决拒购。美修改中立法,沪公团阐明立场,请维正义。寇将发行公债三万万元。美因寇阻美商在华营业,将向寇提抗议。英、法及苏俄之军事同盟大体告成。

4 月 23 日(三月初四日　庚寅)**星期**

晴,间有云翳。上午六九,下午六八。

晨与珏人挈同、复、盈三儿就五味斋吃汤包。归后阅报。旋入书巢,方欲有所展阅,振甫至,长谈移时去,出柳翼谋《中国文化史》上下册贻予,深感之。饭后看《通鉴》,垂暮毕三卷。上灯小饮,饮后看屠笏岩《六合内外琐言》。文权、濬儿、顯孙来饭,午后即去。予竟日未出,除送振甫外,迄未下楼。

报载要闻:粤克派潭。晋克夏县后,各路进展。豫省三度攻开封。寇机炸河南内乡、江西贵溪等处。寇舰炮轰瓯江口,温州城市安谧。上海各团体电蒋,请严惩汪兆铭党羽。英大使寇尔昨在渝谒蒋。中国地政学会举行第五届年会。中向美订购飞机百架合同即将签字。苏联向英、法提议，反侵略须包括远东在内。

4月24日（三月初五日　辛卯）**星期一**

晴，午后阴。上午六七，下午同。

晨看《通鉴》一卷。依时入馆，处杂事外，仍注《左传》。散馆后与丏、洗、村饮永兴昌，七时散，天犹未黑。径归。洗人同行，寻仲盐打牌焉。余则入书巢闲翻，九时许即寝。接沛霖信，商榷林译《浮生六记》，即条答之。接翼之信，知君畴招之来，日内即至，想所谋事谐矣。

报载要闻：赣北收复高安、武穴，并克鄂东南之通山。粤省我军已进至新街。寇舰满载士兵开抵汕头，形势紧张，外轮之由闽驶汕者亦被阻截。瓯江口发生炮战。温台防守司令昨晚实施封锁，沪浙交通全断。晋克马陵关。寇机昨扰江西上高及浙东等处。汉阳某戏院正为伪组织捧场，突被人掷入炸弹。英、法决先与苏联成立三国同盟。

4月25日（三月初六日　壬辰）**星期二**

阴，傍晚雨。上午六七，下午六八。

依时入馆，处分庶事外仍注《左传》。午刻与洗人、雪村、仲盐、涵秋饮三泰成。归途在地摊上洗以一元二角购得石章四方。到馆细审，不甚惬意，即以贻予。散馆归，仍小饮。饮后入书巢看《寄园寄所寄》。丕绳、大沂来。振铎、仲持来。在馆时写沪蜀第八号信复圣陶，告近状且索其《书巢记》也。又作书与硕民，转圣陶函及纪君函，并告允言已预为暑假后留钟点矣。夜看不能久持，九时许即睡。

报载要闻:赣北我军急进,已包围奉新、南昌。粤攻广州,已抵江村。豫省三度克开封。瓯江续有炮战。温州暂禁通航,封锁缺口尚未闭。鄂省克通山大畈。白崇禧任桂绥靖副主任。寇机侵越南领空,法已提警告。军委会今发战地宣传纲要。沪市英总领事馆对寇方要求压迫报纸事表示态度,但求郑重登载,并无禁止之意。英商怡和纺厂工人七名,被寇方捕去。南斯拉夫态度转变,趋向德、意。罗马尼亚外长访英当局。英驻德大使匆遽返任。英下院讨论驻中、日两使在沪会晤事。

4 月 26 日(三月初七日　癸巳)**星期三**

晴,间施云翳。上午六七,下午六八。

依时入馆,处分杂事外,仍注《左传》。饭后过坚吾,商如何劝梦岩息争,旋得梦电话,知方有人调解,或可即了矣。为之大慰。允若来谈,商有人补习,应用何种课本。余为介绍《开明讲义》。少坐便去。将散馆,维文来,询伯樵欲购诸书如何办寄,略答之,即去。夜归小饮。饮后闲翻架书,九时就寝。叔琴夜过借书,予以《共读楼所藏年谱目》赠之。

报载要闻:空军轰炸九江,我军向南昌进展,复大城,围向塘。鄂省克通城后向咸宁追击。粤省我军再克江门。苏北我军已抵徐州北郊。乍浦血战,钱塘江炮声甚烈。鲁南复招远。镇海县党部呈请没收傅逆宗耀财产。江海关水巡捕房恢复浦南警权。汪兆铭野心未戢,遣其党羽在沪秘密筹组“和平救国军”。英驻德大使返任后向希脱拉提警告,冀接受美总统和平建议。英财长宣布本年度预算。

4 月 27 日(三月初八日　甲午)**星期四**

晴。上午六八,下午七〇。

依时入馆,仍注《左传》。午偕洗、村访少眉于中州旅社,同过于三泰成,一时半乃返馆。午后元翼过我,谓梦岩事已以百六十元了。托约道始小叙。达君来,告元亨已收束,别组元康,仍设三马路。接硕民信,告款已收到,圣南婚事则谢绝。四时半予即行,径归。翼之适来,乃与同饮。怀之亦来。怀之夜饭后去,翼之下榻焉。饭后畅谈近事,九时许始就卧。

报载要闻:我军冲入南昌,城中大火四起,巷战甚烈。鄂省白霓桥、阳逻均有激战。乍浦战事扩大。苏北克高邮。晋南夏县附近,寇两联队被歼灭。宁波、定海航路恢复已奉令批准。寇方处心积虑,谋变更上海公共租界地位,俾加强干涉。中美续商信用借款已有头绪。辽宁抚顺煤矿爆炸。张伯伦在国会宣布实行征兵制。罗马尼亚与英谈判已获切实结果。寇内阁讨论外交政策,尚在观望形势中。

4 月 28 日(三月初九日　乙未)**星期五**

晴。上午六九,下午七二。

依时入馆,处理庶事外,仍注《左传》。振铎前借去黄摩西《文学史》,还我时缺第十八册,谓一时庋放杂乱,检觅不获,则亦置之,上星期遇见之,谓已检得,约派人往取。予饬金才往,三次未见其面,今日又往,虽见而仍未取到,反从电话中诘问何亟亟如是,现又寻不见云云,一若予多事扰之者然。予诧其无伦,电话中亦反诘之。文人不羁至于如是,乃欲以天下事为己任,谁其信之。仲川来，催速排《币谱》。适仲安至，爰为转促之。接晓先信，属转函其外家，设法来取款。接芷芬信，告伤痓，仍住晓先所候雪山，有求还昆明意。梦岩约道始，以不饮而罢，坚约予及坚吾小饮。散馆后，予过坚吾所，有顷梦岩至，乃共饮于山东路带钩桥北之鸿云楼。八时罢，径归。

报载要闻：南昌城内杀声震天。奉新在我三面包围中。粤东、西江均有激战。湘、鄂、赣边我三路反攻。晋南连日仍在激战。温州形势稳定。乍浦转危为安。中、中、交、农四行奉令布置内地金融网。海关统计表显示泰西各国对华贸易惨落。失业日人井上在沪租界工部局切腹。英相张伯伦向下院提征兵法案，要求通过。

4月29日（三月初十日　丙申）星期六

晴，午后阴，夜九时雨。上午七三，下午七六。

依时到馆，编发每周通讯录第十七号。写信复晓先、芷芬。今日漱儿生日。致书童丕绳，告明日《禹贡》同人集会不到，并请勿举予为干事。致书鞠侯，告《气象学讲话》将重排，以插图不能复制，希检讨原书俾铸版。饭后理发，夜归小饮，与组青、翼之俱。组青来为珏人修收音机，十时去。十时半就卧。以闷热故，颇难入睡。

报载要闻：我大队入南昌，搜索残寇。空军连日在赣北活动，另一队昨飞江门轰炸寇阵地。绥远我军进攻萨拉齐。粤收复潭洲城。宁波被炸甚烈，人心极为震奋。寇机三度袭宜昌。德商天宝轮在定海被寇舰扣押来沪。寇总领事三浦访工部局总董樊克令，请取缔反日报纸。英国会初读通过征兵法。反侵略阵线问题，英再向苏联提出建议。希脱拉昨演说，拒绝美总统和平建议。美参议员毕德曼提对日贸易绝交案。

4月30日(四月十一日　丁酉)**星期**

晴。上午七五,下午七八。

竟日未出。大椿见过,坐谈有顷去。洗人来雪村所打牌,仅午饭、夜饮时两见之。漱石、宏官来,晚饭后去。仲弟命涵侄奶妈挈淑侄来,馈汁肉一器,饭后遣去。下午看《飞鸿堂印谱》及《三希堂书谱》。《书谱》有脱叶,甚不慊。夜与翼之饮,知所谋事垂成矣。饮后赓谈,至近十时乃寝。

报载要闻:寇在赣北力向前线增援,图挽回南昌厄运。晋南我军出击,寇昨又惨败,我空军助战,并击落寇机一架。南郑昨空战,两寇机被击落。我军在豫北突袭彰德,毁寇机八架,守机场之寇全部俘获。沪寇领三浦访樊克令,又提无理要求,谓五月内纪念日多,禁止界内居民悬挂国旗。希脱拉将于明日并吞但泽自由市。波兰对此事愿与德作友好谈判。

5月1日(三月十二日　戊戌)**星期一**

晴,午后阴,傍晚起风甚烈。上午七五,下午七九。

今日为世界劳动纪念节,循向例得休假一天。上午丏尊来闲谈。金伯服来看翼之,因与谈数语。旋去。下午为《艳语丛缀》编目。(即新文化书社所出之《香艳大观》。)旋作跋语数首,书诸《鹂砭轩质言》、《骇痴谲谈》、《醒睡录》、《池上草堂笔记》之后。夜与翼之小饮。怀之亦来。晚饭后谈,九时许乃寝。

报载要闻:鄂南我军,一路进粤汉线,克咸宁、汀泗桥车站;一路攻通山,克锡山、桂口、大沙坪、平水铺等处。鄂中我渡河收复岳口。南昌、奉新两处仍在血战争夺中。晋南我军攻闻喜,迫近郊。粤省我军猛攻全城,寇在汕尾登陆者已击退。寇机炸湘之邵阳、辰溪。盛传汪兆铭到沪图逆。宁波防守司令核准沪、定复航。寇、伪在华中统制铁路,并创办"华兴银行"。德、意传将订立军事同盟。苏联援波问题已商妥。反侵略集团谈判进展。纽约博览会昨日开幕。

5 月 2 日(三月十三日　己亥)**星期二**

晴,夜月色好。上午七三,下午七七。

依时到馆,处理杂事。接硕民、梦九、颉刚信。饭后过坚吾未值。允若来谈。今日静甥二十初度。修妹来。予亦早归,与翼之等夜饮。怀之亦在,晚饭后,修妹、怀之先后去。十时许,予乃就卧。

报载要闻:赣北、鄂南我军分路急进。蒋委员长、林主席昨均发表演说,大旨谓抗战进到严重阶段,更要加紧努力奋斗。汉水战事复作。汕头戒严。寇机六架昨炸宁波。寇舰在海门洋面扣留德商船。沪、浙交通未果复。第三国际发表劳动节告工人书,勖援助被侵国抗侵。寇国内人力大减,物料恐慌,危机深刻化。英、土谈话结束,互相保证出兵援助。上海现金因北帮吸收,飞涨五十元。

5 月 3 日(三月十四日　庚子)**星期三**

阴霾,傍晚放晴,夜月食。上午七一,下午七二。

依时到馆,校《左传》排样。甫琴自汕头来沪。复书分寄颉刚、允言、硕民、梦九。看马湛翁《泰和会语》,毕之。沛霖为予与调孚生日故,送药皂一打分贻两人。藉药石为良规,勖濯磨于斯世,拜嘉多矣。夜与洗人、丏尊小饮永兴昌,七时三刻散,过丏所尝新茶,且观其所藏马湛翁致李叔同两札及费晓楼《耄耋图》小立幅。坐谈至八时半乃归。翼之事虽已有成议,迄无明文,殊为焦虑。

报载要闻:赣江两岸我分路猛进,南昌、奉新尚在血战中。鄂中战事甚烈,寇强渡汉水,已被击溃,退回东岸。鹤山之寇被击退,粤西江已稳定。寇机四次轰炸福州,精华损失殆尽。镇海发生炮战,甬又遭炸。通航又成虚泡。苏北收复邳县。工部局布告,取缔散布政治宣传之任何组织。"华兴银行"伪券,海关拒绝收受。寇酋平沼表示对德、意益加亲密。寇国北部秋田县大地震,损失甚重。劳动节莫斯科大检阅。美海军将领大批调动。

5月4日(三月十五日　辛丑)**星期四**

晴暖。上午七二,下午七九。

依时入馆,续校《左传》排样。作书谢沛霖。午饭于华阳楼。请甫琴,洗、丏、村、仲盐、叔琴、索非及予俱往。午后丕绳来,催询《古史辨》发排事。夜归未饮。饭后与翼之、怀之痛谈。十时乃寝。

报载要闻:寇机轰炸重庆,死伤重大,大公报馆等被焚毁,寇机至少击落七架。汉水我军渡河出击,克罗汉寺、多宝湾等处。随县一带展开大战。鄂南我军一度冲入崇阳。奉新、南昌在加紧围攻中。江南克溧水。寇外次向英、美驻使要求改组上海工部局,踞寇海陆军且联合发表宣言,对两租界现状示威。张伯伦宣布愿与德交换安全保证。英下院通过各增税法案。

5月5日(三月十六日　壬寅)星期五

晴燠,有夏象矣,夜月妍。上午七二,下午八三。

依时入馆,办理杂事,兼注《左传》。接苏州卫蒋凤书,属将晓先托款汇去。为地图修改事,午约俊生饮三泰成,洗人、雪村、甫琴俱往。散馆归,仍小饮。饮后挥扇驱热,小坐至九时许就卧。翼之晨归苏。午后君畴来访之,未及晤。珏人询翼事如何,殆绝望矣,政界依旧黑暗,何况沦陷区,思之徒增悒叹耳。

报载要闻:空军飞炸莲塘之寇,投弹三千公斤。鄂南我克崇阳,迫蒲圻。寇机又袭渝,中央通讯社毁,我机击落寇机一架。粤新会、鹤山线战亟。寇机又炸汕头。苏宜兴城内发生巷战。温、台防守司令核准外轮复航温州。寇方图改组上海租界行政,英政府已予拒绝。苏联外长李维诺夫突然辞职,由莫洛托夫继之。欧局紧张至此,而苏联外交重员忽有异动,影响所届,殆非细故矣,可虑之至。

5月6日(三月十七日　癸卯　酉正二刻九分立夏)星期六

晴热。上午八〇,下午八四。

依时入馆,编发每周通讯录第十八号。仍注《左传》。汇款八十九元与苏州卫蒋凤,汇费及邮费一元另二分。写信寄芷芬、晓先,告近状并及苏州汇款事。散馆归,应予同约,过云南路大发食品公司啜茗。坐有丐尊、雪村、曙先、望道、振铎,薄暮各归,到家时幽若、濬儿、顯、预两孙俱在,予小饮,未几皆去。同儿在书巢绘地图,予遂未入,小坐闲谈,九时许即寝。

报载要闻:鄂中我军纷渡襄河东进,克据点颇多。赣北我军仍在向南昌挺进中。粤鹤山之寇已肃清。重庆两次被轰炸,死伤三千馀人,刻已实施紧急措置。(渝处迄无消息,此间电询,亦无答电,甚可虑。)滇主席龙云发表致汪兆铭函,谓汪曾劝诱揭叛云云。上海米业昨议决提高限价为每石十五元。寇方处心积虑,谋变更上海租界行政。英首相声明对苏联谈判仍在进行。波外长拒绝德国要求,但愿进行谈判。德与拉脱维亚订立互不侵犯条约。寇方对欧政策已决定,拒绝与德、意订反民主国之军事同盟。

5月7日(三月十八日　甲辰)**星期**

阴霾,午后开霁,晚晴。上午七八,下午七六。

休假未出,晨入书巢看《飞鸿堂印谱》。十一时许,道始来,闲谈及午,同饭而后出。先过晴帆,继达道所,本拟共访乃乾,而乃乾电话至,谓即将来,遂候之。至二时许始见来,出赵氏藏龚孝拱手札等相赏,并约孙煜峰同谈。至五时半,乃归。夜小饮,饮后续看《飞鸿堂印谱》,九时许乃就卧。

报载要闻:南昌近郊又起激战。鄂中钟祥之寇三路北犯,随县一带展开血战。粤邓龙光部克龙口等要地。大批寇机又四出狂炸。沪米市昨复业,依限价交易。法租界巡捕房政治部督察长曹炳生昨在西爱咸斯路寓所附近被刺,伤重殒命。(据道始言,法租界悬旗纠纷俱出其手,且大捕反日分子,加以非刑逼供,此次被刺,大都结怨爱国者所致。)英王启跸,巡幸加拿大。英、土协定成立。波兰对德复文公布。英复苏联,不愿订立英、法、苏三角同盟。

5月8日(三月十九日　乙巳)**星期一**

晴,较昨和,气仍燥。上午七四,下午七二。

晨入书巢看《通鉴》。依时入馆,复校《左传》清样一批。仍以其隙注《左传》。接圣陶蜀沪第九号信,告此间所发第七号信已到,并告近状,正修屋,预备为善、满结婚。托支二十元交红蕉,觅便带苏,赉其看屋之陈妈。即为办理,且送原信与红蕉一阅。接苏州泗井巷卫景安信,亦属将晓款汇去,汇费照扣。因即写信汇四十九元去。晓先所托事,暂时了矣。清儿今日应店召,与予同入馆。言明月给二十元,旷缺照扣,膳食自理。散馆归,小饮。饮后与雪村、仲盐谈,知绍兴近又遭炸。

报载要闻:我军猛攻安庆,六日破城,在激烈巷战中。攻南昌部队一度冲入城内,现在东郊相持。粤省我克古劳。广州市内我游击队活跃。寇机轰炸襄樊南郑及晋南各地。我空军轰炸白螺矶寇机场,毁其机多架。上海寇领访法总领事,为法院事提无理抗议。囤户蓄意操纵,昨晨米市混乱。德、意谈话结束,签订政治军事条约,范围甚广。

5月9日(三月二十日　丙午)**星期二**

晴,午后陡热。上午七三,下午七七。

今日为暴寇强签廿一条纪念日,实莫大之国耻,而上海环境,并悬半旗而不能,愤恚极矣。各界多主茹素永日,以志楚毒之在心者,甚是。予家即如此行。

晨入书巢,随翻《涌幢小品》。依时入馆,办杂事外,仍注《左传》。午间洗人约其老友鲍雁宾小饮民乐园,邀予及雪村、索非同往。散馆归,小饮。饮后挈漱、同闲行附近,由拉都路、劳而东路、巨籁达路、亚尔培路而返。呼汤濯足,小坐至九时乃寝。

报载要闻:鄂中之寇图西寇襄、樊,随县东北仍在血战中。赣北再破南昌，我空军炸德安。寇机袭南郑、宜昌、延平等地。鲁北我军一度冲入德州城。英派大批军舰来华，保护航行权益。全国生产会议在渝开幕。西人讯，寇机无故炸莫干山。英驻苏大使访莫洛托夫，谈判在赓续中。英提新对案。但泽问题，英国会正讨论中。

5月10日(三月廿一日　丁未)**星期三**

晴，午后阴，入夜雨。暴热。上午七六，下午七九。

依时入馆，处分庶事外，仍注《左传》。晨出时，与雪村偕过廉逊，谈俊生修改图稿事。二公均甚粘滞，恐一时未易冰释也。接翼之九日信，知已安抵横泾。夜六时，坚吾宴甫琴于大三星，邀予及洗、村、索、均作陪，坚吾别有三友马、顾、沈同席，肴馔全为常熟风味，亦甚别致。九时左右乃散归。

报载要闻：广州市内已闻枪声，寇又宣布戒严。我军四面包围南昌，市内已起火。鄂中随县一带战甚烈。蒋亲巡渝市各灾区。渝英领馆被炸，英向寇方提抗议。寇机又炸福州、宜昌。英外次表示，对寇方要求改组上海工部局决强硬应付。沪米粮评价会稳定米价。英海军预算通过众院。苏联外交政策一仍旧贯。

5月11日(三月廿二日　戊申)**星期四**

阴雨，突凉，午后雨止，凉益甚。上午七六，下午七〇。

依时入馆，仍注《左传》。复翼之。心庵自津至，住惠中。散馆后村、洗、絜及予过访之，同饮同华楼。七时散归，过丏所，看书画。村、絜打牌，予遂返。

报载要闻：鄂南我围攻通城益紧。赣北再克牛行车站。粤克新会。皖南我全线出击。皖东克全椒。寇在海南榆林港建潜艇根据地。重庆调查户口。沪租界悬旗事件外交部再提声明。统一、玉萍两公债昨抽签还本。广西路福来饭店内日人架走五华人。寇东京附近工厂爆炸。苏联发公报说明英提新对案,但英认为内容不符。英狡猾太甚,外交上苏联实非其对手也。

5 月 12 日(三月廿三日　己酉)**星期五**

晴,气和。上午七二,下午同。

依时入馆,仍注《左传》。散馆后与洗、丐、村共饮于三泰成,啖清蒸鳗鲤,甚佳。七时半归,先过丐所,村等入局后乃独返。幽若适在,下榻留之。

报载要闻:鄂北战事甚烈,襄、樊形势紧张。鄂中我突袭皂市,毙寇联队长山田。粤游击队两度冲入广州城。皖省我军再入安庆。重庆已改为行政院直辖市,任贺国光为市长。(原任市长蒋志澄免。)上海两租界当局联合布告,严缔政治活动。(显系取媚寇方,压迫我国人也。)又鲜肉业因寇伪扣货挟制,被迫停市,不出三日两租界将无猪肉可食。英邀苏联外长莫洛托夫赴日内瓦谈判。英、罗商约成立。

5 月 13 日(三月廿四日　庚戌)**星期六**

晴朗。上午七〇,下午七四。

依时到馆,编发每周通讯录第十九号。馀理杂事。四时道始、晴帆来,购得《国粹学报》全部,就开明所藏核对之,缺三期,即却还原买处所。曙先来。散馆钟作,各归。夜小饮,饮后听书自遣,至十时乃寝。

报载要闻:寇溯汉襄阳,我空军炸应山、鄂北,豫南大战甚烈。赣北克奉新,鄂南克咸宁。寇机廿馀架昨夕袭渝,在嘉陵江北投弹,我空军奋战,击落寇三机。寇在厦门对面鼓浪屿登陆,强占当地公共租界,滥捕国人。(显系对沪租界威胁,先试其端。)粤新会又告收复。蒋手令西南各省,重申烟禁。上海租界工部局昨开会讨论采办洋米。两租界将停宰猪只。寇炸莫干山,美领已向寇方提抗议。大北电局收发主任潘承垌昨被刺殒命。(人言渠正谋攫伪电局长,则死亦其分。)国联会议展期一星期开幕。英美合作应付上海租界问题。英相张伯伦、法总理达拉第同时发表演说,英谓但泽不容武力变更,如要有改动,不辞一战。法谓如有敢冒不韪侵犯法国者,当请一尝新制之军械。(欧洲风云日亟矣。)

5月14日(三月廿五日　辛亥)**星期**

晴。上午七五,下午七六。

午前为李伯元《官场现形记》制赞一首云:"官邪政敝,胡天胡帝。历运可逝,衣钵弗替。今古一例,何所挥涕。民约既誓,事贵断制。无问鲁卫,概从夷薙;即有疑滞,亦当投裔。不惜峻厉,庶其共济。"情见乎词,不自知其郁勃已。看《飞鸿堂印谱》。心庵、甫琴来。怀之来。仲弟妇及涵侄已自暹罗返沪,今日命润、滋、湜三儿往候,静甥作伴。午后听蒋如庭《三笑》。续看《印谱》。一时许,静甥先归,只偕湜儿一人,润、滋暂留,谓将稍游始返。

四时许,润、滋归,竟与一探员俱来。询悉:二时许兄弟偕行返,道经维尔蒙路至霞飞路李梅路口,忽有不知何号之巡捕自后追来,言维尔蒙路口之禁止政治活动布告为润所扯,强拘二人入嵩山路捕房,捕房不问皂白,即转送卢家湾中央捕房政治部询问,彼等莫名其妙，惊吓万状，政治部中人遂饬探送回。探员传言，明日上午九时以前必须有负责人前往政治部送保状，且随带法币，预备罚款云云。追问究竟，彼亦不知就里，仅谓奉公差遣，承宣传达而已。以一未满十二龄之幼童，纵令顺手扯去墙上贴纸亦不能科以任何责任，况横被诬指，遽可施以拘解，并从而处分之耶。街狗蛮无人性，固不足深怪，而在其上者一味徇越分之请，媚寇盗之心，摧残儿童，滥施势恶，其肉尚足食乎！予气忿填膺，几致风厥，而托人宇下，实等燕巢飞幕，无可奈何，只得暂忍胯下之辱已，可胜叹哉！珏人适约幽若往仙乐看昆剧，票已前购，不能废行，乃属即往，顺过文权，告以两儿所遭，令即一访道始，或可稍挽颜面。俟伊等行，即暖酒待洗人，讵待至六时不至。饬人往丏所看之，亦未在，乃独酌遣闷。事沉心头，终难自解也。草草而罢。八时，珏人、幽若回，询知文权正在打牌，未肯歇手前往，谓明晨总有办法云云。予闻之如感电，分忝半子，岂休戚不相关如此耶！即睡，而不能寐。滋儿年更稚，竟未进晚膳，形神委顿，珏人未归，已先就卧矣。予处此情境，百感蝟集，遂彻宵未曾合眼。

报载要闻：鄂北我三路反攻。豫南新野、鲁南郯城，相继收复。太原西南激战。粤收复新会后向江门进攻。我空军轰炸赣北寇阵地及广州寇机场。寇机又炸宁波，且窥伺乍浦。沪米市收紧，肉业已被迫停市。寇企图占沪租界，美政府表示决心维护，不容篡夺。土耳其总理向议会说明英、土协定之重要性。

5 月 15 日（三月廿六日　壬子）星期一

晴。上午七五，下午七六。

晨起草草进食已，即步往道始所，道始尚未起，晤继之、文杰。

有顷,道始出见,予告以昨所遭,渠即电话询政治部之薛姓者,谓处分已定,须罚五元,并须铺保。时已八时四十分,道始为予辍食奔走,先觅得叶夏熛、小吕宋商店之保状,然后驱车自往法界政治部代为缴纳,恰为九时。友朋之殷助如此,惟有铭心而已。少坐即出,径往馆。适清儿亦有电话来询,乃属转慰其母,令即来馆。十时前清至。道始复有电话来,告事已了结矣。午间洗、村、心庵及予四人过饭永兴昌,用二元。午后仍注《左传》。夜在大三星举行酒会,到绍先、克斋、俊生、廉逊、仲盐、雪村、坚吾、洗人及予九人,摊费二元二角。予心绪欠佳,午晚均不能多饮。八时许散,雪村、仲盐等往看心庵求博,予则径归。濯足就睡,已将十时矣。幽若已去。

报载要闻:豫南克复唐河,瓦庙集亦收复。粤江门激战,寇机又炸漳州、汕头。鼓浪屿登陆之寇竟布岗,滥捕国人数百,悉送厦门。赣江东岸炮战甚烈,我仍四面围攻南昌。全国生产会议闭幕。沪米市稍见稳定。肉业则停市者已达五百馀家。沪西区又发生政治绑架案,显系寇伪所为。美国为寇机滥炸平民及不设防城市事,已向寇方提抗议。意相墨索里尼演说,高唱和平,谓欧洲不致发生战争。柏林电传寇方拒绝加入德、意军事同盟。苏联对英复文即提出,传主张英、法、苏应成立军事约束。

5月16日(三月廿七日 癸丑)星期二

晨霾,旋晴。上午七四,下午七五。

日来刺戟殊甚,精神大为损抑,今日告假未入馆,在寓休息。午前写字一张。饭时,珏人为购鲜鲥一段,清蒸以进。甚腴美,留半备夜来下酒之需。饭后假寐,金才送道始信来,盖昨日捕房罚款之收据。共十元，昨闻之数乃一人应纳者，二人并计，遂倍输耳。明日到馆，当补还之。听播音，蒋如庭之《三笑》也。三时复入书巢，看《梦庵杂著》。又看窦存中之《语窦》。夜仍小饮。饮后与雪村、仲盐谈，知昨夜彼等竟彻宵打牌，精神之好如此，惟有暗佩而已。九时就寝。

报载要闻：豫南续克平氏镇，与鄂北战局均稳定。寇据鼓浪屿，厦门寇领且向鼓屿工部局提要求。英已提抗议，美舰亦因此驶厦。寇方报纸宣传，对沪租界将取强硬行动。驻港英舰将北驶。寇机昨又炸宁波及闽、浙沿海各城市。芜湖米禁开放，沪市稍转。但泽局势又紧，意相已不复居间调停。苏联对英提出答案，仍主订立同盟。希脱拉视察西陲防务，自云固如金汤。

5月17日(三月廿八日　甲寅)**星期三**

晴，时霾，夜雨达旦不休。上午七五，下午七八。

依时入馆，料理积件，仍注《左传》。作函谢道始，并补偿代垫罚款。前日接硕民书，知已迁回城中，仍住彦龙所。托代取商务股息廿七元，并云允言如无偿，请在圣陶存项下支借若干。今日为取得商息，乃代支圣款三十元，并五十七元，作书复之。时晏不及付邮，明晨当可交汇。世璟函询伯才存款，并知伊已返校视事。因向絜如查明总数，即复告之。俊生饭后来约，明晚将邀廉逊、洗人、雪村及予小叙民乐园，大氐为地图修改事谋一解决耳。丏尊来，询饮兴，以洗有他约而罢，散馆后即归。夜在寓小饮。饮后入书巢，观明人歙曹臣所辑《舌华录》。九时就卧。以天气忽变，冷热失调，竟难入寐。三时后乃睡稳。

报载要闻：豫南桐柏附近战甚烈。鄂东天门之寇被围城中。

蒋发告民众书,指示防空要务。英驻华舰队司令由港赴鼓浪屿。福州迭遭轰炸,损失甚重。粤江门、新会战事现仍剧烈。沪米市到货渐多,米价回落。福来饭店五华人被架案,工部局正谋适当处置。苏联坚持同盟主张,法拟提折衷方案。日内瓦会议,苏已决定派迈斯基出席。

5 月 18 日(三月廿九日　乙卯)**星期四**

阴雨,午后止点,仍霾。上午七五,下午同。

依时入馆,办理杂事外,仍注《左传》。硕民款汇出,邮汇费七角。写信复圣陶,转硕民、圣南信,并告廿七年一月至六月之版税已代入折,红蕉转陈妈廿元,汇硕民三十元。散馆后,与村、丏、洗赴俊生之约,廉逊已先在,地图事已谈妥,放样费用,由开明贴一半,馀下半数及修改诸费俱归廉、俊负担。七时许散归。

报载要闻:鼓浪屿被寇占,英已提正式抗议,寇兵已有一部分撤退。厦门寇领所提五项要求,已被拒绝。英、美、法对沪租界问题态度坚决,不容改变。(如寇在沪采取行动,美将有激烈反响。)福来被架五人案,寇方云已释放。英大使寇尔将由港来沪,处理对寇交涉。鄂北寇图包围襄、樊,已告失败。我机飞侦岳阳。寇机三度轰炸汕头。全国生产会议发表宣言。英王及后昨抵加拿大。苏联海军兵役期限延长。英、苏意见已接近,惟英仍反对订立同盟。

5 月 19 日[①](己卯岁四月小建己巳初一日　丙辰)**星期五**

昙,时露日光。上午七五,下午同。

①底本为:"容堂日记第六卷"。原注:"己卯大暑后六日碧庄自署。"

依时到馆，以两租界突戒严，爱多亚路、福煦路一带，仅数要道可通，馀俱塞。予与雪村由廿二路公共汽车到同孚路南口，然后通过检验口得乘十五路公共汽车至抛球场。比抵馆，已九时十五分。清儿仍由河南路北去，据云并不阻断，惟搜查较严耳。处分杂事外，仍注《左传》。午过坚吾，共饮于马上侯楼下，适有巡街捕道经其门，竟闯入搜检，严重之情，可见一斑。一时半返馆，续注《左传》。涓隐过我，择定纸样，托购纸备印仲川所辑《币谱》。

散馆后即偕清儿返，仍由河南路至法公馆马路乘七路电车归。珏人以昆剧仙霓社最后一日出演，应濬儿请，偕天然姊妹往听歌。予遂独酌以遣闷。七时许罢，仍未见归，至八时乃返。予以时局奇紧，颇悬之，及归，乃释然。看吴景洲（瀛）《中国国文法》，盖振甫为予在商务廉价部购得者，价只三角五分。其书综合马眉叔《文通》、来裕恂《汉文典》、章行严《中等国文典》、胡以鲁《国语学草创》、陈承泽《国文法草创》，而以己意贯之，强断不免，然硬著也。九时许就卧。

今日《文汇报》、《译报》、《大美报》、《中美日报》均受工部局转请英、美领事禁止发行。大氐一方严防寇方侵入，一方杜免寇方藉口耳。其他报载要闻：昨日英、美、法海军齐集厦门，即在鼓浪屿登岸，寇兵遂撤。美国答复寇方要求，拒绝修改上海公共租界地皮章程，并即要令返回虹口及苏州河以北警权，俾租界行政可以完整。豫南我军克桐柏县及淮河店。鄂中我攻天门，发生巷战。我空军轰炸西江寇阵地。沪米市暗盘仍涨，昨提早停市。鲜肉业遵当道劝告，决即复市。英对巴勒斯坦问题发表白皮书，犹太人罢工、罢市示反对，阿拉伯族亦示不满。盖不爽至极，须十年后始许犹太独立也。

5月20日(四月初二日　丁巳)**星期六**

昙。上午七五,下午七五强。

依时入馆,两租界戒备已撤除,其来也忽焉,其去也倏焉,不可不佩警卫之神速而周妥矣。编发每周通讯录第二十号。涓隐仍为印《币谱》事来接洽,一切委韵锵代料理之。接硕民十九日片,知已晤及允言,谓女师事已弄妥,将偕之同来云。惟予所汇款尚未到,盖交午在途耳。

散馆归,道遇道始、继之及文杰,坚拉予及雪村同登高长兴饮。八时乃散,附其车返。酒资五元馀,雪村付。予争之不及也。

报载要闻:美远东军队奉令,必要时得武力保卫租界。唐河我军反攻,寇退出枣阳。鲁东复栖霞。粤省我军围攻新街、江村。英大使寇尔即将由河内转道来沪。美驻日大使格鲁昨离日返国。英苏谈判因苏联拒绝英新对案,复陷于僵局。巴勒斯坦形势紊乱。沪租界昨日形势紧张,外兵及商团、特别巡捕等均出动梭巡,法租界并挨户搜查。公共租界工部局当局言,此系试验性质。今晨各处阻断交通之铁丝网均已撤去。米市紊乱,囤户操纵依然,限价实同虚设。

5月21日(四月初三日　戊午)**星期**

晴,旋阴合。午后昙,晚晴。上午七五,下午七八。

上午未出,闲翻架书而已。接圣陶蜀沪第十号航信,知予所寄第八号书已收到矣。善、满婚期已定六月四日,此间当亦有喜酒吃也。漱石来,午后去。洗人过我,即就局于丏所。午后二时,往晤道始,晴帆、继之均在,并于坐中见画人胡鹭汀。有顷,驱车同出,先过来青阁,继往古玩市场,均无多驻足。旋啜茗于大新茶室。吃面点后同过晴帆所。谈至垂黑乃归。仍小饮。文权、濬儿、顯、预两孙俱在,晚饭后濬率两孙先归,权则打牌。组青来,十时许与文权同去。接梦九丽水复书,知生活甚忙而苦。

报载要闻:豫南我克枣阳,鄂北之寇归路已断。潼关连日炮战剧烈。粤东、西江我均有进展。内政部长何键呈请辞职。寇方要求修改租界章程,英国拒绝之复文已送达,措词与美国一致。英大使寇尔离滇飞河内。沪米市依然混乱,评价委员会自动解散。《文汇报》等数家外商华字报纸闻将允准重行登记。英外相行抵巴黎。传寇已决定对欧政策,不参加德意盟约。

5 月 22 日(四月初四日　己未　辰初三刻九分小满)**星期一**

晴。上午七六,下午七九。

依时入馆,校《左传》排样。俊生送图纸来,即将原样点交王汝耀,属即照相放大,打清样。剑三来,散馆后约洗、村及予出饮,因同过三泰成。七时许散归。九时就寝。

报载要闻:鄂省我克皂市、岳口,迫随县。粤省我冲入新会城。赣北磨子山发生激战。寇机昨在遂溪及厦门对岸等地轰炸。潼关炮战仍未息,我已克土门。沪两租界决取缔米市。春茧上市,沪商已开始收买。意外长齐亚诺抵柏林,今日签订德、意盟约。传盟约范围将扩充,包括西班牙、匈牙利、日本等在内。但泽边境发生严重纠纷。英外相向苏联提新折衷案,英、法、苏互助协定可望成立。

5 月 23 日(四月初五日　庚申)**星期二**

雨,转冷。上午七七,下午七六。

依时到馆，续校《左传》排样，毕两批。涓隐、大维来，谈次，知翼之事已成，不识君畴有否通知之耳。振甫为予得钱宾四《中国近三百年学术史》于商务廉价部，直一元。（定价四元二角云。）接硕民二十日片，告前信及汇款俱到，廿四或廿五必可偕允言来沪也。坚吾、书麟来，谈有顷，去。散馆归，小饮。饮后少坐便睡，以日来气候剧变，筋骸不舒，意兴阑然也。

报载要闻：鄂中我进展，猛攻京山。寇舰队司令抵厦，谈判鼓屿撤兵。粤再度冲入新会城。晋南芮城附近战烈。国府严禁奢侈品输入。滇邮务管理局火，幸包裹房距离较远，未波及。杭、嘉、湖捷报频传，我军开始总攻击。沪市米粮限价仍有效，昨米价略回。日圆跌价，前日每圆抵法币九角五分，昨日每圆抵法币九角三分二厘。寇都东京大火。但泽发生严重事件，波兰已向德提抗议。《德意政治军事同盟条约》已在柏林签字，并公布。西班牙境内意军，月内将撤完。

5月24日（四月初六日　辛酉）**星期三**

阴雨，午后转晴。上午七六，下午七五。

清晨，雪村登楼告予，仲持及其弟与复社之友某君昨晚均为法捕房逮去，大氐缘发行《续西行漫记》之故，日前本已钞过装订作，兹乃指名拘人耳。事为媚寇而作，挽回至难，颇为扼腕已。有顷丏尊至，谓今晨八时已移解公共租界捕房，惟闻仲持有夙疾，托人营救，或可保释，馀人则无法可设也。饭后得信，仲持果以医院处方及证书等送验，交保释还矣。

依时到馆，办庶事。律师公费送出，并发起公贺善、满结婚。午后过坚吾，为之呈复经济部，请求发给国货证明书。丏尊三时来馆，作书复圣陶,予附笔贺之。不及作详函也。甫琴、心庵今晚均上船,分赴汕头及天津。夜七时,甫琴来辞行。

珏人偕天然姊妹及起中之女同往仙乐看昆剧。予在寓小饮。幽若来。七年前旧女佣爱珍来。均晚饭后去。

报载要闻:国联行政院开会,我顾大使提出建议,请扩大援华。苏联、纽西兰、玻利维亚均无保留赞同。英、法徒表同情,认为无法推行。鄂北我进展,已入随县。湘北新墙河起激战。天津踞寇向英租界提新要求。寇传外蒙边境与伪满发生剧烈空战,外蒙机多架被击落云。美驻华大使今晨抵沪,少留即将转赴重庆。沪市日圆又惨跌。每法币八角九分即可易一日圆。(人言寇伪合计套取法币所致。)江海关四月份贸易创新纪录,总值八千八百三十一万馀元,入超二千四百馀万元。寇方发表谈话,前占愚园路中宾新村及四明别墅两里屋即将强行没收。(今后恐类此者多矣。)英、苏谈判进展。美总统主张减少军器贸易。

5 月 25 日(四月初七日　壬戌)星期四

晴。上午七五,下午七九。

依时入馆,校《左传》覆样,并办庶事。君畴见过,谈移时,知翼之事在乡接洽,或可有成也。接晓先十七日航信,告近状,并托代转顾有成、王寅福各一函;知甫琴将赴西南,托带衣物,然无及矣。散馆归,遇俊生,同乘以行。夜小饮,饮后少坐便睡。

报载要闻:鼓屿四国会议形势转劣,寇舰在四周封锁交通。大洪山剧战甚烈。黄安、宋埠亦有剧战。我军冲入济南市区。河北收复完县。我空军飞炸苏北。寇舰在香港附近截检英邮船,并取去邮件。国联行政院草决议案,请各国继续援华。张伯伦在下院宣布英、苏协定即可成立。美潜艇一艘沉没。

5月26日(四月初八日　癸亥)**星期五**

晴。上午七六,下午七九。

依时到馆,见大自鸣钟广场上法国军警云集,铁甲车亦穿梭往来,下电车后几不容驻足。知有事故,或其大使前来参观或检阅耳。后知其舰队司令来沪,正列队相迎也。办杂事,并注《左传》。仍带校覆样一批。接绍虞二十日信,知将有《燕京学报》及其近著寄我。南旋则一时作罢矣。午后三时,珏人偕天然及汉儿来馆,盖赴南京路、河南路一带购物,顺道一憩耳。旋去,先归。坚吾约饮,不赴似有为难,散馆后过之,同饮马上侯。适海林亦至,与偕焉。据云昨日晓先复寅福信转到后,梦岩父子即感不安,寅福立索川资,欲孑身赴黔,其家当难赞同,致淘气良久,仍无所决。八时三刻散,到家已过九时,小坐便睡。

报载要闻:鼓屿事件仍陷僵局,四国会议完全停顿。寇机廿四架昨日傍晚又袭入重庆市区轰炸,损失甚巨。我高射炮击落其两架。潼关续有炮战。湘鄂间我军进迫南林桥。寇舰又搜查由港来沪之法邮船。(英船被检,正由舰队司令诺白尔提抗议,今又出此,显以威力胁英、法。)上海主要外国银行不接受"华兴"伪币。公共租界工部局函米业,恢复评价委员会。苏维埃最高会议开幕,苏联将有重要表示。

5月27日(四月初九日　甲子)**星期六**

阴,午后雨。上午七九,下午七八。

依时入馆,硕民已在,盖昨偕允言来此,即住女师,今早特来看我耳。久不见,须髯尽白,然气色更佳,精神益旺,初不料乱离之馀乃有此大好印象也,为之大慰。谈移时,送之登车,属到予家。期午后再晤。得渝处昨电,人货安。编发每周通讯录廿一号。办听月屋转让契约。写信复晓先,告带物不及并述近状。接翼之廿六日信,谓君畴所言尚无切实妥贴。丕绳来言,与太炎文学院合办杂志名"兼明",尚未出版,而外界喧传有背景,且云与寇伪有关。此中玄虚,令人莫名其妙云云。予力劝解脱,如相逼,登报公告之可也。唯唯而去。吁,罗网密布,虽畜兽亦不能免,可畏哉。

散馆归,硕民以阻雨未行,遂共欢饮。谈至七时许,雇车返女师。夜在书巢写字,八时许,电灯忽熄,前后弄皆然。清儿出视,东自迈尔西爱路,北自霞飞路,西自亚尔培路,直南至日晖港,皆一往漆黑。疑发电机关损坏,觅烛照室,即就睡。至九时许始修复。翌晨知外滩以至八仙桥,凡电车线以南之区皆息电,捕房出动戒严,至十一时许始再发光云。

报载要闻:鄂北我向东南推进。寇方拟严密封锁我海岸,英、美商合作筹付。韶关、翁源、潮安、汕头等处遭寇机轰炸。新会附近发生激战。钱塘江上炮战复作。国府明令准何键辞内政部长,以周锺岳继任。英大使寇尔抵厦,将偕远东舰队司令诺白尔来沪。日圆颓势难挽。汪兆铭前传离沪,兹悉仍匿上海。英拟三国协定草案,法已同意。现送达苏联。德、意仍力谋破坏。甬、瓯、定海,沪开外轮,照常行驶。

5 月 28 日(四月初十日 乙丑)星期

晨晴,旋阴合,微雨,夜半大雨。上午七六,下午七五。

晨十时,大椿来看我,询悉良才近状甚好,戒酒已及半年矣,甚慰。未几,去。硕民旋至,谈至饭后二时,同出。伴之归校,晤允言。谈有顷,同出。彼等赴浴于卡德池,予遂归。来去均步行,颇累。到家未久,有周美珍者至美、士珍、士秋之同学也,特来看我,告之士珍住所,乃去。洗人在雪村所,被幼雄邀去打牌。文权、濬儿、顯、预两孙来。涵、淑两侄女来。晚饭后濬率两孙先去,涵、淑继去。文权则打牌,十一时乃去。予九时许即寝。

报载要闻:国联行政院通过援华两决议案。湘北寇屡攻,均败退。鄂北随县附近又有剧战。广东新鹤线战益烈,寇绕道犯阳江。寇机飞福州投弹。同蒲线东侧现有激战。鲁东收复安丘。浙洋岱山之寇未撤,在东沙角续有登陆。重庆昨宣布戒严。法邮船被拦检事,法政府已向寇方提抗议。英、法、美军政要员将在沪作重要会晤。英、法拟定之草案,苏联正在研究中。

5月29日(四月十一日　丙寅)**星期一**

阴雨。上午七五,下午七四。

依时入馆,处分杂事,仍以间注《左传》。宽正来,出示《兼明》,予翻阅一过,初无可疑,是殆卫聚贤之流恐其夺席,故作谰言以横阻之耳。予慰之,仍劝摆脱,政不必与无赖争闲气也。振铎来,谈仲持事,少顷便去。接绍虞所寄赠之《燕京学报》第廿四期,及其近作两篇各五分,属分致诸友,因将振铎、予同者并交铎。散馆归,小饮。饮后略坐即寝,以日来天气剧变,每夜俱无好睡,积久竟不支也。

报载要闻:寇方拟控制租界及封锁海岸两要求,英国将严词拒绝。寇在鄂北受挫,移转目标向湘北。随、枣一带之寇向钟祥、京山撤退。新空军飞赣北炸寇。绥、察之寇包围大青山。我正规军二万分布杭、嘉、湖各属。沪市米价又涨,工部局注意取缔操纵。苏联否认苏、土协定。

5 月 30 日(四月十二日　丁卯)**星期二**

阴雨,近午止,晚晴。上午七四,下午七三。

依时入馆,处理杂事。索非、均正自编一杂志名《科学趣味》,利用工作之便,颇致烦言。雪村纠之,索非又负气去。索非之小,无所不至,时出要挟,尤可厌,予处其间,诚为难已。傅赓新来看村、洗,丏适在,遂电话约仲盐出来,同饭于同华楼。予被邀参与之。下午四时许,道始电约饮高长兴,洗人不适,未应。予与雪村赴之。遇晴帆及康侯。道始告我,最近在乃乾所购得应宝时家所藏尺牍千馀通,止索百金,甚得意,出目示予。谈至八时,各归。珏人不爽,早睡,夜间微微发热。复绍虞,谢赠书。并附函托转起潜,索所编《四当斋藏书目》。

报载要闻:寇机狂炸韶关。粤东、西江战事愈转剧。我军由鄂北向鄂中推进,钟祥、岳口均有激战。岷山我军反攻南浔线。冀东又发生激战。英大使寇尔、司令诺白尔昨同到沪,与法、美大使有重要会晤。葡商德耀轮由北沙来沪,在杨林口被海盗骑劫,华买办被绑。寇方消息,蒙、伪边境发生大空战,有苏联机参加。

5 月 31 日(四月十三日　戊辰)**星期三**

晴。上午七三,下午七四。

依时入馆,处理杂事外,校《中国通史》排样。(昨夜谷城来催,似甚急。实未顿。)写信致鞠侯,送还前假气象学诸书。又作书与道始,送还所编应藏尺牍目。丏尊来馆,耕莘适约饮酒,散馆后雪村与之赴约，予则以珏人不适，即归。归见已较昨好，甚慰，仍小饮。饮后怀之来，谈至八时去。

报载要闻：我军猛攻钟祥、天门，空军飞京钟路助战。外蒙军发动攻伪满，寇阁讨论应付。厦门寇领事分访鼓屿各国驻在领事，将开谈判。湘北战事胜利。鄂东攻入武穴。琼岛我军克复安定。汕头形势又见紧张。晋南之寇向河津移动。浙海实施封锁，甬、温仍准通航。英、法、美三国使节会集上海，事非偶然，意义重大。寇海军方面宣称，以后对国籍明了之外轮不再加以拦阻及搜索。土总统宣布法、土协定已成立。英、法、苏协定草案，苏联表示原则接受。

6月1日(四月十四日　己巳)**星期四**

阴霾，抵晚竟晴。上午七四，下午七五。

依时入馆，办杂事并校毕《中国通史》一批。道始遣役来，前送公费之支票漏钤硬印，属补加。书与洗人，而洗人已出，予为办讫，仍交来役持去，兼以电话复道始，并道歉仄。鞠侯晨来，谈一小时去。丕绳来，谓为《兼明》事将与沈延国决裂，今日午后约诚之、竹庄等开谈判云。予劝稍留馀地，不为过甚。诺而去。

散馆归，小饮。饮后挈同儿缓步于毕勋路、辣斐德路、迈而西爱路一带，夜色初上，月光微逞，荫浓人寂，致爽也。怀之来，旋去。振甫为予购得钱子泉《中国现代文学史》一册，只九角，甚感之。九时就卧。

报载要闻：汉水我军全线总攻，大队飞机掩护之。我空军袭南昌。淮南我军攻合肥。三国大使会晤告毕，英对寇方将提新牒文。我军四千，在乍浦登陆。寇诬指我军滥用他国旗帜，向英、法抗议。

寇海军又派陆战队在厦门登陆。英向苏解释协定要点。法国抵制寇货运动,推及摩洛哥。

6 月 2 日(四月十五日　庚午)星期五

晴,午后翳如,将雨。上午七五,下午七九。

依时入馆,办理杂事,仍注《左传》。芝九来,谈片晌去。《兼明》事沈延国、杨宽竟登报抗辩,反唇相稽,谓将诉诸法律。丕绳不列名,其殆为此二人卖矣。予谓今日或将见丕绳之来,垂暮未果,不识究云何也。雪村接家书,知其三、四、五弟均抽中壮丁之签,甚窘。丏尊来馆,作诗备手题《文心》之端,将于喜筵上分赠亲友;以《文心》为嫁娶之资,藉作佳话,政见兴复不浅耳。

散馆归,涵侄在焉,知所演摄之《红花瓶》即将公映,或者可以一鸣惊人乎。晚饭后归去。夜小饮,饮后幽若来,检取衣物,即去。九时就寝。

报载要闻:鄂中战事重心已移襄河,我向潜江、岳口围攻。我机轰炸南昌及广州之寇机场与弹药库。鼓浪屿各国领事会商对付寇方要求。津寇领事又向英领事提强硬要求。美大使离沪后,外交活动沉静。太古公司嘉应轮在北海被搜查。寇在伪满边境夜袭外蒙军。苏联外长莫洛托夫演说外交政策,仍立在反侵略阵线之最前线。并警告寇方勿向外蒙挑衅。德与丹麦订不侵犯公约成立。

6 月 3 日(四月十六日　辛未)星期六

昙。上午七八,下午八二。

依时入馆,编发每周通讯录第二十二号,并治杂事。饭后曙先来馆,谓丏尊、仲盐已在一品香相候,雪村闻言即随之去,例行午睡亦废,足征耆王和之笃矣。涓隐、大沂偕来,询悉丕绳、宽正一时相轧实缘竹庄袒延国之故,无他事也。书与鞠侯,送还前假制图之书本。

散馆径归,硕民已在。乃共饮,饮后少坐,挈润儿送之,步出杜美路、古拔路,遇君畴,立谈之顷,悉翼之事已成空花矣。旋送硕至赫德路口,乃折回。珏人等打牌,予遂睡。

报载要闻:岳口、天门一带战事甚烈,我克复沙港。寇犯潜江,已击退。蒙、伪边境战事,今尚未停。豫南克临蔡。皖南繁昌炮兵击沉寇舰。寇舰迭扰闽南,并有两架侦察定海。宁波方面情形尚属宁静。岱山之寇迄未撤退。萧佛成在暹罗逝世。此间传陈树人、彭学沛等被捕,渝方否认。鼓屿事件,会议已有进展。美大使詹森抵港。上海外轮受阻,海关照常结关。英、日海军司令在出云舰会商远东情形,迄未成立谅解。英、法、苏三国协定问题,仍在磋商中。

6月4日(四月十七日　壬申)**星期**

晴朗。上午八〇,下午八三。

晨九时,硕民见过,渠已约允言在雪园,邀予同往。予以近十年来不习茶寮,且畏见不欲见之人,辞之。少坐,予送之往,至威海卫路而别。期十一时半晤聚丰园,即径归。十一时,乘车往广西路聚丰园,一时识者毕集,予与允言、硕民、世璟、道始、振铎、厚斋、良才、守宪、晴帆同坐,颇多饮,二时许始散。硕民与晴帆去,憩其家。厚斋与允言去,云在麦家圈双凤园洗澡,期予缓刻往。比散,予送眷属登车归,独赴双凤园之约。以不忆在何里,乃由福建路吴宫旅舍之前穿越而行。不意甫过江苏旅馆，即遭雏妓所困，光天化日之下，竟无由自脱，为两健妇挟入道旁一陋室，婪索百端，坚闭不得出。予愤极，譬说千言，始出一元放出。予谓不殊富翁匿乡，可云终身奇耻矣。非不能究诘致之罪，然又何苦而为此，废然出。仍往双凤园寻允言、厚斋，竟未遇，飘然径归。不谓今日喜筵，乃遭平生未遇之奇辱，亦云晦矣。（不欲令人代忿，终秘之。）既归，作书与允言、硕民，谢不赴双凤园之约。道始贻予溥西园（侗）五言琴联一付，赵林女士小楷《曹娥碑》便面一叶，至快，至感。夜就寓复饮，漱石来，饭而去。文权亦在打牌，九时后乃去。予昏然入睡，不审其局终也。

报载要闻：我援兵到潜江，岳潜路展开血战。鼓屿事件二次会议无结果。潮汕局势紧张。我空军袭汉口，毁寇仓库。寇分路西犯，晋西吃紧。禁烟委员会及渝市府举行“六三”纪念，禁绝烟苗。天津英领接受寇领要求，将引渡抗日分子。江海关日籍税司布告，勿予外轮行驶内江结关。我机来沪侦察。寇调浦东驻军增防海宁。蒙、伪边境暂时宁静。美添造舰艇廿四艘。苏联牒复英、法，表示原则同意。

6 月 5 日（四月十八日　癸酉）**星期一**

晴，午后阴，旋又放晴。上午八〇，下午八四。

依时入馆，处理杂事外，仍注《左传》。午后，硕民来馆，出致圣陶一函托转寄。承告圣南将与蒋受之之子昂千订婚。昨日所写信，金才犹未送出，即面递之，坐谈移时，辞去。散馆归，小饮。付馆中饭钱半月，一元五角五分，盖因米贵加价矣。夜读周美成词，九时就寝。

报载要闻:潜江大战,我力保汉水,寇伤亡达三分之二。粤省各路我军均有进展。晋西中阳、离石一带仍在剧战中。赣北克复奉新城南凤凰山等处。寇机轰炸临川,又向湘边境窥察。法大使戈斯默今日离沪赴渝。西报确载汪兆铭在沪活动甚烈。有自称"东亚反共同盟会"者通电推举汪及吴佩孚主持和议,吴复电有"今日所最需注意者主权耳,果其河山依旧,政柄无亏,和议亦反手间事,且缓推举"云云。此老倔强,弥可钦已。(通电署名为伪正会长□□,副会长松井治雄、□□□,报姑隐其名,实两汉奸耳。然逋诛难久也。)希脱拉演说,诋斥《凡尔赛和约》。英国青年开始军训。

6月6日(四月十九日 甲戌 子初一刻四分芒种)**星期二**

阴,时雨。上午八〇,下午七八。

晨读钱子泉《现代中国文学史》。依时入馆,仍注《左传》。午后俊生来,送打图纸。旋去。朝出穿两单,四时后觉不胜寒,乃归。到家热饮,令汗出,稍松矣。夜续看《现代中国文学史》。九时许就卧。

报载要闻:潜江附近,寇被围。湘北、鄂南我军实施武力搜索。晋西寇犯柳林、潼关发生剧烈炮战。新会寇南侵,被我击退。温州口外有炮战。钱塘江北岸一带流动战甚烈。吴淞附近,游击队活跃。中央举办农贷,救济豫北灾荒。英舰队司令诺白尔今晨离沪赴港。寇方阻止外轮结关,江海关已拒绝。苏、伪边境又发生新冲突。寇廷五相会议,决定应付欧局之新政策。张伯伦在下院报告三国互助协定谈判情形。

6月7日(四月二十日　乙亥)星期三

阴翳,旋晴烈,突较昨热。上午七九,下午八三。

晨读钱氏《现代中国文学史》。依时入馆,办理杂事外,校周谷城《中国通史》排样一批。散馆归,小饮。饮后挈复儿出闲步,由迈尔西爱路、辣斐德路、马斯南路、高乃依路、金神父路、环龙路而归。与雪村、仲盐闲谈。九时后就卧。

报载要闻:鄂中我军得手,冲入潜江城内混战。潮汕形势极紧张,战事一触即发。晋西战事甚烈,但西犯之寇,其势已挫。京南游击队一度攻入句容。我军夜袭广州市。茶、茧、麦均告丰收。徐世昌昨在天津逝世。寇阁为应付欧洲新局势事,将酝酿新政潮。苏、伪边界又见紧张。寇诬指我滥用旗帜事,又向美提抗议,但较前致英、法者措辞温和。德国诱拉多维亚、爱沙尼亚两小国订立互不侵犯条约。英下院讨论远东问题,表示寇无封锁中国海岸之权。在沪禁阻内江结关事,亦由英领缜密考虑应付。

6月8日(四月廿一日　丙子　入霉)星期四

晴,更暖于昨。午后闻雷,转阴。上午八一,下午八二。

晨看《现代中国文学史》。依时入馆,办杂事外,仍注《左传》。允言来,一商选文为小学生补习事,予为选文三篇、诗一篇以应之。即去,约星期来谈。散馆归,小饮。饮后入书巢,仍看《现代中国文学史》。九时许即寝。

报载要闻:鄂中我克潜江。湘北大胜利,克忠防、大雪山。赣北炮战甚烈。寇机昨炸洛阳、镇海、邕宁、恩施等处,在镇海被我击落一架。此间金融大紊乱,外汇停发,金价陡涨,每两至二百二十三元。浦东纶昌纺织厂英员为寇所殴,今已伤重殒命。定海已准复航,且得转甬,惟只准载货,不许搭客。美大使詹森已抵昆明。英王及后抵美境,美甚表欢迎。英派员携新方案赴苏联,备订互助协定。张伯伦已在下院报告。

6月9日(四月廿二日　丁丑)**星期五**

晴昙兼至,颇热。上午八〇,下午八七。

晨看《现代中国文学史》。依时入馆,办杂事外,仍注《左传》。作沪蜀第十号信致圣陶,告四日喜筵情形,并附转硕民信。午,傅耕莘、陶亢德、吴仲盐来,盖洗人约来共饮者,乃洗人以事先出,未及待,予与雪村偕之往三泰成,有顷,洗人乃至。二时始罢,洗、村等俱往耕所,予独返馆。抵暮散馆归,仍小饮一杯。以热故,濯身卧听周玉泉、陈莲卿、祁莲芳、严雪亭播唱弹词。九时后入睡。

报载要闻:晋西柳林、碛口发生激战。钟祥方面战事甚烈。寇强渡汉水未逞。湘北我又反攻。温州、镇海发生炮战。空军轰炸新会寇阵地。国府明令通缉汪兆铭,褒扬徐世昌。(两两相对,掩映成趣。)寇方向津英租界致哀的美敦,限期引渡刺杀伪员程锡庚案犯。浦东工潮益烈,纶昌英员身死案,英领已提抗议。外汇及金价昨又高涨,据云限制黑市,防杜寇方套购。英外部中欧司长携新方案之训令飞往莫斯科。英王偕后抵华盛顿,美朝野欢迎。传寇与德、意签订军事同盟,互相会议后已有长电到柏林。

6月10日(四月廿三日　戊寅)**星期六**

昙,较昨凉。上午八二,下午八三。

晨看《现代中国文学史》。依时到馆,编发每周通讯录第二十三号。并处理杂事。仲川来，谓《币谱》已有送到，惟装订颇有粗率处，属关照前途注意。饭后曹仲安来，即以剔出者与之，属钉作当心。大沂、宽正来，谈《通俗史谈》编法，移时去。午后四时，硕民来。散馆后偕归，共饮。晚饭后去。九时就寝。寝前雪村告予，顷得电话，云接蜀电报，万县办事处被炸毁矣。正萦念于昨日重庆又遭狂炸，乃先闻万讯，益皇虑。

报载要闻：中条山一带展开大战，胡宗南飞前线指示。我军冲入钟祥，城内发生巷战。寇机昨又袭渝，滥施狂炸，情形较前数次更烈。当被我防空部队击下三架。其他鄂恩施、湘衡阳、桂邕宁及闽三十馀城俱被轰炸，人民损失甚巨。寇虐至于如此，尚得以人类目之乎。国府为救济铜币缺乏，将发行铜币钞券。统一戊种公债今日举行抽签。汪兆铭东渡，谋组伪中央政府。甘心卖国，其肉殆不足食矣。闻其爪牙之最可恶者为周佛海，陈中孚、陈群两逆则居中作撮合云。外汇市场渐宁静，法币基本未动摇。金价仍达最高峰，饰金每两值二百五十元。各沦陷地及租界中反英运动增高，英已向寇提强硬交涉。寇与德、意同盟谈判无结果。英外长哈里法克斯在上院报告外交局势。切实声明，今日时势已不容侵略之存在，如昧斯义，必遭抵抗云。美总统宴英王及后。

6 月 11 日（四月廿四日　己卯）星期

晴。上午八三，下午八二。

清晨，硕民、允言来，长谈且看画。午饮后，送之至哈同路而别。虽缓步而归，汗沾襟矣。夜本有坚吾成都川菜馆之约，以疲倦惮行，命清儿电话谢却之。八时许即睡。

报载要闻：陕东我军仍坚守沿河各据点，且渡河反攻。潜江之寇退出后战事沉寂。信阳之寇西犯，被我阻击退回。粤省南路有炮战，我军守原阵地。寇方定十四五日实行封锁天津英、法租界。寇军助长反英运动，英再提书面抗议。财部发言人谈调整外汇政策。上海外汇市场已大定，主要汇率无变更。惟金价仍上腾。英美元首交换国际时局意见后，英王偕后抵纽约。德国社党在但泽举行示威。

6月12日(四月廿五日　庚辰)**星期一**

晴。上午七九，下午八四。

依时到馆，得渝电谓人货安。万电则云店毁人安。办杂事，仍注《左传》。午后剃头。夜归小饮。慰元介绍参加苏州旅沪同乡会，予认普通会员，纳年费一元。

报载要闻：我机飞晋南助战，克平陆及茅津渡。何应钦奉命赴陕指挥。天津英、寇纠纷愈逼愈紧。寇机又炸成都及重庆，在成都投烧夷弹多枚，传有五架被我击落。粤南路形势又紧。梁逆鸿志等在南京中毒。沪英领向寇领提严重书面抗议，内容分六项，大都为浦东工潮及反英标语而发。德、波为但泽问题又呈紧张状态。法对英、法、苏三国公约再拟新方案。

6月13日(四月廿六日　辛巳)**星期二**

晴。上午八二，下午八四。

依时到馆，办杂事。通函在沪各董、监，定本月二十日下午二时开董事会。仍注《左传》。午饮永兴昌，雪村、子明、洗人及子明之女倩史国卿与俱。午后四时，丕绳来，谈正中、中华等所出历史教科之荒谬。举告数点，均足失笑者，不识教部何以审定之。又谈他事,移时乃去。夜归小饮。饮后未久即就卧。

报载要闻:晋南、晋西我军大捷,寇死伤甚重。我克平陆后,又收复柳林及军渡。寇机前晚袭蓉、渝时,共被击落五架,已证实。粤北路我占优势。我军潜入杭州,焚寇仓库。寇机昨炸金华、馀姚等地,并以廿四架往袭吉安。沪市辅币缺乏,商会电请财部补救。伪维新政府伪财长陈逆锦涛病死闸北窦乐安路。寇定十四日起,实行封锁天津英、法租界,当局奉令设法应付。英王、后返加拿大。但泽波籍关员遭国社党殴伤。英派员史德隆携协定新草案飞赴莫斯科。

6月14日(四月廿七日　壬午)星期三

昙。上午八一,下午八三。

依时入馆,办杂事,仍注《左传》。午后晴帆来,告将有浙西之行,与扶苍俱。为国宣劳,政不以老暮而遂废,予深壮之。谈有顷,去。散馆径归,就家小饮。日来铜辅币奇缺,半由奸民贪图私利,为寇收买;半由奸商乘机要利,屯压居奇。致使市面大紊,有用邮票作另找者,有自签小票作代价券者,纷纷不一,葛藤蔓生。而法商电车之售票人尤蛮横不讲理,狰狞之相实同兽畜,一般小民苦矣。呜呼!挟武侵凌之暴寇固不能与并存,而操纵市场,因缘为奸利之驵侩,其肉又岂足食乎!

珏人挈汉、漱、润、滋四儿及静甥,于晚饭后往新光大戏院看涵侄主演之《红花瓶》,清儿则与士敭往看苏联影片《农夫曲》。独予与湜儿留。八时许,抚湜睡。九时许,清归。予亦就卧。至十一时三刻,珏等始归,据云成绩尚佳,前途当有希望也。

报载要闻:踞津之寇决于今日起,实施封锁英、法租界。英大使寇尔在沪亦迭接情报,以危及其生命相恫吓,故使邸戒备甚严。同时英外相在上院表示对日态度,决不少挠云。晋西我军乘胜向离石、中阳进展。绥西我军克土门子。湘、赣等地昨又遭寇机轰炸。南京日领馆之毒酒案,两日人已毙命。梁、高二逆尚无殒灭讯。沪市铜辅币大缺,各方妥筹补救办法。德报对英调侃,开列和平条件,俱为故作惊人之论。

6月15日(四月廿八日　癸未)星期四

阴,傍晚已见微雨,夜深遂大。上午八一,下午八二。

依时入馆,仍注《左传》。俊生来,洽修图事,顺言今晚酒会不到矣。接圣陶六日发蜀沪十一号航信,告四日喜筵情形。并告袭蓉、渝之寇机实未出川,即在汉奸代筑之僻静机场屯下,故迭肆凶焰,受祸独烈。山中土匪愤其残酷,夜劫其机廿四架,并俘其机师。此后或当少戢虐风焉。果尔,则土匪犹不失为豪杰,而抛却宗国之汉奸真狗彘之不若矣!

散馆后举行酒会于三泰成楼上,到廉逊、绍先、洗人、雪村、亢德、仲盐及予七人,八时半始散,予独先归,抵家已九时。晴帆书来,交到前二元会帐单并历次出席人签到簿,甚足珍,当好藏之也。

报载要闻:津英租界昨晨起封锁,寇方又作进一步要求。英对此事昨开阁议,将与法联合对付,态度强硬。寇机昨炸福州等处,并袭湘境。粤中山团队克古镇。晋西我军大捷,离石旦夕可下。沪市米价续昂,百物亦随外汇俱涨,一般生计,危迫极矣。有人观察,寇对上海公共租界一时不致有何举动。史德隆抵莫斯科,英、苏将重开谈判。美众院外交委员会通过中立法修正案。

6月16日(四月廿九日　甲申)星期五

阴雨。上午八〇,下午七七。

昨日颇感不适,晨起勉强到馆,又兼酒会,归后甚疲。今日告假在寓休息。看钱子泉《现代中国文学史》,其论述古文学之部已毕,计二百六十四页。饭后金才来寓,携到北平燕京图书馆顾起潜所寄赠之《章氏四当斋藏书目》五册,欣喜之至。急发函读之,尽其序、例、跋语,并读张尔田所撰传。老辈精勤,致足钦挹已。夜小饮。饮后雪村来谈,知金融骤紧,运费大增。方来困难政不知底于何所也。八时许即寝。

报载要闻:津英租界被封锁后形势严重,英首相发表宣言。鼓浪屿亦被寇舰封锁,已与大陆隔绝。湘北我军声势益振,岳州之南已有激战。晋西我猛攻中阳、离石。美、法两大使抵重庆。财政部准运新辅币接济沪市。美国务卿声明筹远东政策,密切注意津局发展,必要时谋经济报复。英军事技术代表团抵土耳其。德军在斯洛伐克境内集中廿五万人,调动频繁,将有异图。

6月17日(五月大建庚午初一日　乙酉)星期六

昙,旋晴。上午七八,下午八〇。

依时入馆,编发每周通讯录第廿四号。写信谢顾起潜赠书。写信与芷芬询近状,并托转颉刚一信。致颉刚,告丕绳与《兼明》一度发生关系,以吵嘴散场云。散馆归,小饮。饮后挈滋、湜两儿闲步近街,入晚乃归。九时后寝。

报载要闻:津英领向寇领提抗议,经济报复将实现。晋南晋西仍在激战中。沁水我军击落寇机一架。国府明令褒扬四存学校殉难员生。美、法大使在渝谒王外长。沪市银根渐紧,利率提高,当系过节结帐关系。惟米商则故意操纵,每石米价已迫近二十元关。英、法海陆军代表将在新加坡会议。英将继续贷款与我。德中央银行改组,希脱拉自任总裁。英、法、苏谈判开始。

6月18日(五月初二日　丙戌)**星期**

晴。上午八〇,下午七九。

晨读《通鉴》。午后读《东原集》。并题书脊四册。硕民来,饭后二时去。文权、湝儿、顯、预两孙来。文权饭后三时半去。湝等夜饭后归。幽若来,夜饭后去。夜仍小饮,饮后挈滋儿闲步近街,归即就卧。

报载要闻:寇称封锁租界,已非地方事件。英对寇决将采经济报复,闻已定办法,待阁议通过。美国务卿表示对津事极关心。风陵渡寇强渡失败,黑龙关被包围。浙省我军渡海袭击岱山踞寇。周建树继任空军总司令。鄂中战局现成隔河对峙形势。沙王等东移成吉思汗陵寝,过榆林南下。盖避免德王利用之以叛国也。此间申报馆记者瞿绍伊昨晨在家被刺微伤,凶手当场就逮。晚间导报馆有人闯入开枪掷弹,未肇巨祸。显系日前无赖警告之后果,其实心劳日拙,果何所奏效乎。法潜艇一艘在西贡海面失事。英、法、苏继续谈判,但进行迟缓。

6月19日(五月初三日　丁亥)**星期一**

昙,入夜微雨,夜半风吼。上午八〇,下午八二。

晨为坚吾呈复商标局,作稿携入馆。入馆后仍注《左传》。饭后访坚吾未值,即以稿交其伙友。午后校周谷城《中国通史》。散馆归，小饮。饮后昏然，即偃卧。

报载要闻：英与美、法交换对寇经济制裁意见，各国现均重视美国态度。津封锁区食物奇缺，日租界内剧扇反英运动。我空军飞大良、南昌轰炸寇军。并在湘、粤前线助战。粤南江、会我反攻。鲁南战烈。豫北我攻内黄。皖北收复双沟，国府拨款千万元促进生产，调整贸易。财政部通令豁免战区税捐。上海米价昨又狂涨，竟达廿一元五角一石。大西路伪警局，英驻军停止封锁，故该处伪警又出现。英、法皆否认三国协定推及远东。盖畏促寇加入德、意同盟耳。瞻顾徘徊至于如此，我决其无能为矣。龙蛇竞走，风云会和，政不知伊于胡底也。

6月20日（五月初四日　戊子）**星期二**

昙，午后阴霾，闷。傍晚大雨。上午八二，下午八四。

依时到馆，续校《中国通史》。午后开董事会，到丏、洗、村、道始、达君、守宪。通过廿六年、廿七年帐略，战事损失廿二万馀，截止廿七年底，以盈馀弥补，只亏六万馀矣。以今年已过四月情形看之，此六万馀或已弥平。故统察全局，但求现状不再变坏，前途政有希望也。付半月来饭钱一元五角四分。付店役节费二元五角。夜与丏、洗、村、盐、道饮聚丰园，谈至九时，乃附道始之车以归。暴热难耐，又兼闷湿，睡不安。

报载要闻：英相张伯伦表示，希望津事就地解决。但津英租界四周被寇封锁之铁丝网已通电流矣。晋南我军进展，寇向夏县、闻喜一带退却。美大使詹森谈话，蒋总裁抗战之决心，与渠返国述职前丝毫无殊。我空军在粤空击落寇机一架，伤两架。寇方主张英当将香港归还中国。政府为防杜法币流入沦陷区，已定将内债本息在渝发付。上海米价仍狂涨，米业集议稳定办法。苏联又提新备忘录，要求无保留的保障其西陲。英、法正交换意见。

6月21日（五月初五日　己丑　端午节）**星期三**

晴热。上午八四，下午八七。

依时入馆，办理董事会纪录印发诸事。为道始欲购阅北平东方印书馆所出伪满法律书，致函心庵，托向平友一配寄。散馆归，小饮。饮后与雪村、仲盐闲谈，旋就寝。

报载要闻：美国务卿赫尔表示对津事极关心，向寇方提两牒。英外相重复声明英国立场。英驻寇大使抗议津英侨被侮辱。但寇方决声明长期封锁。鼓屿缺乏食粮，形势愈严重。晋南战事激烈，我军续有进展。鄂东收复黄陂。我机炸南昌。寇机炸绍兴。重庆市区范围决定扩大。行政院通过《公库法施行细则》。沪市证券续跌，昨停市半天。米价续涨，米业代表谒租界当局建议办法。英、苏谈判仍无进展。

6月22日（五月初六日　庚寅　申正初刻十三分夏至）**星期四**

昙热。上午八五，下午八九。

依时入馆，校毕《中国通史》一批。接翼之信，告近状，并知横泾治安大摇，居人皆有戒心云。午后丕绳来，续交《古史辨》稿件。并属描润插图。今日杭州翁隆盛在沪开设门庄，廉价号召，予令金才购得龙井一斤，乌龙一斤，双薰香片一斤，品仅上末等一肩，费二元三角，获赠品儿童用纨扇两柄。

散馆归，六姨在，知庙中搬场，故暂停，或将小住三数日也。财政部为杜免资金逃避计，电令沪市银行限制提支款项，除存款人发付工资及挪向内地不受此限外,无论存款多寡,至多提取五百元,超过限额只付汇划供同业收解,绝对不能购取外汇云。此举实于国计民生多有裨益。不但逃匿资金者无所施其伎俩,即乘危要利之徒,虽欲居奇囤货而无从措本钱矣。呼怨致嗟者只昧良之驵侩耳。

报载要闻:寇忽于昨日由达濠岛登陆,袭陷汕头市。张伯伦报告津事交涉仍在极度紧张中。该地外侨妇孺一批已辞去。寇海军犯闽南,袭击鼓屿对岸之松屿,将由此入犯漳州。晋西、晋南我军新战术获胜。内黄、莱阳次第克复。沪两租界当局决将抑制米价,维持民食。公共租界东区汇山、杨树浦一带发现反日传单。英、法远东联防会议今日在新加坡开幕。三国谈判,英已接受法建议。

6月23日(五月初七日　辛卯)星期五

昙,午后时放晴光,热甚。上午八七,下午九三。

依时入馆,处理杂事,答复外来信件。廉逊来,谈至散馆同出。洗人之兄子明今日夜饭后上船,翌晨驶甬回馀姚。晚归小饮。饮后濯身就卧,热不可忍,中夜数起,枕衾尽为汗霑矣。虽伏暑不是过也。奇极。

报载要闻:汕头市内巷战激烈。寇方要求外舰离汕,英、美已拒绝此请。天津形势愈臻严重,但传闻寇将接受英就地解决之建议。湘潭前线均有激战。晋西我军续攻黑龙关,寇退临汾。财部规定支付存款办法,已公告。前川教厅长杨廉以墨败,昨在蓉枪决。沪租界当局规定食米新限价:白粳最高每石廿一元,秈米最高每石十七元,中次依此递减,逾限即取缔。法、土协定,签立成功。英、法、苏三国谈话继续进行。

6月24日(五月初八日　壬辰)**星期六**

晴热。上午八七,下午九五。

依时入馆,热甚,勉处杂事,不能有所写。仅编发每周通讯录第廿五号耳。接圣陶十五日发蜀沪第十二号航信,寄善、满结婚照片多份,属分转。散馆归,小饮。雪村未入馆。六姨已去。夜濯身就卧,终宵汗湿,易两衣犹未能宁睡也。

报载要闻:我援军十万分三路向汕头,已抵外围。白崇禧亲赴潮安督战。津租界界外搜查外侨愈烈,张伯伦宣称不能容忍。寇方消息,寇、苏空军又起战争。中、法新借款成立,计百五十万镑,合国币四千馀万元。寇机炸常德,投弹五百馀。湘阴亦被炸。沪租界当局派员监察米市,实行限制米价。银钱业电请财部订定提款补充办法。苏联驻华大使奉召返国述职。新加坡会议重视香港防务。苏对英、法提出答案,坚主波罗的海沿岸诸国之保障。三国谈判又陷僵局。

6月25日(五月初九日　癸巳)**星期**

阴,近午雨,遂致绵延。上午九一,下午八五。

清晨作书一件,预备密陈于村、洗,对组织、时间、薪给诸端加以切实之说明与主张。九时许,振铎来。与雪村商出版刊物事,至十一时去。午后偃卧听书,并读《有正味斋骈文》。夜随酌,八时许即睡,连宵苦热,稍稍得眠,已快矣。

报载要闻:寇窥潮安未逞。我吴奇伟部奉令主持反攻汕头军事,已收复庵埠。寇机炸粤北各地,在梅县被我击落一架。寇在舟山登陆,扰定海。中、苏互惠商约在莫斯科签字。沪银钱业电财部,请饬四行供给法币。米业团体联席会议,议决规定中次各米价格。美国表示,不许日本在华侵犯美国之利益。法、土协定正式签字。散嘉克区划归土管,确保地中海东部安全。张伯伦说明英国外交政策,在奠定和平,恢复国际信心,任何侵略,决予抵抗。

6月26日(五月初十日　甲午)**星期一**

霉雨。上午八五,下午八二。

依时入馆,即以昨写密陈交雪村。仍注《左传》。致函硕民,询昨日何以不来,并即将小墨婚照附去。廉逊来,散馆后与之饮于永兴昌,洗人、雪村偕焉。饮后,廉逊先行。予与洗、村间行南京路,洗则购物,予乃与村步至东新桥,乘廿二路公共汽车以归。坐至十时,就寝。

报载要闻:我军向汕市反攻,克海溪外围据点。晋南我反攻垣曲,寇一部向东北撤退。定海县城失陷,我团警扼守青山岭。津白俄示威游行。教部通令,不得采用未经审定之教科书。财部发言人对限制上海提存办法,说明系暂时性质。上海各业努力推行汇划票据制度。英、法新加坡军事会议闭幕,诺白尔即来华。美政界考虑禁运军火予日问题。英相警告德、日,含备战意味。

6月27日(五月十一日　乙未)**星期二**

阴霾,薄暮遂雨。上午八三,下午八二。

依时入馆,仍注《左传》。接芝九信,托询开明需收稿否。又接予同信,为石岑子小岑求暑期工作。作书分答之。仲弟来馆,为其义子求保遗失印鉴,予之。海林来馆,告其母已于旬前寿终,托拟讣告。予约于下星期日午后过访决定之,属其先向梦岩致意也。散馆归,小饮。盈儿打翻其姊之蓝墨水,浑身沾迹,桌椅书物俱污,其母怒挞之,扰攘移时乃定。看钱子泉《现代中国文学史》,至九时许乃就卧。

报载要闻:寇封锁汕市英码头,英、寇间又发生新事件。天津形势愈严重,张伯伦在下院报告,仍希望和平解决。九江下游双坪圩附近寇舰向南岸发炮,企图登陆。苏联公表蒙伪冲突经过。成吉思汗灵榇抵西安。镇海口封锁,沪、甬交通又断。上海银钱业决议,领用同业汇划。

6月28日(五月十二日 丙申)**星期三**

晴爽。上午八〇,下午八二。

硕民晨来,谓校课已毕,俟薪水发出,即归苏。谈至八时半,偕之行,同步到华龙路,渠上冠乐会友,予则乘电车东行到馆矣。办杂事,仍注《左传》。蒋大沂来,谈移时去。接顾姓者电话,谓从北平来,绍虞托带便信,将来看我。散馆后,与丏、洗、村、盐饮三泰成,八时许始散归。途次,雪村语我,洗人约明晨七时到馆,商调整薪给诸事。

报载要闻:寇封锁福州、温州海口,其陆战队且在闽江口川石岛登陆。潮汕战事剧烈,寇方传已陷潮州。晋南大捷,已复垣曲、皋落。甬、瓯我禁止通航。渝当局限令居民退出。英驻日大使晤有田,建议在东京谈判津案。外蒙边界复起空战。美参院通过货币法延长二年,并停购国外白银。英政府训令,对苏联表示再让步,三国协定短期内可望成立。

6月29日(五月十三日　丁酉)星期四

晴,午后阴,旋晴烈。上午八二,下午八一。

晨六时,与雪村到馆,同人咸讶其早。晤洗人商调整薪给及提早时间并订立服务奖励办法。至九时而定。办通告露布诸事及通函诸同人。仍注《左传》。复圣陶信,编沪蜀第十一号。振铎来。聿修来。散馆归,小饮,甕底气浊,天又热,明日将辍例饮矣。

报载要闻:镇海、瓯江、马尾封锁,沪、浙、闽航路均断。寇舰集闽江口外,陈仪已下令备战。顾祝同视察海防情形。潮安县城陷落。寇阻外轮赴汕,英、美均置不理。英舰且载运旅客及邮件入汕港。寇在乐清湾玉环岛登陆,坎门大火。沪西土山湾法派一俄捕,被寇开枪击毙。蒙边形势愈见紧张。张伯伦报告津案在东京谈判。美众院辨论新中立法案。英、法、苏三国谈判,本周内可续开。

6月30日(五月十四日　戊戌)星期五

晴。上午八〇,下午八一。

依时入馆,分发同人加薪函讫,并发贴布告四件。顾雍如(敦鍒)来,出绍虞信示予,取二十元,去。(即前日电话中约者。)送《古史辨》校样一批与丕绳,附信与之,带回复信。金才往谷城所取回《中国通史》校样,予又续为校出一批,下午四时作书送与之。

散馆归,修妹在,出书画扇一柄,谓钱石仙送予者。(石仙予尝属其刻印,殆亦广告之作用耳。)晚饭后去。夜十时,予已睡,濬家佣妇来请天然,并招清、汉往,盖濬将临盆矣。因是,予与珏人遂未宁眠。

报载要闻:潮安城内尚有孤军坚守。粤南我军冲向广州。寇机轰炸镇海、福州等处。英兵在福州登陆护侨,温州外侨大部撤退。镇海封锁线缺口亦已堵塞。外长王宠惠用英语对欧广播,声明我国抗战决心,及暴寇蛮悍不顾国际信义状。上海市商会会同银钱业统筹救济市面。《译报》迄未复刊,《导报》又宣告于明日停刊。盖外商名义之不可恃如此。(闻出名之外人已另卖于寇伪矣。)津案移东京交涉,英表示政策不变。寇机又飞蒙边窥伺,形势愈紧。美两院将开联席委会,决定白银政策。英致牒德国,对废止海军协定问题有所声明。

7月1日(五月十五日　己亥)**星期六**

晴,时昙。夜半大雨。上午八一,下午八三。

黎明,天然、清儿返,知濬儿已于晚间二时三十分平安产一女婴,盖今日丑时矣。予为命名"昌颉",属珏人告之。今日起,八时上班,故六时三刻即偕雪村入馆。(自今日起,予得月支之数稍加,盖薪水百五十元,视战前之八折矣。)午刻赴永兴昌,与洗、村俱,盖谋小饮且进午餐也。其老板坚请饮节酒,叫菜为饷,甚愧之。一时四十五分乃返馆,编发每周通讯录第廿六号。并为人事课办出三函。丕绳来,交稿数件,兼要求速排。硕民来,告明晨即归苏矣。四时散馆,即归。夜饭后,看《夷坚志》。八时后听播音。十时就寝。

报载要闻:粤中我军反攻,克新街、横潭,已达广州近郊。寇在闽江口川石岛者已退去,别在熨斗、东庠两岛图登陆,未逞。温州炮战甚烈。钱塘江上亦有炮战。晋南我军向横岭关推进。津案在东京谈判,下星期开始。上海银钱业上半年决算,均获赢馀。领用同业汇划制度,四日实行。工部局再筹抑平米价。英外相演说,抵抗侵略,奠定和平。英、法驻波兰大使均返国述职。

7 月 2 日(五月十六日　庚子)**星期**

雨,只午后三时至四时略停,晚八时许略停。上午八四,下午八一。

晨为梦岩兄弟拟讣稿,并读钱氏《现代中国文学史》。饭后,撰短文一篇,述洗人者,备书于其所交之纸以为纪念,只以笔墨与天气不应,写则尚有待耳。三时雨止,往访梦岩兄弟,步至迈尔西爱路蒲石路积水没膝矣,不得已唤街车以行。过此则无水,比到平乔里,隐隐露阳光。将讣稿交与之,坚留晚饮,重违其意,留谈至八时乃归。蒸湿难耐,濯身增热,颇苦。就睡后不免耽凉,喉哮鼻拥矣。

报载要闻:大队空军飞广州,轰炸寇阵地,陆军包围江门之寇。寇对鼓浪屿问题又提新要求。华北之寇,集中长春备战。中、德五百万镑军火交易完成。寇舰在台州湾洋面测量水位。京沪线游击队重创踞寇。春茧来沪受阻,各丝厂难望开工。美众院通过新中立法。国务卿赫尔不满列入军火禁运条款。但泽形势愈形紧张。

7 月 3 日(五月十七日　辛丑)**星期一**

雨,大潮,低处水深浸膝。上午八四,下午八五。

八时前到馆,处理杂事,并注《左传》。心庵书来,告托购书已转平友代办,并告津租界被困状,出入搜检并裤子亦须卸去,侮辱甚矣。物价之昂亦骇听闻,黄瓜每条售一角五分,茄子每条售二角,猪肉每斤售八角云。涓隐来,托为《币谱》代登广告。俊生来,交到修竣图稿五张。散馆后与洗、村同行归,即饮于村所。夜八时许即寝。

报载要闻:粤省我军克新会城,迫近江门。别一路反攻潮安。晋南大胜利,已将垣曲至平陆之寇肃清。海南岛大民团突起,已发生激战。闽海寇舰又增。寇方限制外轮驶汕,英轮坚决拒绝。财部公布非常时期禁止进口物品办法。沪市汇划新制度,财部已批准备案。法大使已抵沪。蒙边又发生空陆大战。东京英、日会议,英将提强硬之反要求。英国朝野一致拥护反侵略政策。但泽与德备战甚亟,传希脱拉本月下旬将赴但泽。

7月4日(五月十八日　壬寅)**星期二**

晨阴,旋晴,又转热。上午八四,下午八九。

依时到馆,接调孚条,仍未能即日来也。注《左传》。接颉刚信,知前托滇处所转之件俱为任、谢所误,直到芷芬返后始递去。可恨!告暑中或将离滇,并托为赵贞信谋事。接芷芬信,告近状甚忙碌。散馆归,小饮。饮后看《现代中国文学史》。十时就卧。热甚,时醒,至不堪也。

报载要闻:蒙伪边境又起冲突,寇开始进攻。粤省我军逼江门,寇退北街。赣北高安我阵线前移。定海小埕之寇被我击退。苏北我军冲入涟水、淮安城中。伪临时政府伪主席王逆克敏向津英、法租界提五项要求。财部公布进口物品声请购买外汇规则。禁止进口货办法江海关恐难实施。上海新汇划制度今日实行,银钱业集中票据交换。张伯伦宣读英王诏书,重申抵抗侵略决心。德方消息,但泽形势和缓。

7月5日(五月十九日　癸卯)**星期三**

晴,午后昙,闷热。上午八六,下午八九。

依时入馆,处分杂事外,仍注《左传》。算至六月底止,饭钱付一元另八分。前托绍虞为图书馆购配《史学年报》及《文学年报》俱寄到。惟尚有缺期无从配补者。散馆归,小饮。饮后即濯身偃卧,无所事。九时即睡。

报载要闻:南战场我全线反攻。寇又窥伺雷州。蒙边战事甚烈,库伦空军已开始动员。寇舰炮击温州。新颁申请外汇办法,设审核会,供给外汇,由中、交两行办理。行政院决议,贯彻六年禁烟计划。东京会议,定下周开始。英陆长到巴黎。苏联接受英、法建议。波兰对但泽军事措置将提抗议。

7月6日(五月二十日　甲辰)**星期四**

晴热。上午八六,下午八九。

早六时,独出到馆,先步至同孚路口,乘十五路公共汽车到南京路浙江路。进早点于福兴斋。七时二十分入馆。仍注《左传》。调孚仍未到,午后作书与之。志行昨晚由扬州来沪。下午丕绳来,予以颉刚信示之,并接洽《古史辨》排样数事。散馆后小饮。饮后入书巢记日记。

报载要闻:闽海风云紧张。蒙边冲突益烈,外蒙军纷开前线。寇派新军五师团来华。我军深入热河,承德西南发生激战。粤省我军一度冲入江门,并克复潮安附近之枫溪。财部电沪,即将发行分币券。广州寇领接收汕头海关。寇机今晨另时三十分又袭重庆。沪租界采取严密戒备。外轮集议复航沪、甬线。东京会议开会尚无期,寇方发动全国反英运动,希图胁英就范。苏联于订立协定建议包括波兰与土耳其为五国公约,于是三国同盟又生障壁。

7月7日(五月廿一日　乙巳)**星期五**

晴热。上午八六,下午八九。

今日为我国抗战二周年纪念,两租界恐有事故发生,均特别戒严。六时出,沿途至重庆路口上车,连车中搜检凡八次,可见周密矣。到馆时未及七时也。处理杂事外,仍注《左传》。散馆归,小饮。饮后记日记,即下就卧。

报载要闻:闽浙沿海,战云弥漫,寇企图伺隙登陆,英、美侨民一部乘军舰离福州。粤南我克芦苞,攻佛山。寇机前晚昨晨连袭重庆,投弹市区,有两处起火。上海租界今日特别戒备,防卫界内治安。东京英、日谈判,下星期一开始。蒙边空战,莫斯科与东京均宣布击落对方飞机。但泽局势沉闷,双方在准备中。英政府决以一万万镑贷与波、罗、土、希四国。美参院通过总统在币制金融上所享权力延长时效案。

7月8日(五月廿二日　丙午　已初三刻五分小暑)**星期六**

晴热。上午八五,下午八七。

早出,七时前到馆。编发每周通讯录第廿七号。处理杂事。接吕诚之先生信,有《中国通史》欲交开明印行,俟商后答复之。散馆归,小饮。饮后撰一联挽梦岩之母,云:“慈仁接物,朴俭持家,是我宗贤母;福寿归真,儿孙绕膝,乃斯世善征。”九时就卧。

报载要闻:粤东我军集韩江,准备总攻潮、汕。寇犯澄海、鹤江,遭团队痛击。寇陆相板垣公开演说反英。寇机昨又袭重庆。

有窥陕者,坠落一架于渭南。游击队攻门头沟,平市闻炮声。宁夏省府献金一百万元。沪、甬复航,核准直驶镇海,德平、谋福今日开甬。沪两租界撤销紧急戒备。波兰对但泽问题已决定态度。美总统恢复币制特权。美财部首长宣称,仍将购买外国白银。美海长史璜生逝世。

7月9日(五月廿三日 丁未 出霉)**星期**

晴,午前后阴翳欲雨,旋复开朗。上午八五,下午八八。

晨八时,大椿来,谓与房客淘气,房客之戚为汉奸,惧为所算云。一旦有事请开明为证之。予慰之,属其勿过操切结怨,斯亦无事也已。移时去。为洗人写横幅,即以前所撰语书之。惮磨多墨,即倾用得一阁墨汁。气既奇臭,色又浓淡殊致,写竟,自薰欲绝,复大不惬意,则姑置之。务去此臭,乃大涤笔砚,费一小时许而午饭具矣。饭后复入书巢,续看钱著《现代中国文学史》,四时乃已,尽数十页;关于严几道之部过半矣。接硕民信,知安抵苏州。圣南姻事将成,需钱用,要予在圣陶存款中支五十元。夜小饮,饮后看《小窗幽记》。

报载要闻:苏联援军大批开前方,蒙边战事将扩大。粤省我军形势极进展。空军轰炸寇阵地。寇由翼城、绛县间分三路向东南进犯,晋南又发生剧战。玉环、镇海洋面寇图登陆。国府限期肃清川、康、黔三省私存烟土。无锡附近铁路桥爆炸,京沪车几及祸难。新汇划设准备检查会。在沪寇海军武官指摘租界当局。寇廷下令征发全国劳工。英、法新空军协定在谈判中。波兰当局宣布对但泽政策,不容改变现状。

7月10日(五月廿四日　戊申)**星期一**

晴热。上午八六,下午八九。

趁早到馆,先过福兴斋啖面。仍注《左传》。调孚仍未销假。允言来,言二十左右返苏。接翼之信,知青蒿等已打包裹付邮。即复谢之。接朱生荄阳信,托谋事,即复婉辞。复诚之,告开明愿以版税报酬接受其《中国通史》,但名称最好改署,俾免与周谷城著冲突。挽梦岩母之联语已属阳生在古香斋买对速写矣,因于散馆时过之,亲致挽联及赙仪四元,并为晓先代致四元。少坐便行。夜就家小饮,饮后看《幽梦影》。九时就卧。

报载要闻:中央举行北伐誓师纪念。国府修正战时过度利润税,即将开征。蒙边苏、日军纷开前线增援。晋南我军开始全面反攻。湘、鄂间我克沙坪,向通城急进。闽江口外,寇占平潭岛。沪新汇划制度外商赞同接受。上海近郊寇封锁区今日起开放,惟南市除外。寇军部态度强硬,东京英、日会议难乐观。瑞士报披露德攻波计划。意外长启程赴西班牙。法外长表示抵抗侵略决心。

7月11日(五月廿五日　己酉)**星期二**

昙热。上午八六,下午八八。

六时三刻到馆,在馆进早点。处分杂事外,仍注《左传》。作书寄硕民,汇五十元去。鉴平来,告新寰中学下学期将添级,属函翼之,如欲来,须即进行云。谈久之,去。弘一法师寄到"读律室"横额,心庵亦寄到《启祯野乘》等,乃作书与道始,即将此等书物送达之。散馆归,六时复与雪村出,到觉林,盖公司请正中宋今人,属予与席也。至则冼人、索非及商务之曹冰岩、中华之赵亮伯已先在。未几,正中王丰谷、世界刘季康至。又有顷,宋今人至。乃就坐,有顷,商务之黄仲明至。八时四十分终席,九时散,仍与雪村步归。

报载要闻:蒙边战事愈扩大。粤南之寇窥石岐,被我击退。晋东、晋南激战甚烈。寇机昨炸巴东、黄岩等处。玉环登陆之寇退回舰上。复兴公债昨抽签还本。洋货输入上海,政府不予结外汇。甬当局核准四外轮航行镇海。传德生力军开抵波边。张伯伦为但泽问题在下院发表演说。

7月12日(五月廿六日　庚戌　初伏)星期三

暴风雨竟日。上午八五,下午八三。

晨冒雨入馆,衣裳尽霑,抵馆,借冼人裤易之,始可就坐。雪村未到馆。办理杂事。风揭复轩屋顶所敷铅皮,渗漏如注。接横泾所寄包裹通知单,因再写一信寄翼之,顺告昨日鉴平语。散馆时风雨未歇,因与索非、均正、孑如、士敭、清华共雇云飞汽车以归。夜小饮,饮后入书巢记日记。八时许即就卧。

报载要闻:蒙边炮战猛烈,苏空军两次袭寇阵地。重庆美教会被炸,美向寇方提坚决抗议。我军克复澄海。香港报工大部分罢工。沪市银钱业准备会库,商妥改善交换办法。米市来源大增,囤户又图出笼,米价乃大跌。寇方借恢复联营之名,垄断火柴业。苏联驻华大使卢幹滋夫妇在归国途中覆车殒命。寇外、陆二省连日讨论英、日谈判应付方针,寇报纸遂大吹英、日开战之论。英飞机二百架飞往法境演习。德大批军火继续运往但泽。

7月13日(五月廿七日 辛亥)**星期四**

阴霾,时见毛雨,午后放晴。上午八三,下午八四。

趁早到馆,未罹雨。处理杂事外,仍注《左传》。散馆归,小饮。饮后看《小窗幽记》。

报载要闻:晋东我克辽县,将领开军事会议,晋南各县将有大战。蒙边情况,双方在增援中。寇扬言封锁泉州。寇机轰炸湘、赣各地。飓风昨袭沪,塌屋伤人不少。寇方寺内、大角应邀,将赴柏林。传德向波提出无理建议。英、法、苏三国协定一时不易成立。

7月14日(五月廿八日 壬子)**星期五**

濛雨,时间阴晴。上午八三,下午八五。

趁早到馆,治杂事。午后接校周谷城《中国通史》。廉逊来,散馆后,与之饮永兴昌,洗人、丏尊、雪村偕焉。七时许散归。

报载要闻:太行山脉一带发生激战。蒙边炮战甚烈。白崇禧部准备反攻,广州为其目标,有大队飞机赴粤助战。湘北犯君山之寇被我击退。国府公布统一缴解捐款献金办法。统一公债本息在渝付款。沪银钱业订定交换退票办法。寇方紧急阁议,决定英、日会议方针。英、法国会代表会商远东问题。英对寇在闽行动将予强硬答复。但泽形势和缓。意将亚得里亚海底奥国旧港特里哀斯脱让与德国十年。

7月15日(五月廿九日 癸丑)**星期六**

昙,有风。上午八三,下午同。

清晨出,到馆犹仅七时许。编发每周通讯录廿八号。接圣陶六日所发蜀沪第十四号信，写寄《书巢记》，历叙予积书经过及中间得丧，不啻若自予口出，诚佳作也。谨什袭藏之，将以示后之人。午后作复，详告近状并硕民返苏需款等情。接绍虞九日信，告将有款三百元，分六批汇来，仍托予代存。即复之。致书予同，为洗人友人之子说项，插考暨大附中高二级。复颉刚，告《古史辨》进行状，并详释赵肖甫编集《辨伪丛刊》当能收受，惟不能预定致酬办法之故。仍托芷芬转去，因别纸致芷芬一柬。散馆后，在会宾楼举行酒会，到俊生、绍先、仲盐、雪村、洗人、亢德及予六人。七时即散，归途犹未全黑也。雪村等急欲归博，雇汽车以行，予得厕其间，附之归。到家接硕民信，知汇款已到，青石弄房屋西墙已倒，估修须七八十金，而看屋陈妈又索钱，应如何应付云云。予怪其何不径寄开明，则今日复圣陶信中可以叙入，而今又须延阁矣。

报载要闻：寇在晋南继续增援，由翼城、绛县等地向我猛犯。传寇正积虑图谋犯浙东。鄂东我军再克通城。寇沿广花公路大举北犯，被击退，歼灭甚众。铜元券即将发行，惟限于沪市通用。东京反英运动剧烈，英、日会议今晨在寇外务省开始。蒙边大战即将展开，苏联公布战况，谓击堕寇机二百架。英陆、海、空军将联合大演习。昨日法国民主纪念，巴黎盛大阅兵，英空军亦参加。

7月16日（五月三十日　甲寅）星期

阴霾，且时有细雨。上午八三，下午八四。

晨入书巢，补作前数日日记。为洗人写字幅。丏尊来，索观《书巢记》。夜，叔琴亦来索观。出新得原刻《无双谱》相示。晚饭前仍小饮。

报载要闻：英、日会议昨在东京作初步谈话。晋东南战事仍在猛烈进行中。蒙伪边境战事形势极严重。粤北江前线有激战，花县之寇溃不成军。寇包围君山，发生剧战。修河两岸我军分途进击。行政院孔院长发表禁烟大纲。沪租界当局重定食米新限价。美总统、国务卿咨国会，要求通过新中立法。

7月17日（六月小建辛未初一日　乙卯）**星期一**

阴，午前后有风雨。上午八三，下午八四。

清晨入馆，校《中国通史》。接翼之信，知予书已到，适病，不能写信，属友代复，托向新寰中学进行。调孚仍未来，午接其手书，知甚淹缠耳。夜小饮，饮后听书为娱。

报载要闻：我精锐十万渡黄河，晋东南展开血战。江门、新会间战事剧烈。我军反攻潮汕，在揭阳击落寇机一架。宋子文飞伦敦。军事委员会新组织发表：蒋委员长有与外国宣战、媾和及缔结条约之权力。其下委员八人，为冯玉祥、阎锡山、李宗仁、陈诚、李济深、唐生智、宋哲元、陈绍宽。会设一厅八处，总务厅长贺耀祖，战术处长徐永昌，军事处长何应钦，军训处长白崇禧，政务处长陈诚，军法处长何成濬，运输处长俞飞鹏，人事处长吴思豫，海军处长陈绍宽。上海、海防、昆明间实行货物联运。英、法商谈欧亚问题。英国民军第一批入伍受训。英表示东京会议不讨论天津事件以外问题。

7月18日（六月初二日　丙辰）**星期二**

晴。上午八三，下午八四。

早出到馆，校毕《中国通史》一批，送谷城，并致函调孚，属多养。又送《古史辨》校样一批与丕绳。世璟午前来，接洽取孙伯才划款事,知将自办贯一小学校。午后修权来取款去。散馆归,仍小饮。今日市面大乱,金每两升至三百另八元,汇划贴水每千元达一百四十元。

报载要闻:我军克潮安。晋东战事我有新发展。苏机轰炸昂昂溪等处。鄂中各路开始进攻。英、日东京会议,昨因事中止。沪华商银行拒收华北钞币。新任美舰队司令明日到沪。张伯伦在下院声明远东政策不变。波、土即将举行反侵略军事参谋会。美国会政府派议员发表宣言,响应罗斯福修正中立法之主张。

7月19日(六月初三日　丁巳)星期三

阴雨,吕宋飓风袭沪。上午八三,下午八一。

早出到馆,仍冲雨行。续校毕《中国通史》一批。复翼之,慰问病情。并为新寰事,特分函柏寒、鉴平托进行,如翼之教也。夜归小饮,饮后听书为娱,未几即睡去。

报载要闻:卫立煌赴晋指挥,晋东南战事愈烈。黄梅附近我击寇机,寇军官十一人殒命。寇海军宣布封锁福建三都、罗源、沙埕三港。冀省我军进攻保定。粤军克潮安后,已迫近汕头近郊。行政院通过战区各省府设置行署通则。港电沪,限制供给外汇,外汇黑市狂缩,金价乃暴涨。(一度每两曾升至四百元。)华北地名钞币,中、交行仍尽量收兑。寇货船在太平洋中失慎。英海外驻军总监抵华沙,英、波两国军事谈判开始。法军事代表团抵土京。

7月20日(六月初四日　戊午)星期四

风雨终日,高潮上岸,衢路多没。上午八二,下午八一。

晨出到馆,初欲步行,至圣母院路蒲石路汪洋一片,马路早成河渠矣，乃折回金神父路、霞飞路，仍乘电车以行，然自马斯南路以东，嵩山路以西，驶车如行船，稍快即飞溅入窗也。复硕民，告汇划贴水太高，拟稍回平，再汇款修青石弄屋之西墙。十时许，坚吾电话来，问往吊梦岩母丧否。予忆念中为明日，若无此一询，明日独往，不大可笑乎。十一时，坚吾来，雨中同往厦门路永爱寺赴吊，饭而后归，仍入馆。震平子承荫来，送到《世界政治经济现势地图》两册，一为开明图书馆所购，一为予购，约款付廉逊而去。未几，廉逊至，得以照预约九折付讫，计每本一元八角，可谓甚廉。散馆归，就家小饮。饮后偃卧，九时许入睡。

报载要闻：晋东南我军克复武乡、沁源，军事重心移长治、晋城一带。夏威、蔡廷锴巡视西江前线。我空军冒雨轰炸潮汕路踞寇。中苏成立新信用借款。沪黑市外汇渐趋稳定。英、日昨二次谈话，仍各坚持固有立场。英机再飞法操练。

7月21日(六月初五日　己未)**星期五**

晴，有风。上午八二，下午八三。

乘早到馆，尚凉。仍注《左传》。午饭仅啖荷包蛋一枚，牛肉汤一碗。散馆归，小饮。饮后偃卧听书，九时即入睡。

报载要闻：东京会议，英、日意见仍难一致。晋省战事仍烈，我克董青镇。粤东澄海失陷，寇谋在汕尾登陆，未逞。寇机又飞赣境及浙江绍兴等处轰炸。永定河泛滥，华北水灾严重。飓风掠沪西而过，京、芜间消失。沪外汇黑市因寇方狂扒，又大缩，金价益痴涨。英国考虑扩大对华借款。美教士霍伦被拘，美向日提严重抗议。蒙边苏机投弹，中日军之野战病院。但泽德籍关员枪杀波兰公务员。

7 月 22 日(六月初六日　庚申　中伏)星期六

晴,微风。上午八三,下午八六。

乘早凉入馆,编发每周通讯录第廿九号。接校《左传》排样。致书晓先,告近状,并附梦岩谢帖与之。致书芷芬,转汉儿信,并问颉刚暑中行止。致书雪彬,洽谭丕谟《清代思想史纲》稿,可接受印行。道始转到晴帆信,知已到金华,将赴於潜。硕民有片来催询青石弄修墙款项,盖予复尚未到达也。夜归小饮。饮后坐憩片晌,即睡。午饮永兴昌,与洗、村偕,帐由村付。同儿感冒有微热,谅无碍。

报载要闻:英、日三次会议已趋向妥协,成立基本要点若干。晋南中路我军顺利。我空军炸三灶岛寇机场。鄂中我军向北进展。蒙边又发生陆空战。长江上游大水,商用机场被淹。沪外汇、黄金市场混乱,平准会将予维持。英又发训令,继续对苏联让步。希脱拉重行考虑但泽问题。

7 月 23 日(六月初七日　辛酉)星期

晴,午后微翳,垂暮而阴合,入夜有雨。上午八五,下午八四。

晨起入书巢,推窗延凉,整治案头杂件并记往多日日记。读报知东京会议英已完全屈服,从此寇焰日涨,将无底止矣。远东局面殆不堪问,真欲哭无泪耳。看钱子泉《现代中国文学史》,毕严复之部,并及章士钊之部。文权挈顯、预两孙来,夜饭后归去。入伏以来当热而阴,至感不适。真时局之征象矣。

报载要闻:东京谈判,英已接受日本要求。我军猛攻钟祥,洋梓发生巷战。湘北我军进袭小桃坊。鄂南我军在东流桥获胜。寇机三次袭桂境,又轰炸兰州、乐清等地。揭阳之寇已被击退。同浦路西连日仅有小战。沪《中美日报》、《大晚报》两馆昨晚遭奸徒袭击,闹市中伤毙多人。平准会允维持外汇,黑市转松。德、苏重开经济谈判。波、但边境又发生新事端。墨西哥出现法西斯政党。

7月24日(六月初八日 壬戌 寅初一刻三分大暑)**星期一**

阴,傍晚雷雨。上午八二,下午八三。

清早入馆,办杂事,并注《左传》。接圣陶十五日所发蜀沪第十五号信,寄寿我五十诗四十韵,写两人交谊,语语征实,绝无颂祷之词,读罢令人感泣,非我二人交斯之深,安得有此。夜归小饮,饮后偃卧而已。

报载要闻:英、日津案圆桌会议,定今日在东京正式开幕,前数日双方洽定之原则将于今日公布。晋东南我军增援,且反攻。晋城发生血战。鄂中我军冲入潜江。湘北我军克复云溪车站,迫近岳州。寇机迭袭湘、赣、桂境。沪青公路一带,义勇军声势壮盛。救国公债二次发息,八月底付款。蒙边又起激战。沪、甬航运照常。沪、瓯停航。英、法、苏谈判继续进行。

7月25日(六月初九日 癸亥)**星期二**

昙,午前暴雨,旋霁。上午八四,下午八五。

乘早凉入馆,处分杂事外,仍注《左传》。散馆归,接计圣南信,告硕民已为黄埭学生所邀,到乡补习。青石弄屋修墙已着手,料垫购,即日招匠开工,亟望为圣陶汇钱去。夜小饮,饮后偃卧而已。

报载要闻:英、日谈判备忘录已发表,英对日让步已甚。蒋总裁对此事发表意见,甚致失望。塘沽发生严重反英运动。蒙边陆空战事甚烈。江、汉暴涨,冲毁寇阵地多处。香港附近小岛被寇占。寇机炸海门。袭击报馆犯昨解法院审讯。传英贷德十万万镑,张伯伦在下院声明,英政府并无此意。

7月26日(六月初十日 甲子)星期三

晴。上午八四,下午八六。

清早到馆,校《中国通史》。为圣陶支划款百元,除贴水十八元另,即作书汇八十元与计圣南,俾应付青石弄修墙事。散馆后径归。夜小饮,饮后听书偃卧。

报载要闻:我军围攻晋城,程潜飞晋指挥。蒙边战事渐见扩大。重庆前晚被袭空战,击落寇机一架。我军进迫广州。金融混乱声中,政府决全力维持法币。寇军已有数师团自长江流域撤退。我机械化部队开抵潮安以西各据点。米市混乱,租界当局劝告执行限价。英、日在东京续开小组会议。寇方海军领袖过沪赴欧。库页岛油权纠纷,苏联拒绝寇方抗议。赫尔声明,美远东政策不变。英机二百四十架赴法演习,法机亦起飞为迎击之演习。

7月27日(六月十一日 乙丑)星期四

晴,时有阵雨。上午八五,下午同。

乘早入馆,校毕《中国通史》一批。廉逊约饮,散馆时来。丏亦适至,因与洗人、雪村共饮于同华楼。公局,摊费一元五角。七时即归。仲盐接家电,知其母病重,即将谋归计矣。四月以来,住雪村所朝夕饮,他无所事,予正为之担忧,得归实为大幸。

报载要闻:晋南我军猛烈反攻后,晋城之寇在分路撤退中。寇舰进窥中山,冲破横门。广州踞寇宣布今日起封锁珠江。豫南之信阳,鄂南之崇阳,皖北之怀远,鲁东之高密,均告克复。外部发表文告,对英国态度表示失望。蒙边战事仍烈,伪境宣布实行防空制。滇缅公路正式通车。平准会将不维持上海外汇。沪英商会抗议英、日协定。英对苏再行让步,英、法将派代表赴莫斯科举行参谋谈话。

7月28日(六月十二日　丙寅)**星期五**

晴。上午八五,下午八六。

清晨入馆,处理杂事。接碧霞渝寓来信,告平安,顺谢派赏君往慰。鉴平来告,翼之新寰事恐无望。予本念其病状,因作书专告,并问近况。复圣陶信(编沪蜀十三号),谢赐诗,并告汇款修墙事,附去照片及保安刀片。散馆后丏尊、洗人及予在同华楼为仲盐饯行,雪村以经纬里房租纠葛事往访道始,未及与。七时半散,仍摊费一元五角。丏、盐往大罗天看硼硼戏,予则与洗人各归。

报载要闻:美国昨日照会日本,废止美、日商约及航约,电报到沪,金融界即呈活气,足见厌寇之心世所同具也。英外次在下院表示,对华政策不变。塘沽反英运动扩大。我机械化部队分头开赴前线。晋南我军冲入晋城巷战。鄂中我军克复擂鼓墩,围攻随县、钟祥。豫南之寇西犯甚急。粤我军击退犯中山之寇,并再度冲入潮安,现退城郊作战。此间租界当局维持米粮限价,严查囤户。寇海部宣布组织新舰队。英、法、苏互助协定谈判,渐入佳境。

7月29日(六月十三日　丁卯)**星期六**

晴。上午八四,下午八六。

清早入馆,编发每周通讯录第三十号。致书芷芬,告近状,并托转信。致书颉刚,将汉儿手抄圣陶《书巢记》及寿诗四十韵寄示之,顺乞一言,以明我三人之交期。致书晓先,为汉、漱转信与士秋,并告吊梦母所得印象。夜归小饮。饮后略翻增订本《现代中国文学史》,盖今日新购者。

报载要闻:美国务卿表示,密切注视远东时局。王外长谈话,希望美国更进一步,意在实施制裁。英、日第四次谈话,以英不允将津租界存银提交及禁止租界内使用法币两事,发现困难,有趋决裂势。驻华英军总司令表示以全力保护香港。苏联贷华巨款七万万五千万金卢布,已商妥,合现在上海法币十八万万六千七百万元有奇。潮安城内大火,死伤五百馀人。豫南遏西犯之寇,战事剧烈。晋南克复沁水,我军乘胜进击。被留租界之孤军团长谢晋元,函工部局要求恢复自由。租界当局彻查存米,筹议处置。法租界各米号,遵照限价悬牌。英、法、苏三国谈话,进行圆满。

7月30日(六月十四日 戊辰)星期

晴,时有云翳,且偶撒微雨。上午八五,下午八七。

报载要闻:英、日东京会议因经济问题相持,殆将决裂。美与英、法交换远东问题之意见。塘沽又发生排法行动。我军正围攻横门附近芙蓉山登陆之寇。豫南我军正反攻中。沪市商会电请财部制止汇划贴现。英、法、苏三国谈判,实际已告厥成。

竟日未出,洗人来谈,旋去,过丏尊。文权挈顯孙来,晚饭后去。夜小饮,饮后偃卧看《通俗编》。楼下雪村、仲盐以博争,竟致互殴,遂将借自予家之麻雀牌投失两枚。经洗人赶来劝开,已引得四邻围看矣。予素恨此,尤厌动殴,忍未下楼,隔板听叫嚣骂詈而已。仲盐明日即归矣,何苦而出此。

7月31日(六月十五日　己巳)星期一

晴。上午八六,下午八八。

清晨入馆,处分杂事,仍以其间注《左传》。午后叔琴来,欲为村、盐解释,散馆后约丏尊、洗人、予及其二人小饮永兴昌。洗以事先行,予终局后归。是夕,仲盐归卧雪村所。

报载要闻:豫南我军两路分攻,均得手。我空军飞晋助战,轰炸安邑、运城寇阵地。又往炸鄂中及粤笔架山等寇阵地。中山方面,连日鏖战甚烈。京沪车在锡、常间倾覆,经我游击队围击。寇机炸洛阳、宜城、梧州、进贤等处。中央银行发行分币券五十万元,即将运沪。沪租界北江西路寇方忽布铁丝网圈为防地,几与英兵冲突。英训令克大使向日提两条件(即日停止反英运动,津租界存银不能提)。东京会议有搁浅势。我国政治、学术、实业各界七团体电英张伯伦,请即停止东京谈判。苏联声称,决续以实质援助中国。

8月1日(六月十六日　庚午)星期二

晴。上午八七,下午八八。

清晨入馆,处理庶事,并为谷城校《中国通史》。午前,丕绳、宽正、焕章来,告颉刚夫人已偕宾四到沪,不日即须转苏。午刻,洗人、叔琴、雪村及予饯仲盐于华阳楼。是夜,仲盐上船赴甬转绍。夜归小饮。饮后与仲盐话别,已九时矣,即睡。

报载要闻:英、日小组会议展缓一日,圆桌会议仍继续进行,日人又发动大规模反英。重庆被袭,发生空战。晋南我军进击沁水之寇。豫北收复合涧镇。豫南寇三路西犯,均被截阻。确山美医院被寇机轰炸。沪米业劝囤户出售。法国通过《新家庭法》,奖励生育。英法接受苏联建议,派军事代表团赴莫斯科。

8 月 2 日(六月十七日　辛未)**星期三**

晴,午前阵雨,即止。上午八六,下午九一。

乘早出,携同儿自随,进点于福兴斋。入馆后,仍校《中国通史》。午刻挈同饭五福斋。散馆后归,小饮。饮后看《通俗编》。九时后就卧。

报载要闻:张伯伦对下院宣称,远东政策绝不变更。华中寇军大规模撤退。寇机又夜袭重庆,被击落四架。东战场我开始反攻。晋南大雨,战事停顿。外商航轮竭力维持沿海运输。波兰政府对但泽施行经济制裁。

8 月 3 日(六月十八日　壬申)**星期四**

晴,午前后俱有阵雨。上午八六,下午同。

乘早入馆,校毕《中国通史》一批。接道始转来晴帆第二函,已到天目山中,情势甚佳。接红蕉信,送到吴宅谢帖一纸,告送出绸幛一悬连金字在内,共六元六角,三份摊,予与圣陶应各出二元二角云。接翼之信,病已略痊,入城打针,遇怀之,正在谋事,其子德铸则疾甚。仍望予力为留意物色馆地。即复之,告柏寒曾力托新伯设法云。散馆归,小饮。饮后看《通俗编》。同儿感寒兼积食,今日微有寒热。

报载要闻:英、美同时对日要求制止在华排外举动。东京会议仍呈搁浅象。张伯伦声明,维持中国法币地位。蒋总裁谈话,表示寇兵不退,无和平可言。纵他国坐视,我国亦能独力抗战。中山方面经力战后,形势转见和缓。寇机炸美教产,美已向寇提抗议。中条山我军向夏县反攻。信阳西犯之寇已被击退。中、中、交、农四行组国内汇兑统制委员会。德、意海陆空军开始大演习。美商务参赞谈,美重视远东利益。

8月4日(六月十九日　癸酉)**星期五**

昙,午后晴。上午八五,下午八六。

清晨入馆,办杂事外,仍注《左传》。午间与洗人、雪村饭永兴昌。接绍虞信,告续汇之款因故退还,询其存款尚有若干。夜归小饮。知同儿发热甚剧,颇忧之,不审疟抑他病也。

报载要闻:晋南克晋城,围夏县。东京会议全部停顿。寇机连夜袭渝,昨又袭炸合浦、龙溪。我军攻入信阳北九十里之明港,平汉路之寇交通断。华北寇集多伦。沪西恐怖分子被意防军缴械。游击队在沪遁西,毁公路桥梁七座。英、波签订贷款协定。

8月5日(六月二十日　甲戌)**星期六**

晴,晚有阵雨。上午八五,下午八六。

清晨入馆,编发每周通讯录第三十一号。写信复红蕉,送四元四角去。写信复绍虞,告账存一百四十元馀。写信与碧霞,询近状并及济群。嘱闻警即妥为趋避,勿耽延受惊。仍附函祥麟托转。散馆归,小饮。同儿大类疟疾,热时多,冷时少,明日当投以金鸡纳丸,中夜为之数起,眠颇不安。

报载要闻:英外相在下院阐明远东立场,似乎有默认寇在亚东有特殊状。(或将抑我与寇言和。)无耻甚矣。豫南战亟,我各路反攻。寇机又炸重庆,使馆区受害最烈。晋南我冲入夏县。寇机又炸桂林、株洲等处。日驻德、意两大使会商加入轴心同盟。各公团致电美总统及英首相,要求加紧制裁暴寇。寇舰炮击浦东,足证我军在彼活跃。

8 月 6 日(六月廿一日　乙亥)**星期**

晴,时有阴翳。上午八五,下午八七。

竟日未出,看《通俗编》,并补作日记。同儿热仍未退,饮食不进,以金鸡纳丸投之,依然无效。因托天然配药剂令服,且看后文。

报载要闻:东京英、日会议仍延宕,天津又发生反英举动,两英商行被捣毁。豫南我连克新安店、明港、固县、平昌关、月河店、毛集、吴家店等七要隘,蒋传令嘉勉。晋东南我反攻顺利,克长治。寇机昨又袭渝,比使馆受损最巨。我空军炸虎门寇阵地。北平辅仁大学连出绑架教职员案,勒交名捕学生。沪租界防范"八一三"纪念,采取严峻戒备。奸徒仍捣乱市场,金融棼如。米业代表要求工部局订购洋米。美财长拟访英,商援助中国办法。但泽局势仍严重,德、意两外长将会晤。

8 月 7 日(六月廿二日　丙子)**星期一**

晴、阴、雨兼施,大类黄霉。上午八五,下午八七。

清晨入馆,处理杂事。接芷芬上月廿六日信,谓旬日前托转颉刚之函迄未见到。散馆归,小饮。同儿热仍未退,服鹧鸪菜后幸得大便,惟未畅耳。

报载要闻:豫南我克长台关,进逼信阳。粤省反攻江门、新会。东京会议仍停阁。寇机大炸宜昌、龙州、遂溪等处。在宜昌两次袭击，英怡和商轮被炸沉。沪杭路形势渐紧，我军进攻嘉兴。辅仁大学教务长等已释出。财部通令实施禁止指定物品进口。沪米业企图抬价。波兰举行复国纪念，陆军总监斯米格里资表示决以全力保护但泽。但泽局势稍和缓。

8月8日（六月廿三日　丁丑　戌初三刻立秋）**星期二**

晴。上午八五，下午八八。

晨入馆，至八时，问取阳生与通裕乾接洽状，即往道始所会雪村，俾对付通裕乾律师陆仁侯。至则晤文杰、继之、道始，而村乃未至。有顷来，谈话移时，九时三刻同返馆。办理杂事，并校《中国通史》。接云彬上月廿九日复书，盖所遭又将与十六年相埒。政治生活之乏味如此，予真望而却步矣。散馆归，小饮。同儿经天然打针，仍不退热，屈指计来已将一候，深恐伤寒，至为担忧。明日再不退热，当别谋诊疗矣。夜睡为之不安。

报载要闻：随县、枣阳间展开激战。寇机轰炸宜昌外侨财产，英、美均提抗议。寇方宣布封锁海门港。国府公布水陆空私运特种物品进出口办法。我别动队打通苏嘉路。沪市投机操纵之风未戢，金融昨仍混乱。米号同业相约不购逾限米粮。暹罗排华，华侨多人被逮。弗朗哥自称西班牙元首。但泽市参议会答复波兰照会，措辞甚硬，形势又紧。

8月9日（六月廿四日　戊寅）**星期三**

晴，时有阵雨。上午八七，下午八八。

同儿虽仍打针，热仍未退，予清晨出，属家人陪往杜克明医师处诊治。到馆未久，丏尊来，谓适往看同，觉移动不大好，已代电话约克明于午前来诊矣，予深谢之。十一时许，汉儿电话告我，谓克明已来过，据云非验血不能诊断，已抽去血二CC备检验。在未发见任何征象时一切药物停止。只饮流质食物。如高热过三十九度，则打退热针以平之云云。检验回音明日可得。午间饭永兴昌，与丏尊、望道、冼人、雪村俱。今日起，租界戒备加严，公共租界与法租界间，交通殆均遮断，只留外滩、东新桥、虞洽卿路、同孚路等数处缺口，可通车辆及行人，然搜检甚至，并有女检查参与其间也。予晨间入馆，即绕道外滩而往。耳目所接，肚皮殆将气破。夜归小饮。

报载要闻：我克豫北林县，晋南防线益固。寇对德、意同盟加入问题，昨开五相会议，未有决定。空军飞炸琼州寇兵营及机场。行政院改组西北联大为西北大学，任胡庶华为校长。华北反英运动益烈。美允向华购白银六百万盎斯。部颁领用进口特许证办法。英增加新加坡防务。但泽紧张形势又缓弛。

8月10日(六月廿五日　己卯)星期四

晴雨间作。上午八六，下午八七。

乘早到馆，校毕《中国通史》全稿。午得克明电话，谓验血结果，无伤寒反应。仍培养待再检，明日当再有回音云。为之一舒，即书条属金才带告汉儿，俾转慰珏人。廉逊约饮，以惮于晚归，却之。散馆归后，仍小饮。

报载要闻：豫、鄂寇股受挫，向随县东南撤退。长治、高平、林县相继收复，太行山一带，各路寇股均退。晋东南战局，告一段落。蒋对青年团训话。昆明、仰光试验通话，成绩圆满。汪兆铭昨在广州广播演说，公然暴露屈膝求和。空军飞珠江口虎门炸寇舰。华北反英愈烈，英再提抗议。汕头亦有同样行动，英领已提严重抗议。英伦举行防空大演习，海军后备队受国王检阅。西班牙内阁改组。

8月11日(六月廿六日　庚辰　末伏)**星期五**

昙，时有细雨。上午八六，下午八七。

乘早入馆，办杂事，仍注《左传》。午得克明电话，检验后仍未发见伤寒菌。大约同儿仍为重度流行性感冒耳。涓隐来，付清《币谱》尾款。接芷芬信，知颉刚以滇地气候与之不宜，决改任川齐鲁大学教授，月底即将往成都。雪村未到。道始为房租纠纷来洽，予代接晤，或可相当得到解决也。散馆归，仍小饮。仲弟来看同，因与对饮。同儿馀热未尽，但热已大减，叮咛慎风节食而已。

报载要闻：国府公布中央公务员雇员公役遭受空袭损害救济办法。白崇禧飞晋开军事会议，策划反攻。鄂北寇股退却。湘北我军迫近岳州城郊。寇机轰炸浙东各地。美、法两国通知寇方，对天津币制及存银问题，与英取同一立场。寇方没收焦作煤矿，英提强硬抗议。平准会英代表罗杰士来沪，旋返港。蒋慰问古巴华侨。沪租界英、美、法、意防军，明日起将总出动，协助警捕戒备。波、德两国边防军小冲突。

8月12日(六月廿七日　辛巳)**星期六**

晴。上午八六，下午八七。

乘早到馆，办杂事，并编发每周通讯录第三十二号。散馆归，小饮。宏官来，晚饭后去。弟妇及淑侄来看同，晚饭后与珏人、业熊、士㪟打牌，十一时乃归去。同儿热将退尽，已思食矣。大慰。

报载要闻:太行山寇股受挫,改道犯沁源。蒋通函再告全国士绅及教育界人士,共图抗战建国,须挺身努力负起责任,竭力安定后方。东京会议仍停顿,但克莱琪已获续谈训令。且英已通知我国及寇方,决将津程案嫌疑犯引渡与天津中国官厅,是英实无聊,已屈辱承认北方之伪组织矣。(预料东京会议续开,中日问题必将涉及也。)鄂境我反攻顺利。宜昌、沙洋附近,寇图强渡,未逞。寇在浙江象山石浦登陆,被我防兵击退。寇在沪西滥捕民众,枪杀农人。沪租界豆米业公会请求当局维持民食。工部局准米店兼售面粉、切面、面包、馒头,可不再另捐照会。英、法军事代表到莫斯科。但泽国社党孚斯德演说,但泽应归德国。

8月13日(六月廿八日　壬午)星期

晴,时有阴翳,且微雨。上午八五,下午八七。

同儿热已退尽,精神亦不大坏,举家为之大慰。自初起至是,盖跨及十二天矣。痊后当好好将养也。今日为沪上抗战二周年纪念,开明门市停业。予以休沐,遂未出,从容坐书巢补日记及看《通俗编》。午前修妹来,晚乃去。饭后看钱子泉《增订现代中国文学史》中廖平、贺涛之部。夜小饮。饮后偃卧,随看《徐霞客游记》。

报载要闻:鄂北我军进展,包围随县踞寇。湘北我军进逼岳州。我孙桐萱部在豫东兰封发动攻击战。蒋发表"八一三"告沪民众书。寇机炸漳州、五原等处。晋南寇犯平顺,被击退。东京会议停顿,寇军代表决返津。外部对英允引渡津案四华人提严重抗议。我军开抵上海近郊,开始行动战。昨晚严防中,北河南路桥堍发生炸弹伤人案,岗捕亦波及。德、意两外长谒希脱拉,东南欧形势忽趋严重。英、法、苏三国参谋谈判开始。

8月14日(六月廿九日　癸未)**星期一**

阴晴间作,晨有阵雨。上午八五,下午八七。

晨入馆,办杂事,仍注《左传》。接翼之十三日函,知新寰已有复音,所谋殆成画饼。幸私馆尚可暂维,一时或能将就也。午饭于永兴昌,与洗人、雪村偕。散馆后过道始,候晤乃乾,自四时至六时犹未来,将行矣,而电话作,谓即来,只得再坐。六时半乃晤之。谈至七时,予急欲返,遂行。小饮进膳,已将八时矣。

报载要闻:湘、鄂、豫大举总反攻,战线长千馀里。晋省我军在张马战胜,向北续进。寇军事代表决今日返津,英、日会议中辍。寇军南调,将由北海犯桂。赣江附近有小接触。考试院公告,举行公务员高等考试。徐堪、罗杰士在港交换安定法币价格意见。沪租界当局将购洋米十万包接济民食。津案引渡事须待上海英按署决定。寇军部坚持加入德、意同盟,与他阁僚意见不洽,即将酝酿阁潮。德、意谈话竣事,意外长返罗马。西班牙新阁宣布施政方针。

8月15日(七月小建壬申初一日　甲申)**星期二**

晴。上午八四,下午八六。

晨入馆,处分杂事,仍注《左传》。夜饮同华楼,到洗人、雪村、绍先、亢德、廉逊及予六人。七时即散归。卧看《霞客游记》。

报载要闻:晋省克复东阳关,寇退黎城。东京英、日会议又有复开说,但寇军事代表已返津。湘省收复岳州东南郊。鄂省我军分途出击。寇机轰炸包头、河滩。粤方军事领袖商洽总反攻计划。张发奎且广播斥汪停战求和说。沪两租界今晨起解除特别戒备。

津寇占区举行反英大会。

8 月 16 日(七月初二日　乙酉)**星期三**

晴。上午八五,下午八七。

晨入馆,仍注《左传》。夜归小饮。饮后卧看《霞客游记》。

报载要闻:晋东南战事进展,我军四面围晋城。鄂、豫各线我军同时总攻。赣西北我军三路反攻告捷。港、渝无线电话正式通话。寇机连日袭桂。沪百馀公会联电市商会,以不堪贴现压迫,请财部严厉取缔。行政院通过专员县长守土殉职特恤标准。东京会议或将再开。寇对欧新政策,平沼、有田、板垣等已同意。国联驻但泽委员向英报告访晤希脱拉经过情形。

8 月 17 日(七月初三日　丙戌)**星期四**

昙,热。上午八六,下午八九。

清晨入馆,处理杂事,并注《左传》。袁守和、赵斐云来谈,询前排《丛书子目汇编》是否进行。当以刚主前洽之事告之,允返平接头后,再进行。据云刚主已离北平图书馆,殆失足跨入伪户已。夜归小饮。饮后偃卧看《霞客游记》。

报载要闻:寇在粤宝安等处登陆,进占深圳,九龙大感威胁矣。晋城巷战。我克沁源。豫南再克长台关。鄂中我军攻入钟祥。寇机轰炸慈溪。我军炮击富阳。空军一队飞吴淞侦察,寇大戒备。沪租界当局竭力维持民食,囤米大户将被强制脱售。中国兴业公司在渝成立,为促进生产,建设工商业之总枢机。意公开赞助德收回但泽要求。但泽高级委员谈,未放弃和平希望。英宣布香港防务巩固。苏联大军增防远东。

8月18日(七月初四日　丁亥)**星期五**

晴热。上午八六,下午九〇。

清晨入馆,注毕《左传》。只待作序,便可全部发印矣。一年以来,利用事务之间以成此,亦堪自慰也。复翼之,勉其暂守私馆。散馆归,小饮,饮后濯身偃卧而已。腹部微感饱胀,而大便不畅,或将致疾乎。

报载要闻:我军布置完成,即将反攻广州。晋东南战事仍剧烈进行中。鲁省克复范县、韩城。沪市米价狂涨,石米昨至三十二元五角。(将停市。)天津四华人案,英按署竟驳回保护人身状。中、英信用贷款扩展至三百万镑。财部发言人否认发行新货币。美副国务卿说明对中、日态度。法空军飞往英领空演习。德、匈进行外交谈话。英、法、苏谈话,苏要求扩至远东。

8月19日(七月初五日　戊子)**星期六**

晴热。上午八六,下午八九。

晨入馆,编发每周通讯录第三十三号。写信与芷芬,属查此间去信究竟有无遗落。接圣陶六日航信,知予所寄照片及刀片俱到矣。今日为曙先生日,叔琴约拉之来馆,于四时前到。俾予及雪、洗同与欢宴。乃待至五时,迄未见来,遂与洗、雪小饮于泰丰楼以待之。六时半终席,叔琴、曙先卒未至,予与雪村径归矣。是日中元祀先,予未及归拜,属同、复、盈等多叩几回以代。

报载要闻:蒋飞桂指示对粤反攻。寇军又占沙头角,其机且掠英领空,志在胁制香港。英、法军舰集中新加坡。克莱琪向寇廷表示,奉政府训令,拒绝单独谈判经济问题。英正义人士又为津案四华人请命，英最高法院亦允出人身保护状。湘我军收复路口车站。晋城仍在激战中。沅陵等处迭遭寇机袭炸。沪市金融渐稳定。大北电报局营业主任丹麦人克乐被暗杀，当系寇伪所为，盖不久以前，彼曾将沪西伪警所之五色旗除下也。但泽问题紧张日甚，各国均注视其变化。

8月20日(七月初六日　己丑)**星期**

晴。上午八五，下午八八。

清晨入书巢，补记一周来日记，并为诸儿批订字课，兼为同、复写图章。今天为雪村夫人生日，丏、洗、曙、克皆来吃面，予与焉。饭后洗人、克斋、曙先、雪村打牌，洗、村大输，曙大赢，晚乃集饮于聚丰园，局中四人外，兼邀予及叔琴、丏尊、叔含共参之。八时乃归。

报载要闻：粤中大战将开始。英、日东京谈判已濒于破裂。大批寇机轰炸川、湘各地。天津南堤溃决，白河水溢。寇军部反对有田所定对欧政策。昨晚沪西极司非而路伪警与探捕冲突，西探长金洛克受伤。虞洽卿发表购米谈话，意谓维持民食端在疏通来源。苏联空军举行大规模演习。英、法表示抵抗武力决心。

8月21日(七月初七日　庚寅)**星期一**

晴昙兼作。上午八五，下午八六。

接苏州计氏喜柬，知圣南已与蒋氏订婚。今日到馆，为之转递于红蕉诸人。送住宅续保火险一年费用五元四角与良才，属转太平公司。《丛书集成》第五期书四百册取到，即车送寓所。连日腹胀，今日停止进餐以休之。夜归，以汉儿生日勉饮一杯，食面一小碗。

报载要闻:蒋训练新兵三百万,随时可供调用。寇方宣布封锁香港。晋省我军再度冲入晋城。寇机狂炸乐山。在峨眉山上空鏖战,我击落寇机四架。赣、粤、湘潭等地亦遭空袭,有寇机一架在扬中境被迫降落。汇划准委会举行第一次检查。伪警枪伤西探长案,工部局向寇方提抗议。工部局向寇方交涉,米粮日内运沪。皖堤防溃决五处。津英租界被淹,水电供给中断。匈牙利内部分裂。但泽问题紧张,希脱拉主与波兰直接交涉。英准备应付急变。

8月22日(七月初八日　辛卯)**星期二**

晴热。上午八六,下午八八。

乘早入馆,阅报知乐山遭劫殊烈,全城焚毁四分之三,至为圣陶担心,爰拍电武汉大学询问安否,盼电复。商务书馆同人以王云五只顾自身利益,月糜巨金,下级职员薪给不能维持生活,屡请不理,乃于今日起实行怠工。斐云来,谓北平图书馆编有清代文史论著索引,名目记未真,包括文集及笔记,取材颇广,欲委开明印行,询可否。予允考量。伊云编成卡片已由香港带上海,托商务转交于予,午后或可送到云。少坐,辞去。商务以怠工故,迄未送来。散馆后,与洗人同往大新四楼参观"任伯年百年纪念展览会"。五时半出,复偕往永兴昌,则丏尊与红蕉正据案共饮,盖丏约在此者。因合坐,七时散,各归。

报载要闻:晋省我军收复晋城、天井关等处。英、日外部各发表声明,东京会议恐难再开。香港边界平静如常。蒙边激战又起。天津大水,断绝交通。寇机狂炸沅陵。沪西冲突事件工部局考虑行动。物价飞涨,各业筹组评价委员会。中央银行分币券以样张早泄,展期发行。孚斯德演说和平解决但泽问题。德与苏联签订商业放款协定。(两极端拉手,恐有别情。)

8月23日(七月初九日　壬辰)**星期三**

昙热。上午八六,下午八八。

昨接硕民信,知已由黄埭返城。并属转梦九一柬,告圣南订婚事。到馆后办杂事,即写信致梦九。散馆归,小饮,饮后知《集成》已由汉、漱两儿为我整理入架,至慰,颇欲一翻,而三楼住者据书巢之门外隙地就浴,未便闯然而止。入夏以来,天天如此,亦大苦事也。

报载要闻:德、苏订互不侵犯条约,德外长今日飞莫斯科签字,欧局大变。英、日两军在深圳对峙,香港形势仍紧。但泽形势愈见紧张,英阁召开全体会议。奥斯陆公约诸国在比京举行会议。晋南我军乘胜追击,寇机纷扰湘、赣、浙各地。马君武任广西大学校长。市商会请当局疏通米粮。邮局邮票代价问题已定办法。

8月24日(七月初十日　癸巳　已正一刻十分处暑)**星期四**

晴热。上午八七,下午八九。

乘早入馆,处理杂务。有丁宝熙者受绍虞托,送划款百金来。接孙孺忱苏州来信,托转圣陶一笺,谓有丁姓军人强占青石弄房屋,已贸然搬入,为陈妈引来云云。圣陶尚无回电,未能即时转去,因电话约红蕉于饭后来商,据云已托同事张受百九月一日返苏探询情形再定应付之计。良才来,还我保费找头,并为开明打听集团保险办法。晚接圣陶成都信,正在演讲。未及与知乐山事,仍未能释此悬悬也。散馆归,小饮。盈儿湿气灌缠,两脚趾踵俱烂。且右拇指亦延及,甚痛。夜卧为之不安。

报载要闻:德外长已飞抵莫斯科,柏林否认即日占领“波兰走廊”。日军大集九龙边界,英当局令拆去桥梁。我空军飞炸杭州寇机场。晋东南战事仍激烈。部令中、中、交、农四行总行自香港迁昆明。考试院公布交通部会计人员考试暂行条例。沪各团体决购洋米救济民食。伪市府图接收特区法院,工部局已拒绝。寇方明日开会讨论沪西事件。苏空军攻伪满愈剧。英阁议对援波诺言不变更。张伯伦有函致希脱拉警告。

8月25日(七月十一日　甲午)**星期五**

昙热,有阵雨。上午八七,下午八八。

依时入馆,办杂事,草拟各办事处职员待遇暂行办法。分复硕民、孺忱,即以红蕉意告之。斐云来询卡片下落,以尚未送达答之。接颉刚九日昆明信,知抄寄圣陶诗文俱到,且亦许写寄记文及诗也。甚慰。并提出整理旧籍计划五项与我商榷。夜饮聚丰园。文学月刊社新与开明订约,将于九月内刊行《文学月刊》,故今日双方请客,予被邀参列也。到雪村、振铎、调孚、东华、健吾、剑三、巴金、曙先及予九人。入席已七时,及散归,将十时矣。

报载要闻:《德、苏互不侵犯条约》昨在莫斯科签字成立。寇兵续在南头登陆,香港形势日迫。晋城东北邀〔激〕战三日。豫南我夜袭信阳。寇在新会登陆,被击退。湘北寇兵撤退。天津水势愈大,深达一丈。米粮自由运沪,商妥即行。虞洽卿等集议订购洋米办法。中央监察委员会决议,梅思平、高宗武、丁默村、李圣五、林柏生等五人永远开除党籍,与陈群、缪斌等同案通缉。港英军漏夜赶筑防御工事。日本将宣布废除《九国公约》。孚斯德为但泽市元首,欧局紧张益甚,英、法均急切备战。罗斯福电请意王调停德、波冲突。

8月26日(七月十二日　乙未)**星期六**

晴热,有阵雨。上午八七,下午八八。

依时入馆,布告明日孔诞放假,适值星期,移于廿八日补假。编发每周通讯录第三十四号。复颉刚,讨论整理旧籍问题,只赞完成《中国通史长编》,余均暂劝舍旃。仍附信芷芬托转。散馆归,小饮。饮后查核《集成》第五期书。

报载要闻:希脱拉返柏林,召开重要军事会议。美总统电德、波元首及意王,建议消弭战争。寇舰集中香港英领海交界,港当局严密戒备,英海、陆军官眷属已撤至马尼剌。寇阁议决放弃强化防共政策,并向德抗议德、苏新约。闽南东山岛有寇兵登陆。寇机轰炸闽、赣、浙各地。程潜飞晋南,前方发动总攻。沪运米交涉顺利,昨米价已见跌,订购洋米事昨亦开始登记。英、波同盟条约签字。英通过国防紧急权力法案。英、法均已实行动员。

8月27日(七月十三日　丙申)**星期**

晴阴兼施,偶见微雨。上午八六,下午八八。

晨在书巢补作日记。良才、洗人先后来,遂中格,至午后二时始记毕。看李良年《词坛纪事》,并听播唱弹词。夜小饮。

报载要闻:欧局形式未定,希脱拉已提和平条件。传意相提议开四强会议,德已接受。日本处交已陷苦闷之境,报纸一致对德抨击。平沼有引咎辞职说。传英、日成立新协定,香港边境局势渐见和缓。粤省我军克服神岗。我空军飞南京和平门轰炸。沪市商会电请财部取缔贴现,推行汇划。美总统再发电呼吁和平。

8月28日（七月十四日　丁酉）**星期一**

阴霾，午后风雨。上午八六，下午八五。

今日补假，未出。坐书巢续看《词坛纪事》，并为道始题册作一诗，本待写上而风雨掩至，不能启窗。遂止。兹录诗如次：

忆昔相逢时，闽南鹭水渚。吾年方及壮，君才二十许。挟册分讲席，颇不让艰巨。投分欣无间，相劳忘羁旅。联翩邱与刘（晴帆、虚舟），并君昆季俦（继之、君毅）。慷慨希阳明，风雨誓同舟。无何各西东，倏焉二十秋。君辈拔戟先，列邑展嘉猷。我仍笃拘墟，生涯老虫鱼。从容涉旧憧，相对辄轩渠。珍重无多语，愿驻英颜朱。八表同昏候，正气赖君扶。

自谓规胜于颂，不失交颈之旨也。俟风日晴朗，当写之。午后四时，看毕《词坛纪事》。夜小饮，饮后看《花外集》。九时就卧。

报载要闻：英对德答案今日可送出，法复文已交付德。态度均甚坚决。英军五千已抵法。大亚湾寇军已侵入鲨鱼角，意在封锁九龙。港、惠间交通断绝。寇外交态度不定，谋向英、美接近。传驻美日大使谒美国务卿，请斡旋中、日战争。粤北我军攻广州外围。晋东我军收复高平。德国停止纽伦堡大会。上海英当局已作必要准备。大批德侨离沪。寇分六路犯浦南，我军壮烈作战。虹桥路拍球总会全体职员被捕。

8月29日（七月十五日　戊戌）**星期二**

飓作，大雨时降。上午八四，下午八三。

依时到馆，校《左传》排样。接绍虞十九日信，知童希贤须支取五十元。红蕉电话询圣陶有无消息，殊无以应，据云其夫人为忆母兄之故竟发病,属伪为有电复到,写一条告之,以便搪塞一时。又,青石弄屋委托张受百代理出租,须有圣陶委托信件,属代圣陶出一信与之。予皆允之,作就后于午后即令金才送达。雪村得电,其父在籍病笃,本定今晚挈眷上船返甬转绍,以飓风故,船不开,遂止。据闻明午如风止,下午四时当启碇云。夜归断酒,遂辍饮。晚饭后看《石湖词》。九时就寝,风雨竟夕,撼窗震户,殊难入梦也。

报载要闻:日本平沼内阁总辞职,阿部信行(亦陆军大将)奉命组阁。蒋谈,中国不问国际形势如何,抗战国策,始终不变。九龙附近边界日军陆续撤退,香港情状宽弛。粤省各路战事活跃。寇在浙象山港登陆。寇机轰炸赣北高安。瓜姆岛飓风掠过上海北部。芜米十万石到沪。希脱拉答复达拉第,拒绝与波兰作直接谈判。波军百万,集中走廊一带。英政府禁止商船在地中海通航。

8月30日(七月十六日　己亥)**星期三**

飓加甚,大风时作。上午八三,下午七九。

依时入馆。续校《左传》。复绍虞,告丁宝熙送百元来,童希贤取五十元去。希贤午前电话约明日来取,午后即遣人支去。雪村以阻风故,仍未行。散馆归,仍小饮。饮后看《漱玉词》、《衍波词》。

报载要闻:希脱拉对英复文尚未送出。英外相向郭大使保证英远东政策不变。香港边界寇军渐撤,英否认边界已安,仍未懈放。蒙边战事愈见激烈。寇机又夜袭重庆,被击落两架。皖北游击队进攻张八岭。晋东南我军包围长治。飓转向,昨夜侵沪市。上海食米在最短期内可望跌近限价。墨索里尼建议召开国际会议。比、荷发起五国会议,严守中立。

8月31日(七月十七日　庚子)**星期四**

晴爽。上午七九,下午八二。

今日风过天朗,气清而爽,入秋来第一好天气也。清儿生日,合家吃面。依时入馆,仍校《左传》,兼办杂事。商务复工,已将斐云所托转之卡片送到。午前丏尊来,为送雪村成行,予邀洗、丏及村同饮于永兴昌。饭后返馆,雪村行。予以致赙仲盐老太太之礼金四元托渠带交。散馆归,小饮。接良才电话,知履安已返沪,十日左右赴滇,并告顷得确息,寇阁阿部又倒矣。(报载新阁甫于昨夜成立。)

报载要闻:晋东南顺利,我庞炳勋部收复长治。粤省我军克罗岗。寇犯杜阮未逞,退回江门。寇机袭桂。寇在镇海六横岛登陆。汪兆铭在沪召开国民党第六次全国代表大会,自廿八日至三十日,居然发布宣言及修改党章、重定党纲,并否认本年一月一日后所有党的决议及处分。周佛海、梅思平实左右之。后文想当有不少把戏续演耳。《大美晚报》记者朱惺公昨晚被刺死,必系汪系恐怖分子所为。德对英复文提出。荷、比向五国建议,调停德、波问题。

9月1日(七月十八日　辛丑)**星期五**

晴。上午八一,下午八五。

今日起,办公时间复常,仍于上午九时开始。依时入馆,办理杂事。致书斐云,告卡片到,但少编例及采用书目,应请补下始可入手。复云彬,畅论出处,并告乐山无信状。备明日附桂处号信去。接起潜信,谓尝见访,以四时已过,未得晤,并介绍其弟所作《葛氏三角解答》欲在开明出版。散馆归,小饮。饮后,达先归来,携到圣陶乐山上月二十所发信，知全家避城外昌群家，突火而出，幸免于难，屋庐、衣物、书籍悉付一炬矣。为之慰愤交并。即送丏尊阅看。

报载要闻：英对德二次复文已由汉德森交德外长。阿部信行发表日本外交新政策，仍在强化防共及侵华。（昨日良才所得消息倒阁，谣传。）晋东南连克八义镇等五据点，寇运输线已被我控制。粤江门大井头附近发生激战。江海关税收，今日起强迫行使伪华兴券，每法币一元七角二分始得折合伪券一元，显系寇伪穷而出此之末策。中央银行监收委员已撤去，概由寇方正金银行经收。事态严重。教皇庇护斯十二世向英、法、德、意、波五国提出和平建议。德军开入斯洛伐克已达七十万人。希脱拉令设内阁国防委员会。

9月2日（七月十九日　壬寅）**星期六**

晴，又转热。上午八五，下午八八。

依时入馆。晨为道始写书册。到馆后，编每周通讯录第三十五号。书告良才，圣陶全家安。致红蕉，转圣陶来札，属示其夫人释虑。复起潜，谢《三角习题解答》开明不能出版。复圣陶沪蜀第十四号信，慰问安好，并告此间萦念状。顺以存项及青石弄屋纠纷事告之。致芷芬，告得圣陶全家安好状，属转告颉刚。散馆出，过道始，应昨日电话之招也，即以书册与之。渠夫妇近延柏先嘉兴人金寿生教度曲，星二四六为期，今日特约前往听之，并邀陈凤鸣、杜叔衡陪予吃酒。晤其尊人及其兄继之。饮后连留至十时许始返。同儿夜又微热畏冷，其体气殆未复元，而连日上学，不免劳顿，遂有此耳。甚为虑念。

报载要闻：欧战爆发，德军全线向波兰进攻。波兰总统发表告民众书，激励抵暴救亡。英王批准海陆空军总动员令。法国亦下令动员。希脱拉宣布交涉经过。苏、德互不侵犯约批准。苏联驻华新大使在重庆呈递国书。粤军包围神岗、狮岭踞寇。寇机连日轰炸广西各地，昨又袭击重庆。侵略华北之寇司令杉山元乘飞机着地受伤。江海关税收处被正金银行寇籍员役强占。沪西一日发生两枪杀案。

9月3日（七月二十日　癸卯）**星期**

晴热，午后有阵雨。上午八七，下午八九。

同儿热未退，午餐未进。清儿亦偃蹇多日，且略带咳嗽。以此，家庭间顿鲜快活之气。时艰物贵，惟健为宝，乃病痛时作，殊难为怀矣。看文震亨《长物志小序》。整治堆架之书。夜小饮，饮后偃卧听书，九时许就睡。以清、同病故，又兼躁闷，竟失寐。

报载要闻：英、法向德提通牒，要求撤退侵波之军队。但德、波战局尚无显著之进展。寇海军将封锁闽南湄州浦海面。我空军轰炸黄埔。晋东南我克复鲍店镇。财部公布取缔金严收售办法。孔财长令总税务司，关税应以法币缴纳。上海德领署对德侨采取保卫措置。外汇昨起剧烈波动。

9月4日（七月廿一日　甲辰）**星期一**

晴热。上午八六，下午同。

依时到馆，清儿假。办杂事。接红蕉电话，谓张受百已自苏归，青石弄屋已找到中人朱姓（住入者周姓孺忱误传），约重订租约，原契缴存硕民云。大抵尚圆满，可以告慰圣陶也。午后丐尊来。三时半，剑三来。散馆后遂与洗人同饮于永兴昌。七时许散归。清儿、同儿寒热依然。盈儿又复不舒。中宵嘈杂,殊难入睡。

报载要闻:英、法宣布对德开战。寇方向英保证,对欧战守中立。第四次国民参政会昨在渝举行。晋东我克屯留。粤东江战事重起,我正攻增城。闽南寇股在大常山登陆。沪鲜肉业因伪市场压迫,今日停市。

9月5日(七月廿二日　乙巳)星期二

晴。上午八五,下午八六。

依时入馆,办杂事。散馆归,闷热殊不可耐。小饮濯身,偃卧挥扇而已。清、同热仍未退,盈则伤风稍痊。举家为此纷忙,中夜因而数起,予竟夕浴汗矣。

报载要闻:英对德实施封锁,英截获德商轮白里门号(在纽约归途中)。英邮船雅典纳尔号被德潜艇击沉(在大西洋)。希腊船一艘亦在波罗的海触雷失事。罗斯福演说,阐明美国立场,中立、不忘和平。寇机卅六架分批袭渝,我击落其多架。晋东南我克复虒亭。粤太平场等处寇股被我击退。我江岸炮兵击伤寇运舰。沪私立女子中学校长吴志骞遭暗杀。(登报声明态度,斥汪逆胡为,致此。)英、法、波上海侨民准备回国从戎。传苏、日将订互不侵犯条约。(变幻极矣。)

9月6日(七月廿三日　丙午)星期三

晴,午后阴,旋开。上午八六,下午八八。

依时入馆,处分杂事。写信寄雪村马山,告此间近状。四时许,丐尊、曙先、叔含来馆,势将集饮,予于散馆之顷,托事先归。清、同热势依然,盈则痊矣,惟稍有嗽声耳。闷饮两杯而罢,草草食已,仍濯身卧。夜不安睡。(连四五日如此。)

报载要闻:法军攻入德境。英机轰炸德舰。意国宣布对欧战守中立。波兰战事剧烈。波机飞德境轰炸。比王自任陆军总司令,维持中立。晋东南各线仍在剧战中。津案四嫌疑人已由英租界当局引渡于当地伪地方法院。上海米价先涨后跌。滇省瘴疠严重,行政院请美国援助。沪法后备队今日编队。英侨亦纷纷请缨。

9月7日(七月廿四日　丁未)**星期四**

晴。夜雨。上午八七,下午同。

依时入馆,处理杂事。接翼之六日复信,知复病初起,天亦厚毒之矣,奈何。怀之已谋得一事,不免附伪,与靖澜同事。饥不择食,如之何哉。写信寄允言,探硕民行踪,正待封发,而允言适至,因纵谈。良久乃辞去。起潜来,欲予介绍印刷之地,遂以国光曹仲安荐与之。散馆归,几值雨,清、同病势依然,闷甚,竟废饮。

报载要闻:德军逼近华沙,波已迁都勃鲁林。法、德间战事渐趋猛烈。美国中立宣言正式发表,禁止军火运欧。英、法远东利益有交美国代管说。沪寇领事访交战国领事,要求撤去驻军,避免在寇占区冲突。租界当局声明对欧战取中立态度。晋西我军再克柳林。粤省我军截击从化之寇,并克潮安。寇海军封锁湄州海岸。蒙边之寇正谋与苏军决战。在沪捷侨愿为英、法效命。洋米一万八千包今日到沪。

9月8日(七月廿五日　戊申　亥正二刻九分白露)**星期五**

阴,午后大雨两阵。上午八五,下午八四。

依时到馆,处分杂事,拟编《近代边疆史地丛辑》,略写计划。文权介绍中医谢涤尘来诊清、同病,据云清系风寒,无大碍,同则有伤寒象，一时不易退热云云。文权电话告我，候取进止。予于午后三时许归视，察方开诸药尚稳，属速服，并属文权明日续请谢医再来诊治。午饭于永兴昌，与洗人偕，适逢大雨，候过乃返馆，地湿膏如，袜履尽湿矣。归家之顷，濯足易履而出。明日为良才生日，电话约其来饮，云是日家人将聚面，谢之。乃改约今晚集饮。散馆后良才来，丏尊亦在，遂约廉逊、俊生及洗人同饮于大世界隔壁之羊城酒家。久不食广东馆，风味亦殊别饶，惟物价骤增，一切肴品不免寡薄耳。摊费二元。八时散归。

报载要闻：法军坦克车六百冲至德萨尔区。英表示必须推翻希脱拉政府。张伯伦在下院报告德波战事进行情形。美当局宣布密切注意远东时局。沪英领事奉政府训令，租界应取坚决立场。以是，英、法驻军不致撤退。国府公布修正外交部组织法。宋子文由港飞渝。晋东南我克长子西北关。犯粤从化之寇向神冈败退。湘北收复高板桥。寇舰多艘集中雷州半岛。许也夫、聂海帆昨均在沪被枪杀。大抵亦汪系所为。

9 月 9 日[①]（己卯岁七月小建壬申廿六日　己酉）**星期六**

晴。上午八三，下午八五。

依时入馆，编发每周通讯录第卅六号。看《小方壶斋舆地丛钞》第七帙。良才电话来，谓履安将于明日来看珏人。予以两儿方病，恐见慢，谢之。并属代致歉忱，成行时恐不及走送也。散馆归，知清、同今日复诊服药后仍未退热，入夜且见高，甚闷怀，但中夜得汗，均少解。或渐转疟耳。十一时，为邻儿啼惊，醒后蛩作虐，珏人

①底本为："容堂日记第七卷"。原注："庚辰春杪补署。"

屡起搜捕,直至三时后始合眼,苦极。

报载要闻:英军已开到法国前线,法将大举进攻。德调援军至西线。传德已攻入波都华沙。美加紧征兵工作,决派潜艇六艘赴菲列宾。苏、日均否认进行谈判。英否认撤退在华驻军,决维护租界现状。江海关收伪券事,英、法、美一致向寇方提抗议。最高国防会议通过巩固金融办法纲要,国府任蒋中正为中、中、交、农四行办事总处主席,并任孔祥熙、宋子文、钱永铭为该处常务理事。宋已抵渝。粤省克复潮安。湘、鄂一带我大军云集,准备总反攻。寇亦大集舰、兵,图犯襄、宜。不日将展开大战。沪致美楼昨晚发生血案,两客中弹死。一即漏网汉奸王永魁,一名刘勇,俱非良善之徒。

9月10日(七月廿七日　庚戌)**星期**

晴。上午八二,下午八五。

晨起,量两儿寒热,清已退尽,同仅馀三分浮热。十时前,谢医至,晤之,仍即昨方增损定局,一以清解为主。据云,清儿一剂后或可勿药矣,同儿则尚有数日淹缠,但无妨也。心为稍慰。谢医去,予坐书巢看汪薇编《诗论》,所选一以人伦至性为归,甚见用心之臧。有顷,致觉过我,半载未晤,又见增老矣。谈次,知暨大教课将见夺,振铎实负之,顷读《诗论》,不禁慨叹系之已。又知勖初近患肛门痈及肾囊痈,甚危,惄焉忧之,甚矣,友朋之多故也。饭后,道始饬役持简相邀,约午后二时过其家。予以两儿卧病,乏人照料辞之。三时许,硕民来,盖甫自苏州至,据云青石弄屋又有一陈姓者强搬入矣。五时去。文权、濬华挈顯孙来省,傍晚去。夜小饮,饮后少坐便卧,用弥连宵之失。十二时醒,旋入睡。甚酣。

报载要闻:法军占领黄特森林。华沙近郊发生巷战。苏联大批后备兵召集入伍。英发行新公债五万万镑。英外相向我郭大使声明,保证远东政策不变。蒋令各战区长官准备反攻。晋西战剧,我克军渡。费信惇谈,租界决保持现状。极司菲尔路十一号难民收容所被寇伪方面侵入占据。

9月11日(七月廿八日　辛亥)**星期一**

晴。上午八五,下午八八。

依时入馆,处分杂事。散馆归,知清、润热曾退,向晚仍有微热。谢医云,病已去,只须注意调理,勿耽风,勿误食,无用服药矣。约其明日再来复诊,坚辞不必云云。予察两儿气色已转好,而医意又诚,因大慰。明日即定勿药也。夜小饮。饮后小坐便卧。

报载要闻:法、德阵线,大炮互轰,无甚变化。波兰方面消息,华沙仍在波军手,进攻之德军已被打退。又德机之袭华沙者被击落十六架。德潜艇击沉英轮玛格达坡号。加拿大对德宣战。皖省我军克复来安。粤从化以东有猛烈战事。寇机连日袭川省各地。沪越界筑路问题,工部局已与寇方开始谈判。

9月12日(七月廿九日　壬子)**星期二**

晴。上午八二,下午八七。

依时入馆,办杂事。作书慰问勖初,约十七日往候之。散馆后,与洗人、丏尊、索非到同华楼,宴请汕头世界书局经理沈用侯,黄仲康作陪。八时许乃归。

报载要闻:欧战西线渐烈。德调重兵援萨尔。英预备三年战争计划。英、法海军联合遮断德海上交通。华沙巷战剧烈。国府公布监犯调服军役条例。我军夜袭太原寇机场,毁机五架。晋军迭获胜利。潮汕战剧。湘北收复北港。江南流动部队活跃京沪沿线。寇伪昨在越界筑路续占民房两处。

9月13日(八月大建癸酉初一日　癸丑)**星期三**

晴。上午八四,下午八八。

依时入馆,办杂事。致唁雪村(昨晚接电知其尊人已于七日逝世)。接勖初复信,告疾将痊,谢星期勿往。散馆归,小饮。饮后闲翻架书。

报载要闻:波兰军民力守华沙,德军被阻,已退出郊外。欧洲西线,战事平静。苏联军队实行动员,防波军败入苏境。美政府通知日本,决维护租界地位。并有增派军队来沪说。沪各公团电美总统及苏大使,请制止侵略,继续援助。蒋日内将赴前线巡视。寇对我变更战略,特设派遣军总司令部,以冀统一在华寇队军权。已派西尾寿造为该司令,板垣征四郎为该部参谋长。原在华土之杉山元、山田清一均调回。晋西、晋南我军继续进攻。寇机昨袭川、鄂、闽各地。天津跑马场难民遭匪劫。

9月14日(八月初二日　甲寅)**星期四**

晴。上午八六,下午八九。

日来天气又转暴热,十馀年未发之脚症,昨竟突发。今日依时到馆,往返均乘人力车,不能复吊电车矣。办理杂事,看《小方壶斋舆地丛钞》。夜归仍小饮。清儿已痊愈。同儿亦热除可以久坐矣。

报载要闻:英陆军抵法者已逾十万,张伯伦亲赴法开英、法国防联席会议。德军攻波兰势已缓,欧战成相持局面。美总统重申

“门罗主义”。国府公布节约救国储蓄券条例。寇机袭川,被击落十架。前日袭炸泸县,死伤各四百。晋西我军猛攻离石、中阳。粤省克复从化、东莞。寇伪昨又侵占海格路巨厦。租界实施戒备,保安全秩序。沪、甬客货壅塞,添轮装运。

9月15日(八月初三日　乙卯)**星期五**

阴,有风,偶飘细雨。上午八六,下午八四。

依时入馆,办杂事。接诚之信,约明日下午在荣康候饮。予以脚痛且畏戒严,函却之。接内母舅锦绶信,知战后失业,托谋事。夜在牛庄路广西路之杭菜馆天香楼举行酒会,到洗人、廉逊、绍先、良才、亢德及予六人。肴馔尚好,人摊费一元八角。八时许乘车返。遇梦周、芝九、立斋。昨日四马路本店对门博文书局失慎,今日店西华美药房失慎,连日路塞人惊,颇感压迫,洗人遂作加保火险之想。幽若今昨俱来,晚饭后去。

报载要闻:德、波两军在拿破仑故垒作争夺战。法军在萨尔白鲁克区有进展。美总统定期召集国会临时会,讨论修正中立法。法国战时内阁成立。英政府派舰保护商船。踞沪寇海军昨召集各国防军司令,图改变租界防区办法。情势紧张,未有结果。晋南再克长治。豫北收复温县、崇义。粤省各线又起激战。上海两租界分设五平粜处,明日同时开办。

9月16日(八月初四日　丙辰)**星期六**

阴,时有细雨严轻雾,突转凉。上午八二,下午七九。

依时入馆,编发每周通讯录第卅七号。良才来,急托为颉刚小姐自明觅店保,俾便向法领署签领护照,转越入滇。予以国光距远,恐无及,即持向坚吾恳商,即承照办。午后二时许即饬役送交良才。硕民来馆,谈至四时许去,据云女师亦变汪系胁持,恐有风波也。电告红蕉,据硕民言青石弄屋后租陈姓事,并约于二十四日来寓午饭,俾与硕民晤谈。为孙孺忱子彦衡代划书百元,饬金才送康脑脱路康乐坊林宅转交其媳收。接诚之信,续约二十日下午六时荣康小饮,情难再却,作函允之。夜归小饮。接雪村五日马山所发信,告沿途艰辛及到家侍疾状。

报载要闻:法军攻西线得手。波兰三次迁都。美政府发文告,决保障人民权利。同时严正表示,如变更中国任何现状,均应由华方参加。各线皆有激战。鄂复通山。粤复花县。晋长子附近仍战烈。上海两租界今日起,开始特别戒备。

9月17日(八月初五日　丁巳)**星期**

阴雨。上午七九,下午七七。

本拟往省勖初,阻雨未果。补记一周来日记。为振甫查《曝书亭集》。十时,振铎、予同来,坚拉往铎所午饭,谓已约斐云、以中、鞠侯共谈。义不可却,勉从之。先过八仙桥青年会,邀斐云,于其案见《永乐大典》,正就中辑书也。又见程幼博《墨苑》初印彩色套印本,真瑰宝矣。少坐,同往铎所。未几,以中来,鞠侯卒不至。虽电话促之,亦未见来也。午饮后即饭,饭后长谈至三时,乃雇人力车冲雨归。予昨宵着凉,右腰际闪气作痛,又兼脚疰,不良于行;今强出冒湿,斜身忍坐,因而益剧。入夜小饮,饮后续看《诗论》。并为诸儿讲授张岱《西湖七月半》。卧后腰痛加甚。

报载要闻:萨尔白鲁克区已被法军包围,以附近重要高地先为法军占领故。波军冲入华沙助守。苏、寇对蒙边冲突事签订停战协定。美政府予赫德大将特权，相机应付沪严重局势。湘、鄂我军获胜，当局传令嘉奖。我空军赴晋助战。寇扬言封锁温州湾。平粜五处中之一处，踏毙老妪。

9月18日(八月初六日　戊午)**星期一**

阴雨竟日。上午七七，下午七六。

晨起腰痛依然，脚症亦未减，又值风雨，且兼租界戒严，本不欲出，以谋稻粱故，不得不冲雨冒湿入馆。到馆后，处理庶事，写信复雪村、勖初，一告近状，一言昨未过访之由。接孺忱信，托汇彦衡来款。即复告已送交彦衡夫人，并顺询青石弄租屋契约有否送到。接翼之信，告燕人介绍往青浦县中任文牍，询就否。即复，出处当自决，自问无负良心，当可就。午后看《小方壶斋舆地丛钞》。散馆归，仍小饮。濬儿、涵侄、淑侄俱在，盖皆来省视清、润者，夜饭后先后去。八时许即寝。

报载要闻：苏联放弃中立，进兵侵略波兰东部。苏寇之间正继续谈判其他悬案。且闻有订立互不侵犯约之说(红色帝国主义之假面具至此完全揭穿矣)。德向波提哀的美敦书，限时交出华沙。第四次国民参政会议九月九日在渝开会，蒋议长致开会词。赣省大战爆发，我正规复南昌中。此间“九一八”租界戒备较“八一三”为松弛。但平粜暂停。亚细亚油轮海光号上搜出大量烟土。

9月19日(八月初七日　己未)**星期二**

阴雨。上午七六，下午七五。

早起腰痛仍剧，强坐写信寄怀之，并附一信复锦绶，即托怀之代划十元送去。依时入馆，处理杂事。午为华坤所误，待锅贴不至，与洗、索、调、沛、均走杏花楼小食部吃饭，又坐待至四十分钟之久始得食。一时十分归馆，值大雨，冲霖以行，亦可谓会逢其适矣。四时，允言至，托配文选，并谈校事甚急，双十节还不免起变化也，相与慨叹久之。散馆归，仍小饮。饮后觉疲，即卧。

报载要闻：苏军续进，占领波兰行都萨镇，波总统率政府人员出奔罗马尼亚。英航空母舰勇敢号被德潜艇击沉。苏与寇开始划界谈判。九一八纪念，重庆举行阅兵。昨传宋子文飞莫斯科，沪市金融又掀大波，但渝中正否认其事。参政会议通过川、康建设方案等案。经济部制定各项事业限止办法，严禁擅自移动及变更组织，意在防杜售卖与外商。豫北克封丘北面之牛市屯。图犯赣西之寇已被我击退。

9月20日（八月初八日　庚申）**星期三**

晴。上午七五，下午同。

腰痛已稍好，脚症似有增剧象。依时入馆，处分庶事。子敦来。丕绳、宽正来。子敦戒酒茹素已半年，气色大佳。童、杨偶过，谓今晚诚之亦请渠等同饭也。午与洗、丏饭永兴昌。散馆后偕调孚同出，乘一路电车到静安寺。因赴诚之荣康之约。至则诚之已在，未几，芝九来，廉逊来，周景濂来，诚之之小姐及其女友张小姐来，最后丕绳与宽正来。谈《中国通史》出版及评骘商务王云五诸事，至八时半乃散。即将稿件之一部携归，与廉逊同路，步至海格路善钟路口，乘七路电车以行。到家已九时矣。珏人曾至濬儿所，偕访胡孟泉夫人，孟泉已于去年五月病伤寒卒，遗腹一女尚在乳抱中，情状至惨云。

报载要闻：英、法对苏态度不变。德、苏两军在波兰相值，不啻会师。华沙孤军仍誓死抗敌。苏入波后窥伺爱沙尼亚。国民参政会闭幕。川主席王瓒绪率兵出川，蒋兼任川主席。刘湘国葬在成都举行。豫省府改组，卫立煌任主席。豫东克复兰封。沪公共租界苏州河北日防区伸展，沪西越界筑路巡捕亦有一部撤退。闻人季云卿遭暗杀（传与政治有关连）。

9月21日（八月初九日　辛酉）**星期四**

晴。上午七五，下午七六。

依时入馆，处分杂事，并看《洱海杂记》。散馆归，小饮。饮后为诸儿授课，而夏师母适至，丏尊属以代为预约之《三朝北盟会编》送来，至感。裒然巨帙，缩成四册，顿觉廉便矣。九时卅分就睡。

报载要闻：张伯伦演说，决继续作战，希脱拉则表示不欲与英、法战。苏联军队在波境续进。寇方乘英、法无暇东顾，正进行新阴谋，播散德、日、意、苏、中五国同盟说，冀摇观听。国府公布县各级组织纲要。寇机轰炸西安。鲁南克郯城。赣高安附近战烈。沪西愚园路藜照坊又为寇占。苏州河北北江西路至北河南路间之英防军已让出。

9月22日（八月初十日　壬戌）**星期五**

晴。上午七六，下午同。

依时入馆，办理庶事。接绍虞、勖初、梦九信。致诚之，商书名改为《中国文化史》。前托黄仲康代购之世界书局本《红楼梦》今送到。夜与廉逊、丏尊、洗人及上虞人胡君共饮于同华楼，四分摊，出费各一元五角。八时归。

报载要闻：捷克、斯洛伐克两族反对德国统治，群起示威，被捕及死伤者已达数千人。欧洲东线战事将结束。波军坚守华沙、洛资、鲁勃林三城,红军占领区已组成苏维埃政府。意国计划组织巴尔干和平集团。寇机六十架袭湘沅陵,并及陕西安。湘北发生激战。罗马尼亚总理被刺。工部局加强沪西警备。沪市盛传媾和说,报谓谣言不足信。

9月23日(八月十一日　癸亥)**星期六**

晴爽。上午七六,下午七八。

依时入馆,编发每周通讯录第三十八号。午间,洗人、调孚、均正、索非、沛霖、振甫及予醵资具酒食预赏中秋,邀士敭、清儿同餐,借酬月来理账及整治食器之劳。复绍虞、勖初、梦九。致芷芬、晓先。硕民来,四时半乃去。夜归,就饮丏尊所,非所约也。八时许乃归卧。

报载要闻:美临时国会开幕,罗斯福发表演说,并提议修改中立法。达拉第广播告法国人民书,申言战德。苏联驻华大使暂不离渝,并否认调停中、日战争。蒋发表谈话,决继续抗战。赣西我军夺回高安附近原有阵地。鼓浪屿租界当局已接受寇领所提之调整办法。沪西越界筑路交涉仍在停顿中。媾和谣言平息后,沪金融市场波动大定。

9月24日(八月十二日　甲子　辰初三刻十二分秋分)**星期**

晴爽转热。上午七五,下午八二。

今日文权生日,静甥、淑、滋、湜三儿均往吃面。十时许,硕民至。将十二时,红蕉至。允言卒不来。洗人将凤在丏所,遣汉邀,则谓已在丏所食,食后来晤云。午饮未已,洗来谈。有顷仍去。予亦与硕、蕉俱出，蕉归而予两人特往极司菲而路中振坊访勖初，勖初病已三月，但气色甚佳，无病容，殆饮食如常之故。座次遇陈晋贤，共谈至四时半乃辞出各归。自静安寺以西北，伪警密布，租界印、华捕杂厕其间，相与笑语，饶有鸟鼠同穴之趣，予自海格路七路电车站步以往，彳亍其间，了无他异，微感厥态可嗤耳。夜仍在家小饮，饮后诸儿之往省乃姊者俱归，遂共晚餐。

报载要闻：英、法成立最高国防会议，在伦敦举行第二次军事谈话。德前任陆军总司令弗里区在华沙附近阵亡。国府公告，决继续抗战。赣北寇股败退，我军正追击中。寇机狂炸湘北各地，企图渡新墙河未逞。陈济棠抵重庆。物理学年会在昆明开幕。调整租界防区，寇召开小组会议，并在西南郊密筑壕堑。但捕房仍恢复沪西岗位，决维护警权。

9月25日(八月十三日　乙丑)星期一

阴，上午八〇，下午同。

依时到馆，处理杂事。永兴昌酒帐收去，连前付十元共十二元。硕民来，交还圣陶修墙馀款十元，青石弄房租十七元。接孺忱信，谓青石弄看屋人又出花样，欲将红木器具借出，已拒绝云云。因即转送红蕉取答。致觉来谈，少坐即去。夜归小饮。复儿夜半忽吐泻交作，扰攘达旦。幸即平复。

报载要闻：寇犯湘阴，被我击退。匿迹莹田之寇已肃清。赣北我军进迫南昌。晋东南仍在激战，我克壶关南关。闽海寇舰队在福清图登陆。沪各团体奉中央电令，不得轻信谣言。越界筑路交涉，正呈领事团办理。李如璋(难民教养院现任总干事)昨遭暗杀。欧洲西线，德军反攻。苏联继续动员。泛美大会在巴拿马开幕。

9月26日(八月十四日　丙寅)**星期二**

晴,午后阴。上午七九,下午八〇。

依时入馆,处分庶事。给金才二元。给华坤五角。午前曙先来,因同过永兴昌饮,其老板请客,未出一文,甚窘。致书红蕉,为圣陶送二十元去,托转苏犒看屋人。并索昨日回信。人还,复书到,依予建议复孺忱。遂作书寄复孺忱,坚拒出借木器,房租归圣南代收代存,对外交涉仍由张受百统一应付。晚归小饮。濬儿、顯孙俱在,夜饭后去。未几,漱石、幽若俱来,有顷去。予为诸儿授毕周容《鹁笼夫人传》。复儿未入校,到晚竟有微热。

报载要闻:法、德两军发生大战,英、法拒绝意和平建议。红军开抵华沙近郊。瑞典商船被德潜艇击沉。湘北战事剧烈,我收复桃林。新墙、汨罗两线仍吃紧,我已增援,力保长沙。赣省战事中心移至冶城附近。安阳寇用军车被炸。各银行奉令完成西南、西北金融网。沪苏州河北英防军让出地带,寇竟竖用界牌。各业建议筹设评价委员会。

9月27日(八月十五日　丁卯　中秋节)**星期二**

阴雨,入夜霁,见月,有晕,夜半清光大发。上午八〇,下午七六。

依时入馆,处分杂事。印所装作俱停工,故出版方面事甚茅。周谷城《中国通史》精装本由老陈送予家,把玩甚悦。夜小饮。幽若与焉,明日即将至法华布厂织作。脚症已略好,步履较便矣。

报载要闻:湘北各线战事仍烈,寇三路窥长沙,偷渡汨罗时受巨创。汀泗桥附近我军猛力反攻。冀南我克东明。寇机袭丽水等处。沪租界公共汽车行驶沪西发生困难，寇伪肆意刁留。驻沪各国防军参谋将与寇方会议。英军防区内不许伪警进驻，天后宫内之“警”已逐出。德、法夹莱茵河炮战。法空军袭德齐泊林飞船根据地。土耳其外长抵莫斯科，建议订立苏、土、罗、希四国公约。波兰总统莫锡基即将辞职。美政府公布新中立法折衷案（总统有权指定战争、区域，出售军火以现款自运办理），其舰队已集中夏威夷，以日本为假想敌，将大举演习。

9 月 28 日（八月十六日　戊辰）**星期四**

晴，大凉。上午七四，下午七二。

依时入馆，办理杂事。鞠侯来。允言来。复圣陶，编沪蜀第十五号。致雪村。夜归小饮。右后脑作痛，颇不能耐，早睡。

报载要闻：湘北我克归义，来犯之寇已击退，战局转稳定。风陵渡寇股沿河东犯。寇机狂炸榆林。越南当局封锁中、越边界。接防英军防区之寇股，昨深夜在靶子路鸿安里搜检。越界筑路交涉已陷僵局。英、美在沪进出口船期一概不准宣布。德军公表，华沙守军无条件投降。德外长再飞莫斯科。丘吉尔报告抵制德潜艇成绩。苏联向爱沙尼亚提出驻兵及辟港等要求。

9 月 29 日（八月十七日　己巳）**星期五**

晴。上午七三，下午七五。

依时入馆，办杂事。午饭于永兴昌。丕绳来。夜归小饮，脚痛增剧。晚饭后致觉来，告暨大学生可开班，坚托向振铎道地。拟明晨作书与之，动以大义。谈久之，去。头痛为脚痛所牵，少移减矣。

报载要闻：爱沙尼亚已接受苏联要求。英拟派大员赴莫斯科，谋重开英、苏商务谈话。英下院通过本年度战时预算案。湘、鄂战事好转，湘克新市，鄂克长寿店。津寇军强搜美国电台及美联通讯社。中央银行今日发行分币券流通沪市。外长王宠惠发表谈话，有美国调停中、日战事之意。美将续派兵舰来沪增防。

9月30日(八月十八日　庚午)**星期六**

晴。上午七五，下午七六。

依时入馆，编发每周通讯录第卅九号。致书振铎、予同，为致觉鸣不平。午后接振铎电话，谓补习生文科不多，未必能添班，正在力谋设法云云。午饭于老民乐。诚之来，先将《中国通史》稿七章交予，即转付调孚。谈有顷，去。右脚突增剧痛，几不能下垂。因早退，坐车径归。闻老太太适在，因陪同小饮。饮后，闻去，予亦即睡。汉儿前晚吐泻，今已痊，大与复儿相类。

报载要闻：德、苏发表共同宣言，并订友好划界条约。且有组织新国联说。美对调停中、日战事问题一时不加可否。美参院外委会通过中立法修正案。苏联与爱沙尼亚签订保护协定。英、法拒绝德、苏和议。寇机两次侵渝。长沙战烈，汨罗南，寇中伏，歼二千。蒋飞前线视察。鄂北钟祥炮战甚烈。寇军用车十一辆在京沪路横林车站附近倾覆。沪各国航商坚拒登记。

10月1日(八月十九日　辛未)**星期**

晴。上午七四，下午七六。

晨起，负脚痛勉坐书巢记日记。十一时，致觉来，具素菜与共饭。硕民、允言竟不至。饭后长谈至二时许，振铎来。又有顷，二公辞去，予亦以脚痛难忍，遂偃卧。入夜，仍小饮。饮后小坐一刻，八时许即睡。

报载要闻：长沙战事激烈，我军在汨罗南大捷，克福临铺。鄂中我军攻入洋梓。大批寇机再度飞入四川轰炸。王外长再声明，抗战政策不变。经济部通令禁止植物油料出口。滇境发生覆车惨剧。伪市府图在沪西收房捐，遭拒绝。苏、日一时不致订约。英、法表示若不恢复波兰原状，仍当继续作战。波兰新政府在法京巴黎宣告成立。

10月2日（八月二十日　壬申）星期一

晴。上午七六，下午七八。

依时到馆，办日常事务。宽正来，送校样。致书诚之，送约文去，请加签印。致书予同，拟将日文《世界历史大系》让与之。散馆后与洗人、丏尊饮永兴昌，慰元来，因拉与共坐，费三元一角。八时散归，以脚症故，仍乘人力车行。

报载要闻：长沙外围战事甚烈。鄂省我军攻入钟祥。修水击落寇机。粤南沙头角已告克复。寇方所遣侵华统帅西尾及总参谋板垣来沪。沪市破获用铜元改制徽章之秘密机关。意外长齐亚诺赴柏林，与德接洽。法军包围齐格斐线中央凸角。土耳其军事代表赴英。德声言英、法如拒绝和议，即将大举反攻。

10月3日（八月廿一日　癸酉）星期二

晴，转暖。上午七八，下午八〇。

依时到馆，脚症略好。办理杂事，并看《小方壶斋舆地丛书》。接雪村上月廿九日信，复谢公唁，并告其父将于十二日安葬，葬后即来沪。接文权电话，知继之夫人昨夜以产难死，明日下午二时在马白路中央殡仪馆大殓，道始、君毅兄弟转托代撰挽联，今日即须付装写云。予既为继之悼伤，又迫于欲速，竟难着笔，草草以“黄口绕膝，灵萱忽摧，怕见阿兄挥热泪；白发在堂，鞶帨骤失，忍令双亲廑悲思。”写寄道始，俾速制，不暇问音节谐否矣。今晨以硬币百元托丏尊代兑，午后龙文来，竟换得法币二百二十二元。携归交珏人，甚喜，其实法币本身所值犹不及此也。奈何！夜小饮，饮后小坐便寝。

报载要闻：长沙外围战事我全局胜利，福临铺北寇归路已断。晋省克复榆社县。空军轰炸粤天河机场。寇机昨又袭渝、蓉。沪西形势愈紧，寇伪眈眈，工部局正谋应付。京沪路两次炸断，均经寇方证实。英长江舰队决撤退五艘。德、意谈话结束，德盼意向英、法斡旋和平。美主力舰集中太平洋。日首相宣布政策，企图分化我和局。蒋发表谈话，和战均应决自国府。苏联与立陶宛、拉多维亚、芬兰将订立互助条约。

10月4日(八月廿二日　甲戌)**星期三**

晴，仍暖。上午七九，下午八〇。

昨得予同电话，接受予让书议，因于今晨检齐此书十六函，馀书已先由予同借去。令金才送往，附一信去，愿以八十金交割。午后人回，取到八十元。依时入馆，处理杂事。珏人往吊继之夫人丧。夜与良才、丏尊、洗人饮茅长顺，八时归。

报载要闻：长沙战局，寇已陷入困境。空军轰炸汉口寇机场。赣省我军进攻南昌。豫省我军进攻长台关。寇机昨炸川省泸县、宜宾。沪西越界筑路交涉，英仍据理力争。寇方通知各国，将封锁温州南面之鳌江。奉命撤退之英舰昨有二艘离沪。张伯伦向下院声明对德、意协定态度,决动员全部资源作战。苏联又增兵外蒙边境。

10月5日(八月廿三日　乙亥)星期四

晴。上午七九,下午八一。

依时入馆,办杂事。午间与冼人饭永兴昌,予先付二十元,作定酒资,盖日来绍酒又加价矣。散馆归,组青、六姨、幽若俱在,因共饭,予仍小饮。饮后谈至十时,各归去。

报载要闻:我军克湘阴县城及福临铺,侵湘之寇纷纷北退。粤军攻入深圳,空军炸毁广州寇设汽油库。晋南收复芮城。冀西灵寿踞寇被歼。寇机又炸重庆,我空军迎战。京沪路龙潭路轨被炸。工部局表示对越界筑路决不放弃权益,费力浦否认与伪方继续会商。美将增加亚洲舰队。苏军集中罗国边境,将索还贝萨拉比亚省。

10月6日(八月廿四日　丙子)星期五

晴。上午七八,下午八一。

依时入馆,办理庶事。复圣陶沪蜀第十六号信。夜归小饮。饮后为诸儿授课。九时后就卧。

报载要闻:湘北寇毙三万人,已溃退,我军正肃清汨罗两岸,包围平江。湘、鄂、赣毗连地带战事甚烈,马鞍岭等地已告收复。晋军克芮城后续向铁路线推进。寇机昨又袭渝。英大使寇尔离沪赴渝。沪西问题谈判停滞,闻警权尚易解决,惟伪方欲染指捐税则殊难入手耳。中国货物输美,创新纪录。寇阁决增置贸易省,外务省商务局人员以权位见夺起内讧,风潮不小,将有重大影响。希脱拉定今日宣布和平条件。意国拒绝作调人。法总理声明,英、法决继续协力作战。英外相声明,和平提出须合三原则,即和平提出之情形,和平提出之政府,任何协定可以担保之信用。

10月7日(八月廿五日　丁丑)**星期六**

阴晴无常,入夜雨。上午八〇,下午八一。

依时入馆,编发每周通讯录第四十号。鞠侯来。曙先来。谷城来。午偕洗人、调孚面于五芳斋。食后闲眺国货公司,遇珏人、濬儿,盖同出购物。因为携取两包,带至馆中属金才先送回。道始来。振铎来。夜归小饮,饮后小坐便卧。

报载要闻:湘战连胜,昨一日克八要地,湘江沿岸已无寇踪。我军乘胜进迫新墙。广九路樟木头一带有激战。豫北及冀灵寿均有激战。苏联正式否认红军开入新疆。希脱拉所提和平建议,英、法均不重视。沪两租界当局计划调剂界内食粮。昨有三日人潜向快讯社摄影被拘,捕房旋即释去。沪西事件可获解决途径。

10月8日(八月廿六日　戊寅)**星期**

晴。上午八〇,下午八三。

晨入书巢,补记三日日记。整理书架,补《世界历史大系》之缺,一人梯而上梯而下,殊见劳顿,两腿竟感酸不止也。遣同、复往省濬;静甥归省母。清之友淑来,与共饭。接怀之信,属知会漱石往朱家角视其弟悦之病。因复告幽若已于今晨独往,漱则仍居任家也。并复嘉源内表弟。嘉源为内舅父锦绶先生子,生二十二年矣,迄未谋面,复书时特勉之。夜小饮。文权全家偕同、复来。

报载要闻：湘北我军续有进展，克南江桥，越新墙河，并袭入通城。赣军已至南昌近郊，与寇隔河相持。粤收复平山。冀西灵寿附近大捷。蒋兼川主席已赴省府视事。经济部通令保护国货行销。英大使寇尔抵渝。沪杭客车在长安、硖石间倾覆，死伤多人。法总理称英、法作战目的在制止侵略。立陶宛代表再赴莫斯科，苏、土谈判进展。

10月9日（八月廿七日　己卯　未正初刻五分寒露）**星期一**

晴。上午八〇，下午八二。

依时入馆，往还俱步行。昨接圣陶一日发蜀沪廿二号航信，附来日记一叠，详告满子病状，谓已动手术割治，系子宫及输卵管患瘤，经过尚良好，其全家当然不宁矣。饭后复书慰之。（编沪蜀第十七号。）午间面于五福斋。校《左传》排样。芝九来。属为南方中学覆选文卷，作比赛公证人。丕绳来。夜归小饮。以静甥、业熊订婚一周年，添菜志喜。

报载要闻：湘北我军乘胜追击，新墙河北寇分两路败退。蒋犒劳前方将士。南昌城内曾一度发生混战。财政部核定汇价差额计算标准。沪租界工部局加强沪西警力，意防军昨起出巡租界边区。国米蜂拥到沪，米价将下抑。英、法对德态度现正交换意见。美总统表示不准备调停欧战。匈牙利、巨哥斯拉夫、罗马尼亚三国成立协定，减少边境驻军员额。

10月10日（八月廿八日　庚辰）**星期二**

晴，不甚烈，午后阴翳。上午八〇，下午八二。

国庆放假，晨起，看《中美日报》、《新闻报》及《总汇报》。《总汇报》今日新出，挂美商。其发刊辞反覆于今日思想言论宜统一，且云今日尚无一贯之国策决定，似将步《中华日报》之后尘，虽不可必其无幸，然印象太劣矣。且拭目观其后。十时，履安来，知护照已可取得，十四日拟动身赴海防，如不及则十七日行云。少坐便去。午后漱石来。读《诗论》。夜小饮。

报载要闻：国庆日国府发表宣言，蒋发表告民众书，俱于抗战建国重言申明。湘北我军分两路续进，克复荣家湾、冶城、罗坊等处。赣省我军炮击南昌。中央银行决续印分币券五十万元。沪各界庆祝国庆，并电蒋祝捷。苏州河北英军防区增强防务。芬兰代表抵莫斯科。德、苏经济谈判结束。德国社党仍盼美总统出作调人。

10月11日（八月廿九日　辛巳）**星期三**

阴霾。上午八〇，下午七九。

晨入馆，步至吕班路口，遇良才，遂偕行。入馆后处分杂事。芝九送南方作文竞赛卷三组来，属予及丐尊、调孚各为复选若干，评定甲乙。丐尊当然不高兴，予与调分任之。约本周内缴还。夜归小饮。

报载要闻：我军乘胜急进，克复修水，扑攻岳阳。薛岳真除第九战区司令长官。国庆祝捷，重庆阅兵。寇机昨分九批袭成都、贵阳各地。苏联拒绝寇方勿再援华之要求，自动撤去沪、平、津三处领事馆。西藏新达赖喇嘛已抵拉萨。美为保卫远东利益，将在关岛设防。沪西局势紧张，居民悬旗，伪方干涉，租界探捕与伪警对峙。英、德空海两军在北海展开大战，德军三架，二被迫降落，一脱走。挪威海面德舰逸去。

10月12日(八月三十日 壬午)星期四

阴,夜半有雨。上午八〇,下午七九。

依时入馆,办理杂事,并为南方阅卷。诚之函送契约副本及续稿第九至十六章来。即转付调孚发排。午后二时,道始来,即将所托尺牍裱本切齐还之。彼云乃乾又与其侣阿九闹开,昨日阿九曾到彼处痛陈求去之意,约今晚将来我家申诉,求为评理云云。予甚不欲闻,然寻上门来,亦不能不一敷衍之,因约晚间六七时左右在寓与道始、乃乾、阿九见面而别。震渊来,出所绘《书巢图》赠予。画甚好,惜题句有欠妥处,谢而收受,备装裱。谈有顷,去。散馆后归,途遇一长衫丐人拦予强索,频以右手纳衣袋摸索似取械状,坚询究竟肯帮忙否。予笑其作态,拒弗与分文,至爱多亚路,扬长自去。上海龙鱼曼衍,无恶不作,设在夜间人寂,或不免受其小累,不知司警政者何以竟不之防闲也。到家小饮。饮后道始先来,乃乾继至,阿九迄未来。三人闲谈良久,至九时三刻,道、乾偕去。不十分钟,阿九踵至。深诉乃乾虐待不堪状,疑信参半,予与珏人固不能若何判语也。直至十二时,始辞去。仍约明晚再来,必欲与道始、乃乾一见云。半夜扰攘,大为不宁,明夜又不能免一闹,深恶之。然格于情,不能不稍稍耐之。

报载要闻:湘北炮攻岳阳。赣北收复修水。鄂中包围潜江。晋各线战烈。寇机袭川被击退。鲁东游击队克牟平。苏北克复宝应。法总理演说,决作战到底。寇阁外省风潮扩大,驻外外交人员纷向外省辞职,驻沪总领事三浦等全体陈辞。中国沿海德、意等籍轮船,被寇方连日扣留廿馀艘。

10 月 13 日(九月小建甲戌初一日　癸未)**星期五**

阴,夜半后大雨,达旦不止。上午七九,下午同。

依时入馆,处理杂事。阅毕南方文卷。分电乃乾、道始,约今晚六时在寓候谈。到馆后,与洗人及胡君饮永兴昌,遇慰元、振铎、西和,托慰元定菜,备明日酒会之用,七时许散,与西和偕行归。到家,道始、乃乾、毓英俱已先在,乃乾与毓英竟彼此破口大骂,屡欲扭殴,赖道始格免。及予入,劝平之。一时历乱,旋归平静,道始即乘间谢去。譬说良久,依然以不了了之。十时许,乃乾去。十一时半,雇车送毓英去。两宵纷扰,意外得之,亦惟有自认倒楣而已。

报载要闻:张伯伦演说,拒绝希脱拉和平建议,谓苟无适当保障,英决履行义务,周旋到底。英、苏缔结货物交换协定。苏联与芬兰开始谈判,苏提出四项要求。湘、鄂、赣一带,我军取大包围形势。赣北克三都、合埠。岳阳郊外战事甚烈。寇机连日狂炸西安,两日共投弹二百馀枚。晋东南克复壶关县。湘北大捷声中,我军进薄沪郊。二批分币券二十天内可印竣。

10 月 14 日(九月初二日　甲申)**星期六**

大雨,阻水。午间放晴。上午八〇,下午八二。

晨大雨如倾,待至九时许,稍止,因出门欲取道入馆。讵里外各路俱漫水,有深及膝者,有齐腰者,电车停驶,人力车乃乘机大索,至四马路须二元。乃折回,唤汽车,各行俱空,无以应。直待至十时,始克由士歇躬往汽车行坐一车来,乃与清儿同登。珏人、漱儿及幽若今日将往贺二表姨(震渊夫人)三十寿,正苦无路往,遂附以行,送达震渊所。

入馆后,编发每周通讯录第四十一号。并办杂事。致书芝九,送文卷去。致书振铎,为乃乾送件去。复晓先,盖昨夜接其书告迁家状,特复慰之也。夜六时即在开明复轩举行酒会,到廉逊、绍先、良才、亢德、坚吾、廷枚及洗人与予八人。菜为徐成记厨房所办(慰元介绍),颇丰腆,以后尚可续行招呼之。八时许散归,附廿二路公共汽车行,同孚路西,水势依然,及转入亚尔培路,尤见汹涌,比至虞永兴门首停车处,则一片汪洋,殊无托足地。正怀疑惧,而驶车者径开霞飞路南,竟地白可履焉。大喜下车,归家甚惬,一若未见水者。入门则珏人等已前归,各言所遭,殆相同也。十时就寝。

报载要闻:湘北已克羊楼司。薛岳、陈诚赴前线,指挥所部攻岳阳、通城。鄂北我军进袭随县。粤南我军冲入新会城。传英关于在华权益对日让步。寇机昨又炸陕西及湘西、川南各地。美向苏表示,希勿与芬发生冲突,免滋纠纷。北欧各国亦有同样表示。英、美对租界警权交涉,防区问题,谓应商诸中国政府,不应由伪方要求,态度甚为坚决。德认张伯伦演说系侮辱。寇外务省风潮已牵就解决。沪交通银行房屋突遭寇方宪兵攫占。

10月15日(九月初三日　乙酉)**星期**

晴阴兼作。

硕民八时许来,因与晤谈,未得入书巢。饭后二时始去。予乃登楼补记五日来日记。至四时一刻,甫写毕,而洗人来。出汕头来电一通,语多不解,末署庆字,想系误打。明日当属阳生退还之。谈一刻,辞去。傍晚,文权、濬儿、顯孙来,与静甥、汉儿俱,盖静、汉午前往省,至是偕返也。入夜小饮。饭后乃去。读《诗论》,乘兴毕之。夜小饮。

报载要闻:我空军三次袭汉口寇机场。岳阳寇股被围甚急。我军进抵鄂南大沙坪,寇向蒲圻退。粤东我军向潮城附近猛攻。豫东我军一度冲入淮阳南关。伪同盟军占沪西桂记营造厂,设立伪本部。沪租界平望街妓院昨发生枪杀案,闻系伪市公用局长李鼎士宴客,两寇籍宾客重伤,妓女小乔红为李之保镳乱发手枪击毙,李本人则跳免。沪各团体请商会抑平物价。英政府声明稳定中国法币政策不变。英战舰皇家橡木号被德潜艇击沉。芬兰总统颁布紧急措置。

10 月 16 日(九月初四日　丙戌)**星期一**

阴。上午七九,下午同。

依时到馆,办理杂事。接颉刚九日成都信,告安抵校中,正创办国学研究所,拟有印行书籍计划,商开明合作。同时接芷芬九日信,告已将前函转递成都云。硕民来,为允言借去馆中用书《史记》六册。散馆归,小饮。饮后为诸儿授课。

报载要闻:湘、赣寇股突围,未获逞,死伤不少。我军正围奉新、靖安。鄂南我军攻汀泗桥。晋省我军极为活跃。皖北收复盱眙。沪领团对越界筑路问题定本周内召集会议。外讯,苏联将以最大援助加诸国府。苏、芬谈话初步已告成,芬代表返国请示。希脱拉移驻西线,即将大举进攻。

10 月 17 日(九月初五日　丁亥)**星期二**

早晴,旋阴,午雨,午后又放晴。上午七七,下午七八。

依时入馆,校《左传》排样。鞠侯来,午同鞠、洗、索饮永兴昌,遇曙先、厚斋、肃庵,因合席。谈叔琴病重,共商协济。午后得予同电话,致觉教课有希望矣。接圣陶八日发蜀沪第廿四号信,由红蕉转来。并附满子临诊日记,盖大痊矣。为之大慰。惟廿三号信复遭遗失,并前十九号共缺两信,不无抱憾。四时许,曙先、肃庵、振铎、乃乾先后来,散馆后予及洗人又为所拉,六人再饮永兴昌,遇慰元、廷枚、梦痕。七时许散,八时到家。知铭堂自苏来,候予不及,约明晚来晤云。

报载要闻:赣战趋烈,再度收复三都外,已迫近奉新。南昌近郊亦有剧战。蒋出席川党政军联合扩大纪念周,致训。并发表训勉各大学学生负责救国辞。孔院长对美记者谈话,美应制裁侵略。寇机炸延安。日商新太古丸轮船在吴淞口外沉没,乘客三百人遇难。交行撤沪各行昨晨已在总行原址复业(前曾因寇宪兵强占该屋,暂时停止)。德机袭英国苏格兰海港。立陶宛军队开入维尔诺诚。德潜艇又击沉英、法船数艘。

10 月 18 日(九月初六日　戊子)星期三

晴阴兼至。上午七八,下午七九。

依时入馆,续校《左传》,并处理杂事。午与丏、洗饮永兴昌,路遇方仲达,询知两月前甫自汉口归。下午硕民来,配文选若干去。散归径归,冀与铭堂晤,自六时小饮,至七时半,迄未见至。废然入书巢闲翻。为汉、漱批削文卷。

报载要闻:赣北我军收复雷公尖、五步城、八里铺等处,分三路进展,攻向南昌。晋东南连日在激战中,寇伤亡甚重。琼岛我军袭击寇兵营。蒋由蓉返渝。沪、津航运已恢复。德军下令在西线开始大战。德遣使赴苏乞援。苏提交换条件。德遣使赴罗马谈话,意反对德、苏合作。丘吉尔报告击毁德潜艇成绩。苏、土谈判中止,土代表离莫斯科。

10月19日(九月初七日　己丑)**星期四**

阴晴雨间作,有风。上午七六,下午七四。

依时入馆,接校《左传》排样。复圣陶沪蜀第十八号信,顺告硕代收青石弄房租事。饭后,与索非往中美公司再配眼镜一付,即以旧有近视者加粘散光片,俾与前年所配者同,备不时补戴之需。前配右目花片已发霉点,属重胶。夜归,遇铭堂,知微有感冒,薄饮即罢,谈苏地近事。正谈浓之际,梦岩闯然来,托拟嫁女请帖等件。铭堂遂辞去,约冬月再来。梦大谈其兄女无厌之求,言下颇叹惋。其实此等事认不得真,予略慰之。九时辞去。

报载要闻:赣北我军进展,前锋逼近奉新,武宁寇后方联络已切断。湘北克西塘。豫南、鄂北寇中伏受歼。晋西战烈,晋北克原平镇。冀南各线均有剧战。鼓浪屿问题解决,英、日同时撤兵。沪法捕房代督察长程海涛被刺殒命。寇伪占沪西收容所,驱令难民出屋。美国学者呼吁其政府切实援华。北欧瑞典、挪威、丹麦、芬兰四国会议开幕。欧洲西线,德军猛攻,法军撤后相待。德空军轰炸英舰队。

10月20日(九月初八日　庚寅)**星期五**

晴。上午七二,下午七一。

依时入馆,仍校《左传》。接圣陶六日发蜀沪第廿三号信,盖先发反后至也。散馆归,组青在,因与同饮。饮后谈至九时许,去。

报载要闻:蒋接见英、法、苏各大使,重申抗战决心。我军越过通城,进击临湘,奉新、靖安一带仍在混战中,已克数要点。晋省我军袭入临汾,焚烧寇储汽油库。寇机前袭南川,法教堂被炸。豫省英教士全被寇伪驱逐。越界筑路问题,领团曾与寇方接洽。寇宪兵在法租界搜捕居民。圆瑛法师被寇方架去。英、法、土互助协定昨在土京签字。三国参谋谈话开始。欧洲西线因大雨,莱茵河泛滥,战事暂辍。北欧四国联合宣言,严守中立。英邮船约克号被德舰艇击沉。

夜睡不熟,似有发动旧疾状。

10月21日(九月初九日　辛卯)**星期六**

阴霾,午晴。上午七〇,下午七一。

依时入馆,编发每周通讯录第四十二号。寄晓先以代晒照片。复颉刚,约待雪村出申切商再复。附蓉处托转。午间与调孚同往二马路吴家馆吃羊蹄面,料佳味美,不减从前先得楼,惟一碗须售法币五角,则未免太贵耳。食后过中美取新粘之眼镜,即以旧有者交渠家重粘。夜与洗、丏、曙、才在永兴昌吃蟹,予今年初尝,幸尚不恶,双蟹乃售至六角馀,诚不堪回首与往年相较矣。共饮至七时三刻,各散归。到家,珏人正与同、复、盈三儿生气,甚不快。夜眠仍不适。

报载要闻:赣收复靖安近郊各据点。鄂进攻黄陂。晋逼近壶关。沪西愚园路华、印捕各一人被伪方轰击,华捕死,印捕危。驻日美大使格鲁演说,美决维护在华权益。英大使向蒋表示,英决继续援华。苏、寇军又在伪满边境冲突。英、法、土开始军事谈话。

10月22日(九月初十日　壬辰)**星期**

阴霾,午前后微露日光。

晨入书巢作日记。大椿来,因与谈。移时去,乃续竟之。十一时许,幽若来。饭后,硕民来。谈校事甚可哂,移时去。三时,文权、濬儿、顯、预两孙来。有顷,珏人、幽若、文权、濬儿打牌,予则默处书巢中闲翻,并写字一页。入夜,合坐小饮。晚饭后,幽若、文权等俱去。九时就卧。

报载要闻:湘北我军进攻岳阳,郊外发生激战。赣北各线战均烈。晋东南战亟,我克府城镇。寇关东军发表公报,苏、寇谈判顿挫。沪西狙击警务人员事件,形势甚严,美国务卿表示坚强政策,工部局因而决心维护租界地位。美总统声明美领海有伸缩性。寇外相野村发表外交方针,仍断断以建设东亚新秩序为言。芬兰代表团再赴莫斯科。

10月23日(九月十一日　癸巳)**星期一**

阴雨。上午七一,下午七〇。

依时入馆,办理杂事。致书斐云,寄《丛书子目汇编》既成清样两册,复北平图书馆公函一件,属察转,并希补钞缺稿。散馆归,践雨上车,履袜尽湿,到家甚不快。脱去后即小饮。饮后听书。幽若仍来,九时乃去。

报载要闻:湘北连克数要点,加紧围攻岳阳。赣北正围攻武宁。粤石龙一带发生激战。国府修正战时军律。财部厉行黄金国有。渝中否中、日和平谈判。沪西伪自卫团与巡捕冲突,各有死伤,超狙击为明杀矣。昨中社有杜姓结婚,发生枪战案,死伤男女十馀人。惟主角未死。(旋得报,杜名本文,为南京大明会上海支部宣传科长,则致死有因矣。)川禁烟督察团正式成立。英、德在北海空战。希脱拉召集各领袖,会议对战事作重要决定。

10月24日(九月十二日　甲午　申正三刻十三分霜降)星期二

阴雨,午后放晴。上午六九,下午六八。

依时入馆,处分杂事,并复校《左传》清样。接圣陶十五发蜀沪第廿五号航函,报平安并寄诗。予等发去最近之函则尚未到。接迪康十八日桂林发航函,告最近由浙东到彼,趋父召。但仍愿候开明复派职事。散馆后,与清儿步以归。途遇尔明,挈儿赴慕尔堂礼拜,立语片刻即别。到家,幽若仍在,少坐便小饮。饮后,予登楼作日记。幽若去。濬儿、顯孙亦在,晚饭后先去。同儿为贝、陈二君所邀,同往巴黎大戏院看电影。九时许乃归。

报载要闻:我军突破岳阳最后防线,旦夕可下。赣北奉新、武宁间混战仍剧。鄂南我克翔凤寺。马当附近,我炮兵击沉寇运舰。豫南我军冲入鹿邑城。孔行政院长招待各国使节,说明抗战必胜、建国必成之信念。温州渔船多艘触寇水雷炸没。昆明、海防间客运车已恢复。美政府授权沪官员,负责应付上海局势。因此领事团已开始与寇方谈判越界筑路问题。惟寇领反对领团讨论此事。希脱拉日内将向英、法正式宣战。芬代表团重抵苏京。德、苏经济谈判进行顺利。苏联拒绝德兵事援助之要求。

10月25日(九月十三日　乙未)星期三

晴冷。上午六七,下午六八。

晨七时三刻出门,步入馆。办杂事,看《丛钞》。午前,汉、漱两儿来馆,因偕洗人、士敭、清儿同伊等共饭于永兴昌。饭后闲逛永安公司,洗人购得盆景刺柏一,黄、白菊花各一,计价三元二角,近来物价之贵即此可见。午后接梦九九日来信,告晴帆将来丽水,但尚未到，建厅内幕复杂，虚舟有求去之志矣。即复。硕民来，振铎、乃乾来。五时半始各走散，予亦遂归，车中挤甚。到家已六时，便小饮。饮后为诸儿授陈鸿《长恨歌传》。幽若仍朝来晚去。九时许就卧。天寒已微兆，睡较稳。

报载要闻：赣北克茶坪坳，包围奉新。湘北我军续有进展。鄂中我军切断寇方联络。晋西乡宁我军撤退，形势甚紧。重庆、仰光间开办航空业务。国府公布公务员服务法。沪金融市场好转。工部局力谋解决沪西纠纷。沪、定航线因多困难，外轮纷纷停驶。苏对芬提新案。欧西线战事，法、德争夺据点。寇廷召回驻德大使大岛，调驻荷大使来栖承其乏。

10月26日(九月十四日　丙申)**星期四**

晴。上午六八，下午六九。

依时入馆，往返步行。在馆处理杂事。复圣陶沪蜀第十九号信，告来信廿三号已到，惟十九号则迄未递及也。夜仍小饮。

报载要闻：赣北我军续获进展。新墙以北青岗驿附近仍在混战中。鄂南攻入金牛。晋西南战烈。我克复壶关东北据点。寇机昨炸川、湘、闽各地。豫省寇伪发动反英，情形甚恶。寇报又传要求英、法撤退在华军队。越界筑路交涉，工部局竟与伪方议定原则。德外长演说，德不再发动和平运动。英轮四艘又被德潜艇击沉。四行孤军奋斗，今日两周年纪念。谢晋元召集纪念会。

10月27日(九月十五日　丁酉)**星期五**

晴。上午七〇，下午六九。

依时入馆，往返仍步行。办呈部文六件，分别送初审、复审及请领审定执照。午间与洗人饮全兴康吃蟹,极贵而不厌所欲,甚悔之。夜归小饮。饮后为诸儿续授《长恨传》。

报载要闻:晋西南部战事猛烈,蒋鼎文部由陕入晋赴援。赣北收复武宁城西全部地区。湘北我军开向岳阳。冀南大屯我军围攻踞寇。冀东亦有激战。寇机昨援临海、海门及湘、陕各地。外部正式否认寇方所传美国调停说。今日为美海军节,沪美侨热烈纪念。沪局邮差以不满局方所定津贴办法,临时怠工。德准备作最后决战。苏商务代表团抵柏林。英所颁订之违禁品清单,苏提严重抗议。

10 月 28 日(九月十六日　戊戌)**星期六**

晴阴间作,夜细雨。上午六八,下午七〇。

晨入书巢补记日记。八时半乘车入馆。编发每周通讯录第四十三号。复迪康,前日接其桂林来信,仍望来店服务,告已属雪山量为调派矣。午与丏、洗饮永兴昌,吃蟹各二枚。夜步归,小饮。幽若厂中有工作矣,明日即须赴厂。商务茶房沈阿毛来言,任克昌已死,予为致赙两元。业熊近好入回力球场博,屡属静鹤规之,弗悛。今晚未归饭,大约径往矣,为之深忧。

报载要闻:晋西战烈,我军一度冲入乡宁。湘北我军向羊楼司挺进。赣北奉新、武宁方面战事仍烈。粤省杜阮激战一昼夜,寇退回江门。川省专员会议开幕。沪邮差昨已复工。工部局对越界筑路问题已草竣办法。蒋夫人对美广播演说,谓美以物资供给日本,无异亲派飞机来华轰炸,希朝野觉醒制止。美总统播音声明恪守中立。寇外相约美大使格鲁定期谈话。教皇颁谕谴责强权政治。苏释放被扣美轮。

10月29日(九月十七日　己亥)**星期**

薄晴,午后阴翳,入夜大雨。上午七〇,下午七一。

晨起,理出书橱备还文杰。盖昨日文权电话来索者。十时许,绍先来,托为张月赓汇款五十元至宜山浙大。有顷,丏尊来,谓顷得宝隆医院报,叔琴已于今晨逝世矣。叔琴患肠瘤,卧疾已两月,上星期一送院待割治,竟以体弱不胜,未及疗而逝,伤哉!十一时,绍先、丏尊去,独坐默念,感喟弥至。饭后,硕民至,坐未久,云起欲雨,惧及,即辞去。三时,丏尊家刘妈来,出白布盈丈,谓叔琴三女属为撰联挽其父,并代写。予素不能书,而情不能已,乃为拟一联云:"百丈灵椿遽凋,疾首恨无回天术;一门风雅何候,伤心惟有抢地号。"盖悲叔琴有伯道之遇,而无文姬之可委也。即属诸儿磨墨,隆隆杂起,垂暮始集事,乘冥色未上书之。晚饭后交去,备明日殡仪馆之用。上灯小饮,予同至。谈叔琴事,福崇事,暨大出书事,移时乃去,遭雨矣。饮后小坐,九时就卧。

报载要闻:美参院通过毕德曼修正之中立法案。英、日谈判即将恢复。德潜艇被法击沉。德准备对英作大规模空战。程潜赴前线指挥,晋西形势好转。羊楼岗、五里牌寇股,突围未逞。皖主席廖磊积劳病逝。川陕公路已正式通车。效忠中、英以外之华人赴港,须领护照。此间法租界昨发生两击奸案,汪馥炎、李金标均殒命。

10月30日(九月十八日　庚子)**星期一**

晴阴并作。上午六九,下午六八。

依时入馆,办理杂事,并续校《左传》排样。午,在五福斋吃羊肉面,甚酣。午后二时三刻偕洗人、调孚往大西路白宫殡仪馆吊叔琴,至则已殓讫,柩送殡舍矣。因至柩前致礼而出。赙四元,聊以将意。既出馆,与洗、调步至静安寺西荣康茶室啜茗,小憩。丏尊诸人俱在,正为叔琴谋善后。予等别坐,至四时即先散,分途各归。夜小饮,知致觉已送酒一坛来矣。

报载要闻:晋西战烈,胡宗南部已达乡宁郊外,当地寇股撤退柏山寺。皖南收复杨公岭。鲁南夺回曹村。赣北克复奉新附近据点。重庆、仰光间航空,今日开始。寇图在北海登陆,形势紧张。我正规军已开抵沪北。寇兵车在兰封以东中地雷。国产品今年出口者数已逾十万万元。沪租界当局考虑设仓储粮建议。限制女性邮员事,沪妇女界力争。欧洲西线炮战转剧。苏联第二批商务代表抵柏林。芬兰内阁秘密会议,起草对苏复文。罗马尼亚油船一艘,被潜艇击沉。

10月31日(九月十九日 辛丑)星期二

晴。上午六三,下午六四。

依时入馆,办杂事。午与洗人、曙先饮永兴昌。午后道始来,谈至散馆,同往八仙桥得味湖南菜馆小饮,先约曙先、肃庵以时赴会,因与洗人、廉逊偕往焉。肴味甚饶别致,价亦不贵,似可再往者。九时散归。得毓英书,致珏人,欲借二百金,云于明日来洽取。实无以应之也。

报载要闻:晋西克灵官庙、后庄、林家庙等地,已包围乡宁。寇机袭洛。蒋在南岳召集湘北将领面授二次会议机宜。武宁寇四面被围。国府高级官员组织孔教学会。渝、港间电话交通完成。沪苏州河北甲区形势又趋严重。越界筑路问题解决方案,英、美董事已有决定,将先商警权。寇外务省发言人否认与英、美谈判。德被封锁后决出售大部分商船。德潜艇又击沉一英船。苏联首批军队开入拉多维亚。

11月1日(九月二十日　壬寅)**星期三**

晴。上午六三,下午六六。

依时入馆,办理杂事。为立达学园、四明学社、开明书店三团体拟《刘叔琴赴告启》一通,为刘和芬等拟谢医信一通。午饮永兴昌,与洗人、丏尊俱。今日为盈儿生日,夜归小饮,吃面。待毓英未至,十时就寝。

报载要闻:晋西南战亟,蒋鼎文飞晋督战。常州西南战事激烈,寇伤亡千馀。寇机袭洛阳、赣省各地。李品仙继皖主席。财部通告办理外币定期存款。沪踞寇四面楚歌,近郊昨日激战。王家厍发生拦劫枪杀案。意内阁改组,亲德派退出。英发表白皮书,揭露德国社党虐政。

11月2日(九月廿一日　癸卯)**星期四**

晴。上午六五,下午六九。

依时入馆,办杂事。鹰若来,洽黄念田版税。接圣陶上月廿二日发蜀沪廿六号航信,正筹补新居。夜文学集林社宴客,假东华家设席。到振铎、予同、东华、健吾、巴金、剑三、丏尊、洗人、调孚及予十人。谈至九时许乃散归。毓英来,珏人婉谢不能应命,十一时去。

报载要闻:晋西我军截断寇联络(寇兵车在安邑北中地雷),战事甚烈,阎锡山在前线督战。鄂北、鄂中战事复作。重庆各界否认期望和平。寇外省发言人否认中、日和平传说及对英、美将开谈判。颜惠庆抵华盛顿。寇机昨又袭陕、湘、鄂各地。传寇方停止华北反英运动。沪西哥伦比亚路伪警开枪围击西捕。日人在福山开枪阻止运米来沪。苏联最高会议开幕,莫洛托夫报告外交。芬兰外部发表声明。

11月3日(九月廿二日　甲辰)**星期五**

阴,午后雨。上午六九,下午六八。

依时入馆,办理杂事,具呈内部,为《开明本国地图》送修正本,请给发行许可证。接勖初书,知已勉强到校上课。属代假百金。即转托洗人,谓下星一付回信。夜归小饮。饮后为诸儿授《长恨歌》。十时就睡。

报载要闻:寇数犯仙桃镇均被击退,鄂中大战即将爆发。寇军增援,谋再窥长沙。潼关、风陵渡间发生炮战。寇机炸南宁、慈利等处。滇越铁路修复通车。统一公债丁种定十日举行抽签还本。沪西区工部局建议已提交伪市府,谓仅系商订暂时适用办法。语文展览会今日在大新公司四楼画厅开幕。荷兰政府宣布紧急戒严令。张伯伦在下院报告军事、外交。芬兰代表团抵莫斯科。

11月4日(九月廿三日　乙巳)**星期六**

晴不甚烈。上午六八,下午六九。

依时入馆。编发每周通讯录第四十四号。致书雪村,询何以久无消息。硕民来,四时去。散馆时廉逊来,因与洗人及予共饮永兴昌,吃蟹。遇慰元、瞻庐等。八时散归。漱石自苏来,带到代购食物甚多,知怀、翼兄弟尚好。今晚住予家。连夜为蚤所扰,兼听盈儿咳嗽,每晚十二时后必醒,须天明始再合眼,大惧旧疾发动也。

报载要闻:晋西克军渡。寇渡汉窥沔阳。寇机狂炸莆田。临湘、岳阳间寇陆路交通已切断。京杭国道上游击战甚烈。我军密布沪市郊,寇方突然戒备。豫南之寇北退游河。鄂北收复大小铁山。越界筑路交涉,将成立临时协定。我驻美大使胡适偕颜惠庆访赫尔。美众院通过撤销禁运军火条款。意大利、希腊换文,敦睦邦交。苏联报纸抨击芬兰。

11月5日(九月廿四日　丙午)**星期**

阴,午前后雨,午后稍开。上午六九,下午同。

晨坐书巢记日记。午刻祀先,迎下元节也。饭后假寐,未入睡,强息至三时起,反觉心跳,头目森眩。近来体气衰颓乃尔。独坐无俚,偶忆洗人所谈亲历两事,聊志于左,以扩见闻:

湖北蕲州有三奇:一蕲龟,大如钱,身被绿毛,养诸磁盎中,蓬拂殆满,如盖荇藻。一蕲竹,粗不逾指,色洁泽而体方。又其一为蕲蛇,色碧,大小殆如一巨蚓,体凉甚,土人蓄以布囊,佩诸腰间,时一取出贴眼,谓可愈目疾。每黎明时,放旷野草际吸露,蓄者以目注视其蠕动,碧蛇与绿草相映,谓大得养目之效。经刻许,仍取而纳诸囊,不复饲以他物云。

天际游丝,不识何来,或树间蛛网之残馀者随风飘荡,因以袅漾耳。寻常不易觉视,或野行沾目而流泪,或晴日映之而微见,故诗人入咏,每以为无力飘浮之征。独豫东商丘一带旷野中,每当初夏,辄见天丝,随风而至,往往有色如白练,粗类巨绳者,缠舍及物。人畜当之,痛如着鞭,粘同沾胶。附近并无森林,竟莫明所从来。有好事者解之,谓系往年七夕银河填桥之鹊所化,亦姑妄听之耳。

夜小饮。饮后少坐便睡。

报载要闻:美参众两院联会通过中立法修正案,罗斯福总统已加签署。颜惠庆谒见美总统。苏、芬重开谈判,仍未接近。大批寇机袭成都,我空军起而应战,击落寇机数架。赣南及柳州各地昨亦遭寇机袭击。湘、鄂、赣边区我军时时分路出击踞寇。寇在粤中山万顷沙登陆。其别股谋沿广九路北犯者已被我军击退。晋西南战事激烈,我军冲入静乐西关。大宁之寇北犯者被阻。江南我军开抵七宝。第二批分币券发行期决定。

11月6日(九月廿五日　丁未)星期一

晴,午后阴,突感闷热。上午六九,下午七三。

依时入馆,处理杂事。复圣陶,编沪蜀第二十号。复勖初,谓已托洗人设法,其侄婿鼎记者可允借,条件悉如来书所云。夜归小饮。饮后小坐即寝。

报载要闻:驻日美大使格鲁昨晤日外相野村,提出强硬备忘录,对远东局势表示不承认。美总统签署宣言三件。苏联向芬兰提出新建议。法大使戈斯默将赴重庆。我军包围进犯仙桃、沔阳之寇。晋西战局稳定。各路寇股均击退。粤军一度冲入增城。寇机昨又袭成都及湘、桂各地。百二老人马相伯四日在越南谅山逝世。工部局总董樊克林昨检阅警捕会操。

11月7日(九月廿六日　戊申)星期二

晨雨,旋霁,午后复阴,兼细雨。上午七三,下午七五。

依时入馆,办理杂事。为梦岩女书写结婚证书,盖昨日元翼送来托写者。饭后与洗人看菊于国货公司。夜归小饮。饮后小坐听书，移时便卧。珏人挈盈儿，湝儿挈顥孙同省仲弟。

报载要闻：鄂南收复峰口，寇退沔阳。晋南我军进展顺利。鲁北收复利津。我加紧努力，建设新空军。我四十五旅官兵痛击沪杭路寇股。沪各界筹备追悼马相伯。寇外省否认美以经济压力迫日。美将设两大舰队，以便应付任何事变。驻沪美海军定期举行海军创立纪念。苏、芬谈判略有转机。印督与甘地等谈判决裂。

11月8日（九月廿七日　己酉　申正三刻三分立冬）**星期三**

阴晴间作，午后雷雨，闷甚。夜又雨，达旦。上午七六，下午七三。

依时入馆，办理庶事。接勖初书，谓已借到八十金，前言作罢。午后四时，芷芬来馆，盖一日由海防动身，过香港转船来沪，此刻始到耳。散馆后，洗人请芷芬在永兴昌吃蟹，予与振甫与焉。谈至八时许乃散归。曩读诗词"桐花凤"，不知何物，有谓蝶子之大而有凤采者，有谓蝶之一种即所谓洋瓣蝴蝶者，疑莫能明。偶阅上海李心衡《金川琐记》，有一则专记桐花凤者，为之豁然顿释，因录之：

> 章谷屯么凤，连毛羽大仅如拇指。五色咸备，视丹山鸑鷟具体而微。性极灵警，不易获。间为土人设械罥取，可缀妇女云鬟，与钗头双燕争胜。每岁二三月，千百成群，飞往成都府属之灌、郫一带啄食桐花。花谢即归巢深岩秘洞中，终岁不再见。土人谓之桐花凤。苏子瞻诗"故山亦何有，桐花集么凤"；乔子旷诗"那能飞作桐花凤，一集佳人白玉钗"，盖即指此，特未名言其所从来耳。

报载要闻：美、日商约满后，美将禁军火运日。苏联庆祝革命纪念。比王访荷女王,协议应付危局。欧洲西线空战,法机九架敌德机廿七架,结果,德机被击落九架。老同学江小鹣昨晨在昆明逝世。沪银钱业决协助租界内储粮备荒。蒋令经济部平定物价。晋南之寇炮轰潼关。沔阳、仙桃,寇陷重围。三水空战,我机击落寇机三架。

11月9日(九月廿八日　庚戌)**星期四**

阴,时有细雨,转冷。上午七二,下午六八。

依时到馆,办理杂事。午间丏尊来,公司因请芷芬吃饭,邀丏、调、索及予同往同华楼。饭后二时,应坚吾约,过谈移时。伊托办一种两用笔杆呈经济部请准专利文。予允于少暇时为之。夜归小饮。饮后入书巢记日记,以倦故,九时许即睡。

报载要闻:鄂南我军袭击崇阳。沔阳之寇已坐困,我军正从四郊推进。晋西南我军正包围踞寇。苏北收复邵伯镇。我沿江炮兵击伤寇舰七艘。平汉路内邱附近,寇兵车触地雷爆炸,死五百馀人。国府明令褒扬马相伯。财部电令补充出口货结汇办法。伪关监督谋阻挠法币运沪,其欲难逞。法大使戈斯默今日离沪赴渝。越南限制华货起运例取消。孙科抵伦敦。德军集荷、比边境,并向比提哀的美敦。荷、比国王呼吁和平。英外相演说作战真谛。

11月10日(九月廿九日　辛亥)**星期五**

阴,偶晴,转冷。上午六五,下午六四。

依时入馆,处分杂事,并校《左传》续排样。午后硕民来,出圣南致红蕉夫妇信,告陈妈竟拒圣南代收房租,擅卖物件,并出言不逊等情。青石弄屋为累如此,殊堪浩叹。即将信件加封转送红蕉。散馆后,约洗人、芷芬、振甫同归小饮,谈至九时半乃去。予亦就卧。

报载要闻:鄂军续有进展,已控制沔阳四郊。晋南血战已达五昼夜,晋西寇犯武乡,已被我击退。豫南收复平昌关。四川禁烟督察团成立。英大使昨由渝起程返沪。沪四马路万利酒楼昨晚发生枪杀案,沪西伪自卫团正副长罗志斌、杨进海均当场毙命。慕尼黑酒窖炸弹爆发,死伤甚多,独希脱拉先已返柏林,幸免于难。张伯伦发表演说,重申英国作战到底之决心。

11月11日(十月大建乙亥初一日　壬子)**星期六**

晴。上午六四,下午六五。

依时入馆,编发每周通讯录第四十五号。再致书雪村,寄士敏,属转促复信。硕民来,补活页文选缺张。泉澄来,告暑中曾返平,所见寇方作为无一非谋永久侵占者,圈地迁殖也,限期勒迁居民也,寇兵无故越墙闯院滋闹也,绑架或之捕人也,利用"新民会"以麻醉民众也,不一而足,俱堪发指。乃前晤斐云,所谈平中状况竟反是,足见溺者不嫌濡,或且甘之矣。同儿与亚铨来馆,欲往观语文展览会,以券为人所假,未果往。散馆时挈之返。到家,知芷芬先在,并悉坚吾饬人送蟹十枚,酒四瓶来,适文权、濬儿、顯孙亦至,乃烹蟹暖酒邀士敭共食饮焉。饮后,文权、业熊、芷芬、士敭打牌,终四圈,已将十时,乃各散归。

报载要闻:蒋拨款救济华北难民。湘、赣我军分路向寇军侧背进击。晋省各线近日均有激战。潮、汕我军冲入寇军阵地。英大使到港,否认讨论中、日和平。徐州法教士被寇军击毙。今日为第一次欧战休战纪念,旅沪英侨举行仪式。东京、上海间平行谈话,寇方愿望难偿。慕尼黑炸弹案真相尚未查明,德人将遇大索骚扰。荷兰决堤放水，淹没巴恩一带，以防德军侵入。

11 月 12 日（十月初二日　癸丑）星期

晴阴靡常。上午六六，下午同。

今日为孙中山诞辰，馆中例得放假，适值星期，明日补假一天。又今日为国军退出上海二周年纪念，故各界仅悬旗而已，并无祝典。晨九时，丏尊来。旋硕民来，大椿来，致觉来。丏、椿先去。致觉近午去。硕民饭后去。文权约予夫妇在三和楼吃饭，予以硕民故，未赴。珏人挈静甥、汉、滋两儿往会之。午后二时归，谓所啖尚不恶，且甚餍足云。

竟日未出，夜小饮。饮后听书，同儿忽又感寒呕吐，殆昨日冒风走伤矣乎。正打发早睡，予同叩门入，因长谈，知其家小儿亦正患白喉也。九时去，托予数事，将于后日一为办之。

报载要闻：湘北战况沉寂。鄂北形势转紧。晋南我军迭克要隘。寇犯绥北，在安北、固阳附近激战。皖北收复寿县。潮、汕我军克复意溪。荷兰加紧布置防卫。

11 月 13 日（十月初三日　甲寅）星期一

阴霾。上午六五，下午六三。

晨起，同儿已愈，仍遣令入学。十一时，洗人、调孚先后至，调云，昨日晤芷芬，已将予意转达，决先择日订婚。近午，偕过丏尊，予与洗人合出五元，属老陈购鸭、蟹，即假丏所饮芷芬、调孚也。饭后，洗等打牌，予乃归。傍晚，予与达先步至八仙桥智炎寓所，赴其子汤饼会。开明同人多在，予与丏、洗、调、达等同席。八时三刻毕，九时许乃归。

报载要闻:六中全会昨在重庆开幕。奉新附近发生激战。大洪山麓战烈。空军飞晋参战,炸临汾、洪洞。寇机袭汉中,意教堂中弹被毁。沪越界筑路问题,伪市府提对案。英大使馆否认恢复对日谈话。法大使抵香港。英、法元首电复荷、比调解建议。荷境紧张空气少缓。传德提最后通牒说不确。第十一期英金公债抽签,定十二月一日举行。

11月14日(十月初四日　乙卯)**星期二**

晴阴兼至,晨有雨意。上午六四,下午六三。

依时到馆,处理杂事。今日同儿生日,夜归吃面。珏人以今年同多病痛,并为燃烛设供斋星官。

报载要闻:鄂中收复沔阳。晋西南,我向蒲州猛攻。粤夜袭梁家驿。六中全会昨开首次大会。英、法撤退华北驻军。沪冬防昨开始。寇汽艇在黄浦猛撞渡船,致六十馀人灭顶。二批分券定日内发行。德军部阻止侵荷,因恐引起美国加入。荷总理发表演说,劝国民镇静。德空袭英舰队。邱吉尔说明此次战争意义。

11月15日(十月初五日　丙辰)**星期三**

晴,时起阴翳。上午六四,下午六三。

依时入馆,处分杂事。看雷海宗《中国通史选读》。散馆后在带钩桥鸿运楼举行酒会,到廉逊、俊生、绍先、亢德、良才、世璟、洗人、慰元、丏尊及予十人。肴寡而价昂,下次不当往也。人摊二元三角。芝九来托拉人代课,予介硕民与谈,电话约明日往晤。九时归,知汉儿为芷芬之戚(姨丈王氏)邀去晚饭。旋亦归。

报载要闻:沔阳一带大部肃清,我军猛攻仙桃镇。六中全会昨开第二次大会,推定起草宣言委员。英、法声明撤退华北驻军并不放弃原则。陇海路寇军车中地雷。英大使寇尔昨抵港,与法大使戈斯默晤谈。美海军创立纪念,今日美国驻沪部队举行检阅。震旦、复旦两大学今晨联合追悼马相伯。德空军再轰炸苏格兰军港。荷总理演说,对欧局将采取新步骤。

11月16日(十月初六日　丁巳)星期四

阴,午后雨。上午六五,下午六四。

依时入馆,办杂事。为叔琴身后事,写信分致酒会诸友。今日洗人生日,散馆后予饮之于永兴昌,邀芷芬、振甫作陪。用四元五角。遇慰元,八时许散归。

报载要闻:寇众藉海、空掩护,突在北海、防城登陆。鄂中我冲入仙桃。晋西收复乡宁。六中全会昨开第三次大会。英外次勃特勒声明英对远东政策不变。野村接见苏大使,交换解决悬案意见。英、法经济谈话结束,法财长发表演说。寇尔昨抵港。德政府答复荷、比和平呼吁。苏、芬谈判停顿。

11月17日(十月初七日　戊午)星期五

阴晴间作。上午六四,下午六五。

依时入馆,办庶事。续看雷海宗《中国通史选读》。见振铎新得陈老莲画《水浒叶子》刻本。夜,予同在会宾楼宴客,予与丏尊、洗人、调孚、索非、均正赴之,振铎、曙先、东华、廉逊亦来会。谈谦至九时半乃散归。

报载要闻:蔡廷锴率部阻止登陆之寇窥粤西,在龙山港附近将寇击退。鄂克仙桃。赣北祥符观发生炮战。六中会昨开第四次会议。美派潜艇赴菲,增强远东舰队。美大使詹森由重庆飞香港。寇须磨、藤田均对外报记者发表谈话,于日、美及日、苏诸问题有所吐露。意报又提殖民地要求。

11月18日(十月初八日　己未)**星期六**

晴。上午六五,下午六六。

依时到馆,办理杂事,并编发每周通讯录第四十六号。硕民来,配文选,并告女师本身恐不得久存矣。伪方已三次来催逼填表。并云芝九连候两日均未见到,甚诧。夜归小饮。为芷、汉同行事与珏人争,大动气。

报载要闻:北海登陆之寇已陷防城。钦县大遭轰炸。湘北我军进逼乌江桥。我空军飞开封侦察。晋西收复大宁、蒲县、午城等处。孙科离伦敦赴巴黎。美大使由港来沪,二十日可到,此间盛传英、美、日三国将在上海开会议。寇方竭力拉拢苏联。美研究远东政策与防务。英、法上空,德机活动。德表示放弃觅取和平途径。

11月19日(十月初九日　庚申)**星期**

晴,闷热,傍晚转阴。上午六八,下午七一。

晨入书巢理架书。午小饮。饮后硕民来。二时,偕出闲步,自迈尔西爱路、辣斐德路、毕勋路而至普希庚纪念座瞻仰之。旋由祁齐路、福履理路、亚尔培路、爱麦虞限路、金神父路、环龙路而归。往返一小时半,颇感疲乏矣。少坐后,硕民即辞去,留之晚饭,不果。夜小饮。饮后稍坐即睡。

报载要闻:寇侵入钦县,粤、桂边境战局渐紧。我机袭攻广州,与寇空战。闽南收复湄洲岛。晋西各路连日激战,我进逼黑龙关。

寇机昨夜又袭重庆。六中全会昨开第六次大会。越南放行纸类及五金运沪。英报重申英政府对华态度。英、法开最高军事会议，决定两国经济密切合作。荷兰华侨四十馀人归国抵沪。捷克旧壤普拉格发生反德示威。

11 月 20 日(十月初十日　辛酉)星期一

阴，微雨。上午七〇，下午六九。

依时入馆，处分杂事。接薰宇信，托转芷芬代购物。致梦九，托为硕民打听浙东女师是否可以尽量容受转学生。夜归小饮。

报载要闻：钦、廉、防城一带我军继续抗战。我机袭佛山。我军炮击奉新、靖安。晋西收复隰县。美维持《九国公约》，对远东增防。中、苏昨正式通航。伦敦西部发生爆炸案多起。捷境各地戒严。荷商轮蒙波利伐号在北海触德水雷沉没。

11 月 21 日(十月十一日　壬戌)星期二

阴雨，午霁，燥热甚。上午七〇，下午七三。

依时入馆，办理杂事。为坚吾撰呈文一件。芷芬、汉华姻事已谈定，定廿四日在聚丰园请媒会亲，交换柬帖，登报公告订婚。珏人生日，夜归小饮。

报载要闻：六中全会推定蒋兼任行政院长，孔任副院长，并发表闭幕宣言。国府明令褒扬皖故主席廖磊。北海之寇沿邕钦公路北犯，钦县西北战事猛烈。江、会突围之寇已被击退。赣省我军夜袭奉新近郊。寇机炸莆田，毁圣路加医院。滇教厅失慎。寇阿部中将在涞源附近阵毙。美大使詹森昨抵沪，与美司令赫德大将及总领高斯会议，今晨赫德与高斯启程赴马尼剌。罗马消息，苏、德缔结密约。英国东部海面又有英、意等国轮船数艘触德水雷沉没。捷克、波兰领袖商讨复国问题。

11月22日(十月十二日　癸亥)**星期三**

阴雨。上午六九,下午同。

依时入馆,办理杂事。致世璟,寄《行旅便览》备充西南地理教材。雪村挈眷由甬来,涤生偕至。予傍晚归,小饮。饮后乃来。因谈别后事,移时始各就寝。

报载要闻:我援军开抵钦县前线,白崇禧返桂指挥,并发表告民众书。寇机狂炸南宁各地。粤九江之寇遭我军伏击。深圳附近发生激战。晋西我军进逼同蒲线。我空军袭汉口寇机场。人才调剂协会在渝成立。本年蚕丝输出甚旺。天津踞寇干涉美商贸易,美国务卿表示愤慨,再警告日本。德国用漂流水雷政策,三日内击沉船十艘,英扫雷艇在东海岸沉没。寇巨轮照国丸亦中雷就灭。德机又向英、法侦察,被击落一架。华洋义赈会兼红十字会总干贝克昨返美。

11月23日(十月十三日　甲子　未刻三刻十三分小雪)**星期四**

阴雨。上午六七,下午六五。

依时入馆,办杂事,并看《古文词通义》。午与雪村、涤生、洗人饮永兴昌。写帖备明日用。接圣陶蜀沪廿七号信。接晓先信,托代送梦岩嫁女婚礼。夜与洗人、雪村饮永兴昌,遇慰元,因拉与同坐。用四元五角。七时许归。

报载要闻:我军在粤、桂边境山岭一带截击犯寇。鄂省我军克贺胜桥。晋西南战事仍烈。法大使抵渝。高考初试及格人员揭晓。

美大使詹森昨接晤寇特使加藤。儿玉谦次来沪。食米来源无阻,沪栈存米渐增。慕尼黑炸弹案主犯就捕。张伯伦宣布英国封锁德国出入贸易。英重巡舰被德潜艇击沉。

11月24日(十月十四日　乙丑)**星期五**

晴,午后阴,入夜雨。上午六四,下午六五。

依时入馆,处理琐事。雷铁僧来,午间店中饭之于同华楼,予与雪村、洗人、索非与焉。夜赴聚丰园,丏尊夫妇、雪村夫妇、调孚夫妇及洗人,四媒毕集,馀为予家一门及文权、士敭、业熊诸人与卢氏母、兄及诸戚友,凡四席。当即交换柬帖,举行订婚,八时许散归,已遇雨,返家濯足而后就寝。

报载要闻:白崇禧发表文告,谓足以击退犯寇。晋西之寇向东退却,我军跟踪追击,分攻汾城、灵石。粤东、西、北江同时发生激战,状况均甚剧烈。赣省我军反攻。袭邕寇机两架被我击落。香港大风雨。高二分院刑庭庭长郁华昨被刺殒命。难童中学校长赵慰祖被捕。美政府正式宣布对日并未进行商约谈判。欧洲西线空战渐展。德机袭击歇特兰。英驱逐舰吉浦塞号触水雷炸裂。

11月25日(十月十五日　丙寅)**星期六**

晴,突转寒冷,夜月甚皎。上午六三,下午五八。

依时入馆,编发每周通讯录第四十七号。接孺忱信,告青石弄屋陈妈之子泼横状,即转致红蕉。午后硕民来,旋去。复晓先。夜归小饮。饮后少坐便卧,竟夜觉冷。

报载要闻:寇续向南宁,桂南战亟。粤西江一带连日激战,克复清溪塘头厦。晋西我军分路袭寇,寇重轰炸机一架在晋阳被击落。鄂南我军截断寇接济线多处并克大畈。经济部下令改良销行美国之国货。加藤再访寇尔。浚浦工作可望恢复。汇丰银行运沪法币一千万元。外轮华籍员工纷纷退职。欧西继续空战。英、德加紧海战。

11月26日(十月十六日　丁卯)**星期**

晴寒,滴水成冻。上午五六,下午五四。

晨入书巢补记日记。午前,珏人挈汉、同、盈赴泰丰楼贺梦岩嫁女,清于饭后亦去,皆欲参观结婚礼也。予深恐临场演说,俟至傍晚乃往。贺客甚众,男女凡三十席,地小不能容,分三批就坐,珏人等及濬儿、顯孙坐第二批,予与文权、立斋、坚吾、书麟、煦春等坐第三批。八时许散,道中塞甚,乘电车抵家,已将九时矣。阅夜报,知昨晚仅法租界一隅,已发见冻毙贫民四十起,亦云酷矣。

报载要闻:南宁城郊战事异常猛烈。粤省我军克复平山。西江战亟,寇进犯昆仑关已遭惨败。粤汉路沿线,我军开始反攻。长江寇股向东撤退。国府明令褒扬吴光新。又有英船一艘被击沉。各中立国对英封锁政策纷提抗议。罗马尼亚新阁成立。英大使馆否认会商中国问题。

11月27日(十月十七日　戊辰)**星期一**

晴寒。上午五二,下午五四。

依时入馆,处理杂事。夜归小饮。

报载要闻:南宁城内大火,巷战甚烈,白崇禧亲赴前线指挥。鄂南我军三路向寇猛攻,一度冲入羊楼司。晋省我军冒寒反攻。寇机昨炸咸阳、西安。军政部发表征调战时卫生人员办法。寇不惜孤注一掷,驻沪军队悉调前线。寇企图控制中国整个航运。沪各团体议定制裁操纵米粮办法。德空军袭击北海英舰队。马尼剌会议将讨论美国远东利益问题。毕德曼发表重要谈话,将禁运军火赴日。

11 月 28 日(十月十八日　己巳)**星期二**

晴,寒稍杀。上午五四,下午五八。

依时到馆,办理庶事。勖初来,谈近状。散馆后与清儿径赴老三和楼,为仲弟择是日庆寿,假座其地宴客也。珏人率诸儿先于午间前往,予则与清赴夜宴耳。遇卅年前老友李君磐,因陪其茹素,略饮即罢。九时乃归。

报载要闻:我军退出南宁,在武鸣布置新阵地。战事已延至郁江流域。我游击队在山东胶济线出击。豫北我军进击太康。晋西之寇三路犯碛口。我军袭击太谷寇军库。行政院改组后各部会长官辞职,蒋一体慰留。中央银行设法救济角券缺乏。封锁德国贸易法令英王已批准。英巡洋舰拉华尔品第号沉没。苏报传芬兰炮轰苏境,伤多人。

11 月 29 日(十月十九日　庚午)**星期三**

晴。上午五六,下午五四。

依时入馆,处分杂事。午饭永兴昌,与洗、村、涤俱。夜仍饮永兴昌,丏尊、洗、村偕坐。

报载要闻:南宁北发生激战,我援军开到。江门、新会间我军出击踞寇,冲入新会城。冀、察、晋边区连日发生激战。寇机炸毁秀山美教会。中央新任各部长定下月一日就职。行政院决议皖省府局部改组。又准交通部设立运输公司。上海米市场管理委员会严厉监视同业买卖。四日内进口洋米达四万八千馀包。此间法官、律师同遭意外威胁。英、法政府宣布封锁德国出口贸易办法。芬兰向苏联提议同样撤兵。

11月30日(十月二十日　辛未)**星期四**

晴寒。上午五五,下午同。

依时入馆,办杂事,于编所洽稿诸务俱办出。夜归小饮。

报载要闻:我军援桂,郁江北岸稳定,我将反攻南宁。粤东之寇夜袭莲阳。蒋飞成都,川、康建设协会成立。大批寇机袭甘肃、河南各地。湘北前线昨有炮战。渝临线定期通航。沪市存米已较前增加。寇滥发军用票,强迫华中使用。英空军进袭德北海岸。苏联照会芬兰,废止不侵犯条约。

12月1日(十月廿一日　壬申)**星期五**

晴。上午五六,下午五九。

依时入馆,办理杂事。午饭永兴昌,与洗、村俱。得道始请柬,知即将举行四十寿事。因与洗、村合,送绍酒两坛。接聿修函,托代拉《南国少年》广告。夜归小饮。

报载要闻:美医学专家来华,肃清云南瘴疠。南宁我军向前推进。粤各路战烈。晋省克复府城镇。寇机昨日袭陕、甘各地。中执会电慰战区湘省军民。中行分币券定八日发行。上海米价可望脱离寇方羁轭。逐日步升,瞬息增加。法国会复会,达拉第发表政府宣言。各中立国纷纷反对英、法新封锁办法。苏陆空军侵入芬兰,业已发生严重战事。

12月2日(十月廿二日　癸酉)星期六

晴寒。上午五八,下午五七。

依时入馆,编发每周通讯录第四十八号。并处分杂事。复聿修,告开明无意登《南国》广告。夜归小饮,与芷芬俱。

报载要闻:南宁、宾阳、武鸣间连日展开大战。董旭初发告民众书。郁江南岸之寇已被包围。粤南海九江一带竟日混战,增城我军进迫城郊。赣北战事复起。汾河西岸我军续向洪洞推进。寇机昨又袭兰州,空战结果,击落寇机数架。宋子文昨自渝抵港。经济部电沪,查操纵米市情形。寇发言人声称,已与汪逆成立协议,寇方并不撤兵。江南流动部队仍控制淀山湖。苏联向芬兰提强硬通牒,即以飞机五百架轰炸芬京,并拒绝美国调停。芬为避免京城毁灭计,即改组新阁,将与苏开始谈判。

12月3日(十月廿三日　甲戌)星期

晴寒,午后阴。上午五八,下午五七。

上午十时,开明在沪全体同人在觉林公祭雪村尊人乾生先生,振甫撰祭文,予为书版及读祭。祭毕,摄景。十一时即聚餐。同人外,到振铎、予同、良才、世璟、廉逊、俊生、曙先、红蕉、道始、文权、业熊及章、夏、朱、王等家属,颇不落寞。饭后,予偕铎、调同至铎家,看胡曰从刻《十竹斋印谱》,至足称叹。遇乃乾,知近住温阳里廿六号,又有艳遇矣。四时许偕出,分路各归。文权、濬儿、顯孙在予家晚饭,饭后且打牌。予则小饮而已。

报载要闻:桂南山岳地带战事甚烈,我反攻六塘。寇犯粤、闽交界之分水关。兰州又见空战。鄂中我攻潜江。重庆主计会议闭幕。(二月廿四日开幕。)中央银行函商会制止储积辅币券。苏占芬兰区内组织人民政府,苏外长表示不与芬京政府谈判。芬军猛抗,克复贝柴摩港。苏兵舰一艘被芬炮台击沉。美国务卿赫尔表示,将禁运军火往苏联。

12月4日(十月廿四日　乙亥)**星期一**

晴。上午五七,下午五八。

依时入馆,办理杂事。夜与洗人、丏尊、雪村往环龙路中国实业银行俱乐部贺道始四十初度,即与继之、君毅、凤鸣等同席。肴馔别具风味。九时许散归。

报载要闻:桂省我军反攻南宁。粤中我攻增城,粤东我克黄冈,迫军田。鄂南我克沙坪。湘北我出击岳阳。晋南各地均有激战。皖东收复来安。沪西暴徒开枪,击伤英兵。沪米价激涨,突破空前纪录。租界当局将尽力严惩抬高物价商人。香港禁金出口。英艾顿演说,阐明作战性质。苏军在芬兰湾登陆,战事仍在激烈进行中,苏船及飞机均有损失。但苏联已与芬兰人民政府订结互助条约。美总统与国务卿正商讨对苏制裁方式。

12月5日(十月廿五日　丙子)**星期二**

晴。上午五六,下午六〇。

依时入馆,处理杂事。午饭于老同华。夜归小饮。

报载要闻:邕北我克八塘,向邕城推进。银盏坳附近又发生激战。冀南阜平,血战已达五昼夜。我机夜袭运城。湘、赣我军分途出击踞寇。吴佩孚在平逝世。(此老倔强,毕竟不凡。)九龙华人住宅区失火,死伤六十馀人。上海各业领袖拥国策。伪警殴辱美侨,美领昨向寇领抗议。北江西路,寇兵终日巡逻。英王赴法检阅军队。英空军袭击德海军根据地。国联接受芬政府申请,定九日开行政院会议讨论。传美将召回驻苏大使。

12月6日(十月廿六日　丁丑)星期三

晴,回暖。上午五九,下午六一。

依时入馆,办理杂事。午与芷芬、振甫饮永兴昌,为文权叫酒,盖今晚渠将为芷芬、汉儿饯行,并邀士敭、业熊、清华、静鹤及予夫妇同食也。散馆后,予先与芷芬步往权家,至则汉华、静鹤已先在,珏人则以身体不爽且兼盈儿咳嗽故,未果来。有顷,士敭、清华至,业熊亦来,乃合坐欢饮。至十时乃散归。业熊亦将有柳州之行,月内且成行矣。(在广西铁工厂任事。)

报载要闻:我军精锐开抵前线,包围南宁。粤战仍在银盏坳一带。增城附近,我军亦甚活跃。晋省我军进攻同浦路南段各要点。中苏正式通航,贺耀祖飞往莫斯科。国府明令褒扬暹罗侨商被刺殒命之蚁光炎。行政院决任吴国桢为渝市长。沪市商会议定纱布内销证明办法,明年元旦实行。沪西住户不胜苛扰,伪方竟武装收捐。英又有一万吨邮船触水雷沉没。苏联电国联,拒绝出席大会。

12月7日(十月廿七日　戊寅)星期四

晴暖。上午六一,下午六二。

依时入馆,处理杂事。复晴帆、彦衡、肖甫。夜归小饮。

报载要闻:我军各路向南宁推动,前锋已抵三塘。粤东克钱东镇。鄂南三路出动,克复堰市。蒋电唁吴佩孚家属。沪市辅币券缺乏,电财部迅予增发。工部局法律部筹觅制裁囤米办法。英外相在下院说明和平必要原则。苏对芬采取大规模攻势,芬应战甚勇,意机五十架飞抵芬京。

12月8日(十月廿八日　己卯　巳初初刻二分大雪)**星期五**

晴暖。上午六一,下午六三。

依时入馆,校吕诚之《中国通史》。夜赴雪村宴,盖为芷芬、汉华、业熊及贝漱六、耕蒙兄弟所设之祖筵也。予与珏人及天然与之。肴由华阳楼承办,味甚腴美。

报载要闻:桂南我军续进,已克高峰坳。吴奇伟部进攻诏安。湘北我军夜袭岳州。晋南我军续告克捷。国府厉行查禁烟种。寇机六架昨袭炸徽州。二批分币券今日流通市面。银行公会议定本年总结账办法。米市拟聘专责人员评定米价。美对华新借款在酝酿中。英海相报告海军作战情形。苏军冲破芬孟纳欣防线,拉多加湖以北骤见紧急。

12月9日(十月廿九日　庚辰)**星期六**

晴暖。上午六二,下午六三。

依时入馆,编发每周通讯录第四十九号。写沪蜀第廿一号信复圣陶。童希贤饬人凭绍虞书来,支去三十元。致颉刚,告所拟计划此间原则接受。赵肖甫《辨伪丛刊》大计划则难任,可否收入《齐大丛书》中。夜为芷芬、汉儿及业熊饯行。仲弟、弟妇、修妹、涵淑两侄、组青、幽若及雪村夫人、天然、文权、士敫、濬儿等俱集。业熊忽以感冒就卧,竟未与坐。八时宴毕,陆续散去,文权、芷芬等则打牌至十时乃行。

报载要闻:桂南山岳地带我与寇正作争夺战。闽边我克诏安。粤省克潮安,新鹤、九江一带连日均有战事。湘北收复云溪车站。寇犯中条山,又被击退。国防最高会议决议追赠吴佩孚一级上将。寇攫浚浦局。伪员葛树森被击未中,刺客受伤被擒,流弹死伤行人五。米市场管理委会集议取缔非法交易。寇阁通过明年度预算,总额逾一万万元。苏征集后备兵五百馀万名。北欧三国正决由国联调解苏、芬冲突,苏通知三国对芬海岸实施封锁。

12月10日(十月三十日　辛巳)**星期**

晴,时起障翳。上午六一,下午六二。

竟日未出,补记十日来日记。并为坚吾撰两用笔杆宣言一通。饭后硕民来,坐移时即去。看尤注《了凡四训》。夜小饮,饮后少坐便卧。

报载要闻:空军飞前线参战,桂南我军进展,传已克钦县。粤汉路银盏坳附近仍在激战中。鄂东我军进击武穴、田家镇。皖省我军攻入安庆、望江。寇机袭黔阳。国府明令褒扬吴佩孚。京沪车在周泾港被炸。沪豆米业公会昨开紧急会议,议定限制米价,严厉执行。美政府致英照会,声明维护国际公法完整。芬兰正式申请国联处理苏、芬纠纷。芬北部战仍烈,苏军被击退。

12月11日(十一月小建丙子初一日　壬午)**星期一**

晴暖。上午六一,下午六二。

依时入馆,处理杂事。诚之来,洽《中国通史》校改各点。硕民来,托配文选。午饭于二马路新开之甬江状元楼。夜归小饮。

报载要闻:粤西、桂南我军主力已抵钦县郊外。浙西我军冲至杭州西南郊,寇营房被毁八十馀幢。寇机遂袭炸绍兴。晋西犯中条山之寇已入包围。沪两租界当局会衔布告,处置囤积投机米商,发觉者驱逐出境,粮米充公。苏军迫近芬贝柴摩港,芬军分三路反攻。英海军部宣布大规模扫除水雷。

12 月 12 日(十一月初二日　癸未)**星期二**

阴。上午五七,下午五六。

依时入馆,处分杂事。午饭于永兴昌。雪村、洗人、耕莘俱。夜归小饮。

报载要闻:桂南战事仍在相持中,我军已克高田圩。粤北江尖峰岭发生激烈战事。我军在闽、粤边界胜利,伪军黄大伟部大挫。冀省我克阜平。蒋就行政院长兼职。立法院长孙科返国。沪法租界新开河铁门昨开放。大新公司纠纷解决,先施公司昨日怠工。芬北部战烈,美贷芬信用借款一千万元。英封锁德贸易,苏向英提抗议。

12 月 13 日(十一月初三日　甲申)**星期三**

晴。上午六〇,下午同。

依时到馆办事。午饭永兴昌。夜归小饮。

报载要闻:鄂南、湘北大捷,收复崇阳及大沙坪等要地,进围岳阳。闽、粤边境之寇均撤退,伪参谋林知渊就擒。粤北江战剧,我军克复尖峰岭。豫东我军极活跃。鲁省克复郯城。沪甬线新航运计划已开始实行。职业妇女俱乐部主席茅丽英昨遭狙击,重伤入院。赫德路一黑牌汽车开枪拒捕逃逸。芬兰前线有激战,芬阁发表对苏交涉经过。国联电苏,请与芬和议。

12月14日(十一月初四日　乙酉)星期四

晴。上午六一,下午六〇。

依时入馆办事。近日因电车奇挤,而角分券缺少,售票人每与乘客意外龃龉,予殊厌看,故往返均步行。朝晚各行十里以上,亦健步养身之一法也。午饭永兴昌。致起潜,托询《辛亥以来藏书纪事诗》购处。致斐云,送北平图书馆编《清代文史笔记篇目分类索引》承印约文,并建议当补辑俞樾、丁晏之《日知录》笺注。夜归小饮。

报载要闻:湘、鄂、赣全线出击,开始各期大反攻。鄂中收复多宝湾。晋南亦同时反攻。豫北围攻沁阳。粤北江我军向铁路终点进攻。渝各界欢迎缅甸访华团。沪公共租界工部局与特区法院商制裁囤米居奇罚则。(处苦役。)寇方积极图谋对美调整关系,但美、日商约难续订,美朝野均主制裁日寇。苏联电复国联,拒绝派员出席大会。英、法成立金融合作协定。

12月15日(十一月初五日　丙戌)星期五

晴暖。上午五九,下午六一。

依时入馆办事。接起潜电话,谓昨询事宾西白录有副本,当为代函索晒照一分来。夜参酒会,在二马路元元帽店东间壁之老正兴馆。到廉逊、俊生、绍先、丏尊、洗人、雪村、亢德、慰元、良才及予十人。肴馔尚可,而格于现行物价,殊感昂贵。七时三刻散,即归。

报载要闻:南昌城内发生巷战。鄂南、湘北续获重大进展。鄂中、鄂北大举反攻。南宁寇交通线切断。寇犯中条山,败退。江北收复泗阳城。上海市民建议分设评售物价处。市联会通告市民,举发囤米投机奸商。两租界会商决定警告米商六人。寇民纠众逞凶,殴伤英籍警长。国联大会决议,宣告苏联出会。英、德海军在南大西洋作战,德舰斯比上将号受伤,遁入乌拉圭海港。

12月16日(十一月初六日　丁亥)**星期六**

晴。上午五九,下午六二。

依时入馆办事。编发每周通讯录第五十号。致起潜,谢代索书并托抄写关于《经传释词》之文字四篇。旋得电话,一一允办,约下星期一饬人往取。致道始,为振铎借七卷本《藏书纪事诗》。旋接电话已他假,不果。午与洗人、雪村饭永兴昌,建议调整薪金及人事支配问题,无结果。夜归小饮。珏人与清、汉、同三儿及芷芬晚饭于三和楼,濬儿请业熊、静甥于八仙桥青年会。

报载要闻:我军攻入南昌后正向四郊扫荡。我军冲入杭州,发生巷战。豫、鄂间各路,我军均有进展,克复仙桃、慈口。钦县以北发生遭遇战。寇巨型舰一艘在九江附近被我炮兵击沉。中国及埃及当选国联理事。沪市商会与各业议决组民会调节委员会。茅丽英伤重殒命。两租界昨发生抢米案二十三起,当局将保护安分米商,维持界内治安。英商船又有多艘沉没。

12月17日(十一月初七日　戊子)**星期**

晴暖。上午六〇,下午六二。

清晨入书巢,补记七日来日记,至十时半方毕。振铎约往午饭,惮于跋涉,未往。饭后理架,略翻诗话之属。文权、濬儿、顯预两孙、芷芬来。涵侄来,将仲弟命,以五元予汉,作路中购食物之需。傍晚,涵侄去。晚饭后文权等亦去。予为权等打牌,连吃酒,乱我常课,殊感不快也。

报载要闻:湘、赣我军乘胜进展,湘克岳州车站,赣围攻瑞昌、九江。鄂西我军渡汉反攻,直指潜江。鄂西、鄂北均有剧战。粤省我军分三路反攻。孙科返国,昨由滇飞抵重庆。沪市抢米者愈多,昨一部分米店停市。民食调节协会定明日成立。米限价抑低,粳最高四十元,籼三十三元。美政府通知出口商,禁飞机原料售与德、日、苏三国。意外长演说外交政策。芬外长对苏广播,准备继续谈判和平。

12 月 18 日(十一月初八日　己丑)**星期一**

晴和。上午五九,下午六〇。

依时到馆,办杂事。午与冼人、雪村、调孚、振甫共饯芷芬于老同华楼。盖确知明生轮明日下午四时即将启碇也。午后硕民来,知女师校事益坏,吴增芥辈竟变名暗投伪方,学期终了决引去矣。予拟致书梦九为别谋栖身计。夜归小饮,芷芬已先在。珏人等知汉儿明日将行,惜别之情陡起,合家为之相持痛哭。予维汉儿稚弱,向未远违膝下,一旦梯航万里,复见之期非经年越岁不能言,何忍恝置。然为大局着想,只得强抑,并劝止珏人等。月馀以来,为汉、芷姻事萦扰,颇感不舒,今日乃大爆发耳。

报载要闻:我军各路进行反攻,湘、鄂、赣、桂及晋战事均极猛烈。晋南犯中条山之寇已全败退去。豫东克复开封、通许,豫南收复信阳外围据点。粤省克大涌等处。青川击落寇机一架。四川设禁烟督办公署,统一骈枝机关,由蒋兼任督办。沪抢米风潮略平,各方筹议购洋米办平粜。苏军在芬续进,芬军后撤,另布新防线。

12月19日(十一月初九日　庚寅)**星期二**

晴。上午五七,下午同。

依时入馆办事。洗人将返里一行,今日午间予为饯行于永兴昌,约雪村俱往。芷芬、汉儿在家午饭,船忽改于明晨五时开,故晚饭后始登舟,濬、清、漱、润、滋诸儿,静甥、天然、士勬、士文等俱送至轮次,至九时乃还。虽少一人,陡感寂静,无怪珏人之依依惜别也。予昨日难堪,未送出门,强持常态而已。漱儿在船攀跌一交,右膝皮擦去,左腕亦撑伤作酸,殊为不幸,尤今晚最不可受之事矣。

报载要闻:豫南鄂北,我军包围信阳。陈诚在鄂中指挥反攻。赣省分路进展,收复乐化、大城,南昌外围战烈。鄂南克阳新市,通城发生猛烈巷战。粤各路反攻,进展甚速。桂南我军克复昆仑关。沪民食调节协会昨宣告成立,银钱业允垫款购洋米。寇外务省公布准备开放长江下游。(野村告格鲁。)德袖珍舰斯比上将号奉令自动炸沉。

12月20日(十一月初十日　辛卯)**星期三**

晴。上午五六,下午五九。

依时入馆办事。午饭于老民乐,雪村来拉,谓傅耕莘夫妇及洗人在老同华,必欲予去。予允饭后再往。及饭毕,步至同华楼,仍饮。盖傅氏为洗饯行也。午后致书梦九,告硕民近状,请设法留意位置。夜饮廉逊所,到俊生、良才、亢德、雪村、季康、洗人、丏尊及廉友唐君,凡宾主十人。九时许乃散。

报载要闻:桂省我军击退寇主力,收复南宁北大高峰坳。鄂中三路攻钟祥,花园、广水已告克复。南昌已在我军加紧围攻中。我军攻入开封后,火势甚烈,至今尚在巷战。晋南之寇又进犯中条山,发生激战。寇机昨炸榆林及川省各地。驻渝外籍记者联宴中宣部长王世杰。沪各业公会筹议购办洋米,解脱食粮困难。寇方声称开放长江下游,实欲结欢美国。欧洲北海上大空战,德方消息,击落英机三十四架。

12 月 21 日(十一月十一日　壬辰)星期四

晴。上午五九,下午六四。

依时入馆办事。午间饮永兴昌,雪村为洗人饯行。夜归小饮。早睡。

报载要闻:绥远近日战事甚烈,我军攻入包头。晋南犯中条山之寇又败退。桂南克新圩,迫向南宁。豫、鄂边区,各进展甚速,鄂南已克贺胜桥。南昌外围我军进行顺利。江北克复阜宁。粤省收复源潭。开放长江,寇表示无确期。沪越界筑路交涉,工部局决不让步。德斯比舰长自戕。又德商船哥伦布号自行凿沉。

12 月 22 日(十一月十二日　癸巳)星期五

晴,午后阴,微雨,旋止。上午六二,下午六一。

依时入馆办事。撰呈稿七件,送教部请续行审定林编《英文》,贾编《动植物》,傅编《本地》、《外史》各教本,并送骆编《几何》及王编《英语》二、三册初审。稿寄渝处代为缮发。清本已交由芷芬带滇转渝矣。午前丏尊来馆,邀予及雪村同饮永兴昌,为洗人饯行。洗明日下午三时乘德平轮赴甬矣。今日为冬至前夜,晚祀先。予与清儿早退赶回祝飨。夜吃冬至夜饭,只缺汉儿,不无惆怅。九时许濯足就卧。

报载要闻:我大队空军飞桂助战,再克昆仑关。粤东、北江均有战事。江、汉区域战事猛烈,武、信火车不通。晋省我军三面围攻长子。龙云任昆明行营主任。沪民食调节协会通过筹募基金办法。两租界各米店照常营业。越界筑路交涉未到接近阶段。土耳其新任驻华公使抵渝。法众院外交委员会讨论法、苏邦交。意王觐见教皇。苏、芬炮战猛烈,苏机千馀架飞芬境。

12月23日(十一月十三日　甲午　丑正二刻十分冬至)**星期六**

晴,还暖,将变。上午五九,下午五八。

依时入馆办事。编发每周通讯录第五十一号。致颉刚,复告已有书寄答,接洽订约事可即进行。致芷芬、汉儿,告家中近状。附滇处航空信去,欲其与伊等同到也。东华送所著《文法稽古篇》请评。漱儿昨日晨起,觉左腕剧痛,因往濬儿所陪往一治伤老妪处诊疗。据云曲筋,为推拿久之,并煎樟木水薰洗。归后如法熨治,临睡又以栀子捣蛋青敷吊患处。今日已觉稍好。本当再行复诊,漱不愿,仍熨、洗、吊兼作。大约可以无妨。午刻,雪村、调孚及予公饯洗人于同华楼,饭后归馆,未几洗人即行。夜归小饮。

报载要闻:华中开始冬季总反攻,蒋飞前线视察。赣北我军攻入靖安。桂南我军迫近南宁,战事甚烈。柳州发生空战。我军攻克南海子,切断平绥线。辛亥革命时女子北伐队队长吴木兰在沪被刺殒命,或不免政治牵涉。民食调节协会邀集各业筹集基金,订购洋米,已认定五十二万元。格鲁、野村将作第四次会谈。芬兰军向苏联军反攻。

12月24日(十一月十四日　乙未)**星期**

阴霾。上午五六,下午五七。

晨入书巢,补完七日来日记。为润儿不听话发怒。清儿带领润、滋、湜及士文同往大新等各大公司游览圣诞节特别布置。夜小饮。

报载要闻:我空军出动,南宁战事亟,我克石埠。寇机廿一架昨袭韶关。广州踞寇施行特别戒严。南昌附近仍有激战。豫南我军冲入信阳外围。绥省克复磴口。沪民食调节协会公布代订洋米办法。市场米价又不稳,正谋严厉制裁。沪西越界筑路问题,伪市府再提复文。美政府宣布对日不拟征收差别待遇税。苏、芬战事因气候严寒停顿。

12月25日(十一月十五日　丙申)**星期一**

晴。上午五五,下午同。

依时入馆办事。剑三来。午饭画锦里江新旅馆,业熊介往试吃,多商务同人,遇识友殷彦常、徐寿龄。肴饭俱佳,惟时间差池半点钟,只得今日一试,不拟续去也。夜归小饮。

报载要闻:昆仑关残寇肃清,我军向南宁进击。鄂中连克十馀要隘,向京山、天门推进。赣北包围棠溪邹。粤省神冈东北战事激烈。江北我军冲入仙女庙。晋东南进展顺利。蒋演说,阐明实施宪政应有之认识。沪市今日庆祝民族复兴节。中国农民银行角券抵沪,由汇丰银行发兑。美洲廿一共和国为中立区被侵犯事向英、法、德提抗议。罗斯福电请教皇协力促进和平。

12月26日(十一月十六日　丁酉)**星期二**

晴。上午五四,下午五六。

依时入馆办事。午饭于会宾楼小吃部,与雪村、调孚、均正、索非、沛霖偕。接晴帆复书,告近状甚适,虽日与老僧相对,而山居恬静,致足乐也。夜归小饮。

报载要闻:桂南继续推进,前锋距南宁只四十里。赣北战剧,寇多伤亡,我已逼近南昌城郊。晋南我军攻克长子、黎城、东阳关。河北高邑、赵县等处发生激战。湘北我军再度包围通城。鄂中剧战,击毁寇战车六辆。豫南冲入信阳。沪戈登路昨发生血案两起,死四人,伤二人。英、法元首及各国要人多于圣诞节发表演词,互明本国立场。德、苏签订铁道运输协定。

12月27日(十一月十七日　戊戌)**星期三**

晴。上午五六,下午五九。

依时入馆办事。允言来,因同饮于永兴昌,据谈校事未便无因委之而去,硕民拂袖太骤,老脾气全未改变,殊深扼腕云云。并诵其初自溧阳返苏,适闻伪省府成立,有感一首(忘其起首两句)云:"日月夔龙新政府,风云象马旧祠堂。棘门剑佩空文藻,槐国衣冠杂黑黄。真假傀儡浑不问,劝君切莫说登场。"示决不失操也。饭罢仍返馆,允言则自去。致良才,托为沛霖儿女介入阜春小学。夜归小饮,日来伤风颇剧,殊不能多饮。

报载要闻:华中各路开始总攻后,鄂南攻入咸宁,豫南克信阳北两要地。桂南我军克三塘,白崇禧赴武鸣面授机宜。晋南我军一度冲入万泉。绥省我军迫近归绥旧城,发生激战。寇图强渡邕江,被我阻截。行政院通过各省市政绩考成条例。沪米业昨开会,建议协会登记米粮。浦东护塘战事,寇竟使用毒气。黄雄略遭刺。苏机数百袭芬里克萨,芬军攻入苏境。

12 月 28 日(十一月十八日　己亥)**星期四**

晴。上午五六,下午五八。

依时入馆办事。午饭老民乐。夜归小饮。

报载要闻:寇窥龙州镇南关,在鸭水滩被截击。兰州剧烈空战,击落寇机三架。晋东南克黎城、东阳关。中国统计学社在渝开幕。英大使寇尔定三十日赴渝。土耳其公使席拔希向国府主席呈递国书。洋米七万馀包昨抵沪。财部电沪,取缔商人免费汇款。寇方议员二百五十人对内阁不信任,要求阿部辞职。英计划在北海敷设水雷网。

12 月 29 日(十一月十九日　庚子)**星期五**

晴。上午五七,下午五九。

依时入馆办事。接梦九信,告转学事须校方公函致浙教厅核准。适硕民来,因告之。即复,事过境迁,只须为硕留意,不必问大量转学事矣。并附致晴帆一笺,复日前来信。午在馆啖馒首十五枚,未出饭。夜归小饮。

报载要闻:晋东南我军乘胜克豫北涉县。桂西南绥渌失而复得,龙州已无寇踪。粤琶江南岸发生激战。豫、鄂杂军全部反正,豫南各处发生剧战。湘北我军围攻岳阳车站。我游击队向热河各地袭击。沪法院对逾越限价米商将提公诉。越界筑路交涉,联合管理难实现。土耳其发生剧烈地震。教皇报聘意王。德、苏签订民用航空协定。

12月30日(十一月二十日　辛丑)**星期六**

晴。上午五六,下午五七。

依时入馆办事。编发每周通讯录第五十二号。贴布告五件:一,规定年初及春节假期。二,改定门市营业时间。三,召集元旦聚餐,提前于卅一日晚六时在聚丰园来行。四,续指定涤生在店值宿。五,自明年一月起,总公司员工一律加给月贴十元。致洗人,告一周来公司状况。致雪山,告滇处所得税事正呈部及拟函云南办事处解释,并托时促芷芬、汉华写信。午与曙先、雪村饮同华楼,遇文彬、慧中伉俪。夜归小饮。

报载要闻:粤北、桂南均有激战,寇已被围。鄂中在京山、钟祥路上大胜。豫南我军克双井石,逼近信阳。长子附近我大战。永宁河岸发生战事。寇机连日袭兰州,被我击落七架。沪民食调节协会请各界联合订购洋米。恐怖活动日增,昨又将福煦路华盛印刷厂主毛树钧架去。(幸当晚即由公共租界捕房向日领署取出释放。)伪警干涉租界警权,局方将提抗议。土耳其地震,灾情奇重。英舰一艘中鱼雷。欧战形势相持,将成延长局面。

12月31日(十一月廿一日　壬寅)**星期**

晴。上午五七,下午五八。

今日根据昨日布告之调动,故仍照常到馆办事。午饭同华楼。呈经济部,援照《非常时期营利法人维持现状暂行办法》,请将廿六、廿七两年度账略暂缓结算,并将股东常会之召集及董事、监察人之改选延期办理。函财部所得税事务处云南办事处,根据汇总报缴有案,请免除滇处单独申报。(以上二件仅拟好稿底,缮发须明年初办出。)接颉刚廿二日复予九日信,仍催订约。夜六时,全体同人在聚丰园聚餐,丏尊虽到,意兴颇劣,仍不嫌于此举之多事与浪费。此老近日言动殊乖常度,殆有心疾矣。八时许席散步归,打牌四圈。

报载要闻:晋东南我军继续进展。鄂中前线剧战甚烈。皖南我军击沉寇舰二艘。我机在南宁附近活跃。寇机狂炸衡阳。广州北寇股大败。深圳踞寇撤退。并由寇领通知英领,似送秋波。财部改定辅币成色重量。英大使寇尔今日离沪赴渝。沪寇哨兵殴击美女,美领提抗议。芬军截断苏军铁路,苏军十五万增援。